2판

청소년학개론

이미리 · 조성연 · 길은배 · 김 민 공저

YOUTHOLOGY

학지사

머리말

청소년에 대한 사회적 · 학문적 관심은 오래전부터 있어 왔다. 우리나라는 1990년대를 기점으로 하여 청소년학(youthology)이 사회과학의 한 분과학문으로 정립되면서 청소년에 대한 연구가 활발해졌다. 대학과 대학원에 관련 전공과 학과가 설치되었고, 정부출연 연구기관 활동이 활발해졌으며, 정부산하 기관도 많아졌다. 이는 청소년에 대한 사회적 관심이 적지 않다는 방증이며, 청소년이 사회에 미치는 영향이 훨씬 커졌다는 것을 증명해 주는 것이다.

청소년학은 청소년의 심리적 특성, 청소년기의 발달과정, 청소년 생활세계와 문화, 청소년과 사회 간의 다양한 상호작용에 대해 과학적으로 설명하면서 청소년의 건강한 발달을 지원하기 위해 필요한 여러 실제를 아우르는 종합적인 학문이다. 이 책은 청소년학과 관련된 분야의 학부와 대학원 및 현장 전문가를 대상으로 청소년학에 대한 개론적인 지식과 실제를 제공하는 데 목적이 있다.

이 책은 총 4부 12장으로 구성하였다. 제1부의 제1장과 제2장은 청소년기의 발달적 특성과 청소년학의 학문적 특성을 중심으로 청소년기에 대한 이해와 청소년학의 발생배경 및 학문의 구조를 알 수 있도록 하였다. 제2부의 제3~6장은 가족, 또래, 학교, 지역사회 등 청소년을 둘러싼 주요 환경과 관련된 청소년의 생리적 · 심리적 · 사회적 발달 및 청소년의 문화, 그리고 그들이 경험할 수 있는 심리적 · 행동적 문제를 다루었다. 제3부는 청소년을 지도하는 데 있어 알아야 할 청소년지도, 활동, 상담에 대한 이론과 방법에 대해 서술하였다. 제4부는 청소년의 생활세계를 개선하고 지원하기 위한 청소년 법과 행정, 복지, 인권에 대한 내용을 다루었다. 이 책의 제1, 4, 9장은 이미리 교수가, 제2, 5, 7장은 김민 교수가, 제3, 6, 11장은 조성연 교수가, 제8, 10, 12장은 길은배 교수가 각각 집필하였다.

청소년학이 학문적으로 성장하고 있는 현시점에서 보다 더 체계적이고 충실한 교재 개발을 요구하는 목소리가 커지고 있다. 이 책은 이러한 요구에 부응하고자 예비 청소년지도인력, 즉 대학 및 대학원 관련 전공학생과 현장 전문가가 청소년학을 조금이나마 쉽게 접할 수 있도록 구성하였다.

2014년에 『청소년학개론』 1판을 발간한 이후 5년이 지났다. 그동안 청소년을 둘러싼 환경, 청소년의 신체적 · 심리적 발달 상태, 청소년문화와 문제의 현황, 그리고 청소년 관련 법과 정책의 내용이 변화했다. 이번 개정판에서는 그 내용을 반영하고자 하였다. 앞으로도 계속적인 개정을 통해 이 책의 내용을 보강해 나가려고 한다.

끝으로 이 책의 출간을 맡아 주신 학지사 김진환 사장님께 감사드리며 꼼꼼한 편집으로 책을 돋보이게 해 준 편집부 관계자 여러분께 깊은 감사의 마음을 전한다.

2019년 8월

집필진 일동

차례

제2부 청소년에 대한 이해

제3부 청소년지도와 상담

제4부 청소년 지원

제1부

청소년학의 기초

제1장

청소년과 청소년기

청소년기는 아동기의 미숙함에서 성인기의 성숙함으로 진행되는 전환적인 시기이면서 미래를 준비하는 시기다. 동시에 생애 주기에서 청소년기는 아동기나 성인기와 구분되는 독특한 특성을 가진다. 이 장에서는 청소년기의 특성을 사회문화적 관점에서 설명하고자 다음 네 가지를 다룬다. 첫째, 청소년이란 개념이 생겨난 데 대한 역사적 · 사회적 배경과 이론적 관점, 둘째, 사회 변화에 따른 청소년의 의미 변화, 셋째, 생애 주기에서 청소년기의 범위, 넷째, 청소년기의 발달적 변화와 환경이다. 이 네 가지 관점에서 청소년의 의미를 살펴보고, 미래사회에서 청소년은 어떠한 가능성을 가지며 동시에 당면한 문제가 무엇인지를 생각해 본다.

1. 청소년의 의미

1) 청소년기의 출현 배경

청소년기는 영어로 adolescence라고 한다. 이 단어는 '성인으로 성장해 간다'는 의미를 가진 라틴어 adolescere에서 유래하였다(Lerner & Steinberg, 2009). 이 단어가 뜻하는 대로 청소년기는 아동기에서 성인기로 전환하는 시기며 성인으로서의 역할과 책임을 유예한 채 성인기를 준비하는 시기다. 동시에 청소년기는 아동기나 성인기와 구분되는 독특한 특성을 보이는 시기다.

고대 그리스 철학자들은 청소년기의 특성에 대해 다음과 같이 설명했다. B.C. 4세기경 Plato는 청소년기에 대해 긍정적인 입장을 갖고 있었다. 인간이 합리적인 사고를 하려면 청소년기가 되어야 하며 이 시기가 되어야 비로소 과학이나 수학을 교육할 수 있다고 하였다. 이러한 사고 능력이 발달되지 않은 아동기에는 스포츠나 음악 교육만으로 충분하다고 하였다(정옥분, 2008, p. 37). 반면에 Plato 학교에서 수학한 Aristotle은 청소년기에 대해 부정적인 관점을 갖고 있었다. 청소년기를 성인에 비해 불안정하며 인내심이 부족하고 자기통제가 어려운 시기로 보았다.

근대사회가 완성되기 이전의 유럽 사회에서는 부모에 대한 신체적 의존 상태를 벗어날 즈음인 7세 무렵이면 성인이 되어 가는 과정에 있는 작은 성인으로 취급을 받았다. 그래서 성인과 구분되는 독자성을 인정받지 못해 아동이나 청소년과 같은 독립적인 연령 단계가 구분되지 않았다. 그러나 18세기 후반에 Rousseau(1987, pp. 276-277)는 그의 유명한 저서 『에밀(Émile ou de l'education)』에서 아동은 축소된 성인이 아닌 독립된 인격체이므로 성인과 동일하게 취급되어서는 안 되며 성인의 규제로부터 자유로워야 한다고 주장하였다. 그리하여 청소년기가 생애 주기에서 독자적인 특성을 가진 시기로 인식되기 시작했다.

Rousseau는 청소년기를 급격한 신체적 변화를 경험하면서 아동기와 성인기 사이에서 정서적으로 많은 갈등을 겪는 12~20세의 시기로 정의하고, 이 시기에 자신의 가치관을 정립하여 제2의 탄생을 경험한다고 보았다. 그는 청소년기를 초기와 후기로 분류하여 그 특징을 설명하고 있다. 청소년 초기는 12~15세의 시기로 신체적 에너지가 풍부하고 이성과 자의식이 발달하며, 청소년 후기는 15~20세의 시기로 정서적으로 성숙하고 덕과 도덕심이 발달하기 시작한다는 것이다(정옥분, 2008, p. 41).

Plato와 Aristotle 그리고 Rousseau의 청소년에 대한 생각과 이념은 오늘날 청소년에 대한 과학적이고 경험적인 연구의 철학적 배경이 되고 있다. 그러나 20세기 초에 와서야 청소년기에 대해 사회적·학문적 관심이 집중되고 adolescence와 같이 청소년기를 지칭하는 용어를 사용하게 되었다(Larson, 2002). adolescence 외에

youth(청년), teenager(10대)도 청소년을 지칭하는 용어인데, 각 용어의 독특한 의미는 용어가 생겨나게 된 사회문화적 환경을 함께 고려해야 이해할 수 있다.

2) Stanley Hall과 청소년기

청소년기를 지칭하기 위해 오늘날 보편적으로 사용하고 있는 adolescence라는 용어는 1904년 Stanley Hall이 발표한 저서의 제목에서 따온 것이다. Hall은 『청소년기: 심리학 그리고 청소년기와 생리학, 인류학, 사회학, 성, 범죄, 종교 및 교육의 관계(Adolescence: Its Psychology and Its Relations to Physiology, Anthropology, Sociology, Sex, Crime, Religion, and Education)』라는 2권으로 이루어진 방대한 저서를 발간하면서 청소년기를 지칭하기 위해 adolescence란 용어를 사용하였다.

Plato, Aristotle, Rousseau와 같은 철학자가 청소년의 발달 특성에 대해 설명하였으나, 이는 과학적 검증에 따른 것이 아니라 주관적 인식과 사고에 따른 설명이었다. 이와 달리 Hall은 질문지법을 사용하여 청소년의 특성에 대한 객관적 자료를 수집하고 복합적인 관점에서 과학적 근거에 따라 청소년의 발달 특성을 기술하였다. 그래서 Hall을 청소년기에 대한 현대적인 개념을 정립하고 발달 특성을 기술한 창시자 혹은 청소년심리학의 아버지라고 부른다(Brown, 2005).

앞서 제시한 바와 같이 Hall의 저서의 부제는 '심리학 그리고 청소년기와 생리학, 인류학, 사회학, 성, 범죄, 종교 및 교육의 관계'인데, Hall은 이 저서에서 청소년기의 특성을 우선적으로 심리학적 관점에서 설명하였고 동시에 생리학, 인류학, 사회학적인 관점에서도 설명하였다(Youniss & Hart, 2005). 이 저서에서 청소년기는 자연적이며 생리적인 발달에 의해 진행되는 과정이어서 모든 인간에게서 공통적인 특성을 보이지만, 동시에 사회문화적인 조건에 따라 그 특성이 달리 나타난다고 설명하고 있다. 그러므로 청소년기를 이해하기 위해서는 심리학적 접근, 생리학적 접근, 인류학적 접근, 사회학적 접근 등 다학제적인 접근이 필요하다. 청소년학(Youthology)이 바로 이를 추구하는 학문인데, 청소년학의 성격과 학문적 과제에 대한 내용은 2장에서 구체적으로 서술한다.

3) 청소년에 대한 부정적 입장과 긍정적 입장

Hall의 저서와 연구의 영향으로 오늘날에는 청소년기를 생애 주기에서 매우 중요한 시기로 인식하게 되었다. 청소년기는 성인기를 준비하는 시기며 성인의 지도와 감독이 필요하고 경제적으로 성인에게 의존해야 하는 시기로 인식됨으로써 청소년교육에 많은 사회적 관심이 집중되고 있다. 이를 위해 청소년기의 특성을 과학적으로 이해하고 설명하고자 하는 노력이 학자들에 의해 활발하게 진행되고 있다. 특히 심리학자들은 청소년기가 인간의 생애 주기에서 어떤 의미를 가지며 어떤 발달 특성을 갖는지에 대해 연구하고 다양한 관점에서 청소년기의 특성을 설명하는 이론을 제시하고 있다.

청소년에 대한 인식은 부정적 입장과 긍정적 입장으로 양분된다. 부정적 입장은 청소년기를 갈등, 방황, 혼돈, 반항의 시기로 보고 청소년 세대를 문제가 많은 세대로 보는 입장이다. 그러나 청소년에 대한 긍정적인 입장을 갖고 있는 이론은 청소년 세대를 이렇게 부정적으로 보는 것은 기성세대의 지나친 반응이며 대중매체가 과장한 탓이라고 평가한다. 두 입장 모두 청소년의 특성을 포괄적으로 이해하기 위한 의미 있는 정보를 주고 있다. 여기서는 청소년 발달에 대한 Hall의 이론, Freud의 이론, Erikson의 이론, 사회학적 이론, Piaget의 이론, 인류학적 이론을 두 입장에 근거해 분류해 보고자 한다.

(1) 청소년기에 대한 부정적 입장

청소년기에 대한 부정적인 입장의 이론은 청소년기를 질풍노도의 시기, 과도기적 시기, 주변인적 시기, 지불유예기 등으로 본다. 청소년을 변덕스럽고 우울하며 쾌락을 추구하고 반항적이라고 평가하는 입장이다. 또한 청소년기는 미완성의 상태이며 일시적인 상태이므로 안정적이지 않고 다른 특성으로 변화하려는 특성을 가지고 있다고 본다. Hall의 이론, Freud의 이론, Erikson의 이론, 사회학적 이론이 이러한 입장을 갖고 있는 대표적인 이론이다(Steinberg, 2011, p. 13).

1 Hall의 이론

Hall은 Darwin의 진화론에 큰 영향을 받고 인간의 성장과정은 종(species)의 진화가 반복되는 과정으로 설명될 수 있다고 하였다. 그래서 Hall의 이론을 발생반복 이론(recapitulation theory)이라고 한다. 발생반복 이론에 따르면, 유아기는 인간의 진화 과정 중에서 원시시대에 해당하며 청소년기는 원시사회에서 문명화된 사회로 진화하는 과도기적 시대에 해당한다. 그리고 청소년은 아동도 아니고 성인도 아닌 모호한 위치에서 혼돈의 감정을 경험하게 되고 이로 인한 긴장과 혼란이 청소년기를 질풍노도(storm and stress)의 시기로 만든다(정옥분, 2008, p. 44). 이와 같이 인간의 성장과정이 타고난 생물학적 힘이나 유전에 의해 전개되기 때문에 청소년기의 특징은 어느 사회에서나 동일하다(Steinberg, 2011, p. 13).

청소년기의 특징에 대한 Hall의 생각은 질풍노도의 시기라는 것이다. 사춘기의 호르몬 분비로 인해 청소년은 질풍노도라고 표현될 만한 격변을 경험하게 되는데, 이러한 변화는 생물학적이고 유전적인 힘에 의한 것이므로 피할 수가 없다. 그러므로 청소년을 위해 사회가 할 수 있는 일은 호르몬 분비에 따른 질풍노도로 그들이 큰 문제를 일으키지 않도록 도와주는 것이라고 보았다. 이를 위해 Hall은 청소년기에 과학적 사고와 도덕성을 기르는 교육, 예절교육을 집중적으로 해야 한다고 주장하였다.

Hall의 이러한 생각에 반론을 제기하는 이론도 많다. 청소년기가 선천적으로 스트레스가 많은 시기도 아니며 사춘기에 분비되는 호르몬이 반드시 정서적 문제를 일으키는 것도 아니라고 보는 이론이다. 그러나 지금까지도 많은 연구는 청소년기에 일어나는 생물학적인 변화가 그들의 특징을 결정한다는 점을 강조하면서 Hall의 이론을 지지하고 있다.

2 Freud의 이론

Hall과 마찬가지로 Freud도 청소년기를 격변의 시기로 설명하고 있다. 청소년기에는 사춘기 호르몬 분비의 변화가 정신적 균형을 깨뜨려 무의식 속에 잠재되어 있던 성적 충동을 자극하기 때문에 정신적인 갈등을 겪게 된다고 설명하였다. 본능적인 성적 충동과 사회적 관습이 갈등을 일으키며 이로 인해 청소년기에는 불안하고 성격적으로 혼란을 경험하게 된다.

이러한 정신적 갈등 때문에 청소년은 부모를 비롯한 가족 구성원과의 관계가 불편해지고 긴장감이 커지거나 의견 다툼이 생기게 된다는 것이다. 그러므로 청소년기의 중요한 과제는 정신적 갈등을 해결하고 정신적 균형감을 얻는 것인데, 이를 위해 청소년은 자신의 에너지를 친구관계, 특히 이성친구 관계에 쏟게 되고 부모로부터 정서적으로 독립하게 된다. Freud는 이렇게 청소년이 가족 구성원과 갈등을 겪고 부모로부터 정서적으로 독립하려고 하는 행동이 정상적이며 피할 수 없는 현상이라고 보았다(Steinberg, 2011, p. 14).

3 Erikson의 이론

Erikson도 Freud와 마찬가지로 청소년기에는 정신적 갈등을 겪게 된다고 하였다. 그러나 그 원인은 성적 충동 때문만이 아니라 미성숙하고 무책임하던 아동기의 자신과 성숙하고 책임을 져야 하는 현재의 자신 사이에서 겪게 되는 갈등 때문이라고 보았다.

Erikson에 의하면 인간의 일생은 8단계로 나누어지며 각 단계에서 수행해야 할 발달과제가 있다. 이러한 발달과제 수행의 성공 여부에 따라서 성격 형성의 결과가 달라진다. 8단계 중에서 5단계에 해당하는 청소년기에는 자아정체감(ego-identity) 확립이라는 과제가 있다(Steinberg, 2011, p. 14). 자아정체감이란 시간과 장소의 변화에도 달라지지 않는 연속성이 있는 자기 자신에 대한 지각을 말한다. 자아정체감이 확립되면 신념이나 역할에서 일관성 있는 나 자신에 대한 개념이 생긴다.

자아정체감을 확립하기 위한 과정은 가치관, 직업, 종교, 생활방식 등에서 여러 가지 중요한 선택을 하는 과정인데, 이러한 선택의 과정에서 청소년은 많은 혼란과 불안을 경험할 수밖에 없다. 혼란과 불안을 경험하는 과정을 정체감 위기(identity crisis)라고 한다. Erikson에 따르면, 청소년은 정체감 위기 과정을 거쳐서 자아정체감을 확립하게 되므로 청소년기에 경험하는 정신적 갈등은 피할 수 없는 현상이다.

4 사회학적 이론

청소년에 대한 사회학적 이론은 주로 청소년 세대와 성인 세대 간의 관계를 통해서 청소년의 특성을 설명한다. 사회학적 이론에서는 청소년과 관련해 크게 두 가지 주제에 관심이 있다. 하나는 청소년을 주변인으로 정의하는 것이고, 다른 하나는 청소년 세대와 부모 세대 간 갈등을 통해 청소년의 특성을 설명하는 것이다(Steinberg, 2011, pp. 15-16).

먼저 주변인으로서의 청소년의 의미는 사회의 주류 집단이 아니라는 의미로, 청소년이 성인에 비해 사회에서 내세울 수 있는 힘이 부족하다는 것을 뜻한다. 사회에서 소외된 주변인으로서의 지위 때문에 청소년은 좌절을 겪게 되고, 때로는 사회문제를 일으키기도 한다(Friedenberg, 1959; Havighurst, 1952; Hollingshead, 1975; Lewin, 1951).

청소년기에 대한 사회학적 이론의 또 다른 관점은 청소년의 특성을 청소년 세대와 부모 세대 간 갈등을 통해 설명하는 것이다. 빠르게 변화하는 현대사회에서 부모 세대와 청소년 세대는 서로 다른 환경에서 자랐기 때문에 서로 다른 태도, 가치관, 신념을 갖고 있으며, 청소년은 부모 세대의 가치관에 저항하는 가치관을 갖기도 한다(Coleman, 1961; Mannheim, 1952). 그래서 부모와 청소년 자녀 두 세대 간에는 갈등이 있을 수밖에 없다. 즉, 자라난 사회적 환경이 다른 청소년과 부모는 갈등할 수밖에 없는 관계라는 것이다.

(2) 청소년기에 대한 긍정적 입장

[1] Piaget의 이론

Piaget는 인지발달의 관점에서 청소년의 특성을 설명하고 있다. Piaget에 따르면, 인간은 태어나서부터 청소년기에 이르기까지 사고 능력의 질적 변화를 경험한다. 아동기와 달리 청소년기에는 가설적 사고와 추상적 사고 능력이 발달한다. 가설적 사고란 직접적인 관찰이나 경험을 통해서 확인하지 않고도 논리적으로 결과를 예측하고 설명할 수 있는 사고로, 의사결정을 하는 데 있어서 중요한 역할을 한다(Steinberg, 2011, p. 60). 추상적 사고 능력이란 추상적 개념을 이해하고 귀납적·연역적 추론을 통해 문제해결이 가능한 사고 능력을 말한다. 아동기에 비해서 이렇게 복잡하게 사고할 수 있는 점 때문에 정신적 갈등을 많이 경험하기도 하지만 다른 한편으로는 미래에 대한 계획을 세우고 문제해결에서 융통성을 발휘하기도 한다.

[2] 인류학적 이론

인류학적 관점에서 청소년을 설명한 대표적인 학자는 Mead와 Benedict다. 그들은 청소년기의 발달이 사회의 특성에 따라서 다르다고 설명한다. 어떤 사회에서는 청소년기를 스트레스가 많고 어려운 시기라고 보는가 하면, 다른 사회에서는 조용하고 평화로운 시기라고 본다. 따라서 청소년기는 타고난 특성이 있는 것이 아니라 사회가 어떻게 키우느냐에 따라서 다른 특성이 발달한다고 본다.

Mead는 『사모아의 성년(Coming of Age in Samoa)』이라는 저서에서 청소년기는 Hall이 제시한 것처럼 질풍노도의 시기라고 단정 지을 수 없다고 했다. 이 저서에 따르면, 남태평양에 있는 사모아섬의 청소년은 질풍노도의 스트레스를 경험하지 않고 평화로운 삶을 산다. 그들은 어려서부터 성인이 하는 일을 도우면서 배우고, 청소년기가 되면 성인이 하는 일을 다 할 수 있게 된다. 이와 같이 문명화되지 않은 수렵·채집 사회에서 자라는 청소년은 특별히 스트레스가 많거나 성인에게 반항적인 행동을 하는 일은 거의 없다. 그러므로 청소년기의 특성은 타고나는 것이 아니라 사회가 청소년을 어떻게 양육하느냐에 따라 다르게 나타난다는 것이다.

청소년기의 특징에 대한 Mead의 설명이 옳다면 왜 문명화되지 않은 사회에서 자라는 청소년은 평온하며 문명화된 현대사회에서 자라는 청소년은 질풍노도를 경험하는가? 이 문제에 대해 저명한 인류학자인 Benedict는 청소년기에서 성인기로 전환하는 시기의 연속성 여부가 다르기 때문이라고 답한다. 그에 따르면 문명화되지 않은 원시사회에서는 청소년기에서 성인기로 진입하는 과정이 점진적이고 연속적인 반면, 문명화된 현대사회에서는 진입 과정이 급진적이고 불연속적이다. 연속적인 사회에서 자라는 청소년은 성인의 역할을 수행하는 과정과 방법을 잘 알고 있기 때문에 스트레스를 적게 받고 평온하지만, 불연속적인 사회에서 자라는 청소년은 자라는 동안 성인이 하는 역할이나 일을 해 본 적이 없고 대학을 졸업한 후 성인이 되고 나서야 직업 세계에 들어가기 때문에 청소년기에 많은 스트레스를 경험하게 된다(Steinberg, 2011, p. 17). Mead와 Benedict의 이론에 따르면 청소년기의 특징은 사회의 영향을 받으므로 이 시기를 질풍노도의 시기라고 단정적으로 말하기 어렵다.

2. 사회 변화에 따른 청소년의 의미 변화

1) 사회 변화와 청소년의 의미

생애 주기에서 청소년기는 아동기나 성인기와 구분되는 독특한 특성을 가진 시기다. 그러나 앞서 말한 바와 같이 청소년기가 단순히 연령만을 기준으로 규정할 수 있는 개념이 아니고 사회문화적인 영향에 따라서 그 성격이 달라질 수 있기 때문에, 청소년의 의미를 이해하기 위해서는 사회 변화에 따라 청소년 집단이 어떻게 형성되었는지를 살펴보아야 한다.

농경사회와 달리 근대사회에서는 산업화로 인한 기술 향상으로 노동이 전문화되고 복잡해짐에 따라 아동 노동의 경제 가치가 하락하였다. 농경사회에서 자녀는 가정 경제의 유지를 위해 노동력을 제공하거나 돈을 버는 존재였으나, 산업사회에서 자녀는 전문 교육기관에서 교육을 받으며 장래를 준비하는 존재로 변화하였다. 이러한 시대적인 배경이 부모에게서 신체적인 의존 상태는 벗어났으나 부모의 보살핌을 받으며 장래를 준비하는 시기인 청소년기를 태동시켰다. 산업사회에서 성인에 비해 노동의 경제 가치가 떨어지는 미성년자를 노동 시장에서 배제하고 학교에 모아 두게 된 사회적 배경은 청소년 집단에 사회적 관심을 집중시키고 청소년기를 지칭하는 다양한 용어가 생겨나게 한 계기가 되었다(조용환, 1993; 최윤진, 2008; Steinberg, 2011).

예를 들어, 청소년을 지칭하는 teenager(10대)란 용어는 1940년대 후반 미국에서 경제적 부를 바탕으로 주요 소비자층을 이루게 된 청소년을 겨냥해서 발간된 『세븐틴(Seventeen)』이란 잡지의 이름에서 유래한 용어로, 상업적 광고를 하는 과정에서 만들어졌다. 이 잡지에서는 청소년이 좋아할 만한 옷, 화장품, 액세서리, 자동차 등을 소개하고 있다. 이러한 시대적 배경에서 생겨난 teenager는 책임감은 없지만 독립적이고 재미를 추구하며 낙천적인 이미지를 가진다(Larson, Wilson, & Rickman, 2009).

미국에서 사회 변화와 함께 청소년을 지칭하기 위해서 등장한 또 다른 대표적인 용어는 youth(청년)다. 1960년대에는 대학생이 수적으로 증가하고 반전시위 등의 학생 운동에 적극 참여하면서 사회의 관심을 받게 되었다. 청소년보다 성숙하나 성인만큼 성숙하다고 보기 어려운, 청소년도 아니고 성인도 아닌 중간 연령층에 해당하는 대학생 연령층을 지칭하기 위해 youth라는 용어를 사용하게 되었다.

2) 한국 사회의 변화와 청소년의 의미

우리 사회의 변화에 따라 청소년의 개념과 용어가 어떻게 변화해 왔는지에 대해서 1970년대 이후 신문 기사에 나타난 청소년의 개념 변화를 분석한 연구결과를 통해 알아보겠다(최이숙, 2002). 앞서 살펴본 바와 같이, 서양에서 청소년 집단에 대한 인식과 관심은 산업화와 더불어 노동 시장의 요구에 의한 중등교육기관의 확대로 인해 생겨났다. 이러한 양상은 우리나라에서도 나타났는데, 1970년대부터 기성세대와 대비되는 세대를 의미하는 대표적인 용어로 청소년이란 용어가 정착되기 시작하였다. 그동안 젊은 세대를 나타내는 용어인 젊은이, 청소년, 소년을 대표하는 용어로 청소년이란 용어가 1970년대에 널리 사용되기 시작했다. 당시에 청소년으로 지칭하는 대상은 중학교에 입학하는 13세부터 20세 중반까지에 해당하는 연령의 집단이고, 청소년은 학생과 근로청소년을 포함하는 포괄적인 개념이었다.

연구에서는 1970년대에 청소년이란 용어가 이러한 연령층의 집단을 지칭하는 본격적인 용어로 등장하게 된 이유를 크게 두 가지로 들고 있다(최이숙, 2002). 첫째, 청소년에 해당하는 연령층의 인구가 증가하였다. 1970년대에 청소년기에 접어든 세대는 전후 베이비붐 세대로 총인구의 1/3에 달할 정도로 그 수가 급격히 증가했다. 둘째, 중등교육과정의 팽창으로 우리 사회에서 청소년 집단에 대한 인식을 강화하였다. 이와 같이 청소년 연령층 인구수의 증가와 중등교육의 팽창이 청소년을 하나의 집단으로 묶을 수 있는 토대로 작용하여, 청소년이란 용어가 기성세대와는 다른 독립적인 세대를 의미하는 개념으로 정착하였다.

1980년대에 들어서면서부터는 대중매체에서 언급하는 청소년의 경우 대학에 들어간 학생청소년을 지칭하는 경향이 높아졌다. 1980년대에는 1970년대 중등교육의 팽창과 정부에서 단행한 졸업정원제와 대학 입학정원의 확대 정책으로 대학생 수가 증가하였다. 이러한 대학생 집단의 인구 증가 현상과 더불어 1980년대 대학생 집단의 민주화 운동으로 인해 사회적 관심의 대상이 된 이들 집단을 지칭하기 위한 용어로 청소년이라는 용어를 사용하였다(최이숙, 2002). 또한 이 시기는 청소년으로 지칭되던 대상이 법률적·제도적으로 정의된 시점으로, 1987년에 제정된 「청소년육성법」에서 청소년을 9세 이상 24세 미만에 속한 집단으로 규정하였다(최이숙, 2002).

1990년대에는 신세대, X세대, N세대 등 기성세대와 대비되는 젊은 세대를 지칭하는 다양한 용어가 출현하였다. 신세대나 X세대는 10대 후반에서 20대를 포괄하는 세대를 새로운 소비 계층으로 인식하면서 광고 미디어에서 부여한 호칭이다. N세대는 network의 첫 자를 따서 만들어진 용어로, 인터넷을 주로 사용하는 인구 집단을 지칭한다. 주로 청소년 연령층이 이에 해당한다. 1990년대에 청소년을 지칭하는 용어는 청소년을 새로운 구매 계층으로 파악하는 시장의 등장과 관련이 있으며, 광고 미디어에 의해서 그들을 지칭하는 다양한 용어가 생겨났다는 것이 이전 시대와의 차이라고 볼 수 있다(최이숙, 2002).

3) 현대사회 청소년의 특성

사회의 변화에 따라서 청소년의 의미가 변화해 왔기 때문에 사회에 따라서 청소년의 특성은 차이가 있다. 현대사회 청소년의 특성은 다음과 같이 요약해 볼 수 있다. 첫째, 과거에 비해 청소년기가 길어지고 있다. 그 이유는 청소년기의 시작을 알리는 사춘기가 빨리 오고 있고, 교육을 받는 기간이 연장되고 있으며, 청소년기의 끝을 알리는 경제적 독립 및 결혼 시기가 늦춰지고 있기 때문이다.

둘째, 길어진 청소년기의 기간을 세분하여 이해하여야 한다. 일반적으로 청소년기는 3단계로 분류된다. 대체로 10~14세는 청소년 초기, 15~17세는 청소년 중기, 18~20세는 청소년 후기로 분류할 수 있는데 시기별로 발달 특성이 다르다. 청소년 초기는 사춘기가 시작되면서 아동기에서 청소년기로 전환하는 과도기다. 청소년 중기는 전형적인 10대다. 그들의 일상은 친구들과 함께하는 활동으로 이루어져 있다 해도 과언이 아닌데, 친구 간에 유행하는 특별한 옷을 입고 같은 음악을 듣고 같은 용어를 쓴다. 청소년 후기는 일과 대인관계에서 성인의 역할로 전환되는 과도기에 있다(Short & Rosenthal, 2008).

셋째, 과거에 비해 청소년에 대한 발달적 요구가 많아지고 있다. 사회가 다양해지고 복잡해짐에 따라서 청소년은 사회에 적응하고 기여하는 성인이 되기 위해 대인관계 기술과 직업에서 요구하는 고도의 기술 등을 익혀야 한다.

넷째, 현대사회의 사회경제적 계층화 혹은 양극화 현상은 청소년에 대한 발달적 기회 제공에서도 계층화와 양극화를 초래한다(Larson, Wilson, & Mortimer, 2002). 중상류 계층의 청소년은 성인기를 준비하기 위해 다양한 사회적 경험을 하고 복리적 혜택과 교육을 많이 받을 수 있을 뿐 아니라 정보와 의사소통 기술 등을 사용할 수 있으나, 저소득층의 청소년 혹은 후진국의 청소년은 이러한 기회가 드물다. 그리하여 청소년 집단의 계층화 혹은 양극화 문제가 발생한다.

다섯째, 청소년 집단은 다양하다. 그러므로 특정 집단의 관점에서만 청소년을 이해하려는 시각은 청소년 이해에서 오류를 범하기 쉽다(조용환, 1993). 예를 들어, 상식적인 개념으로 중학생과 고등학생에 해당하는 연령 집단을 청소년이라고 이해하는 것은 많은 청소년 집단 중에서 학교에 다니는 청소년만을 고려하고 다른 청소년 집단은 간과하는 오류를 범하는 것이다.

3. 생애 주기에서 청소년기의 범위

1) 청소년기의 시작과 끝

청소년기가 언제 시작되고 끝나는지는 한마디로 말하기 어렵다. 앞서도 살펴본 바와 같이 청소년기가 단순히 생물학적으로 정의될 수 있는 개념이 아니라 사회문화적으로 정의되는 개념이기 때문이다. 생물학적으로 청소년기에 해당되는 연령이라 하더라도 사회가 어떻게 인정하고 대우해 주는가에 따라서 청소년 혹은 성인으로서의 역할을 하게 된다. 그러므로 생물학적 관점과 사회문화적인 관점에서 정의하는 청소년기는 다르다.

생물학적 관점에서 청소년기를 정의한다면 2차 성징이 나타나는 사춘기가 아동기와 청소년기를 구분하는 시점이 되고, 신체적 · 성적 발달이 완성되어 사춘기가 종료되는 시점이 청소년기가 끝나고 성인기로 진입하는 시점이라고 볼 수 있다. 그러나 사춘기가 끝났다고 해서 성인으로 대우받기는 어렵다. 따라서 어떠한 관점에

서 청소년기를 정의하는가에 따라서 청소년기의 시작과 끝은 달라질 수 있다.

미국의 심리학자인 Steinberg(2011)는 『청소년기(Adolescence)』라는 저서에서 청소년기의 시작과 끝을 아홉 가지 관점에서 기술하고 있다. 그것은 생리적, 정서발달적, 인지발달적, 대인관계적, 사회적, 교육적, 법적, 연령적, 문화적 관점인데, 각 관점별 내용은 다음과 같다.

첫째, 생리적 관점에서는 청소년기의 시작과 끝의 정의에서 사춘기가 그 기준이 된다. 사춘기가 시작되면서 청소년기가 시작되고, 아이를 낳을 수 있게 되면 청소년기가 끝나고 성인기로 진입한다.

둘째, 정서발달적 관점에서는 부모에 대한 의존적인 감정에서 벗어나기 시작하면 청소년기가 시작되고, 부모로부터 분리된 정체감을 형성하게 되면 청소년기가 끝난다.

셋째, 인지발달적 관점에서는 고차원적인 이성적 사고 능력이 생기기 시작하면서 청소년기가 시작되고, 이러한 이성적 사고 능력을 굳히게 되면서 청소년기가 끝난다.

넷째, 대인관계적 관점에서는 부모와의 관계에 대한 관심이 친구관계에 대한 관심으로 전환되기 시작하면서 청소년기가 시작되고, 친구와의 친밀감이 발달하면서 청소년기가 끝난다.

다섯째, 사회적 관점에서는 가족 구성원이나 시민으로서의 역할을 비롯한 성인의 역할 수행을 위한 훈련을 받기 시작하면서 청소년기가 시작되고, 성인의 지위나 특권을 얻게 되면서 청소년기가 끝난다.

여섯째, 교육적 관점에서는 중등교육기관에 입학하면서 청소년기가 시작되고, 졸업하면서 청소년기가 끝난다.

일곱째, 법적 관점에서는 법에서 규정하는 청소년의 지위를 얻게 되면서 청소년기가 시작되고, 성인의 지위를 얻게 되면서 청소년기가 끝난다.

여덟째, 연령적 관점에서는 10세 정도에 청소년기가 시작되고, 21세 정도에 청소년기가 끝난다.

아홉째, 문화적 관점에서는 청소년기로 진입하게 되는 통과의례 기간에 접어들면서 청소년기가 시작되고, 통과의례가 끝나면서 청소년기가 끝난다. 통과의례(rite of passage)란 삶에서 새로운 단계로 넘어갈 때 새로운 신분이나 역할을 획득하게 되는데, 이때 새로운 신분으로의 이행을 알리는 목적으로 행하는 의식을 말한다(**그림 1-1** 참조).

그림 1-1 통과의례: 졸업식

Steinberg가 제시한 청소년기의 시작과 끝에 대한 아홉 가지 분류 중에서 마지막의 통과의례를 기준으로 한 분류는 문명화되지 않은 부족사회에서는 청소년기를 규정하는 기준이 될 수 있지만 현대사회에서는 청소년기의 범주를 설정하는 데 그리 적합하지 않다. 대부분의 부족사회에서는 성인으로 대접받기 위해 가시적이고 특별한 통과의례를 거치게 되므로 청소년기의 시작이나 끝을 알 수 있는 명확한 기준이 되지만 현대사회에서는 아동기와 성인기를 구획 짓는 특별한 통과의례를 거의 행하지 않기 때문이다(조용환, 1993). 그러나 졸업식, 결혼식이 아동, 청소년, 성인을 구획 짓는 현대사회의 통과의례라고도 볼 수 있다.

아홉 가지의 범주에 근거하여 정의된 청소년기는 모두 동일한 시기에 발생하는 것이 아니다. 이를테면 교육적 관점에서 중등학교를 졸업하여 청소년기가 끝난 시점에 있지만 사회적 관점에서 성인의 지위나 특권을 갖고 있지 못하거나, 연령적 관점에서 10세가 되어 청소년기가 시작되었지만 생리적인 관점에서 사춘기가 시작되지 않아서 아직 아동기에 머물러 있는 경우가 얼마든지 있을 수 있다. 이와 같이 청소년기의 개념은 어떤 관점에서 정의하는가에 따라 다르며 사회가 성인에 대한 개념을 어떻게 정의하느냐에 따라 계속 변화할 것이다.

특히 법적인 관점에서 보는 청소년기의 연령 범주와 청소년을 지칭하는 용어는 다양하다. 예를 들면, 「청소년 기본법」에서는 청소년의 연령을 9세 이상 24세 이하로 보며, 「소년법」에서는 20세 미만을 소년, 「민법」에서는 20세 미만을 미성년자, 「청소년 보호법」과 「아동 · 청소년의 성보호에 관한 법률」에서는 19세 미만을 청소년으로 본다. 그리고 「아동복지법」에서는 19세 미만을 아동으로 규정하고, 「근로기준법」에서는 18세 미만을 근로소년, 「공연법」에서는 18세 미만을 연소자, 「형법」에서는 14세 미만을 형사미성년자로 규정한다.

따라서 20세 청소년이 「청소년 기본법」에서는 청소년이지만 「청소년 보호법」이나 「근로기준법」 등에서는 성인에 해당한다. 이렇게 청소년의 연령 범주에 대한 법적 정의 간에 일관성이 없는 점에 대해서는 다음과 같은 설명이 가능하다. 「청소년 기본법」과 같이 다양한 혜택을 제공하여 청소년을 법적으로 보호할 경우에는 청소년의 연령 범주를 높은 나이까지 잡아서 혜택의 가능성을 최대한 열어 주고, 제재를 가하여 청소년을 법적으로 보호할 경우에는 연령 범주를 어린 나이부터 잡아 부정적 행동에 대한 제재를 최대한 일찍 하여 청소년이 일탈행동을 하지 않게 하는 목표를 갖고 있기 때문이다. 따라서 법적 관점에서 보았을 때는 청소년기의 연령 범주가 다양할 수밖에 없다.

그러므로 청소년기의 시작과 끝을 말해 주는 아홉 가지 분류 중에서 어떤 것이 옳고 그른지를 판단하는 것은 큰 의미가 없다. 중요한 것은 인간의 일생에서 청소년기는 미성숙하고 의존적인 상태에서 독립적이고 성숙된 상태로 전환되어 가는 의미 있는 시기임을 인식하는 것이다. 또한 청소년기는 단일 차원에서 정의되거나 이해될 수 없는 시기임을 인식하는 것이다.

2) 현대사회에서 청소년기의 연장

청소년은 부모와 사회의 보살핌을 받으면서 성인기로 진입하는 준비 과정을 거쳐 자립에 성공하면 성인이 된다. 즉, 청소년기의 끝은 사회적 자립 요건을 충족하는가의 여부에 따라 결정된다. 그런데 현대사회에서는 청소년기에서 성인기로 진입하는 시기가 점점 늦어지고 있다. 청소년심리학의 대표학자인 Larson 등(2009)에 따르면 현대화와 세계화는 청소년기에서 성인기로의 전환기를 연장하고 있으며 청소년기의 역할과 성인기의 역할을 더욱 불연속적으로 만들고 있다.

현대사회의 부모는 농경사회의 부모처럼 생활 속에서 직접 자녀를 가르쳐서 직업을 갖게 할 수 있는 능력이 부족하다. 직업의 다양화와 전문화 그리고 쏟아지는 정보의 홍수 속에서 자녀의 직업을 준비시킬 수 있는 부모의 능력은 제한되고 학교가 그 일을 담당하고 있다. 특히 자녀의 자립을 일찍부터 강조하는 서구에 비해 우리나라의 청소년은 청소년기를 지나 성인이 되어서까지 부모에게 경제적으로나 심리적으로 의존하는 경우가 흔하다(조용환, 1993).

최윤진(2000)은 현대사회에서의 청소년기를 사회적 자립 정도에 따라 adolescence와 youth로 분류하여 설명하고 있다. adolescence가 청소년기를 지칭하기 위해 주로 발달심리학 분야에서 통용되는 개념이라면, youth는 사회적 지위, 역할 등과 연계되어 지칭되는 개념이다(최윤진, 2008; Steinberg, 2011). 그러나 동시에 이 두 단어는 청소년기의 초반과 후반을 지칭하는 용어로 사용되기도 한다. 즉, adolescence는 완전히 의존적 수준에 머물고 있는 청소년기를 의미하고, youth는 사회적으로 반자립을 이룬 청소년기를 의미한다.

사회적 역할 과업을 중심으로 완전 의존적 시기로서의 adolescence와 반자립적 시기로서의 youth의 의미를 구체적으로 살펴보기로 하자(최윤진, 2000). 초등교육을 마무리하고 중등교육을 시작하는 10세경에서 중등교육을 수료하고 대학이나 대학원에 진학하는 20세경까지는 adolescence로 지칭할 수 있다. 이 시기는 직업을 갖기 위한 준비 기간으로서 사회적으로 자립하지 못하고 전적으로 부모에게 의존하는 기간이다(최윤진, 2000). 중등교육을 수료하거나 대학 진학 혹은 부모로부터 독립하기 시작하는 20세경에서 결혼을 하거나 취업 및 경제 활동을 통해 사회적 자립을 시작하는 30세경까지는 youth로 지칭할 수 있다(최윤진, 2000). 이 시기는 사회적으로 완전한 자립을 성취하지 못했다는 점에서 성인기와 구분되고, 부모에게 전적으로 의존하는 adolescence와는 차별되는 특성을 보인다. 이러한 분류를 통해 현대사회에서는 청소년기가 연장되고 있음을 알 수 있다.

미국의 심리학자인 Arnett(2004)는 현대사회에서 연장된 청소년기를 '신흥 성인기(emerging adulthood)'로 지칭한다. 신흥 성인기란 연령상으로는 20대 중반으로 성인기에 해당하지만 사회적 자립을 하지 못하고 남에게 의존적인 특성을 보이는 시기로, 청소년기도 아니고 성인기도 아닌 시기를 말한다. 현대사회에서는 기술의 향상으로 노동이 전문화되고 복잡화되면서 사회적으로 자립하기 위해 직업을 갖기 위한 준비 기간이 늘어남에 따라 취업 연령과 결혼 연령이 늦어짐으로써 청소년기 연장 현상이 발생하고 있다(Larson, 2002).

또는 이러한 세대를 캥거루족이라고도 한다(박은경, 2012. 6. 25). 캥거루족이란 나이가 들어도 자립해서 부모 곁을 떠나지 않고 더부살이를 한다고 하여 만들어진 용어다.

4. 청소년기의 발달적 변화와 환경

1) 청소년기의 발달적 변화

청소년기는 아동기와 성인기 사이의 시기이나 이 시기를 보는 관점에 따라서 발달적 수준은 다양하다. 대중매체에서는 청소년을 1318세대라고 하여 13~18세의 연령대를 주로 청소년으로 보고 있다. 법적으로는 앞서 언급했듯이 「청소년 기본법」에서 9세 이상 24세 이하를 청소년으로 규정하고 있다. 그러나 「민법」은 20세 미만을 미성년으로, 「아동복지법」에서는 18세 미만을 요보호 대상으로 규정하고 있고, 「근로기준법」에서는 근로소년을 18세 미만으로 규정하고 있다. 이렇게 청소년을 지칭하는 연령 범주가 일치하지 않는 이유는 청소년기는 단순히 생물학적으로 정의되는 개념이 아니라 사회문화적으로 생겨난 개념이기 때문이다. 따라서 청소년기의 발달적 특성은 다양한 관점에서 복합적으로 이해하여야 한다. 어떤 관점에서 청소년기를 정의하는가에 따라서 청소년기의 길이나 대상이 다르므로 청소년기의 발달적 특성을 이해한다는 것은 간단한 문제가 아니다.

한상철(2008, pp. 36-37)은 청소년을 한마디로 정의하기 어렵지만 발달단계로서의 청소년기의 특징을 종합해 볼 때 청소년의 개념을 다음과 같이 설명할 수 있다고 하였다. 즉, 청소년은 아동과 성인의 특성을 부분적으로 가지고 있으면서 어디에도 속하지 않는 과도기적 존재로 신체적 · 지적 · 정서적인 면에서 미성숙의 상태에서 성숙의 상태로 발달되어 가는 과정에 있다. 청소년은 생식 능력을 갖고 있지 못한 아동과 구분되며 성장이 완료된 청년과도 구분된다. 청소년기는 생애 발달 과정의 어떤 시기와도 다른 독특한 특성을 가진다.

이러한 청소년기의 독특성을 하나의 관점에서 완전하게 설명하기는 어렵다. 그러므로 다양한 관점에서 청소년의 특성을 종합적으로 수렴해서 설명해야 한다. 청소년의 특성을 이해하기 위한 대표적인 접근으로는 신체적 성장과정이나 성적 성숙을 보는 생물학적 접근, 사고방식의 질적 · 양적 변화를 보는 인지적 접근, 사회관계의 변화를 보는 심리사회적 접근을 들 수 있다(Rice, 2004; Steinberg, 2011).

생애 주기에서 아동기나 성인기와 다른 청소년기에 일어나는 기본적이고 독특한 변화는 무엇일까. 앞의 세 가지 관점에서 본다면 생물학적인 변화, 인지적인 변화, 사회적 변화가 청소년기에 일어나는 대표적인 변화라고 할 수 있다. 여기서는 이 세 가지 변화의 관점에서 청소년의 특징을 살펴보기로 하자.

첫째, 생물학적 변화다. 청소년기에 일어나는 대표적인 생리적 변화는 사춘기(puberty)다. 사춘기에는 2차 성징이 발달하고 신체적 급성장이 일어난다. 이러한 생리적 변화는 심리사회적 변화를 유발한다. 사춘기에 빠르게 진행되는 외모와 몸의 변화를 통해 청소년은 그동안 가지고 있었던 자아상이 변화된다. 이전에는 가족과의 친밀한 관계를 원하고 이에 만족하였으나, 사춘기에 접어들면서 청소년은 혼자 있고 싶어 하거나 친구와의 친밀한 관계를 더욱 원하게 된다. 딸은 아버지, 아들은 어머니와의 신체적 접촉을 꺼리게 된다. 이성 친구와의 관계에서 이전에는 없었던 성적인 충동이나 관심이 생겨나게 된다. 이와 같이 사춘기는 청소년기가 시작되는 생리적인 변화로 단순한 신체적 변화가 아닌 심리적 · 사회적 변화를 동반한다.

둘째, 인지적 변화다. 인지란 사고 능력을 말한다. 청소년기에는 아동기에 비해 사고 능력이 발달하여 문제를 더욱 복합적으로 생각할 수 있다. 가설적인 상황이나 추상적인 개념을 더욱 잘 생각할 수 있다. 그래서 청소년은 자기 자신에 대해 객관적으로 생각할 수 있고, 자신이 다른 사람과 어떤 관계를 맺고 있는지, 자신을 둘러싼 세상은 어떤지에 대해서 생각할 수 있다. 또한 이전에는 부모의 생각에 동조하고 복종하였으나 부모의 생각과 다른 경우 언쟁을 벌이기도 한다. 자신의 미래, 친구나 가족과의 관계, 정치, 종교, 철학 등에 대해 관심을 갖고 논리적으로 생각할 수 있게 된다.

셋째, 사회적 변화다. 사회는 성인과 아동을 다르게 대우한다. 권리, 의무, 특권, 책임 등에서 성인과 아동은 다른 지위를 갖게 된다. 청소년기는 아동에서 성인의 지위를 갖게 되는 전환기에 있으므로 사회적 역할과 지위에서의 변화를 경험하게 된다. 예를 들면, 이전에는 허용되지 않았던 장소에 출입이 허가되거나 아르바이트와 같이 이전에는 할 수 없었던 활동을 하도록 허가된다. 이러한 사회적 지위의 변화를 통해 청소년의 자아상에는 많은 변화가 일어난다.

청소년기가 되면 자신이 누구이고 무엇을 위해 살고 있는지에 대해 의문을 갖게 되며 많은 생각을 하게 된다. 이러한 의문에 대한 답을 찾기 위해 많은 고민과 방황을 하기도 하고 사회적 역할을 수행하는 데 많은 시행착오를 겪는데, 그들은 자신을 어린아이로 취급하는 부모에게 자주성을 주장하고 성인 세대에 대한 반발과 비판적 태도를 취하기도 한다. 가족 이외의 사람들과 사회관계를 확대해 나감으로써 이전에 부모와 가졌던 수직적인 인간관계를 벗어나 수평적인 인간관계를 갖고자 노력한다.

2) 청소년기의 생태학적 맥락

모든 청소년이 앞에서 말한 생리적 · 인지적 · 사회적 변화를 경험하지만 변화의 결과가 모든 청소년에게 다 같은 것은 아니다. 어떤 청소년은 사춘기의 신체적 변화를 행복하게 받아들이지만, 어떤 청소년은 부정적으로 받아들인다. 가설적 사고와 추상적 개념에 대한 사고 능력의 발달은 어떤 청소년에게는 삶을 폭넓게 생각하고 살아갈 수 있는 발판이 되지만, 어떤 청소년에게는 비관적 사고와 방황의 원인이 되기도 한다. 사회관계와 지위의 변화에 대해 어떤 청소년은 다양한 경험을 하고 성인이 될 준비를 할 수 있는 기회로 활용하지만, 어떤 청소년은 두렵고 부담스러운 상황으로 받아들인다.

이렇게 청소년기에 생리적 · 인지적 · 사회적 변화가 기본적으로 모든 청소년에게 일어나지만 변화의 결과에서는 개인차가 생기는 이유에 대해 Steinberg(2011)는 개인이 처한 환경이 다르기 때문이라고 설명한다. 청소년을 이해하기 위해서 모든 청소년이 기본적으로 경험하는 생리적 · 인지적 · 사회적 변화뿐 아니라 그들이 처한 환경에 대한 이해를 수반하여야 하는 이유가 여기에 있다. 여기서는 청소년을 둘러싼 환경을 이해하기 위해서 두 가지 내용을 살펴보고자 한다. 첫째, 청소년의 환경에 대한 이해를 돕기 위해서 Bronfenbrenner(1979)의 생태학적 이론을 살펴본다. 둘째, Larson과 동료 연구자들(2002)이 실행한 21세기 청소년에 대한 일련의 연구를 요약함으로써 현재와 미래사회에서 청소년이 처한 주요 환경은 무엇이고 어떠한 특성을 가지고 있는지 알아본다.

(1) Bronfenbrenner의 생태학적 관점

Bronfenbrenner(1979)의 생태학적 이론에 따르면, 인간의 행동이나 발달은 그것이 일어나는 환경에 대한 정보가 없이는 설명하기 어렵다. 환경에 대한 충분한 이해가 있어야만 그 환경에서 살고 있는 인간에 대한 이해가 가능하다. Bronfenbrenner는 환경이란 용어 대신에 맥락(context)이란 용어를 사용하였다. 맥락은 환경의 물질적인 특성뿐 아니라 관계적인 특성이나 심리적인 특성을 포괄하는 의미를 갖는다.

현대사회에서 청소년이 시간을 보내고 있는 주요 맥락은 가정, 친구 집단, 학교, 일, 여가 상황이다(Steinberg, 2011). 이러한 맥락은 청소년에게 가장 가까이 있으면서 청소년 발달에 직접적으로 영향을 준다(이미리, 2005). 그런데 중요한 것은 이들 맥락이 각각 독립적으로 청소년의 발달에 영향을 주는 것이 아니라 서로 연계하여 영향을 주거나 이들 맥락을 둘러싸고 있는 더 큰 맥락과 관련하여 영향을 준다는 것이다. 가정이나 학교는 지역사회에 속해 있어서, 어떤 지역사회에 속한 가정인지 학교인지에 따라서 청소년 발달에 미치는 영향은 다르다.

예를 들어, 대도시에 있는 학교와 섬이나 산골 등 외딴 지역에 있는 학교가 청소년 발달에 미치는 영향은 매우 다를 것이다. 그러므로 청소년기의 변화에 환경이 어떻게 영향을 주는지를 알기 위해서는 청소년에게 가정, 학교, 친구 집단과 같은 근접 환경뿐 아니라 이를 둘러싼 지역사회와 같은 광역 환경과의 관계 속에서 근접 환경의 영향을 파악하는 관점이 필요하다.

이렇게 근접 환경과 광역 환경의 관련성을 고려하여 환경과 인간 행동의 변화를 설명한 이론이 Bronfenbrenner의 생태학적 이론이다. Bronfenbrenner의 생태학적 이론에서는 인간의 발달에 영향을 주는 맥락을 다음의 다섯 가지로 분류하였다. 근접성의 차원에서 분류된 맥락은 미시체계(microsystem), 중간체계(mesosystem), 외체계(exosystem), 거시체계(macrosystem)의 네 가지 수준을 포함한다. 또한 이들 네 가지 수준이 시간에 따라 변화함으로써 인간의 발달에 영향을 주는 또 다른 맥락인

시간체계(chronosystem)가 있다.

미시체계는 청소년이 직접적으로 매일 경험하는 환경으로 가정, 친구 집단, 학교 등이 대표적인 예다. 직접적으로 매일 경험하는 환경 간의 관계에 의해 만들어진 환경을 중간체계라고 한다. 가족과 친구 집단의 관계에 의해 조성된 환경, 가정과 학교의 관계에 의해 조성된 환경을 예로 들 수 있다. 외체계는 청소년이 직접적으로 경험하지는 않지만 간접적으로 영향을 주는 환경으로, 부모의 직장을 대표적인 예로 들 수 있다. 미시체계, 중간체계, 외체계를 둘러싸고 영향을 주는 큰 맥락을 거시체계라고 하며, 문화나 역사 등을 예로 들 수 있다.

미시체계로부터 외체계에 이르는 맥락은 인간에게 항상 일정하게 영향을 주는 정지된 상태가 아니고 변화하는 과정에 있다. 그러므로 맥락이 인간 발달에 미치는 영향은 시기에 따라 다르다. 예를 들어, 미시체계에 속하는 가정에서 발생한 부모의 이혼이 청소년에게 미치는 영향은 시기에 따라 다르다. 대체로 이혼의 부정적인 영향은 이혼 첫해에 가장 크고, 시간이 흐르면 부정적인 영향이 줄어들어 2년 정도면 어느 정도 안정을 찾게 된다(정옥분, 2014). 또 다른 예로, 동생의 출생이 청소년 발달에 미치는 영향은 중학생인지 혹은 고3 입시생인지에 따라서 다를 것이다. 이렇게 맥락이 환경에 미치는 영향은 시간적 차원에 따라서 다르다. 이러한 시간적 차원을 시간체계라고 한다.

이와 같이 맥락이 서로 영향을 주고받으면서 청소년의 행동 변화에 영향을 주며, 동시에 청소년의 행동 또한 이러한 맥락의 변화에 영향을 준다. 이러한 생태학적 관점은 청소년기의 발달적 변화를 이해하고 설명하기 위해서 환경을 어떻게 분석하여야 하는지에 대한 방향을 제시한다.

(2) 21세기 청소년의 환경 특성

우리 사회의 미래는 사회가 청소년이 잘 성장할 수 있도록 환경을 얼마나 잘 제공해 주느냐, 그리고 그 환경 속에서 청소년 스스로가 사회에 기여하는 성인으로 자라나기 위해 얼마나 노력하는가에 달려 있다. 여기서는 청소년 연구의 대표학자인 Larson과 동료들(2002)이 21세기 청소년에 대한 연구라는 주제하에 범문화적 · 다학제적으로 실행한 일련의 연구결과를 요약하면서, 21세기의 청소년이 처한 주요 환경은 무엇이고 그 영향을 청소년이 어떻게 받아들이고 있는지 살펴보기로 하겠다.

Larson과 동료들(2002)은 청소년이 현대사회 속에서 어떤 경험을 하고 있으며 이러한 경험이 청소년 개인이나 사회의 미래와 어떻게 관련되는지에 대해 다양한 주제를 가지고 연구하였다. 그 내용은 청소년의 주요 환경으로서 가족, 또래관계, 교육과 진로, 시민교육, 미디어와 정보 기술 등이다. 각 주제별 연구결과를 요약하면서 현대사회의 청소년이 처한 환경의 특성에 대해 알아보기로 한다.

1 가족

청소년 발달에 가장 중요한 영향을 주는 환경은 가족이다. 21세기 청소년은 가족으로부터 긍정적인 지원을 받으면서 살고 있으며, 과거에 비해 그들이 살고 있는 가족의 유형은 다양하다. 21세기의 가족 형태는 다양하며 저마다 나름대로의 기능성을 가진다. 그러므로 양부모가족만을 정상적인 가족으로 여기고 그 외의 다양한 가족은 결손가족으로 보는 편파된 인식보다는 가족 구조의 다양성을 인정하는 시각의 변화가 필요하다.

각 가정에서 부모는 청소년기 자녀가 성인기를 잘 준비하도록 지원하고, 청소년은 이러한 부모와 친밀한 관계를 갖는다. 과거에 비해 가족 구성원의 수가 줄어듦으로 인해 부모는 자녀에게 더 많은 자원을 제공하고 주의를 기울일 수 있다. 부모는 자녀의 욕구에 민감하게 반응하고 소통적인 양육 방식을 가지고 있어서 자녀가 성숙한 대인관계 기술을 발달시키고 정신 건강을 유지할 수 있게 지원한다.

현대사회에서 다양한 가족환경에 대한 연구를 개관한 연구에 따르면(정현숙, 2004), 현대사회 청소년의 발달과 문제에 대한 올바른 이해를 위해서는 가족의 다양한 구조 및 기능에 대한 복합적인 이해가 필요하다. 21세기 청소년이 자라게 되는 다양한 가족 구조에 대한 예를 정현숙(2004)의 연구에서 제시하고 있는데, 그 내용은 다음과 같다. 가족의 구조 면에서 다양한 유형이 있는데, 핵가족, 확대가족, 미성년만으로 이루어진 가족, 분거가족, 부모의 이혼이나 사별 혹은 미혼부모로 인한 한부모가족, 재혼가족, 동거가족이 있다. 또한 가족의 기능 면에서 다양한 유형이 있는데, 맞벌이가족, 입양가족, 폭력가족, 장애인가족, 실직자가족, 중독자를 둔 가족, 빈곤가족 등이 있다. 이들 가족의 구조와 기능은 매우 다르기 때문에 성장환경으로서 청소년의 발달에 미치는 영향은 다르다. 따라서 가족의 다양한 환경이

청소년의 성장과 발달에 어떻게 영향을 주는지에 대한 이론화가 필요하다(정현숙, 2004).

2 또래관계

청소년기에 또래와의 관계는 부모와의 상호작용을 통해서는 습득하기 어려운 수평적인 대인관계 기술을 발달시키는 데 도움이 된다. 동시에 청소년기 또래관계는 기성세대와 독립적인 청소년문화를 발달시키는 기능을 갖는다. 청소년문화는 다양한 민족, 사회계층, 종교적 배경을 가진 청소년을 소통하게 하고 연결해 주는 기능을 가진다. 그러나 청소년은 동년배와 부정적이고 강요적인 상호작용을 하기도 하므로 긍정적인 상호작용을 할 수 있도록 성인의 지도와 감독이 필요하다. 특히 이성교제를 통해 혼전 임신 등의 문제가 발생하지 않도록 성인이 지속적으로 관심을 가져야 한다.

3 교육과 진로

학교에 다니는 것은 청소년이 성인기에 건강하게 생활하고 대인관계 기술을 발달시키며 시민으로서의 역할을 수행할 뿐 아니라 직업을 가질 수 있는 능력을 갖기 위해 중요하다. 개발도상국이나 선진국에서 교육과 관련한 주요 관심사는 현대사회에서 변화하는 직업 시장과 교육이 조화를 이루도록 하는 것이다. 따라서 학교 교육과정은 청소년으로 하여금 직업 현장에서 요구하는 기술과 능력을 갖추도록 교육하는 내용을 포함해야 한다. 대학교육을 받는 청소년이 많지만 고학력 실업자의 증가 현상은 직업 시장을 겨냥한 학교 교육과정의 편성이 필요함을 말해 준다. 또한 학교와 기업주 간의 연계교육이 중요한 사안으로 부각하고 있다.

4 시민교육

청소년의 시민의식과 소양을 발달시키는 것은 사회의 미래를 위해 매우 중요한 문제다. 민주주의는 청소년을 지역사회에 참여시키는 기회를 제공하고 소외된 집단의 문제를 해결하기 위한 소통의 장을 제공하는 데 기여했다. 그 대표적인 예로 NGO 단체는 청소년을 위한 서비스를 제공하거나 시민으로서의 역할을 수행할 수 있는 환경을 조성하는 데 기여하고 있다.

다양한 집단 간에 상호 의존하고 영향력을 행사하는 글로벌 사회의 특성은 청소년으로 하여금 민족, 인종, 종교, 사회계층, 성의 경계를 넘어서 서로 협동하고 의사소통하는 기술을 발달시키는 원동력이 되고 있다. 오늘날 청소년은 이전 세대의 청소년보다 다양한 집단에 대해서 배우고 접할 기회가 많아서 다른 사람에 대해 개방적이며 문화적으로 다재다능하다(강선경, 김헌진, 2011; 김승경, 2011).

5 미디어와 정보 기술

미래사회에서는 미디어가 청소년의 삶에 미치는 영향력이 점점 커질 것이다. 특히 상호작용적인 미디어인 인터넷은 오락의 기능에서부터 직업을 찾고 건강에 대한 정보를 얻는 등의 다양한 기능을 가진 도구로 널리 사용되고 있다. 인터넷은 청소년이 다른 사람과 갖는 연계성을 증가시키고 있다. 인터넷을 통해 청소년은 시민운동, 사회 활동, 취업, 기업 활동을 하고 유사한 가치관, 관심, 생활양식을 가진 사람들과 유대 관계를 맺는다.

그러나 인터넷은 후진국의 청소년이나 빈곤층 청소년에게는 더욱 심각한 장애요인이 되고 있다. 왜냐하면 인터넷 사용이 어려워 그것을 통해 얻을 수 있는 중요한 지식이나 기술을 습득할 수 없게 되고, 이는 인터넷을 사용하고 있는 청소년과의 괴리감을 더욱 크게 하기 때문이다.

생각해 봅시다

1. 청소년기의 특성을 Hall의 이론, Freud의 이론, Erikson의 이론, 사회학적 이론, Piaget의 이론, 인류학적 이론의 관점에서 정리해 봅시다.

2. 사회 변화에 따라서 청소년의 개념은 어떻게 변화했고 청소년을 지칭하는 용어는 그에 따라 어떻게 변화해 왔는지 정리해 봅시다.

3. 생애 주기에서 청소년은 언제 시작되어서 언제 끝나는지 Steinberg가 제시한 아홉 가지 관점에서 정리해 봅시다.

4. 청소년의 발달에 영향을 주는 주요 맥락은 가족, 또래관계, 교육과 진로, 시민교육, 미디어와 정보 기술 등을 포함합니다. 이들 맥락의 특성을 생각해 봅시다.

✱ 참고문헌

강선경, 김헌진(2011). 다문화교육 프로그램이 초등학생의 다인종 및 다문화에 대한 태도에 미치는 효과성 연구. 청소년학연구, 18(11), 259-282.

김승경(2011). 다문화교육에 대한 현황분석과 새로운 방향 모색에 대한 논의. 21세기 청소년포럼, 51, 81-83.

박은경(2012. 6. 25). 싱글남녀, 부담없이 오라! 주간동아. http://weekly.donga.com/docs/magazine/weekly/2012/06/18/201206180500020/201206180500020_1.html

오찬호(2004). 청소년에 대한 세대 사회학적 접근. 서강대학교 대학원 석사학위논문.

이미리(2005). 청소년기 자아존중감과 가족, 친구, 학업, 여가, 직업 변인들의 관계: 긍정적 자아평가와 부정적 자아평가를 중심으로. 한국청소년연구, 16(2), 263-293.

정옥분(2008). 청년발달의 이해(개정판). 서울: 학지사.

정옥분(2014). 결혼과 가족의 이해. 서울: 학지사

정현숙(2004). 다양한 가족에서의 청소년 발달. 한국심리학회지: 사회문제, 10(특집호), 29-45.

조용환(1993). 청소년 연구의 문화인류학적 접근: 청소년의 실체와 청소년문화의 이해. 한국청소년연구, 14, 가을, 5-17.

조한혜정(2000). 학교를 찾는 아이 아이를 찾는 사회: 21세기 학교만들기. 서울: 또하나의 문화.

주은우(1994). 90년대 한국의 신세대와 소비문화. 경제와 사회, 21, 70-91.

최윤진(2000). 아동의 권리와 청소년의 권리. 청소년학연구, 7(2), 277-300.

최윤진(2008). 청소년 호칭의 역사에 관한 연구: 청소년 호칭 유형과 의미 변화를 중심으로. 청소년학연구, 15(7), 369-386.

최이숙(2002). 1970년 이후 신문에 나타난 청소년 개념의 변화. 서울대학교 대학원 석사학위논문.

한상철(2008). 청소년학: 청소년 이해와 지도(2판). 서울: 학지사.

Arnett, J. (2004). *Emerging adulthood: The winding road from the late teens through the twenties*. New York: Oxford University Press.

Bronfenbrenner, U. (1979). *The ecology of human development*. Cambridge, MA: Harvard University Press.

Brown, B. B. (2005). Introduction to special section on G. S. Hall. *Journal of Research on Adolescence, 15*(4), 353-355.

Coleman, J. (1961). *The adolescent society*. Glemco, IL: Free Press.

Erikson, E. (1968). *Identity: Youth and crisis*. New York: Norton.

Friedenberg, E. (1959). *The vanishing adolescent*. Boston: Beacon Press.

Havighurst, R. (1952). *Developmental tasks and education*. New York: McKay.

Hollingshead, A. (1975). *Elmtown's youth and Elmtown revisited*. New York: Wiley.

Larson, R. W. (2002). Globalization, societal change, and new technologies: What they mean for the future of adolescence. *Journal of Research on Adolescence, 21*(1), 1-30.

Larson, R. W., Wilson, S., & Mortimer, J. T. (2002). Conclusions: Adolescents' preparation for the future. *Journal of Research on Adolescence, 12*(1), 159-166.

Larson, R. W., Wilson, S., & Rickman, A. (2009). Globalization, societal change, and adolescence across the world. In R. Lerner & L. Steinberg (Eds.), *Handbook of adolescent psychology* (3rd ed., Vol. 2, pp. 590-622). New York: Wiley.

Lerner, R., & Steinberg, L. (Eds.). (2009). *Handbook of adolescent psychology* (3rd ed.). New York: Wiley.

Lewin, K. (1951). *Field theory and social science*. New York: Harper & Row.

Mannheim, K. (1952). The problem of generation. In K. Mannheim (Ed.), *Essays on the sociology of knowledge*. London: Routledge & Kegan Paul.

Moshman, D. (1993). Adolescent reasoning and adolescent rights. *Human Development, 36*, 27-40.

Rice, F. P. (2004). 청소년심리학(정영숙, 신민섭, 설인자 공역). 서울: 시그마프레스. (1999년 원저 출간)

Rousseau, J. J. (1987). 에밀(민희식 역). 서울: 육문사. (1762년 원저 출간)

Short, M. B., & Rosenthal, S. L. (2008). Psychosocial development and puberty. *Annals of the New York Academy of Sciences, 1135*, 36-42.

Steinberg, L. (2011). *Adolescence* (9th ed.). New York: McGraw-Hill.

Youniss, J., & Hart, D. (2005). The intersection of social institution with civic development. In L. Jensen & R. W. Larson (Eds.), *New horizons in development theory and research* (pp. 73-81). New York: Wiley.

제2장

청소년학과 청소년 연구

이 장에서는 청소년학의 등장배경과 현황을 살펴보고, 향후 청소년학을 학문으로 정립하기 위해 필요한 과제로는 무엇이 있는지를 논의한다. 이를 위해 청소년학의 대상인 청소년이란 개념의 탄생과 함께, 청소년학의 등장배경, 성립과 전개 과정 등을 살펴본다. 끝으로, 청소년학의 학문적 체계를 정립하기 위해 요구되는 과제를 탐색한다.

1. 청소년학의 등장

1) '청소년'의 탄생

어느 학문이든지 학문으로서 기본 조건을 갖추기 위해서는 고유한 연구 대상을 설정하고 있어야 한다. 청소년학도 마찬가지다. 청소년학의 연구 대상은 통상 청소년이라는 인간의 발달단계와 밀접한 관련을 갖는다. 이를테면 여성학이 여성, 아동학이 아동, 노년학이 노인을 연구 대상으로 삼는 것처럼 청소년학도 청소년이라는 고유한 발달단계에 초점을 맞춰 왔다. 따라서 청소년학이 청소년을 학문의 연구 대상으로 삼는다면 청소년이 갖는 의미와 개념을 분명하게 파악하는 것이 중요하다.

그러나 1장에서 제시한 바와 같이 청소년에 대한 정의를 내리기란 쉽지 않다. 청소년이 갖는 독특한 지위와 역할, 그리고 그들이 갖는 다양성과 사회문화적인 조건으로 인해 청소년을 한마디로 정의하거나 설명할 수 있는 단일 이론을 구안하기란 쉽지 않기 때문이다. 그럼에도 청소년이라는 연구 대상 자체에 대한 끊임없는 이론적 천착이 중요한 이유는 청소년학이 분과학문으로서 정체성을 찾고 학적 체계를 구축하는 데 이것이 기본적인 학문 성립의 요건이 되기 때문이다.

청소년이라는 용어는 현재 다양하게 명명되고 있다. 영어권에서는 adolescent라는 표현을 주로 사용하고 있고, 일반적으로 10대를 지칭하는 용어로 teenager를 사용하고 있다. 법적 용어로는 juvenile을 주로 사용하고 있으며, 청년이라고도 번역이 되는 youth 혹은 young adult라는 용어도 사용하고 있다(Sebald, 1984, pp. 8-10). Keniston(1968)은 완전한 성인으로서의 지위를 얻는 시기가 지연되는 현상인 지불유예기(모라토리엄, moratorium)에 유의하여 청소년기(adolescence)와 성인기(adulthood) 사이에 청(소)년기(youth)를 설정하고, 연령상으로는 18~26세의 범주로 두었다. UN에서는 15~24세의 연령세대를 청소년으로 칭하고 있으나, 사실 청소년에 대한 연령상의 범주는 국가 및 사회마다 다르다.

하지만 청소년에 대한 대부분의 연령 기준이 같은 입장을 취하는 것은 청소년기의 시작점이다. 즉, 청소년기에 들어와 인간은 이전의 아동기와 확실히 다른 신체적 · 심리적 변화가 일어나는데 이를 사춘기(puberty)라 하고, 사춘기가 등장하면서 드디어 아동기를 벗어나 청소년기에 진입하였다고 보고 있다. 이런 의미에서 청소년이란 개념은 사춘기와 함께 시작하되, 사회문화적으로 통용되는 차이에 따라 그 종료 시점은 각기 다른 사회문화적 기준을 두고 있다.

그런데 청소년이란 용어는 근대 이전까지는 존재하지 않는 개념이었다. 역사적으로 살펴보면, 이 개념은 근대 이후가 되어서야 비로소 나타나기 시작하였다. 중세기 이전에는 청소년이란 개념 자체가 없었으며, 아동기란 개념조차 존재하지 않았다(Suransky, 1982). 중세에는 인간의 평균수명이 매우 짧았기 때문에 인간 생애에 단지 '유아기와 성인기'라는 두 단계만이 있었다(Aries, 1962; Muuss, 2003, pp. 32-36). 유아기는 신체가 작고 덜 성숙되었으며 힘이 부족하기 때문에 일상의 노동을

수행할 수 없는 기간이었다. 그들은 걷고 말할 수 있게 되자마자 '축소된 성인'으로 성인의 세계에 편입되었고, 성숙한 시민으로 취급되기도 하였다. 아이들은 작은 일들을 할 수 있게 되자마자 어른에 상응하는 사회적 의무(노동)를 가졌으며, 이에 따라 점차 성인으로서의 책임을 부여받았다. 이러한 경향과 인식들이 당시 유아기-성인기로 이분된 생애단계 개념에 결정적인 영향을 주었다(Aries, 1962; Gillis, 1997, pp. 13-54). 유아 아니면 성인이라는 생애단계의 '둘 중의 하나' 인식이 중세에 널리 퍼져 있었기 때문에 당시의 도해가(iconographer)와 미술가는 통상 아이를 축소된 성인으로 묘사하곤 하였다.

그러나 중세기가 끝날 무렵, 인간의 생애 발달단계에 대한 사회적 개념의 변화가 나타났다. 14세기를 시작으로 미술가는 아이를 새로운 시각으로 묘사하기 시작하였다. 아이는 더 이상 성인의 축소형으로 묘사되지 않았다. 이에 대한 상징적 묘사가 아동 의복의 형태 변환에서 나타났다. 즉, 성인과 구별되는 약 7세 아이 특유의 의복 형태가 유럽에서는 이 시기부터, 미국에서는 17세기 중·후반부터 나타났다(Beales, 1985; Laucks, 1981). 아이는 예술적인 묘사에서 시적인 아름다움으로 상징되었고, 흔히 어른을 위한 즐거움과 편안함을 제공하는 원천으로 묘사되었다(Brobeck, 1977). 이러한 변화는 새로운 생애단계인 아동기(childhood)의 존재가 나타나고 있음을 보여 주는 증거였다. 따라서 중세기까지 유아와 성인의 발달단계가 존재하였다면, 16세기에 들어와 비로소 유아(infant)-아동(child)-성인(adult)이라는 발달단계가 사회적으로 형성되었다. 16세기 이후 유럽을 중심으로 아동기의 개념이 발달하기 시작하였지만, 18세기까지도 유아기와 아동기 사이의 경계는 모호한 상태였다. 그러나 점차적으로 아이들은 이전에는 상류층의 성인이 즐겨 하던 실내게임, 운수를 거는 놀이를 시작하였고 아이 자신들을 위한 지역사회의 의식에 참여하는 등의 특징적인 행동이 이루어지기 시작하였다(Aries, 1962; Suransky, 1982). 18세기에는 게임을 하거나 장난감을 가지고 노는 것이 아동기의 일상적인 경험으로 자리 잡게 되었다(Schulz, 1985).

(1) 학교교육과 청소년의 출현

아동기와 청소년기의 개념이 사회적으로 확고하게 대두하게 된 계기는 대중교육제도의 팽창과 학교교육의 정돈에 의해서다. 근대 이전의 유럽에서는 오늘날의 학교와 같이 성장 세대를 대상으로 학습과 사회화를 가르치지만 사회적으로 인준을 받지 못한 비공식적인 '교육적 공공시설(educational institutions)'이 있었다. 이 교육기관에서는 여러 연령층이 혼재되어 학습하는 것이 일반적이었다. 이곳에서는 6세 아동이 21세의 청년과 함께 공부하는 것이 흔하였다. 이런 현상은 마치 그들 간에 연령상의 차이는 있어도 인생 경험이나 인식 발달의 차이는 거의 없다고 보는 것과 같았다(Finkelstein, 1985). 시간이 지나면서 확대·팽창되던 학교제도는 점차 정돈되었고 모든 나이의 학생이 단일교실에서 한꺼번에 수업하던 모습에서 오늘날 교육제도와 비슷하게 연령별로 학생을 나누는 체제로 변모하기 시작했다(Aries, 1962; Panel on Youth of the President's Science Advisory Committee, 1974).

아이가 그들의 능력에 따라 나누어지고 취학 전 어린 시절에 배울 수 있는 자료가 생기면서 학교교육 제도는 다음과 같은 결과들을 만들었다. 첫째, 학교교육 제도가 정돈되면서 아동기의 개념을 정립하기 시작하였다. 학교가 아이들만의 고유한 영역으로 자리 잡아 감에 따라 학교제도는 유아와 성인 사이에 명확한 구분을

그림 2-1 Leonardo da Vinci, 〈바위 산의 성모(The Virgin of the Rocks)〉(1508)

런던 내셔널 갤러리 소장. 중세기에는 아동을 성인의 축소판으로 보는 견해가 지배적이었다. 이 그림에서도 아기 예수(오른쪽 아래)와 아기 세례자 요한의 신체 비율은 성인과 다름이 없고, 근육의 선마저 뚜렷하게 그려져 있다.

만들어 냈다(Koller & Ritchie, 1973).

둘째, 학년제 교육제도의 등장은 18세기부터 19세기 초에 청소년기라는 새로운 발달단계를 나타나게 한 계기가 되었다. 특히 산업혁명 이후 산업사회로의 편입에 따라 보다 복잡하게 된 생활양식을 학교에서 가르쳐야 했고, 이러한 사회적 변화와 요구에 부응하기 위해서는 아동기와 다른 내용과 형식의 학습 내용과 교육 체계가 필요하게 되었다. 따라서 자연스럽게 아동과는 다른 새로운 생애발달단계가 모색되어야만 했다. 이 단계가 바로 청소년기였다. 그래서 청소년기는 "현대 역사의 발전에 의해서, 적어도 그 강한 영향을 받아 만들어진 발달위기"로 그 성격을 명료하게 갖게 되었고(Beales, 1985), 그것은 점차 어느 한 지역만의 독특한 현상이 아닌 보편적인 현상으로 확장되기 시작하였다.

Koller와 Ritchie(1973, p. 289)가 지적한 바와 같이, 인간의 지적 수준이 향상하고 복잡해지며 산업화 및 도시화 등 사회 변화가 이루어지면서 노동의 정교한 분업이 전개됨에 따라 연령 집단 사이의 뚜렷한 구분도 자연스럽게 생겨났다. 아동과 성인 사이에 커다란 사회적 거리가 유지되었으며, 이에 따라 성인기로의 유입도 지연되었다. 이는 곧 학교교육의 확대에 따라 성인과 대립되는 개념이지만 기존의 유아와는 전혀 다른 개념을 지닌 아동관의 보편화 과정이 이루어지면서 아동에 대한 개념 정의가 확립되었음을 의미하고, 동시에 그 결과로 '청소년'이라는 개념도 함께 만들어진 것을 의미한다.

(2) 우리나라에서 청소년의 출현

우리나라에서 '청소년'이란 용어는 식민지 경험과 서구식 근대화 과정이 복잡하게 얽히면서 진화되어 온 사회적 구성물이었다. 조선사회에서는 15세를 기준으로 아동과 성인을 구분하기는 했으나, 혼례와 같은 통과의례에 따라 복잡한 성장 개념을 지닌 것으로서 근대적 청소년 개념과는 전혀 달랐다. 그러다가 1920년대에 들어와 소년 운동과 근대 아동문학 운동을 통해 서구적 아동관이 일반에게 널리 전파되었고, 청년 운동과 계몽소설 등을 통해 '청년'이 부각되었다(김현철, 1999). 동시대에 새로운 근대 주체로 부각된 '소년'과 '청년'은 언론과 일제에 의해 동일한 범주로 묶였고, 신문이나 통치 문건에서 보호받고 개량되어야 할 젊은이를 칭하는 용어로 '청소년'이 사용되었다.

해방 이후 근대화 과정에서 '청소년'은 정규 학교에 다니지 않거나 비주류 10대를 지칭하는 용어였고, 다수의 10대를 가리키는 말은 '학생'이었다. 학생들은 미래의 주역으로서 학교 안에서 미래의 삶을 준비해 나가야 하는 의무를 수행해야 했다. 그들은 그저 잠재적 가능성을 지니고 있는 미성숙한 존재였다. 그러다가 한국 사회에서 '청소년'이라는 말이 오늘날의 개념으로 대체되고 학문의 대상으로 자리 잡게 된 것은 1990년대부터였다. 1990년대 이후 다차원적인 정보 교류와 문화양식 습득을 가능케 하는 기술 발달과 적극 조응하면서, 10대는 자아정체감을 형성할 수 있는 다양한 통로를 가지게 되었다. 현실 존재로서 삶의 질을 높이려는 10대는 학칙 개정과 두발 자유를 주장하면서 학교 안에서 인권을 요구하거나, 자기 삶의 근거지는 학교 밖에 있음을 드러내기 위해 '어느 학교 누구입니다' 식의 자기소개를 거부하는 등의 움직임을 만들어 냈다. 이러한 흐름 속에서 당시 체육과 문화 관련 정부 부처가 중심이 되어 '학생'들의 활동 공간을 넓히기 위해 부각시킨 '청소년'이라는 단어가 보편적인 용어로 자리 잡기 시작하였다(조한혜정, 2000).

2) 청소년학의 연구 대상

청소년이 청소년학의 주요 연구 대상이 된 배경에는 이와 같은 역사적 맥락이 있다. 특히 청소년학의 학문적 정체성에 대한 논의가 시작되면서부터 우리나라와 서구 모두 청소년 연구의 대상을 초기에는 단지 청소년(기)으로 삼았지만, 이후에는 청소년 인구 연령세대를 포함한 그들의 독특한 생활세계 모두를 연구 대상으로 아우르는 지적인 논의가 진행되었다(최충옥, 1993; 한준상, 1999a; Côté, 2005; Helve, 2005).

(1) 서구 사회에서의 청소년 연구

Helve(2005)는 영국 버밍엄 대학 현대문화연구센터(Centre for Contemporary Cultural Studies: 이하 CCCS)의 지적 전통 아래 유럽의 청소년 연구가 청소년 및 청소년의 생활세계에 초점을 맞추었으며, 이러한 지적 전통이 오늘날 북유럽의 모델이 되었다고 논의하였다. 버밍엄 대학의 CCCS는 이른바 유럽 문화 연구의 진원지로, 오늘날 문화 연구 및 문화 이론의 전형이 된 여러 주제와 분석 기술을 발전시켜 왔다. L. Hogart와 S. Hall 등의 지도 아래 CCCS는 상이한 계급의 '생생하게 살아 있는 문화'에 대한 초기의 관심에서 출발하여, 청소년을 포함하여 인간에게 미치는 대중매체의 중심적 역할과 청소년 하위문화, 교육, 인종, 젠더(gender)라는 상호 연계된 영역에 이르기까지 연구의 대상으로 삼아 왔다. 특히 CCCS는 처음부터 통합 학문적 연구 접근을 통해 사회학과 문화비평, 역사학의 이론을 활용하여 청소년 하위문화와 삶의 양식 등 생활세계 일반을 천착하려는 시도를 하였다. CCCS의 지적 분위기에 기초해 현대적 개념으로서의 청소년에 대한 새로운 해석과 적용이 필요하다는 견해가 대두되었고, 이에 그들의 생활세계에 대한 다양한 학문적 분석과 탐구가 수행되었다.

캐나다와 미국 등 북미에서는 사회학의 지적 배경하에 『Youth and Society』 『Youth and Adolescent』와 같은 저널을 중심으로 10대 임신, 청소년 갱, 약물 오남용, 청소년 동성애, 자살 등 소년비행과 일탈 등의 문제 현상에 연구 초점을 맞추어 왔다(Côté, 2005, pp. 35-37). Côté에 따르면, 북미의 이런 연구 경향은 정책적 관심에 따라 연구기금 확보가 용이하게 이루어지는 북미의 사회 분위기와 밀접하여, 결국 연구자들이 사회문제로서의 청소년 일탈 현상에 연구 초점을 맞춘 결과였다. 하지만 그는 이런 연구 경향이 당초 기대하지 않은 성과를 거두었다고 평하였다. 즉, 비행·일탈 중심 청소년 연구의 집중 현상이 과거 지배적인 청소년기의 심리적 배경 및 특성 중심의 연구 경향에서 벗어나게 하였고, 북미 역시 청소년 및 그들의 생활세계에 대한 다양한 연구방법들을 활용한 연구가 활발하게 이루어졌다고 논의하였다.

(2) 우리나라에서의 청소년 연구

청소년 연구의 지적 전통이 서구 사회만큼 길지는 않지만, 우리나라 역시 1990년대 이래 청소년에 대한 학문적·정책적 관심이 높아지고 고등교육기관에 청소년 관련 학과·전공이 개설되면서 청소년 연구가 활발해졌다. 청소년학의 구체적인 연구 대상에 대한 논의는 1990년대 초부터 한국 청소년 연구자들에게 발견된다. 최충옥(1993, pp. 1-15)은 청소년학을 청소년이해라는 이론 영역과 청소년육성이라는 실천 영역으로 가르고, 이론 영역에서 청소년에 대한 제반 사회과학적 이해를 통합적으로 수반해야 한다고 논의하였다. 그는 청소년학을 인간 발달단계 중 청소년을 연구 대상으로 삼는 학문이되, 단순히 청소년(기)이 아닌 독특한 청소년의 세계까지 포괄하는 학문으로 규정하였다. 그에게는 기존의 사회과학적 접근이 청소년에 대한 불완전한 층위의 접근이었다. 즉, 기존의 사회과학은 청소년(기)에 대한 단층적 접근을 통해 일정한 성과를 거두기는 하였지만 이러한 접근은 결국 개별적인 접근에 그치고 만 한계를 갖고 있다는 것이다. 그래서 그동안의 청소년 연구는 청소년 생활세계의 여러 단면, 곧 심리학에서 성장 · 발달의 특성을 강조하고(특성론), 사회학에서는 비행 현상에 초점을 두고(비행론), 교육학에서는 그들의 문화를 강조해 왔지만(문화론), 결국 청소년의 총체적 삶을 이해하는 데 실패해 왔다고 보았다. 따라서 청소년학이란 청소년 및 청소년 생활세계에 대해 생리적 · 심리적 · 사회적 · 교육적 측면에서 동시에 접근하여 그들의 삶을 총체적으로 이해하려는 학문적 노력이라고 하였다. 결국 최충옥이 말한 청소년학의 연구 대상은 청소년뿐만 아니라 청소년 세계의 이해라는 차원에서 특성론과 비행론, 문화론의 통합을 의미하였다.

한준상(1999a)은 청소년학을 "청소년이라는 과도기 현상을 종합적으로 연구하는 응용학문"(pp. 10-41)으로 규정하고, 청소년학의 성격을 '지식으로서의 청소년학'으로 살펴보았다. '지식으로서의 청소년학'이란 관점은 다른 선행 연구자들과는 상당히 달랐다. 강대근(1992), 최충옥(1993), 최윤진(1993) 등의 연구자는 청소년학을 궁극적으로 청소년의 삶을 개선하는 '실천지향적 학문'으로 강조했기 때문이다. 물론 그들 모두가 단순히 청소년학을 응용 중심적이고 실천지향적인 학문으로만 본 것은 아니다. 그들의 입장은 청소년이해라는 기본 토대 위에 실천지향적 연구가 이루어져야 한다는 것이었다. 다만 청소년 연구의 기본 바탕은 청소년 실천현장과 밀접한 관련성이 있어 청소년학이란 학문적 성격에는 당연히 청소년을 올바로 지도하고 교육해야 한다는 취지와 관점이 강하게 존재하고 있고, 이들 연구자들은 이를 강조한 것이었다. 하지만 한준상(1999a)은 "우리의 청소년 연구가 청소년학의 체계를 세우기 위해 필요한 연구였다고 평가받을 정도로 이론적 패러다임에 근거한 것인지를 점검해야 한다."(p. 37)라고 질타하며 실천지향적 학문보다 지식으로서의 청소년학 정립을 우선 견지하길 원하였다. 그는 우리나라 청소년 연구의 학문적 수준이 간신히 가설 수준의 단계 혹은 개념화 수준의 단계에 있다는 식의 변명보다는 청소년 연구자의 학문적 역량과 학술적 훈련을 배가함으로써 '지식으로서의 청소

년학'을 먼저 정립해야 한다고 주장하였다.

그는 세계의 청소년 연구 동향과 비교하면서 다음과 같이 제안하였다(한준상, 1999a, pp. 15-35). 첫째, 사춘기 특성에 관한 연구, 둘째, 가족 · 부모관계에 관한 연구, 셋째, 친구관계와 청소년문화에 관한 연구, 넷째, 학교교육 · 중퇴에 관한 연구, 다섯째, 청소년문제행동 관련 연구, 여섯째, 예비성인 진입기 관련 연구 등이다. 이러한 연구 대상의 가름은 기존의 청소년기 자체에 대한 일차적인 접근에서 벗어나 그들이 관계 맺고, 향유하며, 생활하고, 미래 성인으로 성장하는 생활세계 전반을 포괄해야 한다는 다차원적 인식의 범주와 맞닿는다. 이러한 다차원적 인식은 앞서 논의한 최충옥의 중층적이고 총체적인 입장과도 일치한다.

3) 청소년학의 개념

최근 국내외에서 청소년 연구가 활발히 진행되고 있지만 '청소년학(青少年學)'이라 명명할 정도로 오늘날 학문적 체계가 정립된 상태로 보기는 어렵다. 다만 축적된 연구를 바탕으로 청소년 연구를 하나의 분과학문으로 정립하려는 시도가 20세기 후반 들어 나타나기 시작했다. 서구에서는 1980년대부터 청소년학이란 개념을 사용했고(Fornäs, 1989; Helve, 2002; Helve & Holm, 2005), 국내에서는 1990년대부터 본격적으로 출현한 것으로 보인다(함종한, 1992; 최충옥, 1993; 한상철; 1998a; 한준상, 1999a, 1999b; 배규한, 2007).

(1) 서구 사회에서 청소년학의 개념

Fornäs(1989)는 청소년 연구(youth research)를 청소년 과학(youth science) 혹은 청소년학(Juventology)이라 표현하면서, "단일 분과학문으로는 정립되지 않았지만 다양한 관심과 학문의 집합체로 광범위한 영역의 다학문 분야"라고 보았다. 그는 청소년학의 연구 분야로 영화와 미디어 연구, 사회학, 교육학, 문화이론 및 대중문화 연구 분야 등을 꼽았다. 그는 이들 분야가 다학문적 · 간학문적으로 연구하는 학문이 바로 청소년학(Juventology)이라고 규정하였다.

Helve(2002, 2005)도 Juventology는 사회과학의 분과학문으로서 "청소년 및 청소년과 세계 간의 현상들을 이해하기 위해 탐구하는 학문"이라고 정의하였다. 여기서 Juventology는 젊은 소년 · 소녀를 가리키는 'juvenile'과 학문을 뜻하는 접미사 'ology'의 합성어다. Juventology는 1980년대 중 · 후반부터 아이슬란드, 핀란드, 노르웨이, 덴마크, 스웨덴 등 북유럽 5개 국가를 중심으로 청소년 연구에 관심 있는 다양한 분야의 인적 네트워크를 통해 청소년 연구가 축적되면서 탄생하게 된 조어였다(Helve, 2002; Helve & Holm, 2005). 특히 이들 북유럽 5개 국가 청소년 연구자가 1993년부터 발간한 청소년연구 학술지 『YOUNG: Nordic Journal of Youth Research』는 유럽 청소년 연구에 있어 다양한 분과학문 간 매개와 왕성한 연구결과 발표 및 정보 교류의 장(場) 역할을 수행함으로써 Juventology의 산실 기능을 하였다.

(2) 우리나라에서 청소년학의 개념

아직까지는 분과학문으로서 정립되지 못하였지만, 우리나라도 일찍이 청소년학이란 개념을 천착해 왔다. 함종한(1992)은 청소년학을 "과학의 이론적 속성을 갖춘 청소년에 관한 종합적인 과학"(pp. 393-399)으로, 최충옥(1993)은 "청소년을 대상으로 연구하는 학문이며, 청소년의 세계를 총체적으로 이해하려는 지적 활동일 뿐만 아니라 궁극적으로는 청소년의 삶을 개선하려는 데 목적을 두고 있는 학문"(pp. 6-11)으로 규정하였다. 한상철(1998a)은 그의 연구에서 "청소년학은 연구대상인 청소년의 제반 특성과 행동, 문화, 대인관계, 진로, 적응 등을 현상 기술적(descriptive)으로 파악하는 학문임과 동시에 이를 통해 청소년지도의 효과적인 방법을 안내하고 청소년 개인의 자아계발을 조력하려는 처방적(prescriptive) 성격의 학문"(pp. 34-35)이라고 규정하였다. 또 한준상(1999a, p. 10)은 청소년학을 "청소년기 현상을 종합적으로 연구하는 응용학문이자 청소년과 사회제도 간의 권력관계를 분석하고 연구하는 '동시적인 지적 작업(synchronized intellectual work)'"으로 정의하였다.

국내외 연구를 종합하면 청소년학이란, 청소년에 대한 인간학적 관심에 기초해 청소년 생활세계 및 문화, 청소년과 사회제도 간의 권력관계 등 청소년 관련 제반 현상을 탐구하는 종합적인 성격의 학문으로 보인다. 영어식 표현으로는 북유럽에서 사용하는 'Juventology'보다는 'Youthology'로 칭하는 것이 더 타당하다. juvenile이란 용어가 20세 이하 인구 연령세대에 다소 초점을 맞춘다면, youth는 청

년 계층을 포함하여 오늘날 9~24세의 청소년 연령세대를 포괄하기 때문이다. 여기서 Youthology는 청소년(youth)과 학문을 의미하는 접미사(ology)의 결합으로 Juventology를 대신하는 영어식 표현이다.

우리나라에서 청소년학을 'Youthology'로 표현한 최초의 흔적은 한국청소년연구원(1992) 기획논문집『청소년연구의 동향과 과제』의 편집후기다. 쪽 번호도 명기되지 않은 이 편집후기에는 당시 청소년학을 영문으로 표기하는 것에 대한, 청소년 연구에 관심 있는 여러 학자의 고민이 실려 있다. 이들은 청소년학을 어떻게 표현해야 할지에 대해 고민하면서 Youthology라는 새로운 낱말을 만들어 표현하자는 의견도 있었지만 결국 Youth Study로 하자는 안이 지배적이었음을 보여 주고 있다. 그러면서 이러한 낱말의 선택은 단순히 여러 낱말에서 하나를 선택하는 문제가 아니라 현재의 청소년 연구 수준을 표명하는 것이라고 기술하였다. 학술대회 발표논문을 포함하여 공식적으로 Youthology란 표현은 김민(1998, p. 7)의 글에서 처음 사용되었고, 단행본에서 그것을 처음 쓴 사람은 배규한(2007, p. 27)이다.

2. 청소년학 정립의 시작

성장세대에 대한 사회적 관심이 높아지면서 청소년 연구는 활발해졌다. 정부출연 연구기관이 설립되고 고등교육기관에 학과 개설도 점증하면서 청소년에 대한 연구 규모도 커졌다. 청소년기의 중요성을 인식해 정책담당 부처를 두고 그들을 위한 연구 지원방안과 정책도 마련하였다. '청소년학'이란 분과학문으로 최근의 연구를 언명하는가 하면 이를 사회적으로 추인하는 실정이다. 하지만 학계는 청소년학을 하나의 분과학문으로 정립했다고 평하지는 않으며, 학문적 특성을 띤 연구 분야로 인정하는 추세다. 즉, 분과학문으로서 자리를 잡아 가는 과정 중의 연구 분야로 인정하고 있는 실정이다. 다만 그 시작과 관련해서는 의견과 주장이 분분한데, 아직까지 이에 대해서는 분명하게 합의된 바도 구체적으로 논의된 바도 없다. 크게 1970년대부터라는 주장과 함께 오래전부터 청소년은 학문의 연구 대상이었다는 논의가 있다.

배규한과 최충옥은 1970년대부터 청소년에 관한 본격적인 연구가 시작되어 당시의 연구들이 오늘날 청소년학의 근간을 이루었다고 주장하였다. 배규한(2007, p. 22)은 1970년대에 이르러서야 비로소 청소년문제에 대한 기존의 '생물학적 · 심리학적 관점'을 극복하면서 청소년 연구의 새 지평을 열었다고 평가하였다. 최충옥(1993, p. 5)의 견해 역시 크게 다르지 않다. 다만 그는 우리나라의 경우 1970년대부터 청소년 연구가 시작됐지만, 연구가 본격적으로 활발해진 시기는 1980년대 이후라고 주장하였다. 즉, 1980년대부터 석사학위 논문을 중심으로 청소년비행 관련 연구가 종종 나타나기 시작했고, 국책연구소 차원의 청소년 연구가 활발해졌다고 논의하였다(김준호, 이성식, 1988; 한국교육개발원, 1981; 한국정신문화연구원, 1983, 1985, 1989; 한국형사정책연구원, 1989). 특히 그는 오늘날 한국청소년정책연구원의 전신인 한국청소년연구원이 1989년에 설립되고 이어 『한국청소년연구』가 1990년에 창간되면서, 그동안 지엽적이고 부분적인 청소년 연구를 지양하고 청소년학이라는 독립된 분과학문 영역을 개척하기 시작했다고 논의하였다.

반면, 철학과 심리학의 배경을 갖는 이론가들은 청소년에 대한 학문적 관심과 연구는 훨씬 이전부터 존재하였다고 주장한다. 즉, 인간의 본성을 다루고자 하는 연구 관심에 의해 청소년과 청소년기는 고대로부터 주요하게 다루어진 철학적 주제이고(오인탁, 1990; Dennis, 1946; Muuss, 2003), 현대사회에서도 생애발달적 관점과 맥락주의적 입장에서 청소년기의 발달 현상은 간과할 수 없는 연구 주제였다는 것이다(정영윤, 1990, pp. 34-49; 한상철, 1998b, pp. 33-62; Santrock, 1998). 그러나 이러한 입장은 청소년기를 불완전한 성숙의 시기로 살펴봄으로써 오늘날 청소년에 대한 새로운 인식과 상치하는 점이 있다. 전통적으로 청소년기는 인간이 아동기에서 성인기로 이행하는 과도기(Coleman & Hendry, 1994, pp. 14-16)로 인식되어 왔지만, 오늘날 청소년기는 단순히 신체적 성장이나 연령에 따른 성숙이라는 측면에서 규정되는 발달단계가 아니라 사회적 · 정치적 · 경제적 발전과 밀접한 시기로 인식되기 때문이다(Leonard, 1995). 즉, 기존의 생애 발달단계 중 하나로 미성숙 혹은 성숙과정 중의 인간으로 바라보는 관점에서 벗어나, 청소년을 적극적인 사회 변화의 주체(이광호, 2000, pp. 107-128; Nagorski, 1999) 또는 자본주의 사회의 제반 특성과 밀접한 존재 개념(전명기, 2004, pp. 399-418)으로 인식되기 때문이다. 따라서 '축소된 성인'과 같이 청소년기의 독립적 발달단계가 분화되기 이전의 고대사상이나, '미숙한 존재'라는 과도기적 발달과정으로 청소년기를 바라보는 입장은 현대의 청소년관과 맞지 않다는 비판이다. 이처럼 청소년 세대를 여전히 의존·책임·통제와 관련하여 생각하는 것은, 국가와 시장이 청소년 생활에 개입한 오랜 과정의 산물이라고 갈파한 Sarup(2001, pp. 181-196)과 시민교육차원에서 청소년의 사회참여를 주장한 Smith, Lister와 Middleton(2005, pp. 159-177)의 주장과도 맞닿는다. 이런 맥락에서 전통적인 청소년 연구와 관점은 청소년학의 학문적 정립에서 학사적(學史的)인 의의는 있지만, 독립적 분과학문으로서의 학적 체계를 구성하는 데서 본격적인 연구의 시작점으로 삼기는 어렵다.

하지만 청소년학 정립을 위한 본격적인 연구 시점을 1970년대로 삼는 것 역시 논란의 여지는 있다. 청소년에 대한 새로운 인식 전환과 연구 기반의 확보 등을 감안하면, 청소년학 정립을 위한 본격적인 연구 관심의 기점을 1970년대로 삼아야 하는지에 대해서는 다소 유보적일 수 있기 때문이다. 특히 1970년대와 1980년대의 청소년 연구는 독립된 분과학문으로서의 청소년학 정립의 가능성을 전제하지 않았으며, 무엇보다 심리학을 비롯해 교육학·사회학·사회복지학 등의 다른 주요 분과학문을 토대로 접근하였다. 학문적 접근 대상 역시 요보호 및 문제 청소년 혹은 청소년문제 현상에 머물러 왔다. 따라서 이 시기부터 개별 연구자의 연구 관심은 점증하였지만, 시대 변화에 따른 청소년의 새로운 위상과 관점을 발굴하고 청소년학이라는 학적 체계를 추구하기 위해 수행된 연구로 평가하기는 어렵다. 이런 맥락에서 청소년에 대한 학문적 관심의 본격화를 1990년대로 고려하는 또 다른 주장을 살펴볼 필요가 있다.

1990년대 이후부터 청소년학에 대한 학문적 관심이 본격화되었음을 보여 주는 증거는 다음과 같다. 첫째, 1990년대 들어와 비로소 각 분과학문에서 청소년 관련 연구의 동향과 과제를 종합적으로 살펴보려는 움직임이 일었다. 이런 움직임은 한국청소년연구원에서 발간하는 『한국청소년연구』에 게재된 연구물(김성이, 1990; 김일순, 이순영, 1991; 김준호, 1990; 유영주, 김진숙, 1990; 이길홍, 1990; 정영윤, 1990; 정진홍, 1991; 진덕규, 1990; 최창섭, 1990; 한승희, 1990; 한준상, 1990)과 강대근(1992) 등의 연구에서 확인할 수 있다. 이들 연구는 각기 교육학·사회학·심리학·사회복지학·체육학·정신의학·정치학·가정학·신문방송학·종교학·보건학·연구방법 등의 분야에서 당시까지 이루어진 청소년 연구의 동향과 향후의 과제를 살펴보고 이를 정리하는 데 초점을 맞추었다. 하지만 분과학문으로서의 성장 가능성을 고려하고 청소년학의 학문적 정체성을 탐색하기보다는 각 분과학문에서의 연구 동향을 종합적으로 정리하는 데 그친 연구들이 대부분이었다. 그러나 이런 연구 시도는 청소년학이란 분과학문의 정체성 수립 가능성을 처음으로 탐색하고 논의하였다는 점에서 의의를 가지며, 이와 같은 일련의 연구가 청소년학의 정립이 필요하다는 점을 시사한 것은 이후 연구자들에게 지적 자극이 되었다.

둘째, 1990년대 초반 이후 중·후반에 이르기까지 청소년학의 학문적 정체성 수립 가능성을 타진하는 일련의 실험적인 연구 시도가 있었다. 이러한 움직임은 한국청소년학회와 일부 연구자가 주도하였다. 여기에는 한국청소년학회에서 발간한 『청소년학연구』에 게재된 논문들(오치선, 권일남, 1998; 이용교, 1998; 차경수, 1998; 최윤진, 1998; 최충옥, 1993, 1998; 한상철, 1998b)과 한국청소년학회 주최 학술대회 발표논문(1999, 2000), 그리고 함종한(1992), 조영승(1997), 한준상(1992, 1999a, 1999b) 등의 저서와 논문이 포함된다. 이 시기에 들어와 청소년 연구는 청소년학이란 개념 아래 학문적 정체성에 대한 학술적 논의가 본격화되기 시작하였다.

1990년대를 청소년 연구의 기점으로 삼는 세 번째 이유는 이 시기에 들어와 청소년 연구를 체계적이고 본격적으로 수행할 수 있도록 국가 청소년정책이 수립되고 또 그에 상응하는 연구 기반이 마련되었기 때문이다. 이 시기부터 청소년 연구를 본격적으로 수행할 수 있었던 것은 무엇보다 관련 법령의 제정, 그리고 그에 따른 제도 수립과 밀접한 관련이 있다. 즉, 법령에 근거해 청소년 관련 부서를 중앙부처에 설치하고(1988년 체육부 내 청소년국 설치) 후에 부처로 확대·개편하면서(1989년 체육부가 체육청소년부로 확대·개편) 자연스럽게 청소년정책 관련 지방행정 전달 체제가 갖춰진 것이다(이용교, 1995). 이에 따라 중앙정부 및 지방정부 차원에서 정책적 필요에 따른 연구의 수요도 확대되기 시작하였다. 정책적 차원에서의 연구 수요 확대는 1989년 한국청소년연구원(1993년 한국청소년개발원으로 개편, 2007년 한국청소년정책연구원으로 재개편)과 1993년 한국청소년대화의광장(1999년 한국청소년상담원으로 개편, 2012년 한국청소년상담복지개발원으로 재개편) 등 정부출연기관의 설립에 영향을 미쳤다.

1991년 6월에는 청소년에 관심이 있는 심리학·사회학·교육학·사회복지학·정치학 등 다양한 분야의 학자들이 모여 사단법인 한국청소년학회를 설립하기에 이르렀다. 또한 1992년부터 고등교육기관에서 예비 청소년지도인력을 양성하는 체제를 갖추었다. 현장 활동인력에 대한 전문성 강화 방안도 이 시기에 마련됐는데, 국가검정 자격과정을 갖춘 청소년지도사와 청소년상담사 등의 자격제도가 수립되고, 1993년부터 시행되었다. 이처럼 청소년 정책과 제도가 수립되고 연구 기반이 갖춰짐에 따라, 전술한 바와 같이 일련의 학자에 의해 청소년학에 대한 연구 관심이 증폭되기 시작하였다. 그뿐 아니라 정부출연 연구기관의 다양한 주제와 영역에 대한 연구보고서가 이 시기부터 양산되어 연구 성과의 획기적인 양적 증대를 가져왔다.

따라서 청소년학의 학문적 정체성 수립 가능성을 탐색하고 청소년 연구에 대한 학적 조망이 이루어졌다는 점에서 1990년대는 청소년에 대한 본격적인 학문적 관심이 출발하게 된 시기라 할 수 있다. 또한 이 시기에는 본격적인 연구 수행을 가능케 하는 연구 여건과 기반이 마련되어 청소년에 대한 체계적인 연구가 시작되었다.

3. 청소년학의 학문적 성격

1) 실천으로서의 청소년학

청소년학은 청소년과 청소년기, 청소년 생활세계, 그리고 청소년과 사회 간의 다양한 현상을 해명하기 위한 목적으로 이론과 실제를 아우르는 종합적인 성격을 갖는 연구 분야이자 학문이다. 그런데 청소년학은 이처럼 기초학문(이론)과 응용학문(실제)의 성격을 동시에 가지면서도 이 중 응용학문의 성격이 강하다고 논의되어 왔다(차경수, 1998; 최충옥, 1993). 즉, 청소년학은 '지식으로서의 청소년학'(한준상, 1999a, p. 14)과 함께 청소년의 삶을 개선하는 데 목적을 두는 '실천으로서의 청소년학'의 성격도 함의한다.

이때 실천적이고 응용적인 학문의 성격은 청소년에 대한 이해를 기반으로 청소년의 성장과 발전을 목표로 삼아 청소년 삶에 대한 긍정적인 개입(intervention)을 지향한다. 이는 곧 청소년학이 실천적 학문으로서의 성격을 갖는 배경이다. 실천적 학문 성격으로서 청소년학을 강조하는 경향은 일찍이 청소년학과 동일시되거나 구체적이고 실천적인 전략으로 고려되었던 개념, 즉 청소년교육과 청소년육성, 청소년지도, 청소년개발 등의 용어에서 포착할 수 있다.

실제로 실천으로서의 학문적 성격을 상징하는 이들 개념은 청소년학을 대체하는 동일한 개념으로 사용되거나 청소년학과 불가분의 관계를 맺는 용어로 인식되어 왔다. 이들 용어를 구체적으로 살펴보면 다음과 같다.

(1) 청소년교육

청소년교육 혹은 이와 유사한 개념이 초기에 청소년학을 대체하는 개념으로 사용되었다는 방증은 여러 문헌에서 확인할 수 있다. 한준상(1992, pp. 16-27)은 『청소년지도론의 학문적 성격과 과제』에서 청소년지도라는 개념을 중심으로 청소년 연구의 학문적 성격을 탐색했다. 권이종 등(1998)은 청소년교육이란 개념을 청소년학의 대체 개념으로 사용하였다. 조영승(1996, 1997, 1998a, 1998b)은 일련의 연구를 통해 청소년학의 근본 성격을 청소년육성으로 제한하여 살펴보면서 청소년육성이라는 용어를 사용한 바 있다.

청소년교육이란 개념은 우리나라에서 청소년에 대한 사회적 · 학문적 관심이 표명되면서부터 나타난 역사적 개념이자 이에 대한 실천적 대응으로 대두된 개념으로, 청소년 연구 혹은 청소년학과 밀접한 연관성을 갖는다. 즉, 한국에서 청소년에 대한 사회적 관심은 초기부터 청소년문제에 초점이 맞춰졌고, 이에 따라 청소년에 대한 학문적 관심이 비로소 구체적으로 표명되었으며, 그 실천 과제로 '청소년교육'이란 개념이 등장했다.

1965년 중앙청소년보호대책위원회(위원장 내무부장관 양찬우)가 발간한 우리나라 최초의 『청소년백서』에서는 당시 한국 사회의 다양한 청소년문제를 짚으면서 그 대안으로 청소년교육과 청소년활동, 범죄 및 비행 소년에 대한 교정 · 교화 활동 등을 들고 있다. 이 중 청소년교육에 해당되는 범주는 구체적으로 학교교육과 사회교육으로, 당시 청소년교육이라 함은 학교교육까지 포괄하는 넓은 개념이었음을 짐작하게 해 준다. 이와 같이 포괄적인 청소년교육 개념은 1990년대 들어 청소년육성 및 지도의 개념으로 치환되기 시작하면서 학교교육과 상보적인 관계로 제한되었다가 최근에는 청소년개발이란 개념으로 전환되면서 다시 넓어지고 있는 실정이다.

이처럼 청소년교육은 실제 장면에서 청소년 삶에 대한 긍정적인 개입을 의미하는 개념으로 사용되었을 뿐만 아니라 청소년학이 대두되기 전부터 이론적 장면에서 청소년 연구를 통칭하는 개념으로 사용되었고, 청소년학이란 용어가 나오면서부터는 종종 동일한 의미로도 사용되었다. 특히 청소년학이 학문적 정체성을 갖지 못함에 따른 학적 정통성 기반의 부실이 청소년교육이란 용어를 상용하게 한 것으로 보인다. 여기서 청소년교육이란 "평생교육 체제 속의 통합적 부분으로서 9~24세의 청소년을 대상으로 행하여지는 조직적인 교육활동"을 의미한다(서울대학교 교육연구소, 1998).

(2) 청소년육성

청소년학의 실천적 성격을 논의할 때 같이 고려해야 할 개념은 청소년육성, 청소년지도, 청소년개발 등이다. 이러한 개념은 청소년교육이란 용어처럼 청소년학을 이르는 말로도 사용되었다. 이 중 청소년육성은 1980년대부터 청소년정책이 본격 수립되면서 청소년교육을 대체하는 정책적 개념으로 등장하여 지금까지 사용되고 있다. 관련 법령에 따르면, 청소년육성이란 "청소년의 복지를 증진하고 청소년의 수련활동을 지원하며, 청소년교류를 진흥하고 사회적 여건과 환경을 청소년에게 유익하도록 개선하여 청소년에 대한 교육과 상호 보완함으로써 청소년의 균형 있는 성장을 돕는 것"이다(구 「청소년 기본법」 제3조 제2호). 처음부터 법령에 근거한 정책적 개념으로 출발하였기에, 청소년육성은 학교교육이 아닌, 수련활동을 중심으로 학교교육 외의 장면에서 주로 이루어지는 다양한 활동과 체험학습으로 제한적으로 사용되어 왔다. 그러나 육성의 개념이 이론적 차원과 법적 장면에서 새롭게 정립되면서(이광호, 전명기, 김혁진, 김민, 2003), 청소년육성이란 개념 안에 포섭된 청소년교육은 학교교육을 포함하는 포괄적 개념으로 확장되기 시작하였다.

(3) 청소년지도

초기의 협의적 개념으로서 청소년교육은 흔히 '청소년지도(youth guidance)'라고도 불렸다(한국청소년개발원, 2004, p. 20; 한상철, 권두승, 방희정, 설인자, 김혜원, 2001, pp. 12-14; 한준상, 1992, pp. 16-27). 한준상은 청소년지도를 학교교육뿐만 아니라 사회교육적 관점에서 바라볼 수 있는 광의의 개념으로 보고 있는 반면, 한상철은 다소 협의적 관점에서 보고 있다. 즉, 한준상은 청소년지도란 "청소년 스스로에게 자기 결정의 장을 주며, 자기 성취감을 느끼게 만들고, 청소년에게 다른 사람과의 유대감을 갖게 만들기 위해 청소년지도방법에서 요구되는 청소년지도에 관계된 지식, 태도, 기술 등을 의미"한다고 하였다. 반면, 한상철은 청소년지도를 "학교교육에서 교사가 학생을 대상으로 교과를 전수하는 교수행위와 비교하여 전문지도사가 청소년을 지도하는 행위 또는 과정"으로 정의하였다.

이와 같이 청소년지도는 "청소년의 긍정적인 성장과 발전을 위한 다양한 조력 활동"이라는 광의적 의미뿐만 아니라 "전문적인 청소년지도인력이 지도하는 행위"라는 협의적 의미로도 정의될 수 있다. 하지만 최근 들어 청소년지도라는 용어는 청소년교육 전반을 의미하는 개념보다는 청소년을 위한 실제 지도 행위로 제한됨으로써 주로 '목적을 위한 구체적인 방법과 행위'를 강조하는 개념으로 인식되고 있다.

최근 들어 청소년교육은 다시 학교교육을 포함하는 광의적 의미로 인식되고 있다. 즉, 청소년교육이란 개념은 초기에는 학교교육을 포함하는 넓은 범주의 개념으로 출발하였다가, 청소년 연구가 본격화되면서 청소년지도 및 청소년육성이란 개념으로 대체되고 학교교육과 조응 · 상보하는 제한된 범주의 개념이 되었다. 그러다가 다시 학교교육을 포괄하는 광의적 개념으로 확대되고 있다. 특히 인적자원 개발의 개념과 연동하여 청소년개발이란 개념으로 등치되고 있는 실정이다(이광호, 2000, 2003). 여기서 청소년개발이란 "청소년의 잠재능력을 보다 바람직한 방향으로 성장시키고 개발하는 일련의 적극적인 과정"으로 정의된다(Pittman, 1996).

2) 지식으로서의 청소년학

청소년교육이 청소년육성 및 지도라는 개념으로 변환되었다가 청소년개발로 그 개념이 변환되었다는 것은 청소년학의 학문적 성격에 중대한 변화가 있음을 의미한다. 이는 정책적 차원에서 '청소년의 균형 있는 성장을 지원하는 개념'(청소년육성), 실천 현장에서 '청소년을 지도하는 개념'(청소년지도)이란 기존의 정책 중심, 실천 중심의 학문 성격에서 '청소년의 잠재적 능력을 개발하고 구현'(청소년개발)하기 위해 이론적으로도 모색해야 하는 학문으로 그 성격이 변화되고 있음을 의미한다. 특히 청소년개발에 대한 다양한 학문적 관심에 이론적 천착과 학술적 논의가 더해지면서 이런 경향이 짙어지고 있다. 이러한 경우로는 평생교육(평생교육학)의 관점에서 지역교육 공동체 구축을 통한 청소년개발의 실현(Pittman, 1999; Pittman, Yohalem, & Tolman, 2003)을 비롯해, 방과후 활동 지원을 통한 이론적 모색(Afterschool Alliance, 2006; Miller, 2003) 등을 꼽을 수 있다.

무엇보다 지식으로서의 청소년학이 이루어지기 위해서는 학문 자체의 본질적인 성격을 구비해야 한다. 일반적으로 어느 연구 분야가 독립적인 학문으로 성립되고 계속적으로 발전하기 위해서는 학문 자체의 본질적인 과학성을 최소한 충족하여야 함은 물론 학문의 외적 요인인 사회성도 갖추어야 한다(Nagel, 1961; Whitley, 1975). 여기서 학문의 과학성과 사회성은 학문으로서 마땅히 갖춰야 할 기본 속성이자 특질, 즉 '학문성'이라 한다. 따라서 청소년학이 학문으로서 성립되기 위해서는 지식으로서의 청소년학, 곧 학문의 과학성과 사회성을 얼마나 충족하고 있는지에 대한 내적 성찰과 과학적인 연구가 이루어져야 한다.

이런 기준에서 본다면, 청소년학은 아직까지 분과학문으로서 정립되었다고 보기는 어렵다. 왜냐하면 학문의 과학성에 대한 학술적 논의가 충분하게 수행되지 않았을뿐더러 청소년학 학문 공동체 구성과 학술 커뮤니케이션(scientific communication) 형성 등 학문의 사회성에 대한 탐색과 연구가 미흡하기 때문이다. 그러다 보니 지금도 청소년학은 다학문적(multidisciplinary)이고 간학문적(interdisciplinary)이기 때문에 개별 학문의 통합적 특징을 갖는다는 논의가 진행되고 있다(배규한, 2007, p. 31). 결과적으로 다른 개별 학문의 범주 내에서 청소년 연구의 동향과 과제를 검토 · 종합했던 1990년대 초의 수준에서 더 이상 이론적 진전이 이루어지지 못하고 있는 실정이다.

외형적인 양적 성장과 연구 여건의 성숙을 고려한다면 1990년대 이후 지금에 이르기까지 청소년에 대한 연구는 많지만 청소년학 자체에 대한 연구는 미흡했다는 지적은 뼈아픈 현실이라 할 수 있다. 1992년 이래 고등교육기관에 청소년 관련 학과 및 전공이 개설되고 적지 않은 석 · 박사학위 논문이 나왔지만 이 주제에 대한 이론적 천착은 거의 없다는 점이 그 증거다. '청소년 연구'가 아닌 '청소년학 연구' 자체의 양적 규모조차 빈곤한 셈이다.

간간이 청소년 연구에 대한 점검과 논의 등 '성찰의 경험'은 있었지만 이러한 성찰은 청소년학의 정립과는 무관하게 이루어져 왔다. 일찍이 한준상(1999b, pp. 23-

29)이 지적하였듯이, 이는 청소년 관련학계의 연구력 빈곤과 함께 학문적 성과에 대한 총체적인 질 관리에 청소년학계가 제대로 대응하지 못하였음을 보여 주는 방증이다. 한편으로는 청소년학계가 청소년학의 정체성 수립에 대한 보다 적극적인 연구 관심과 노력을 기울지 못한 결과이기도 하다.

따라서 1990년대 이후 현재까지 한국 사회에서 수행된 청소년 연구를 청소년학이라는 학문의 정립과 발전의 학사적 맥락에서 총체적으로 조망하고 분석 · 이해하려는 연구 시도는 오늘날 청소년학을 분과학문으로서 바라보려는 청소년학계에 매우 중요한 일이다. 특히 청소년학의 학문적 정체성과 학적 체계를 구조화하기 위한 연구 노력이 요구된다. 이를 위해서는 지금까지 수행된 선행 연구에 대한 비판적 고찰과 탐색에 기초하여 독자적인 지적 구조(intellectual structure)를 탐색하고 축조하려는 노력을 수행하여야 한다.

더욱이 이러한 연구 노력이 학문의 과학성 구축과 사회성 확보라는 학문적 특질 내에서 집약됨은 물론, 합의 가능한 준거에 따라 학문의 지적 구조가 실증적으로 분석되어야 한다. 왜냐하면 이러한 시도는 지금까지 규범적 가치에서 연역적으로 청소년학의 학문적 정체성 수립이 필요하다는 주장은 있어 왔지만, 귀납적으로 청소년학의 학적 체계와 지적 구조 분석에 대한 실증적인 연구는 전무하였기 때문이다. 이런 일련의 실증적 분석 연구를 통해 지금까지 수행된 청소년 연구 성과를 종합적으로 살펴보고, 청소년학의 학문적 정체성 수립 가능성과 함께 청소년학 내 학문 공동체의 유기적 연결망과 특성, 지적 구조의 성격 등을 밝혀 나가야 한다.

4. 청소년학의 학적 체계 정립을 위한 과제

최근 청소년에 대한 주목과 연구 관심은 분명 놀라운 일이다. 청소년에 대한 사회적 주목과 관심이 높아지고 인식의 질적 전환이 이루어지면서, 한국 사회에서는 그에 따른 청소년정책 개발 및 청소년에 대한 학문적 연구와 탐색도 활발히 수행되기 시작하였다. 그러나 적지 않은 시간과 연구 관심, 노력이 있었음에도 청소년학의 정체성과 학적 체계의 정립은 아직 요원하다. 학문일반론의 관점에서 보면 청소년학은 꾸준한 연구 노력을 기울이지 못한 채 아직까지 불완전하고 학문의 제 영역

에서 여전히 타 분과학문에 의존하는 한계를 갖고 있다. 여기에서는 향후 청소년학이 독자적인 학적 체계를 정립하기 위해서는 어떤 노력을 기울여야 하는지 그 과제를 제시한다.

1) 고유의 연구 대상, 영역, 방법에 대한 학문적 접근

청소년학은 본질적으로 간학문적 접근에 기초한, 다학문적 연구 영역(multi-disciplinary research field)이라는 그간의 성격 규정을 극복할 만한 고유의 연구 대상과 연구의 하위 영역, 독자적인 연구방법론에 대해 충분한 학문적 접근을 이루지 못하였다. 학문의 과학성은 물론이고, 학문의 사회성에 대한 학술적 접근과 논의는 거의 전무하였다. 그로 인해 아직은 하나의 독립적인 분과학문으로 성숙 · 발전되지 않은 미완성의 분과학문이라는 불안전한 위상을 갖고 있다.

Fornäs(1989)도 지적하였고, Helve(2002) 또한 청소년학이란 새로운 단위학문이라기보다는 간학문적인 접근에 기초하여 수행되고 있는 연구 분야이며, 아직은 학문의 성숙과 발전에 있어 다른 학문의 협력과 지원이 요구되는 '진행 중인 연구 분야'라고 간주한 바 있다. 그들은 간학문적인 접근에 의해 수행되는 청소년 연구의 성격상 현재로서는 여러 학문의 도움을 받을 수밖에 없는 연구 분야로 규정하고 있다. 특히 청소년학은 사회학 · 역사학 · 교육학 · 심리학적 접근뿐만 아니라 정신역학적 사회화 이론, 미학, 민속학, 인류학적 도움을 통한 간학문적 문화 연구의 도움을 받는 학문적 특질을 내재하고 있다.

이에 더해 한국의 경우는 청소년학에 관한 연구 기간이 충분치 않았고, 청소년학의 내용이 다양하고 복잡하여 청소년학이 정립되기 위해서는 향후 많은 연구 과제가 놓여 있는 실정이다. 청소년학의 학문적 뿌리는 타 학문에 비해 그 역사적 근거가 미미하고 실천을 위한 지적 체계가 완전치 않을 뿐만 아니라 학적 기반이 되는 총론도 부족한 실정이다. 이처럼 청소년학은 한국 사회에서뿐만 아니라 전통적으로 청소년학 연구가 활발한 다른 국가에서조차 아직은 '학문적 정체성과 학적 체계를 수립하는 과정 중의 연구 분야'라는, 학적 체계 정립의 측면에서 본래적 한계를 지니고 있고 이를 아직까지도 완전히 극복하지 못한 실정이다.

그러나 청소년에 대한 전통적인 심리적 접근에서 벗어나 청소년의 위기 혹은 청소년문제 중심의 사회학적 접근을 모색하고 최근에는 청소년에 관한 다양한 연구가 양적 · 질적으로 확대되고 있음을 감안한다면, 청소년학의 학문적 정체성을 수립할 수 있다는 가능성은 여전히 내포되어 있고 또 점차 커지고 있다. 따라서 청소년학은 현재로서는 진행 중인 연구 분야이지만 향후 사회와 청소년 인구 집단의 다양한 변화에 조응하면서 부단한 연구 및 연구자들의 노력을 통해 새롭게 정립 · 부상할 수 있는 신생 학문 분야라 할 수 있다.

2) 학생에 대한 제한적 시각의 극복

청소년학이 하나의 학문으로 정립되기 어려웠던 이유 중의 하나는 청소년과 관련된 교육 및 현안을 학교교육 중심으로 사유하고 해결하고자 했던 기존의 근대적인 교육관과 인식에 기인한다. 근대 이후 대중교육의 확산에 따라 청소년기 연령의 인구 집단이 대부분 학교에 재학하면서 청소년은 이른바 학생이란 이칭이 부가되었다. 대중교육의 확산은 사회로 하여금 청소년을 '학생'으로, 청소년기를 '학교에서 배우는 학습 시기'로 치환하였다.

이와 관련해 조용환(1993, pp. 5-17)은 학교는 청소년에게 학생의 정체를 강요하는 곳이며, 청소년은 현실과 분리된 제도적 교육기관, 즉 학교에서 대부분의 시간을 보내면서 학생이라는 신분의 굴레 속에 갇혀 청소년 고유의 정체성이 퇴화되거나 부정적 이미지로 변화된다고 하였다. 그에 따르면, 학생과 청소년은 사회가 받아들이는 용어 자체에서 차별적인 의미를 함축하고 있다. 학생은 미래를 위해 현재를 유보하는 삶의 존재이며 그 삶의 정체성은 미래에 담보되어 있다.

따라서 건강한 미래에 위험하고 해로운 청소년문제 및 비행 등 일탈적인 청소년 현상은 전통적으로 청소년 관련 연구의 핵심 주제로 다루어져 왔다. 이러한 연구 경향은 바로 청소년을 학생으로 보는 근대적 교육관에 기초하였기 때문이다. 연구의 범주와 내용 역시 대체로 가정, 학교, 지역사회를 중심으로 성인 중심의 보호 · 지도 · 훈육 등의 담론을 중심으로 수행되어 왔다. 학문의 범주에서 보자면, 대체로 교육학 · 심리학 · 사회학의 영역을 중심으로 청소년 보호와 지도 담론을 형성한 것이다.

그러나 근대 후기 이후 학교교육은 지적 전수 기능 중심으로 경도되면서 학교 내

외의 장면에서 강력한 비판을 받게 되었다. 학교에 대한 학습자의 외면은 학교붕괴 혹은 학교실패라는 거시적 담론을 형성하였고, 미시적으로는 자발적 학업중단 현상까지 초래하였다. 동시에 청소년에 대한 인식의 전환이 국내외 장면에서 이루어지면서 교육 자체에 대한 능동적 변화의 요구를 높여 가기 시작하였다. 즉, 교육개혁을 통한 체험학습의 중요성이 새롭게 인식되면서 그동안 교과 외 교육(extra-curriculum) 혹은 청소년 여가 활동의 한 부분으로 여겨져 왔던 학교 외 교육 장면이 중시되기 시작하였다.

이러한 변화는 곧 학교 내외의 장면에서 청소년에 대한 다양한 활동을 통해 건강한 성장을 보장해야 한다는 움직임으로 구체화되기 시작하였다. 여기에는 학업청소년뿐만 아니라 비학업청소년 모두를 대상으로 그들의 욕구에 근거하는 다양한 교육과정이 학교 내외의 장면에 배치되어 학교교육을 보완하고 지원하는 형태의 교육 체제를 제안하고 있다.

최근 한국 청소년학의 주요 흐름 중 청소년 인권 및 참여 등에 대한 연구가 두드러지게 나타나게 된 이유가 바로 여기에 있다. 하지만 일반인은 여전히 청소년에 대해 근대적 교육관에 기초한 학생의 시각으로 바라보고 자율성을 부여받은 존재로 보지 않고 있다. 이러한 근대적 교육관과 근대적 청소년관을 어떻게 효과적으로 극복하느냐가 청소년학의 정립과 무관치 않다.

3) 정책 개발 및 집행의 우선성 극복

한국 사회에서 청소년학의 학문적 정체성과 학적 체계가 정립되기 어려웠던 것은 청소년학 자체가 관련 학문의 성숙과 범위의 확대에 따라 자연스럽게 분화·발전되기보다는 국가의 청소년정책에 근거하여 목적 달성을 위한 수단으로 연구 자체가 도구화되었기 때문이다. 국가의 청소년정책에 근거하여 목적 달성을 위한 수단으로 청소년 연구가 초기부터 이용되었다는 비판적인 지적과 논의(한상철, 2002, p. 24)가 이의 실증 사례다. 청소년학이란 학적 체계가 수립되지 않은 실정에서 정책의 설정과 집행이 우선되었기에 청소년 및 청소년기에 대한 학문적 접근이 체계적으로 이루어지지 못했다는 이러한 지적은, 정책 개발 및 집행의 우선성이 관련 학문을 촉진하기보다는 오히려 위축하였다는 사(史)적 비판과 함께 청소년 활동 현장의 실제와 이론적 장면의 심각한 유리(遊離)에 대한 비판으로 보인다.

실제로 한국 사회에서는 그간 청소년정책이 설정된 이후에 청소년 관련 이론 영역 및 활동 현장이 이루어짐으로써 연구의 방향과 이론의 축적이 위축받아 왔다. 청소년정책의 초기 형성 과정부터 심층적인 연구에 기초하여 관련 집단의 합의에 의해 정책이 형성되었다고 보기 어렵고, 이후에도 정책의 수립 및 집행 과정에 지속적이고 일관된 연구 노력의 지지가 충분하지 못하였기 때문이다. 즉, 충분한 연구와 검토가 선행되지 않은 상황에서 정책적 결정에 따라 청소년 연구의 방향과 주제가 바뀌면서 일관되고 지속적인 이론적 축적과 지적 체계화가 이루어지지 못하였다. 나아가 정책의 우선성이 거듭되면서 위축된 이론의 영역은 현장에 대한 실질적인 적용과 지원 능력을 갖지 못한 채 이론과 현장이 각기 따로 노는 유리적인 상황을 만들었다.

정책의 우선성 자체가 이 모든 상황의 원인이라 할 수는 없지만 적어도 연구의 선행이 배제되거나 홀대된 채 끊임없이 수립 · 시행된 정책으로 인해 청소년 관련 이론의 축적은 미비할 수밖에 없었고, 이로 인해 청소년학의 기본적인 토대 형성뿐만 아니라 이론의 실제성과 현장 적용성마저 담지하기란 어려운 일이었다. 수립된 정책에 따라 청소년활동을 시행해야 하는 현장에서도 개발된 이론을 찬찬히 적용 및 검토하는 것은 물론, 현장에서의 오랜 경험을 이론으로 축적하기가 쉽지 않은 일이었다. 따라서 상호 보완적이고 균형적으로 힘을 더해 갈 수 있는 청소년 관련 연구 영역과 활동 현장은 그동안 내적인 상승 작용은커녕 이론과 현장 간의 환류조차 어려운 실정이었다.

4) 부단한 연구 노력

현재 청소년학의 정립이 어려운 이유는 무엇보다도 연구 주체의 부단한 점검과 연구 관심 및 노력의 절대적 부족에 기인한다. 학문의 체계적인 정립과 발전의 성패에는 외적 요인도 물론 있지만 기본적으로 내적 요인, 그중에서도 연구자들의 연구 관심과 노력에 의해 결정된다. 청소년학이 정립되기 위해서는 청소년 연구자가 청소년과 청소년기에 대한 끊임없는 연구 관심과 노력을 기울여야 하며, 도출된 연구 성과에 대한 체계적인 점검과 이론적 모형으로의 발전 가능성을 지속적으로 진

단해야 한다. 즉, 학문의 정립에는 일차적으로 연구자가 연구 대상에 대한 애정과 관심을 갖고, 과학적인 연구를 부단히 수행하며, 연구 성과물에 대한 적극적인 점검과 확인을 하는 일련의 연구 환류 작용이 활발히 이루어져야 한다. 이러한 연구 환류 작용에 기초하여 청소년 연구자는 청소년에 대한 연구의 책무성뿐만 아니라 연구 성과를 합의적 이론의 틀과 모형으로 계발해야 하는 책무성과 과제를 갖는다.

한준상(1999a, pp. 36-41)은 이와 관련해 청소년 연구자가 해야 할 과제를 다음과 같이 논의한 바 있다. 첫째, 연구자는 우리나라 청소년 연구의 '학문적 성과'에 대한 객관적이고도 체계적인 점검과 관심을 기울여야 한다. 둘째, 지금까지의 청소년 연구가 청소년학의 체계를 세우기 위해 필요한 연구였는지, 이론적인 패러다임에 근거한 것이었는지 꼼꼼히 점검·성찰해야 한다. 셋째, 지금보다 진일보된 청소년 연구의 패러다임을 개발하기 위해 청소년 연구를 위한 시각의 확장과 연구 주제 개발을 지속적으로 수행해야 한다. 끝으로, 청소년학계는 연구 행위에서 '연구의 책무성'을 향상하여야 한다.

어느 학문이든 다른 분야와 구별되는 나름의 성격을 규정짓는 이론적 관점과 틀, 또는 접근·분석·설명 방식을 갖고 있다. 이러한 이론적 관점이나 접근을 위하여 흔히 패러다임(paradigm)을 사용한다. 패러다임은 어떤 학문의 성격을 체계적으로 접근·분석·논의하는 준거(framework)로 사용되며, 어떤 문제 또는 그 현상을 보고 파악하는 시각이나 사고의 틀이다. 그러나 한국 사회에서 청소년학 연구는 스스로의 성격을 규정하는 이론적 방식과 모형 혹은 패러다임을 구축하고자 하는 시도가 미약했을 뿐만 아니라 본격적인 시도조차 미흡하였다.

청소년학의 정체성과 체계의 정립은 전적으로 청소년 및 청소년기를 연구 대상으로 하는 부단하고 지순한 연구 노력과 탐색에 달려 있다. 그런 의미에서 청소년학은 그 자체가 학문으로서 정립되기 위해서는 학문이 갖는 본래의 연구 기능을 더욱 강화하여야 한다. 청소년 관련 정책을 개발·지원하고 현장 적용성을 제고하는 것도 중요한 이론적 기능이지만, 학문적 정체성을 아직 정립하지 못한 청소년학의 현실로서는 학문적 정합성을 우선적으로 세워야 하는 까닭이 여기에 있다. 나아가 청소년 연구자는 그간의 연구 노력과 성과를 점검하고, 도출된 성과를 청소년학의 이론적 모형 및 패러다임으로 구축하는 노력을 더 적극적으로 수행하여야 한다. 이러한 노력을 수행하여야 청소년학은 지적 체계를 갖춘 하나의 학문으로 새로이 정립하고 독립적인 연구 영역으로 자리 잡으며, 동시에 청소년 관련 연구를 촉진할 수 있는 바탕을 마련할 수 있을 것이다.

생각해 봅시다

1. 오늘날 청소년이란 용어가 어떤 역사적 맥락에서 탄생하고 등장하였는지 생각해 봅시다.
2. 청소년학의 개념과 청소년학이 다루는 주요 연구 대상은 무엇인지 생각해 봅시다.
3. 우리나라에서 1990년대부터 청소년학에 대한 학문적 관심이 본격화된 이유와 배경에 대해 생각해 봅시다.
4. '실천으로서의 청소년학'과 '지식으로서의 청소년학'으로 나누어 청소년학의 학문적 성격을 생각해 봅시다.
5. 청소년학의 학문적 정체성 수립과 학적 체계 정립을 위해 요구되는 향후 과제에는 무엇이 있는지 생각해 봅시다.

✱ 참고문헌

강대근(1992). 청소년연구의 범위와 방법론 모색. 청년연구, 15, 29-52.

강현아(2006). 청소년참여권 현황과 지표개발. 서울: 한국청소년개발원.

고숙희, 김영희, 서동희(2006). 21세기 사회변화와 청소년정책의 중요성. 서울: 한국청소년개발원.

권이종, 남종걸, 차경수, 최충옥, 최운실, 최윤진(1998). 청소년교육론. 서울: 양서원.

길은배, 이용교, 김영지(2001). 청소년 인권지표 개발연구: 청소년인권지표 개발을 위한 기초연구. 서울: 문화관광부, 한국청소년개발원.

김민(1998. 12). 90년대 대중문화에서 바라본 청소년정보문화의 이해: 포스트모더니즘을 중심으로. 한국청소년학회 추계 학술세미나 자료집, 75-104.

김성이(1990). 사회복지학 분야에서의 청소년연구 동향과 과제. 한국청소년연구, 1(2), 5-18.

김영지, 김경준, 이혜연(2004). 청소년인권백서 발간을 위한 기초연구. 서울: 문화관광부, 한국청소년개발원.

김영지, 김세진(2004). 외국의 청소년인권정책 연구. 서울: 한국청소년개발원.

김영지, 이용교, 김세진(2003). 청소년인권센터 운영실태 및 활성화방안 연구. 서울: 한국청소년개발원.

김영지, 이용교, 안재희(2001). 청소년권리신장 정책프로그램 활성화방안 연구. 서울: 한국청소년개발원.

김영지, 전성민, 오선민(2002). 국제기구의 청소년정책과 프로그램 연구. 서울: 한국청소년개발원.

김일순, 이순영(1991). 보건학 분야에서의 청소년연구동향과 과제. 한국청소년연구, 2(1), 22-41.

김정배(1997). 주요 외국의 청소년자원봉사. 서울: 한국청소년개발원.

김준호(1990). 사회학 분야에서의 청소년비행연구의 동향과 과제. 한국청소년연구, 1(1), 18-33.

김준호, 이성식(1988). 청소년비행의 원인에 관한 고찰: 하위문화이론을 중심으로. 형사정책, 2, 92-114.

김현철(1999). 일제기 청소년문제에 대한 연구. 연세대학교 대학원 박사학위논문.

김형주, 김옥순, 김민, 송창석, 손의숙, 심한기(2003). 청소년 참여와 권익증진 제도화 방안 조사 · 연구: 대통령 청소년 특별회의 구성 · 운영을 중심으로. 서울: 문화관광부, 한국청소년단체협의회.

배규한(2007). 청소년의 개념과 청소년학의 중요성. 한국청소년정책연구원 편, 청소년학개론. 경기: 교육과학사.

서울대학교 교육연구소 편(1998). 교육대백과사전. 서울: 하우동설.

오인탁(1990). 현대교육철학. 서울: 서광사.

오치선, 권일남(1998). 청소년활동 연구의 동향과 과제. 청소년학연구, 5(2), 109-127.

유네스코 한국위원회(1998). 21세기 청소년과 교육. 서울: 유네스코 한국위원회.

유영주, 김진숙(1990). 가정학분야에서의 청소년연구 동향과 과제. 한국청소년연구, 1(3), 19-35.

윤철경, 정회욱(2001). 유럽국가의 청소년정책. 서울: 한국청소년개발원.

윤철경, 정회욱, 박병식, 조아미, Hui, A., Qing, J. (2001). 미국 · 일본 · 중국 · 홍콩의 청소년정책. 서울: 한국청소년개발원, 세계청소년연구개발협의회.

이광호(2000). 국가 인적자원개발 관점에서 청소년육성의 새로운 방향 모색에 관한 연구. 한국청소년연구, 11(2), 107-128.

이광호(2003). 90년대 이후 한국사회의 청소년 존재혁신과 사회적 대응방식 변화에 관한 연구. 청소년학연구, 10(3), 331-350.

이광호, 전명기, 김혁진, 김민(2003). 청소년수련시설 개념 및 유형에 관한 연구. 서울: 문화관광부, 경기대학교.

이길홍(1990). 정신의학 분야에서의 청소년연구동향과 과제. 한국청소년연구, 1(2), 19-32.

이명숙(1997). 외국의 청소년유해환경 법제. 서울: 한국청소년개발원.

이용교(1995). 한국청소년정책론. 서울: 인간과 복지.

이용교(1998). 청소년복지연구의 동향과 과제. 청소년학연구, 5(2), 81-107.

이용교, 천정웅, 안경순(2006). 청소년생존권 현황과 지표개발. 서울: 한국청소년개발원.

전명기(2004). 전통사회 통과의례와 청소년 존재개념. 청소년학연구, 11(2), 399-418.

정영윤(1990). 심리학분야에서의 청소년연구 동향과 과제. 한국청소년연구, 1(1), 34-49.

정진홍(1991). 종교문화와 청소년문화: 청소년에 관한 종교학적 관심의 두 가지 접근을 중심으로. 한국청소년연구, 2(1), 5-21.

정회욱, 김경준(1999). 외국의 청소년활동 프로그램. 서울: 문화관광부, 한국청소년개발원.

조영승(1996). 한국의 청소년육성정책에 관한 연구: 청소년 수련활동체계를 중심으로. 경기대학교 대학원 박사학위논문.

조영승(1997). 청소년학총론. 서울: 교육과학사.

조영승(1998a). 청소년육성법론. 서울: 교육과학사.

조영승(1998b). 청소년육성법론 연구를 위한 서설. 청소년학연구, 5(3), 197-230.

조영승(2000. 2). 새천년의 청소년정책방향과 청소년학의 과제. 한국청소년학회 학술대회 발표논문집(pp. 1-21). 서울: 한국청소년학회.

조용환(1993). 청소년연구의 문화인류학적 접근: 청소년의 실체와 청소년문화의 이해. 한국청소년연구, 4(3), 5-17.

조한혜정(2000). 학교를 찾는 아이, 아이를 찾는 사회: 21세기 학교 만들기. 서울: 또 하나의 문화.

중앙청소년보호대책위원회(1965). 청소년백서. 서울: 중앙청소년보호대책위원회.

진덕규(1990). 한국의 청소년문제에 대한 정치학적 인식: 연구경향과 과제를 중심으로. 한국청소년연구, 1(3), 5-18.

차경수(1998). 청소년학 연구의 현황과 과제. 청소년학연구, 5(2), 1-16.

최윤진(1993). 청소년연구영역의 탐색: 청소년활동현장을 중심으로. 한국청소년연구, 4(1), 20-35.

최윤진(1998). 청소년문화연구의 동향과 과제. 청소년학연구, 5(2), 63-80.

최창섭(1990). 신문방송학분야에서의 청소년연구 동향과 과제. 한국청소년연구, 1(3), 36-47.

최창욱, 박영균, 김진호, 임성택, 전성민(2006). 국제기준대비 한국 청소년의 인권수준 실태연

구 I: 청소년인권지표 개발. 서울: 한국청소년개발원.

최충옥(1993). 청소년학 정립을 위한 시론. 청소년학연구, 1(1), 1-15.

최충옥(1998). 청소년문제 연구의 동향과 과제. 청소년학연구, 5(2), 17-32.

한국교육개발원(1981). 청소년문제 종합진단 연구. 서울: 한국교육개발원.

한국정신문화연구원(1983). 한국인의 초기 사회화 과정 연구. 경기: 한국정신문화연구원.

한국정신문화연구원(1985). 한국인의 학동기 사회화 과정 연구. 경기: 한국정신문화연구원.

한국정신문화연구원(1989). 한국인의 청소년기 사회화 과정 연구. 경기: 한국정신문화연구원.

한국청소년개발원(2004). 청소년지도방법론. 서울: 교육과학사.

한국청소년연구원(1992). 청소년연구의 동향과 과제. 서울: 한국청소년연구원.

한국청소년학회(1999). 청소년학 정체성 확립의 방향과 과제. 서울: 한국청소년학회.

한국청소년학회(2000). 새천년 청소년정책방향과 청소년학의 과제. 서울: 한국청소년학회.

한국형사정책연구원(1989). 청소년비행의 원인에 관한 연구: 공부압력을 중심으로. 서울: 한국형사정책연구원.

한상철(1998a). 청소년학개론. 서울: 중앙적성출판사.

한상철(1998b). 청소년심리연구의 동향과 과제. 청소년학연구, 5(2), 33-62.

한상철(2002. 11). 생활권 청소년수련시설에 대한 운영컨설팅 결과분석과 대안제시. 한국청소년수련시설협회 심포지엄 발표논문집. 서울: 한국청소년수련시설협회.

한상철(2008). 청소년학: 청소년 이해와 지도(2판). 서울: 학지사.

한상철, 권두승, 방희정, 설인자, 김혜원(2001). 청소년지도론. 서울: 학지사.

한승희(1990). 청소년연구를 위한 모델탐색. 한국청소년연구, 1(1), 105-130.

한준상(1990). 교육학 분야에서의 청소년연구 동향과 과제. 한국청소년연구, 1(1), 5-17.

한준상(1992). 청소년지도론의 학문적 성격과 과제. 한국청소년연구원 편, 청소년지도론 (pp. 16-27). 서울: 한국청소년연구원.

한준상(1999a). 청소년학 연구. 서울: 연세대학교출판부.

한준상(1999b). 청소년연구의 세계적 동향과 청소년학의 과제. 청소년학 정체성 확립의 방향과 과제. 서울: 한국청소년학회.

함병수, 신선미(1997). 청소년카드제도를 위한 기초조사: 우리나라 청소년의 소비생활실태와 유럽청소년카드사례를 중심으로. 서울: 한국청소년개발원.

함종한(1992). 청소년학원론. 서울: 대한교과서주식회사.

황옥경, 정준미(2006). 청소년보호권 현황과 지표개발. 서울: 한국청소년개발원.

Afterschool Alliance. (2006). After school programs: At the STEM(Science, Technology, Engineering and Math) of learning. *After School Alert, 26*, 1-4.

Angel, W. D. (1995). *The international law of youth Right: Source documents and commentary*. Leiden: Martinus Nijhoff.

Aries, P. (1962). *Centuries of childhood: A social history of family life* (Robert Baldick Trans.). New York: Vintage Books.

Beales, T. W. Jr. (1985). The child in seventeenth-century America. In J. M. Hawes & N. R. Hiner (Eds.), *American childhood: A research guide and historical handbook* (pp. 15-56). Westport, CT: Greenwood Press.

Brobeck, S. (1977). Images of the family: Portrait paintings as indices of American family culture, structure, and behavior, 1730-1860. *Journal of Psychohistory, 5*, 81-106.

Coleman, J. C., & Hendry, L. (1994). 청소년은 누구인가(남승희 역). 서울: 서원. (1989년 원저 출간)

Côté, J. E. (2005). Trends in youth research in North America. In H. Helve & G. Holm (Eds.), *Contemporary youth research: Local expressions and global connections* (pp. 35-37). Burlington, VT: Ashgate Publishing.

Dennis, W. (1946). The Adolescence. In L. Carmichael (Ed.), *Handbook of child psychology* (pp. 620-648). New York: Wiley.

Finkelstein, B. (1985). Casting networks of good influence: The reconstruction of childhood in the United States, 1790-1870. In J. M. Hawes & N. R. Hiner (Eds.), *American childhood: A research guide and historical handbook* (pp. 111-152). Westport, CT: Greenwood Press.

Fornäs, J. (1989). *Juventology*. Paper presented at the 1st annual meeting of youth science in Nordic. Stockhoim University. Retrieved from http://www.niwl.se/home/fornas/Research/JFUSU.html.

Gillis, J. R. (1997). 청년의 사회사(손종현 외 공역). 서울: 도서출판 교육문화. (1974년 원저 출간)

Helve, H. (2002). *New trends in Nordic youth research*. Retrieved from http://www.alli.fi/nyri/nyrid/trends_2002.html

Helve, H. (2005). Youth research in Europe. In H. Helve & G. Holm (Eds.), *Contemporary youth research: Local expressions and global connections* (pp. 15-32). Burlington, VT: Ashgate Publishing.

Helve, H., & Holm, G. (Eds.). (2005). *Contemporary youth research: Local expressions and global connections*. Burlington, VT: Ashgate Publishing.

Keniston, K. (1968). *Young radicals*. New York: Harcourt Brace Jovanovich.

Koller, M. R., & Ritchie, O. W. (1973). *Sociology of childhood* (2nd ed.). Englewood Cliffs, NJ: Prentice-Hall.

Laucks, E. C. (1981). *The meaning of children: Attitudes and opinions of a selected group of U.S. university graduates*. Boulder, CO: Westview Press.

Leonard, P. (1995). *Personality and ideology*. 자본주의와 인간발달(한국사회복지학연구회 역). 서울: 한울. (1990년 원저 출간)

Miller, B. M. (2003). *Critical hours: After-school programs and educational success*. New York: Nellie Mae Education Foundation.

Muuss, R. E. (2003). 청년발달의 이론(정옥분, 윤종희, 도현심 공역). 서울: 양서원. (1996년 원저 출간)

Nagel, E. (1961). *The structure of science: Problems in the logic of scientific explanation*. London: Routledge & College Press.

Nagorski, M. T. (1999). Youth as resources. *New designs for youth development, 15*(3), 28-45.

Panel on Youth of the President's Science Advisory Committee. (1974). *Youth transition to adulthood*. Chicago: University of Chicago Press.

Pittman, K. J. (1996). *What is youth development?: Preventing problems of promoting development competing priorities or inseparable goals?* Retrieved from http:// www.iyfnet.org/document.cfm/22/general

Pittman, K. J. (1999). *Youth development: On the path towards professionalization*. National Assembly of Health & Human Service Organizations.

Pittman, K. J., Yohalem, N., & Tolman, J. (Eds.). (2003). *When, where, what and how youth learn: Blurring school and community boundaries*. San Francisco, MA: Jossey-Bass.

Santrock, J. W. (1998). *Adolescence* (7th ed.). New York: McGraw-Hill.

Sarup, M. (2001). 신교육사회학론: 구조주의 교육사회학의 전망과 과제(한준상 역). 경기: 한국학술정보. (1978년 원저 출간)

Schulz, C. B. (1985). Children and childhood in the eighteenth century. In J. M. Hawes & N. R. Hiner (Eds.), *American childhood: A research guide and historical handbook* (pp. 57-109). Westport, CT: Greenwood Press.

Sebald, H. (1984). *Adolescence: A social psychological analysis*. Englewood Cliffs, NJ: Prentice-Hall.

Smith, N., Lister, R., & Middleton, S. (2005). Young people as active citizens: Towards an inclusionary view of citizenship and constructive social participation. In C. Pole, J. Pilcher, & J. Williams (Eds.), *Young people in transition: Becoming citizens?* (pp. 159-177). New York: Palgrave Macmillan.

Suransky, V. P. (1982). *The erosion of childhood*. Chicago: University of Chicago Press.

United Nations (UN). (1985). *General assembly resolution* (40/14). United Nations.

United Nations (UN). (1995). Guideline for the further planning and suitable follow up in the field youth. *General assembly resolution* (50). United Nations.

Whitley, R. D. (1975). Components of scientific activities, their characteristics and institutionalization in specialties and research areas: A framework for the comparative analysis of scientific developments. In E. D. Knorr et al. (Eds.), *Determinants and controls of scientific development* (pp. 37–74). Boston: D. Reidel Publishing.

제2부

청소년에 대한 이해

제3장
청소년과 환경

청소년을 둘러싸고 있는 가정, 학교, 지역사회 등의 환경은 청소년의 심리적 발달뿐만 아니라 대인관계에도 중요한 영향을 미친다. 청소년은 영유아기와 아동기를 거쳐 부모, 형제자매 등 가족 구성원과의 관계를 통해 사회화되고, 이를 바탕으로 친구나 교사 등과 같은 다양한 사람들과 인간관계를 형성한다. 따라서 이 장에서는 청소년을 둘러싸고 있는 가정, 학교, 지역사회 환경이 청소년에게 미치는 영향에 대해 살펴보고자 한다.

1. 청소년과 가족

가족은 대부분의 사회에 존재하며 사회를 구성하는 기본 단위로서 이를 유지하는 데 필요한 중요한 제도이다. 가족 내의 구성원은 서로 친밀하고 신뢰로운 관계를 형성함으로써 심리적 안정감과 소속감을 경험한다. Burgess(1926)는 가족을 상호작용하는 인격체의 결합(unity of interacting personalities)으로 묘사하였다. 즉, 가족은 구성원에게 발생하는 변화 및 외적 요인과 가족체계 기능에 영향을 미치는 변화에 반응하는 역동적 체계다(Bigner, 2007, p. 78에서 재인용). 그러므로 가족은 시간이 흐름에 따라 변화하는 역동적 체계다. 가정은 그런 가족이 접하는 최초의 환경이다. 인간은 그 안에서 세상을 살아가는 데 필요한 기본적인 기술과 태도 등을 획득한다.

생태학적 체계이론(ecological system theory)을 주장한 Bronfenbrenner는 가족은 개인을 둘러싸고 있는 미시체계(micro system)로서 개인의 발달에 영향을 미치는 가장 밀접한 체계라고 주장하였다. 또한 가족체계이론(family system theory)에 따르면 각 시기마다 모든 가족 구성원이 공통적으로 경험하는 스트레스 요인이 있는데 이런 스트레스가 계속 쌓이면 가족이 적응하고 변화하는 것이 어려워져 가족 구성원은 위기를 경험하게 된다. 이러한 주장은 가족 구성원 간의 상호작용이 서로에게 영향을 미치는 양방향적인 관계에서 비롯될 뿐만 아니라, 가족 구성원은 주변 사회환경으로부터 끊임없이 영향을 받는다는 것을 의미한다(Berk, 2009, pp. 479-480). 그러나 사회가 빠르게 변화하면서 과거 친밀했던 가족 구성원 간의 상호작용은 가정 밖의 업무와 활동 등으로 인해 그 관계가 점차 소원해지면서 다양한 가족 문제를 나타내고 있다. 왜냐하면 우리 사회가 가족의 안정성을 개별 가족 구성원의 행복보다 더 우선시하였으나 서구 문물의 빠른 유입과 산업화로 인해 개인주의와 자본주의가 팽배해지면서 가족보다는 개인의 이익이나 행복을 더 우선시하는 경향이 확산되었기 때문이다. 개인주의적 가치관으로의 변화는 가족 구조에도 영향을 미쳐 1인 가구, 한부모가족, 조손가족 등을 증가시키는 요인이 되기도 하였다.

우리나라의 가구 형태는 1990년 이후 4인 가구가 주를 이루었으나, 2010년에 드디어 2인 가구(24.3%)가 4인 가구(22.5%)를 앞지르게 되었다(통계청, 2017). 이는 저출산으로 이어져 0~24세의 아동·청소년 인구를 감소시키는 결과를 낳았다. 그리하여 2017년 현재 우리나라의 아동·청소년 인구는 25.87%에 불과하여 G7 평균인 26.82%보다 낮고(여성가족부, 2017, p. V), 통계청은 2060년 청소년 인구 비율은 10.4%에 불과하게 될 것으로 추산하고 있다(통계청, 여성가족부, 2019, p. 5). 저출산은 아동과 청소년 인구를 감소시켜 심각한 사회문제가 되고 있다. 저출산은 가족 구조의 변화뿐만 아니라 가족 구성원 간의 친밀도를 감소시킴으로써 이혼이나 별거, 청소년가출 등과 같은 다양한 가족 문제의 발생을 증가시켜 국가 차원의 대책 마련을 필요로 한다.

1) 부모-자녀 관계

청소년은 자신의 행복한 삶을 위하여 자율성과 독립심 등을 획득하면서 사회적 유능성, 책임감, 자아존중감 등의 긍정적인 심리적 발달을 이룬다. 동시에 청소년은 부모에게서 독립하려는 심리적 이유기(psychological weaning)에 있기 때문에 종종 부모와 갈등을 유발하기도 한다(송명자, 1995, p. 437). 비록 갈등과 단절이 발생할지라도 부모는 청소년에게 있어 여전히 중요한 지지체계며(Santrock, 1995; 송명자, 1995, p. 89에서 재인용), 부모와 청소년 자녀 간의 가벼운 갈등은 청소년의 심리적 발달에 긍정적 영향을 미치기도 한다(송명자, 1995, p. 438). 따라서 청소년의 긍정적인 심리적 발달을 위해 청소년은 부모와 충분한 대화와 활동을 함으로써 긴장이나 갈등을 줄이도록 노력해야 한다.

청소년종합실태조사 결과에 따르면 2014년 현재 부모와 전혀 대화를 하지 않는 청소년은 아버지의 경우 6.7%, 어머니는 2.6%이었다(여성가족부, 2017, p. 63). 특히 아버지와의 대화시간이 매우 적어 30분 미만인 경우가 34.1%였으나, 어머니의 경우에는 2시간 이상 대화하는 경우가 34.2%로 청소년은 어머니와 더 많은 시간 동안 대화하지만 그 비율은 낮았다. 이는 청소년의 고민상담 대상이 부모보다 친구동료가 더 많다는 결과로 이어진다(여성가족부, 2017, p. 64). 청소년 자녀와 부모 간의 관계에서 부족한 대화를 극복하기 위해 Luthar와 Latendresse(2005)는 가족이 함께 식사할 것을 권했다(Berk, 2009, p. 487에서 재인용). 식사를 함께한다는 것은 그 시간 동안만이라도 부모와 자녀가 대화를 함으로써 부모-자녀 간의 갈등을 극복하기 위해 노력할 수 있기 때문이다. 그러나 유감스럽게도 청소년이 부모와 매일 저녁식사를 하는 경우는 2017년 현재 27.0%로 3년 전의 37.5%에 비해 현저하게 감소하였다(통계청, 여성가족부, 2018. 4. 26, p. 10).

부모와 청소년 자녀 간의 갈등이 충분히 해결되지 않을 경우 청소년의 스트레스 인지율이나 우울감이 증가할 수 있다. 2017년 현재 청소년의 스트레스 인지율은 37.2%이고, 우울감은 25.1%에 달하는데(통계청, 여성가족부, 2018. 4. 26, p. 3) 이는 우리나라 청소년의 사망원인으로 고의적 자해(자살)가 운수사고나 질병 등보다 더 높은 비율(7.8%)을 차지하고 있는 것(통계청, 여성가족부 보도자료, 2018. 4. 26, p. 18)과도 무관하지 않다. 이는 청소년의 삶에 대한 만족도 수준이 OECD 35개국 중

34위이며, OECD가 조사한 72개국 중 71위로 매우 낮은 점, 자녀와 매일 대화하는 부모 비율도 53.7%에 불과하다는 점과도 관련된다(심지우, 2017. 9. 27.).

2) 다양한 가족 유형에서의 부모-자녀 관계

(1) 한부모가족의 부모-자녀 관계

한부모가족은 이혼, 별거, 사망, 유기 등 여러 가지 사유로 양친 중의 한쪽과 미혼 자녀로 이루어진 가족으로 해마다 증가하고 있다. 2016년 현재 우리나라 전체 가구 중 한부모가족이 차지하는 비율은 10.8%(여성가족부, 2017, p. 147)인데 이혼으로 인한 한부모가족의 비율이 매년 증가하고 있다.

한부모가족은 자녀의 보호를 누가 맡느냐에 따라 어머니가 주 양육자면 여성한부모가족, 아버지가 주 양육자면 남성한부모가족이라고 하며, 우리나라는 여성한부모가족의 비율이 더 높다. 여성한부모가족은 경제적 빈곤, 남성한부모가족은 가사와 자녀 양육으로 인한 어려움이 크다(조성연, 백경숙, 옥경희, 전효정, 전연진, 2017, pp. 266-267). 상당수의 한부모가족은 한부모가족이 된 후 부모-자녀관계가 과거에 비해 평등하고 수평적인 관계로 발전하는 경향을 보인다. 그러나 가족체계가 불안정하고 불확실하여 부모와 청소년 자녀 간의 갈등이 표면화되면서 직접 갈등을 표출하는 경우가 많다. 그리하여 이혼 직전의 가족생활 중에 부모의 갈등 정도가 심했거나 자신에 대해 무관심했다고 생각하는 경우에는 부모의 이혼을 계기로 가출, 결석, 비행, 정서적 불안, 퇴행 등의 문제행동을 보이며, 누구 한 사람의 부재나 사회적 편견 혹은 여러 가지 이유로 감당하기 어려운 긴장과 스트레스를 경험하기도 한다(Berk, 2009, p. 490). 한편, 한부모가족이 된 이후에 이전보다 비교적 개방적인 의사소통과 더 많은 대화를 통해 오히려 갈등이 별로 없고 가족스트레스 상황에도 잘 적응함으로써 만족스러운 가족생활을 하기도 한다(조성연 외, 2017, pp. 267-268). 그러므로 한부모가족이 된 후 양육 부모와의 개방적인 대화가 청소년의 긍정적인 적응에 매우 중요하다(정현숙, 1993).

(2) 재혼가족의 부모-자녀 관계

재혼가족은 자녀유무에 관계없이 최소한 한쪽 배우자가 재혼인 경우에 형성되는 가족으로 혼합가족(blended family), 재결합가족(reunited family), 계부모가족(stepparent family) 등의 다양한 명칭으로 불린다. 재혼가족의 자녀는 서로 다른 가족 역사를 지닌 두 가구의 가족 구성원이고, 친부모가 실존하거나 기억 속에 존재해 있어 다른 가족 유형보다 여러 면에서 더 복잡하다. 많은 경우에 재혼가족은 상당한 정도의 상실과 변화를 경험한 후 새로운 가족을 형성하기 때문에 자녀와 계부모 모두 비현실적인 기대를 가지고 재혼가족의 생활을 시작한다. 특히 사춘기 자녀가 있는 경우의 재혼가족은 청소년 자녀가 해결해야 할 과제와 재혼가족에 대한 적응이 중첩되어 적응하는 데 더 어려울 수 있다. 재혼가족에서 청소년기 자녀가 적응을 잘하지 못하면 음주, 약물남용, 비행 등과 같은 문제행동을 유발할 수도 있다. 재혼가족이 겪는 보편적인 문제는 훈육과 자녀양육에 대한 갈등이다(조성연 외, 2017, p. 274).

재혼가족은 상이한 가족 문화와 정체감을 통합시키는 문제, 시간과 에너지, 재정, 애정 등을 새롭게 공유하는 문제, 이전 가족과 새로운 가족에 대해 균형 있게 충성심을 형성하는 문제 등 다양한 발달과제를 수행하면서 부모와 자녀 간에 새로운 생활양식을 확립해 나가야 한다.

(3) 다문화가족의 부모-자녀 관계

다문화가족(multi-culture family, multi-ethnics family)에는 성별, 종교, 직업, 계층, 인종 등에서 비롯되는 각 사회 집단의 고유한 문화적 특성이 다양하게 존재한다. 그러므로 다문화가족에 대한 이해는 주류나 비주류 집단의 문화를 동등하게 여기고 존중하는 데서 시작해야 한다. 우리나라에서의 다문화가족은 1990년대 초 조선족을 포함한 재외동포의 이주, 세계화에 따른 외국인과의 활발한 접촉 등으로 인해 국제결혼이 증가하면서 적극적으로 가시화되었다. 다문화가족이 증가하면서 국가는 「다문화가족지원법」(2008. 3. 21)을 제정하여 이들 가족을 위한 다양한 정책을 실시하고 있다. 「다문화가족지원법」에서는 다문화가족을 결혼이민자와 출생 시부터 대한민국 국적을 취득한 자로 이루어진 가족, 혹은 귀화 허가를 받은 자와 출생 시부터 대한민국 국적을 취득한 자로 이루어진 가족으로서 한 명 이상은 반드시 한국 국적을 가진 자가 포함되어야 한다고 정의하고 있다. 그러나 보다 광의에서 다문화가족은 한 가족 내에 다양한 문화가 공존하고 있는 가족을 의미한다(여성가족부, 2017, p. 148).

다문화가족은 다른 피부색이나 외모 등으로 인한 사회적 편견, 비주류로서의 자괴감, 역할모델 설정의 어려움, 결혼이민자 문화에 대한 폄하, 경제적 문제 등과 같은 어려움을 경험하면서 이혼이 증가하고 있다. 2015년 다문화가족실태조사(정해숙 외, 2016)에 의하면 청소년 자녀와 부모와의 관계 만족도가 아버지보다 어머니가 더 높았으며, 부모가 청소년 자녀에 대해 생각하는 만족도는 부모가 청소년 자녀에 비해 더 높았다. 이러한 결과는 청소년 자녀의 연령이 많을수록 더 낮았는데 이는 자녀의 연령이 많아지면서 부모와의 대화나 함께 하는 활동 등이 줄어들면서 비롯된 결과라 할 수 있다. 이는 다문화가족 청소년이 아버지와 대화하는 시간으로 30분 미만이 가장 많았고, 어머니는 30분~1시간 미만이 가장 많았다는 결과로 알 수 있다. 또한 청소년 자녀가 인식하는 부모의 관심 정도도 다문화가족 청소년이 우리나라 일반 청소년에 비해 더 낮은 수준이었다.

3) 형제자매관계

형제자매관계는 상호적이며 보다 평등한 관계로서 다정하면서도 경쟁적인 양면성을 지닌다. 그러나 형제자매 간의 상호작용은 우호적이기 때문에 서로 간의 경쟁은 대개 문제가 되지 않는다. 형제자매 간 경쟁은 8~12세에 강하게 나타나지만 청소년기에 접어들면서 점차 줄어들고 오히려 정서적으로 밀착하게 된다(송명자, 1995, p. 416).

형제자매는 출생 순위에 따라 다른 발달 특성을 나타낸다. 첫째아는 부모의 기대수준이 높아 성취지향적이고 동생들을 돌보는 양육자의 역할을 수행하는 경우가 많아 사회적 책임감과 자기통제력이 강하다. 반면, 이런 양육자의 역할로 인해 첫째아는 보다 지배적이고 경쟁적이며 사회적 의존성도 높다. 막내는 부모의 관심과 애정을 많이 받지만 첫째아와 달리 책임감이 적고 독립성의 발달이 늦지만, 대인관계가 원만하며 또래집단에서 인기가 높다. 외동아는 자기중심적이며 의존적인 경향이 있지만 외동이기 때문에 부모의 높은 기대와 관심으로 성취 수준이 높고 형제간 경쟁으로 인한 갈등을 겪지 않아 불안수준이 낮아서 안정적이고 성숙한 자기통제력을 지닌다.

2. 청소년과 학교

중학교가 의무교육이 된 이후 99.9%의 청소년이 중학교에 진학하고 있으며, 고등학교 진학률도 99.7%로 매우 높다(**그림 3-1** 참조). 그러므로 청소년에게 있어 학교생활에서의 친구와 교사와의 관계는 삶에 중요한 영향을 미친다.

학교는 위계 구조를 지닌 사회조직으로서 청소년에게 문화유산을 전달해 줄 뿐만 아니라, 사회의 변화와 혁신, 사회 구성원의 선발과 배분, 통합과 분화, 사회적 지위 이동 등을 통해 청소년으로 하여금 사회생활에 필요한 역할을 배우면서 사회 적응의 토대를 형성하게 해 준다. 그러므로 청소년은 학교에서 성취규범, 독립심, 보편주의, 합리주의를 습득한다(Dreeben, 1968; 황혜정, 김경회, 이혜경, 어주경, 나유미, 2003, p. 177에서 재인용). 반면, 청소년은 학교라는 제도 속에서 친구와 교사와의 관계 등의 인간관계를 경험하면서 학교생활로 인한 스트레스를 경험하기도 한다. 그리하여 청소년의 스트레스 인지율은 중 · 고등학생의 경우 2017년 현재 37.2%(남학생 30.4%, 여학생 44.6%)로 상당한 수준이다. 그러나 청소년의 52.3%가 학교생활에 만족한다고 응답함으로서 비교적 학교생활에 잘 적응하는 경향을 보이기도 한다(**표 3-1** 참조).

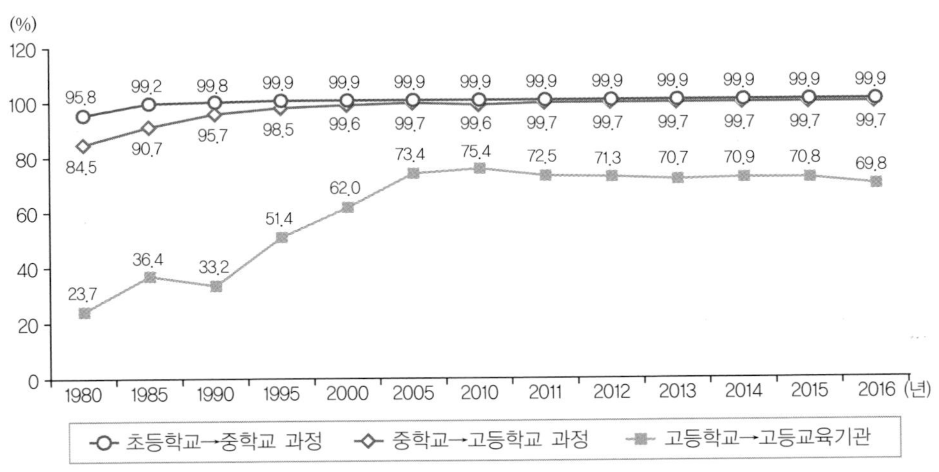

그림 3-1 연도별 청소년의 학교급별 진학률

출처: 여성가족부(2017), p. 315.

표 3-1 중 · 고등학생의 연도별 학교생활 만족도[1]

(단위: %)

구분	2010년			2012년			2014년			2016년		
	만족 (매우 만족 + 약간 만족)	보통	불만족 (약간 불만 + 매우 불만)	만족 (매우 만족 + 약간 만족)	보통	불만족 (약간 불만 + 매우 불만)	만족 (매우 만족 + 약간 만족)	보통	불만족 (약간 불만 + 매우 불만)	만족 (매우 만족 + 약간 만족)	보통	불만족 (약간 불만 + 매우 불만)
전반적인 학교생활	46.5	46.6	6.8	46.7	45.8	7.5	49.7	43.8	6.4	52.3	41.8	6.0
교육내용	46.3	43.5	10.2	42.8	43.7	13.5	47.7	42.5	9.8	48.6	42.3	9.1
교육방법	38.6	44.5	16.8	36.0	44.9	19.1	44.0	41.6	14.4	42.9	43.3	13.8
교우관계	68.4	27.9	3.7	66.5	28.9	4.6	69.5	26.8	4.6	68.8	27.1	4.1
교사와의 관계	43.9	46.8	9.3	44.5	46.9	8.6	50.8	42.1	7.1	53.1	40.4	6.5
학교시설 및 설비	34.1	42.8	23.1	33.5	42.6	23.9	38.7	43.3	18.0	41.0	43.1	15.9
학교주변 환경	30.0	45.1	24.9	31.7	44.1	24.2	37.5	44.7	17.7	39.8	42.8	17.4
소질과 적성개발[2]	-	-	-	-	-	-	35.8	45.6	18.7	37.2	45.6	17.2
전공[2) 3)]	-	-	-	-	-	-	40.2	45.2	14.5	42.3	45.9	11.8

주: 1) 통계청 '사회조사'의 학생의 학교생활 만족도는 2000년부터 2010년까지는 15세 이상을, 2012년부터는 13세 이상을 조사함
2) 소질과 적성개발 만족도 및 전공 만족도는 2014년 신규 조사 항목임
3) 전공 만족도는 조사대상에 중학생 및 인문계 고등학생은 제외됨

출처: 여성가족부(2017), p. 331.

1) 청소년과 친구관계

(1) 청소년과 또래관계

청소년은 학교라는 미시체계에서 또래 친구와의 사회관계망을 통해 밀접한 또래 관계를 형성하는데 그 영향이 가장 큰 시기는 16~19세다. 이 시기에 청소년은 동성 친구에서 이성 친구로 애착 대상이 변화하기도 한다(송명자, 1995, p. 440; 황혜정 외, 2003, p. 290).

10대 청소년은 친밀감과 상호 이해, 충성관계로서의 우정을 형성함으로써 강한 소속감과 가치를 공유하는 집단을 형성하기도 한다. 특히 이 시기는 친구관계에서의 신의를 매우 중요하게 생각하여 아동기 때보다 친구에 대해 덜 소유적이며, 친구를 어느 정도의 자율성을 가진 존재로 재구조화하여 이해한다(Berk, 2009, p. 497). 또한 청소년은 서로에게 가족 외의 세계에 대한 정보를 제공하며, 성인기로 발전해 가는 과정에서 필요한 사회적 기술과 전략을 서로 공유할 뿐만 아니라, 동료의식을

공유하면서 서로에게 자극을 주고, 물리적 지원과 애정을 주며, 서로의 위치를 비교해 볼 수 있는 준거집단이 되기도 한다(최윤미 외, 1998, pp. 178-179).

청소년은 목표, 가치, 흥미, 관심 등이 유사한 경우에 교우관계를 통해 심리정서적 건강과 성인기 개인 역량에 중요한 우정을 맺으며 단짝집단(cliques)과 교류집단(crowds)을 형성하면서 친구관계를 지속하거나 해체한다. 이러한 관계에서 남학생은 반사회적 행동을 하기도 하고, 여학생은 최초 이성관계에서 부정적인 경험을 하기도 한다(Bukowski, Sippola, & Newcomb, 2000). 하지만 대부분 또래 친구는 모델, 강화자, 사회적 비교집단, 사회적 지지자로서의 역할을 수행한다.

청소년의 또래관계 중 도당이라고 하는 단짝집단은 5~6명 정도의 친구로 구성한다. 도당은 상호 응집력이 높아 우리감정(we-feeling)과 강한 집단정체성을 나타낸다. 단짝집단보다 집단 크기는 크지만 응집력이 낮은 교류집단 혹은 동아리는 몇 개의 단짝집단이 모여 형성한다. 단짝집단과 교류집단은 청소년이 가족에서 벗어나 자신의 가치관을 표현하고 새로운 역할을 실험해 보도록 해 줌으로써 정체감 형성에 중요한 역할을 하며, 이성교제의 장을 마련해 주기도 한다.

(2) 청소년과 집단따돌림

청소년의 친구관계에서 집단동조성 혹은 집단에 대한 동조압력은 집단따돌림 혹은 왕따 현상을 유발하는 원인이 되면서 사회적 이슈가 되고 있다. 청소년이 집단의 바람직한 가치 규범에 동조하는 것은 미래의 성공적인 삶에 긍정적 영향을 미치지만 음주와 흡연, 폭력 등 바람직하지 못한 가치 규범에 동조하면 문제행동을 유발할 수도 있다. 집단의 바람직하지 않은 규준에 대한 동조성은 중학교 2, 3학년 경에 가장 높다(Leventhal, 1994).

집단따돌림(bullying)은 집단괴롭힘, 또래괴롭힘, 또래따돌림, 이지메 등의 용어로도 통용된다. 구본용(1997)은 집단따돌림을 두 명 이상의 급우가 집단을 이루어 특정한 학생을 소외시켜 그가 학교에서 부여받은 역할 수행에 제약을 가하거나 인격적으로 무시 혹은 음해하는 언어적 · 신체적인 일체의 행위로 정의하였다(이상균, 1999에서 재인용). 또한 박경숙(1999)은 집단따돌림을 한 집단의 구성원 중 자기보다 약한 상대를 대상으로 또는 집단의 암묵적인 규칙을 어긴 자를 대상으로 여럿이 또는 개인이 돌아가며 지속적인 신체적 · 심리적 공격을 가하여 반복적으로 고통을 주는 행동으로 정의하였다. 청소년은 따돌림을 당하고 난 후에 등교 거부, 무기력, 학교생활 부적응, 성적 저하, 우울증, 함묵 등의 현상을 나타내며, 극단적인 경우에 자살을 하기도 한다. 집단따돌림의 원인은 개인, 가정환경, 교육환경, 사회문화 등에서 찾아볼 수 있다(황혜정 외, 2003, pp. 317-322).

- 개인적 요인: 자신에 대한 부정적 이미지로 인한 과도한 불안, 서툰 대인관계, 피해의식과 왜곡된 생각을 가진 경우, 외동아거나 외향적인 성격이 강한 자기과시적 경향 등을 들 수 있다.
- 가정환경 요인: 부모와 자녀 간 부정적 태도, 처벌적이고 권위주의적인 부모의 훈육, 공격 행동을 방임하는 부모의 태도, 부모의 불화와 위협적인 가족 분위기, 긍정적 변화를 유도하려는 부모의 무지와 방임 등을 들 수 있다.
- 교육환경 요인: 과중한 학업 기대로 인한 스트레스, 교사의 지속적인 체벌과 꾸중, 학생의 개성을 인정하지 않는 획일적인 교육 풍토, 집단따돌림에 대한 교사의 무관심 등을 들 수 있다.
- 사회문화적 요인: 사회에 만연한 폭력성, 서로의 다양성을 수용하지 못하는 배타적 성향 등을 들 수 있다.

집단따돌림을 하는 가해학생은 피해학생을 소외시키거나 조롱하기, 욕이나 협박하기, 장난치거나 강제로 어떤 행위를 하게 하는 등의 집단따돌림 행위를 함으로써 피해학생과 구별되는 특성을 나타낸다. 가해학생은 타인에 대해 공격적, 지배적, 과시적이며, 좌절감, 왜곡된 우월감의 추구, 자기중심 경향, 타인에 대한 수용 능력의 부족 등 불안정한 심리적 특성을 보인다. 반면, 피해학생은 사회성 부족, 불안정한 정서, 허약한 신체와 열등한 외모, 낮은 지능 수준, 불결함, 교사의 잦은 꾸중, 낮은 자아존중감과 열등감, 자기중심적 성향, 지나치게 감정적이고 소심함, 자신과 상황에 대해 부정적으로 지각하는 경향 등이 있다(Boulton & Smith, 1994).

(3) 청소년과 학교폭력

학교폭력은 집단따돌림의 한 형태로서 학교 안팎에서 발생하는 폭력이다. 오늘날 학교폭력은 그 형태나 정도가 매우 다양해지고 있고, 사이버폭력으로 이어지면서 심각한 사회문제가 되고 있다. 박경아(2003)는 학교폭력을 학교 안이나 학교 주변에서 학생 상호 간에 발생하는 개인이나 집단에 의한 신체적 폭행, 괴롭힘, 따돌림, 금품 갈취, 위협이나 협박, 폭언이나 욕설 등을 통칭하는 것으로 보았다. 또한 심응철(1996)은 학교폭력을 가해자나 피해자가 모두 학생이고 폭력이 교내에서 발생하는 것은 협의의 학교폭력으로, 폭력이 교내뿐만 아니라 학교 주변에서까지 발생하는 것은 광의의 학교폭력으로 분류하였다. 학교폭력의 원인을 조사한 연구결과(김정옥, 박경규, 2002; 임희복, 2003), 청소년이 부모로부터 신체적 · 언어적 학대나 유기를 많이 경험할수록, 부모 간의 폭력 행사를 많이 목격할수록 학교폭력을 더 많이 행사하였다.

청소년의 학교폭력은 중학생이 고등학생에 비해 더 심각한 수준이고, 남학생이 여학생보다 더 많다. 폭력의 유형도 단순폭력, 금품 갈취 등에서 집단적 형태의 다양한 심리적 폭력이나 지속적 학대 및 성폭력 등으로 확대되고 있다. 청소년의 학교폭력으로는 폭행이 가장 많지만 2013년 이후 성폭력이 증가하고 있다.

학교폭력이 사회문제가 되면서 정부와 교육청은 모든 학교에 상담 인력을 배치하고, 가해학생을 즉시 출석 정지시키는 등의 조치를 취하고 있다. 또한 2004년 「학교폭력 예방 및 대책에 관한 법률」을 제정하여 2005년부터 학교폭력 예방 및 대책 5개년 기본계획을 수립하여 시행하고 있으며, 2012년 2월 6일에는 '학교폭력 근절 종합대책'(**글상자 3-1** 참조)을, 2013년 7월 23일에는 현장 중심 학교폭력 대책을,

그림 3-2 학교폭력에 대한 가해자와 피해자

출처: http://minihp.cyworld.com/svcs/Image.cy/One/56891522?board_no=162&item_seq=581193641&list_type=&urlstr=phot

2014년 3월에는 이에 대한 추진계획을, 2014년 12월에는 제3차 학교폭력 예방 및 대책 기본계획(2015-2019)을 수립하여 발표하였다(**그림 3-3** 참조).

비전	행복하고 안전한 학교
목표	학교폭력 및 학생위험 제로 환경 조성
전략	• 전반적 학교문화 개선과 함께 취약요인 중점 관리 • 대상별 · 유형별 · 시기별 · 맞춤형 대응 강화 • 단위학교의 실효성 있는 자율적 예방활동 활성화

	5대 분야	16개 추진과제
1	인성교육 중심 학교폭력 예방 강화	1. 인성 함양을 통한 학교폭력 사전 예방 2. 또래활동을 통한 건전한 학교문화 조성 3. 체험중심 학교폭력 예방활동 강화 4. 폭력유형 및 추세에 따른 대응 강화
2	학교폭력 대응 안전인프라 확충	5. 학교폭력 위해요인 지속적 해소 6. 학생보호인력 확충 7. 학교 밖 안전관리 강화
3	공정한 사안처리 및 학교 역량 강화	8. 학교폭력 조기 감지 · 신고 체계 강화 9. 사안처리의 공정성 확보 10. 학교의 학교폭력 대응 역량 강화
4	피해학생 보호 · 치유 및 가해학생 선도	11. 피해학생 보호 및 치유 지원 내실화 12. 가해학생 맞춤형 교육 및 선도 강화 13. 관계회복을 위한 프로그램 강화
5	전 사회적 대응체제 구축	14. 가정의 역할 및 교육기능 강화 15. 지역사회 역할 및 책무성 강화 16. 대국민 인식제고 및 전 사회적 대응체계 구축

그림 3-3 제3차 학교폭력 예방 및 대책 기본계획(2015-2019)

출처: 여성가족부(2017), p. 240.

특히 2012년 학교폭력 근절 종합대책이 발표된 이후 학교폭력 신고전화를 117로 통합하고, 전국 17개 지방경찰청에 '117신고센터'를 개소하여 경찰, 교육부, 여성가족부 합동으로 24시간 신고접수 및 상담서비스를 실시하고 있다. 또한 2012년 6월부터 '학교전담경찰관제도'가 활성화되어 학교폭력 사안에 대한 신고접수와 사전처리 및 가·피해학생 사후관리까지 학교와 협력하여 학교폭력에 대한 전반적인 업무를 담당하고 있다(여성가족부, 2017, p. 415). 그뿐만 아니라 교육부는 학교폭력을 당하면 신고와 상담을 간편하게 할 수 있도록 스마트폰 애플리케이션 '굿바이 학교폭력'을 만들어 배포하였다(강경국, 2012. 9. 25; **그림 3-4** 참조). 외국에서도 학교폭력을 근절하기 위해 다양한 방안을 강구하여 실행하고 있다(**글상자 3-2** 참조).

그림 3-4 학교폭력 신고 스마트폰 애플리케이션

출처: 강경국(2012. 9. 25.).

| 글상자 3-1 | **학교폭력근절 종합대책**

정부가 발표한 '학교폭력근절 종합대책'의 주요 내용은 다음과 같다.

1. 학교장과 교사의 역할 및 책임 강화: 학교장은 학교폭력이 발생한 경우에 가해학생에 대해 학부모와 상담을 거쳐 즉시 출석정지 조치를 내릴 수 있다. 학부모가 상담에 응하지 않으면 학교가 일방적으로 출석정지 조치를 내릴 수 있다.
2. 신고-조사체계 개선 및 가·피해학생에 대한 조치 강화: 학교폭력 피해학생은 원할 경우에 상급학교 진학 시 가해학생과 다른 학교로 갈 수 있다.

3. 또래활동 등 예방교육 확대: 학교폭력을 은폐하다 적발된 교직원은 금품수수나 성적 조작, 성폭력 범죄, 신체적 폭력 등 4대 비위 수준으로 강도 높게 징계한다.
4. 학부모교육 확대 및 학부모의 책무성 강화: 학생 수가 많아 생활지도에 대한 업무부담이 크다면 담임교사를 추가 배치할 수 있도록 복수담임제도를 활용한다. 정부는 2012년 중학교를 대상으로 복수담임제를 우선 도입하고, 2013년에 고등학교 등으로 확대하며, 향후 학생 수 기준도 연차적으로 낮출 계획이다. 학교장은 학교폭력대책자치위원회를 분기별로 1회 정기 개최하여 학내 폭력 실태 점검 및 교육 방안을 논의한다.
5. 교육 전반에 인성교육 실천: 학교폭력 근절을 위한 학교 밖의 노력도 강화한다. 정부는 먼저 시 · 군 · 구별로 '학교폭력지역대책협의회'를 신설해 기초단체와 경찰서, 교육지원청, 지방검찰지청 등이 공동으로 학교폭력에 대처하도록 하였다. 전국의 Wee센터와 CYS-Net도 '원스톱(one-stop) 통합지원센터'로 지정해 운영한다. 정부는 이와 함께 전문성 있는 지역사회 인사나 학부모 중심으로 교육기부 인력풀 1만 명을 확보해 학생과 1:1 상담을 진행할 수 있도록 할 예정이다.
6. 가정과 사회의 역할 강조: 인성교육을 강화하는 방향으로 교육과정을 개편한다. 중학교의 경우에 현행 주당 2~3시간인 체육시간을 4시간으로 늘리고 교내 스포츠 활동을 확대한다. 학교의 예술동아리 활동과 예술강사 지원도 확대한다. 또한 건전한 또래 문화 조성을 위해 '또래상담' 운영학교와 '자치법정' 시범학교도 대폭 늘리고, 학교폭력 예방 사이버상담도 지원한다.
7. 정신건강 유해 업소로부터의 학생보호: 정부는 청소년의 폭력적인 게임 중독을 막기 위해 기존의 셧다운제와 함께 게임 시작 후 두 시간이 지나면 자동으로 게임이 차단되는 쿨링오프제 도입을 추진하고자 한다. 밤 10시 이후 미성년자의 PC방 출입 단속도 강화한다.

정부의 대책에 따라 학교폭력 근절을 위한 청소년비행예방센터를 6월 중 서울남부 · 서울북부 · 인천 · 대구 등 4개 지역에 추가로 설립한다. 청소년비행예방센터는 법원에서 대안교육명령 처분을 받은 청소년, 검찰에서 교육조건부 기소유예처분을 받은 청소년, 학교에서 학교폭력 등으로 특별교육이수 처분을 받은 학생에 대한 사회적응과 재비행 방지를 위한 대안교육을 제공한다.

글상자 3-2 외국의 학교폭력 제도

외국은 학교폭력 문제와 관련하여 다양한 법적 · 제도적 장치를 마련하고 있다. 미국의 경우에는 47개 주에 「왕따방지법(Anti-Bullying Act)」이 있고, 뉴저지(New Jersey) 주는 학교 당국이 왕따 사건의 법적 책임을 진다. 또한 미국은 학교폭력 예방대책의 일환으로 세 단계의 예방 모델을 만들어 각 학교에서 실시하고 있다. 첫째 단계는 학생에게 학교폭력의 개념과 예방법을 미리 교육하여 폭력의 위험성을 알리는 것이고, 둘째 단계는 학생이 소지한 총기류를 회수하는 등 학교폭력과 관련된 위험 변수를 조기에 발견해 제거하는 것이며, 셋째 단계는 가해학생을 학교로부터 격리하여 폭력의 재발을 방지하는 것이다. 또한 영국은 1994년부터 학교 현장에 다양한 왕따 예방 프로그램을 도입 · 실시하고 있다.

외국의 다양한 학교폭력 예방대책으로는 미국의 「왕따방지법」, 영국의 자기주장훈련 프로그램, 작은 실수라 해도 봐주지 않고 원칙적으로 처벌한다는 프랑스의 무관용정책(Zero Tolerance), 노르웨이의 괴롭힘 개입 프로그램 등이 있다. 이러한 외국의 학교폭력 예방을 위한 개입 프로그램의 공통적 특징은 다음과 같다.

1. 학생뿐만 아니라 학부모와 교사 및 지역사회 구성원을 대상으로 학교폭력은 공동의 책임을 가지고 풀어야 할 문제라는 인식을 심어 주며 책임감을 강화한다.
2. 학교폭력이 발생하기 전과 발생 중, 발생 후 조치에 대한 명확한 지침이 마련되어 있다.
3. 학교폭력 예방과 해결을 위한 전 과정에 학생, 교사, 학부모가 함께 참여한다.
4. 학교폭력이 발생하기 전, 전체 학생을 대상으로 한 구체적인 학교폭력 예방 프로그램은 상당히 효과적이다.
5. 학교폭력 문제해결을 위해 교장과 교사의 의무를 강조하면 학교폭력 발생 및 예방에 긍정적인 효과가 나타난다.

국가	학교 의무 및 권한
한국	학교폭력 발생 시 교장은 교육감에게 해당 사실 및 조치, 결과 등을 보고하고, 교사는 교장에게 보고할 의무만 있음
영국	학교폭력 예방은 교장의 법적 책임으로서 전체 학교는 폭력 근절을 위한 모든 수단(제재 포함) 및 방법을 강구함
미국	교장은 학생 행동이 고쳐지지 않는다고 판단할 경우에 낙제시키고 해당 학부모를 방임으로 고발할 수 있음
일본	학교폭력을 지역사회 문제로 인식해 학교와 경찰, 지역사회의 인적 · 물적 자원 연계 및 출석정지 제도를 시행함

그림 3-5 외국의 학교폭력 발생 시 학교의 역할

출처: http://minihp.cyworld.com/svcs/Image.cy/One/45795847?board_no=912&item_seq=529088449&list_type=&urlstr=phot

2) 청소년과 교사관계

청소년은 대부분의 시간을 학교에서 보내기 때문에 교사가 미치는 영향이 크다. 훌륭한 교사는 위엄과 열의가 있고, 공정하며, 적응력과 융통성이 있으며, 따뜻하고, 학생의 개인차를 이해한다(정옥분, 2006, p. 448). 훌륭한 교사는 학생의 능력에 맞는 기대 수준을 설정하여 긍정적인 피드백을 주고 학생의 생각이나 사고방식을 이해하면서 학생이 당면하고 있는 문제에 관심을 가지고 개방적인 태도로 자주 대화한다. 2017년 기준 우리나라의 초등학교와 중학교 및 고등학교의 교사 1인당 학생 수는 각각 14.5명, 12.7명, 12.4명으로 학교급이 높아질수록 감소하고 있다(**그림 3-6** 참조).

청소년은 교사와의 상호작용을 통해 다양한 기술과 태도, 역할, 가치 등을 학습한다. Reedle과 Wattenberg에 따르면 교사는 학생과의 심리적 관계를 중심으로 사회화 대행자, 판단자, 지식 자원 제공자, 학습 조력자, 심판자, 훈련자, 동일시 대상, 불안 제거자, 자아 옹호자, 집단지도자, 부모 대행자, 적대 감정의 표적, 친구, 애정 상대자의 역할을 수행한다(황혜정 외, 2003, pp. 197-199). 그러므로 교사와 청

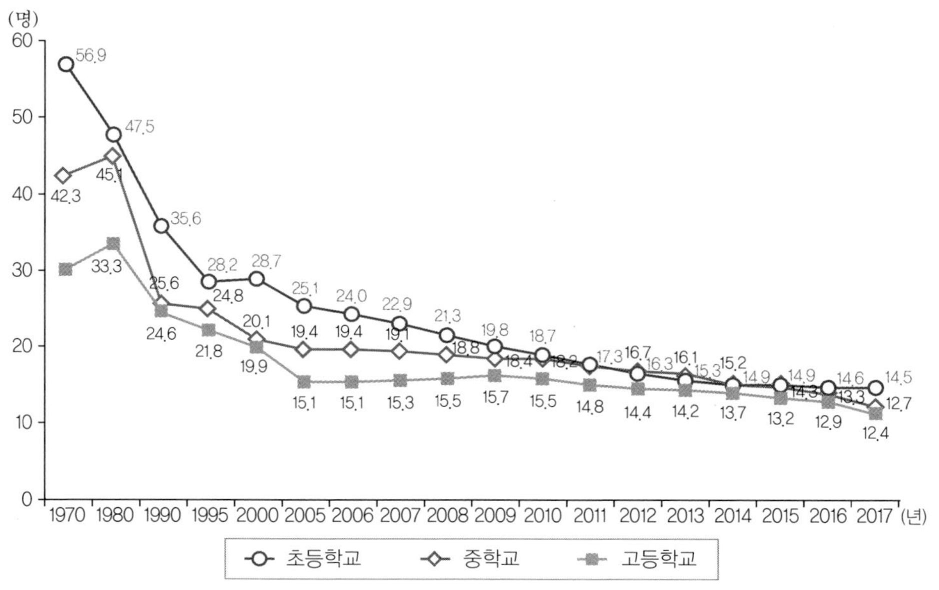

그림 3-6 학교급별 연도별 교원 1인당 학생수

출처: 여성가족부(2017), p. 311.

소년 간의 바람직한 인간관계는 교사가 학생 청소년을 인격적 주체로 받아들여 개방적으로 대화하고 신뢰할 수 있는 관계를 형성함으로써 이루어진다. 특히 교사가 청소년에 대해 가지는 생각, 태도, 기대, 행동 등은 청소년의 학업 성취나 자아개념에 결정적 영향을 미친다. Rosenthal과 Jacobson(1968)의 자기 충족적 예언(self-fulfilling prophecy)과 관련한 교사의 피그말리온 효과(Pygmalion effect)와 관련하여 볼 때 교사가 학생에게 긍정적 기대를 하면 학생은 스스로 할 수 있다는 자기 충족적 예언을 형성함으로써 이를 실현하기 위해 노력하여 성취 수준이 높아질 수 있다. 그러나 반대로 교사가 학생에 대해 부정적인 선입견이나 편견 혹은 잘못된 정보를 가지고 있을 경우 학생은 부정적인 자기 충족적 예언을 할 수 있어 학교생활에 부정적인 영향을 미칠 수 있다. 이는 학생의 학업성취도와 학습동기 수준을 낮출 수 있다. 더욱이 전환기를 경험하는 청소년 중에는 진학 및 새로운 학교환경에의 적응 과정에서 자신감과 자존감이 위축되고 우울감을 느껴 학업성취도가 감소할 수 있다(Berk, 2009, p. 508). 그러므로 학교 현장에서 교사는 단순히 학업 성취나 수행 능력에만 관심을 기울이기보다 현재 학생이 처한 상황이나 고민거리에 더 많은 관심을 가지고 학생을 대해야 한다.

3. 청소년과 지역사회

지역사회는 청소년의 생활과 밀접하게 연결되어 있어 청소년의 삶에 중요한 영향을 미친다. 이는 지리적 영역, 사회적 상호작용, 공동 유대감을 바탕으로 하기 때문에(김남선, 1999, p. 123) 청소년이 거주하는 지역사회 내의 체계가 불균형하면 청소년문제의 발생 확률이 높아진다. 지역사회 내에 유해업소가 많은 경우 청소년의 호기심을 자극하여 그런 곳에 출입하고자 하는 욕망이나 동기를 자극하고 청소년의 유해업소에 대한 노출을 증가시켜 청소년의 규범의식을 약화시키거나 각종 일탈행동을 촉발하는 데 영향을 미칠 수 있다(김문조, 1997; 김진화 외, 2002, p. 349).

향락주의가 팽배해진 현대사회에서 지역사회 내의 유해업소 및 신·변종 유해업소 등의 유해환경은 해마다 증가하면서 심각한 청소년문제를 유발하고 있다. 2011년 810,816개였던 청소년 유해업소가 2016년 930,531개소로 급증하였다. 특히 도시지역과 학교 주변 및 주거지역 인근의 유해환경은 빠르게 증가하여 청소년의 비행을 조장함으로써 청소년의 발달에 부정적 영향을 미칠 수 있어 중앙정부 차원의 유해환경에 대한 체계적이고 계획적인 관리가 필요하게 되었다. 이에 정부에서는 「청소년 보호법」상 청소년 통행금지구역인 '레드 존(RED ZONE)'을 설정하고, 신도시 건설 시 청소년 유행환경을 격리하고 구획화함으로써 청소년 유해업소 정비를 위한 도시계획적인 노력을 기울이고 있다. 또한 「청소년 보호법」에 '청소년유해환경감시단'을 지정하는 규정을 마련함으로써 청소년 유해환경에 대한 지역사회 감시체계를 구축하여 운영하고 있다. 2017년 현재 전국 17개 시 · 도에서 273개 청소년유해환경감시단(총 19,099명)이 활동하고 있다(여성가족부, 2017, pp. 264-272).

교육부는 청소년의 보건 · 위생, 안전, 학습 등에 지장이 없도록 학교 및 학교 주변에 교육환경위생에 지장을 주는 행위 및 시설을 제한하는 '교육환경 보호구역(구 학교교육환경정화구역)'을 지정하고 있다. 교육환경 보호구역은 2016년 2월에 제정하였는데 「교육환경 보호에 관한 법률」을 근거로 학교경계 또는 학교설립예정지 경계로부터 직선거리 200m 범위 안의 지역을 교육감이 설정하여 고시한다(여성가족부, 2017, p. 269).

청소년이 유해환경을 많이 접하는 이유는 학교 주변 지역사회 내의 유흥주점이나 단란주점 등과 같은 유흥업소를 쉽게 발견할 수 있고, 그 이용도 용이하여 통제하기가 매우 어렵기 때문이다. 그러므로 청소년을 유해한 지역사회 환경에서 보호하기 위해서는 그런 시설이나 환경에 출입하는 것을 통제하는 소극적 행위보다는 청소년의 권리가 침해되거나 부정적으로 강화되는 요인을 제거함과 동시에 권리를 보장하기 위한 지지적인 환경이 조성되도록 청소년의 자율적 통제력을 강화하는 데 더 주력해야 한다. 이를 위해서는 가정과 학교, 지역사회가 유기적인 관계를 형성하면서 자체적으로 정화하고자 하는 노력을 기울여야 한다.

생각해 봅시다

1. 청소년의 부모와의 관계와 스트레스 인지율과의 관계를 생각해 보고, 보다 친밀한 부모-자녀 관계 형성을 위해 부모나 학교 혹은 정부는 어떤 노력을 기울일 수 있는지 생각해 봅시다.

2. 행복하고 안전한 학교라는 비전을 실현할 수 있도록 청소년의 학교폭력을 예방하기 위한 정부 차원의 전략과 추진과제에 대해 생각해 봅시다.

3. 세계화에 따른 다양한 가족 유형의 등장과 관련하여 청소년이 생각하는 행복의 조건과 삶의 질을 높이기 위한 개인적 노력 및 국가 차원의 정책 추진 방향에 대해 생각해 봅시다.

✱ 참고문헌

강경국(2012. 9. 25). 학교폭력신고 경남117센터 개소 100일. 뉴시스. http://www.newsis.com/ar_detail/view.html?ar_id=NISX20120925_0011474491&cID=10201&pID=10200에서 2013년 10월 12일 인출

김남선(1999). 지역사회체계의 불균형과 청소년문제의 연계성. 대구: 경산대학교 청소년문제연구소.

김문조(1997). 청소년 유해환경 개선을 위한 실천방안. 서울: 청소년보호위원회.

김정옥, 박경규(2002). 청소년의 가정폭력 경험과 학교폭력과의 관계 연구. 한국가족관계학회지, 7(1), 93-115.

김진화, 송병국, 고운미, 이채식, 최창욱, 임형백 외(2002). 청소년문제행동론. 서울: 학지사.

박경숙(1999). 왕따 · 학교폭력의 실태와 대처방안에 대한 토론. 일본 동경국제대학 T. Takuma 교수 초청 한 · 일 학술대회 자료집. 서울: 경희대학교 교육문제연구소.

박경아(2003). 학교폭력 피해자의 학교적응에 관한 연구: 보호요인을 중심으로. 연세대학교 대학원 석사학위논문.

송명자(1995). 발달심리학. 서울: 학지사.

심응철(1996). 학교폭력: 현실과 대책. 한국청소년교육연구소 자료집 96-1. 서울: 한국청소년교육연구소.

심지우(2017. 9. 27). 2017년 청소년을 말하다. 조선일보. http://news.chosun.com/site/data/html_dir/2017/09/12/2017091201751.html에서 2018년 8월 20일 인출

여성가족부(2017). 2017 청소년백서. 서울: 여성가족부.

이상균(1999). 학교에서의 또래폭력에 영향을 미치는 요인. 서울대학교 대학원 박사학위논문.

임희복(2003). 가정폭력 목격 및 경험과 학교폭력의 관계에 관한 연구. 대진대학교 교육대학원 석사학위논문.

정옥분(2006). 사회정서발달. 서울: 학지사.

정해숙, 김이선, 이택면, 마경희, 최윤정, 박건표 외(2016). 2016년 전국 다문화가족실태조사. 서울: 여성가족부.

정현숙(1993). 부모의 이혼에 따른 자녀들의 적응. 아동학회지, 14(1), 59-75.

조성연, 백경숙, 옥경희, 전효정, 전연진(2017). 가족관계론. 경기: 양서원.

최윤미, 박희경, 손영숙, 정명숙, 김혜원, 최해림 외(1998). 현대 청년심리학. 서울: 학문사.

통계청(2017). 인구주택총조사보고서. 대전: 통계청.

통계청, 여성가족부 보도자료(2018. 4. 26). 2018 청소년 통계. 대전: 통계청/서울: 여성가족부.

통계청, 여성가족부 보도자료(2019. 5. 1). 2019 청소년 통계. 대전: 통계청/서울: 여성가족부.

황혜정, 김경회, 이혜경, 어주경, 나유미(2003). 아동과 환경. 서울: 학지사.

Berk, L. E. (2009). 아동발달(이종숙 외 공역). 서울: 시그마프레스. (2006년 원저 출간)

Bigner, J. J. (2007). 부모-자녀관계: 부모교육의 이해(박성연 외 공역). 경기: 교문사. (2006년 원저 출간)

Boulton, M. J., & Smith, P. K. (1994). Bully/victim problems in middle-school children: Stability, self-perceived competence, peer perception and peer acceptance. *British Journal of Developmental Psychology, 12,* 315-329.

Bukowski, W. M., Sippola, L. K., & Newcomb, A. F. (2000). Variations in patterns of attraction of same-and other-sex peers during early adolescence. *Developmental Psychology, 36,* 147-154.

Leventhal, A. (1994). Peer conformity during adolescence: An integration of developmental, situational, and individual characteristics. Paper presented at the meeting of the Society for Research on Adolescence, San Diego, CA.

Rosenthal, R., & Jacobson, L. (1968). *Pygmalion in the classroom*. New York: Holt, Rinehart and Winston.

http://minihp.cyworld.com/svcs/Image.cy/One/56891522?board_no=162&item_seq=581193641&list_type=&urlstr=phot

제4장

청소년 발달

청소년기의 발달 특성을 이해하기 위해서 청소년기의 생리적 발달, 성행동의 발달, 인지발달, 자아정체감의 발달을 알아본다. 청소년기의 시작을 알리는 사춘기의 신체적 · 성적 변화 등 생리적 발달은 심리적 발달과 관련이 있다. 성행동의 발달은 사춘기의 두드러진 특징이며 긍정적인 성행동을 발달시키기 위한 개인적 · 사회적 노력이 요구된다. 청소년기 특유의 자기중심적 사고와 인지 특성을 이해하는 것은 청소년을 이해하는 데 필수적이다. 청소년기 자아정체감의 형성은 건강한 성격과 사회성 발달을 위해 기초가 되는 주요 발달과제다.

1. 청소년기의 생리적 발달

1) 사춘기의 생리적 발달 특성

청소년기의 시작을 알리는 사춘기(puberty)라는 용어는 신체적 · 성적 변화가 급격하게 일어나는 시기를 의미하며 '성인다운 연령' 혹은 '모발의 성장'을 뜻하는 라틴어 'pubertas'에서 비롯하였다(Steinberg, 2011, p. 24). 사춘기에는 성장이 매우 빠르게 진행되는데, 신장과 체중이 급격히 증가하고 신체의 모양이 변화하며 성호르몬의 분비와 생식기관, 체모, 유방 등의 성장으로 인한 성적 성숙이 일어난다. 대체로 사춘기는 10~12세에 시작되어 17~19세에 완성되는데, 사춘기의 시작과 종료의 시기는 성별에 따라 혹은 개인에 따라 차이가 있다. 사춘기에 일어나는 급격한 신체적 변화 자체뿐 아니라 변화 시기의 개인차는 심리적 변화와 밀접한 관련이 있다. 특히 이 시기의 신체적 변화는 자아상의 확립과 관련이 크다.

(1) 사춘기의 성장 급등

사춘기에는 성장 호르몬, 갑상선 호르몬, 성호르몬이 동시에 분비됨으로써 성장의 가속이 일어난다. 이러한 현상을 '사춘기의 성장 급등(growth spurt) 현상'이라고 한다. 성장의 속도가 제1성장 급등기인 영유아기만큼 빨라서 사춘기를 제2성장 급등기라고도 한다. 이러한 성장 급등 현상은 특히 신장과 체중의 변화에서 확인할 수 있다.

표 4-1은 2017년 기준 우리나라 초등학교 1학년에서 고등학교 3학년 남, 여학생의 신장과 체중의 변화를 보여 준다. 이에 따르면 초등학교까지는 남학생과 여학생의 평균키가 거의 차이가 없으나 중학생이 되면서 남학생이 여학생보다 크고 중 2가 되면 남학생의 평균키가 여학생보다 7cm 이상 커지다가 그 이후에는 10cm 이상 크다. 남학생과 여학생의 성장 급등기가 중학생이 되면서 시작되는데 성장 급등의 정도는 남학생이 여학생에 비해서 더 크다.

체중의 성장도 신장과 비슷한 경향을 보이는데, 초등학교까지는 남, 여학생의 평균체중이 2kg 내외로 남학생의 체중이 약간 무거우나 중학교 2학년 시기를 넘어가면서 남학생의 체중이 여학생 보다 7~10kg 정도 더 무겁다. 체중에 있어서도 성장 급등의 정도가 남학생이 여학생보다 크며 대개 중학교 1학년이나 2학년 이후에 이러한 현상이 나타난다.

표 4-1 우리나라 초중고등학생의 학년별 신장과 체중

구분		키(cm)		체중(kg)	
		남	여	남	여
		평균키		평균 체중	
초등학교	1학년	121.6	120.6	24.8	23.8
	2학년	127.8	126.7	28.6	27.1
	3학년	133.5	132.4	32.8	30.7
	4학년	139.2	138.8	37.4	35.0
	5학년	145.1	145.6	42.4	40.2
	6학년	151.9	152.3	48.1	45.8
중학교	1학년	160.3	157.0	54.4	49.7
	2학년	166.1	159.0	59.8	53.3
	3학년	170.1	159.9	63.6	54.5
고등학교	1학년	172.3	160.7	67.1	56.3
	2학년	173.0	160.7	68.8	57.3
	3학년	173.5	160.8	71.0	57.8

출처: 교육부(2018).

(2) 사춘기의 성적 성숙

사춘기에 일어나는 대표적인 변화인 성적 성숙에 대해서 살펴보기로 하자. 사춘기가 되면 성호르몬의 분비가 증가함으로써 2차 성징이 나타난다. 2차 성징이란 가슴의 발달, 수염과 체모의 성장, 목소리의 변화와 함께 여자 혹은 남자로서 생식 기능을 갖추게 되는 것을 말한다.

남자의 경우 사춘기에 고환과 음낭이 커지고 음모가 자라기 시작한다. 이때부터 1년이 지나면 신장이 급성장하고 성기와 음모가 더욱 자라게 된다. 이 시기에 몽정이나 자위를 통해 첫 번째 사정을 경험하게 된다. 수염과 체모는 그 뒤에 자라고 변성기도 나중에 시작된다. 남자의 이러한 성적 성숙의 과정은 일관성이 있으므로, 변성기가 시작된 남아는 성기의 성숙이 어느 정도 완성되었다고 추측할 수 있다. 변성기가 오고 나면 수염이나 겨드랑이 부분의 체모가 자라고 그 후에 땀샘이 발달하여 피지 분비가 증가하고 여드름이 나기도 한다. 또한 성적 성숙기에 남자도 젖꼭지와 젖꼭지 주변이 자라게 되는데, 간혹 가슴이 커지기도 하여 당황하는 경우도 있으나 이는 일시적인 현상이다.

여자의 경우는 젖가슴이 커지기 시작하는 것을 성적 성숙의 시작으로 볼 수 있다. 남자에 비해 여자의 성적 성숙의 순서는 개인차가 큰 편이다. 어떤 여아는 젖가슴이 커지기 전에 음모가 먼저 자라기도 한다. 대체로 10세를 전후해서 젖가슴이 커지기 시작하고, 생식기 주변의 음모가 자라며, 엉덩이 둘레가 어깨에 비해 커지고, 내부 생식기관이 발달한다.

이 시기쯤에 초경을 하게 되는데 체지방 수준이 초경 시기에 영향을 준다. 에스트로겐의 농도가 성인 수준으로 유지될 때 생리가 시작되는데 체지방은 안드로겐이 에스트로겐으로 변화되는 데 필요하다. 대체로 체중이 41kg, 체지방이 17~19% 수준으로 유지될 때 초경이 시작된다고 본다(정은숙, 이정아, 임현숙, 2005). 그러나 규칙적인 배란은 대체로 초경 이후 2년 정도가 지나야 하므로 초경이 시작되었다고 해서 바로 임신이 가능한 것은 아니다. 남자와 마찬가지로 음모가 자라고 2년 정도 지나면 겨드랑이 부분의 체모가 자라고 땀샘이 발달하여 피지 분비가 증가하면서 여드름이 나기도 한다(Steinberg, 2011, p. 31).

2) 사춘기의 생리적 발달의 개인차

사춘기에 일어나는 성장 급등 현상과 성적 발달로 인한 신체 변화를 통해 청소년은 자신의 신체에 대해 사춘기 이전 시기와 달리 많은 관심을 갖게 되고 변화된 신체에 대해 새로운 신체상(body image)을 갖게 된다. 신체상이란 자신의 모습에 대한 인식을 말한다. 이러한 신체상은 청소년기의 주요 심리적 발달과제인 자아개념을 형성하는 데 중요한 영향을 미친다. 일반적으로 긍정적인 신체상을 가지고 있을 때 긍정적인 자아개념을 형성하게 되고, 이를 바탕으로 건강한 심리적 발달을 이루게 된다.

청소년기에 긍정적인 신체상은 또래 친구와의 비교를 통해 형성된다. 대체로 친구들과 비슷한 신체 발달 수준에 있을 때는 자신의 외모에 만족하는 편이나, 친구들보다 더 일찍 성숙하거나 더 늦게 성숙하는 등 차이를 보일 때는 불안해하고 자신의 외모에 불만족하며 심리적 적응에 어려움을 경험하기도 한다(정옥분, 2008).

단순히 신체적 변화 자체 때문에 심리적 적응에 어려움을 경험하기보다는 또래 친구와 성숙 정도에서 차이를 보이는 신체적 변화로 인한 또래 친구의 압력과 비교, 부모를 비롯한 주위 성인의 반응과 대우, 또한 외모를 중요시하는 사회 분위기 때문에 심리적 적응에 어려움을 겪게 된다. 왜 어떤 청소년은 일찍 성숙하고 어떤 청소년은 늦게 성숙하는지, 그리고 이러한 차이는 심리적 발달에 어떤 영향을 주는지에 대해 살펴보기로 하자.

(1) 신체적 · 성적 발달에서의 개인차

사춘기는 대개 10~12세에 시작되어 17~19세에 완성된다고 보나, 사춘기가 시작되고 끝나는 시기와 속도는 개인차가 크다. 사춘기의 시작 시기와 진행 속도에 영향을 주는 요인은 유전적 요인과 환경적 요인으로 나누어 볼 수 있다. 유전적 요인의 영향은 성차를 통해 확인할 수 있는데, 사춘기의 시작이 남아가 여아에 비해 2년 정도 느린 것은 범문화적으로 공통된 현상이다. 또한 사춘기의 시작과 속도가 유전적임을 보여 주는 예로 쌍둥이 연구가 있다. 일란성 쌍둥이 집단과 그렇지 않은 집단을 비교한 연구에서는 일란성 쌍둥이 집단의 사춘기 성숙이 그렇지 않은 집단에 비해 훨씬 유사하므로 사춘기의 성숙은 유전에 따른 것이라고 보고하였다(Mustanski, Viken, Kaprio, Pulkkinen, & Rose, 2004). 그러므로 유전적 소인이 다른 사람은 사춘기의 시작과 진행 과정이 다를 수 있다.

그러나 사춘기 발달의 개인차를 설명하는 요인은 환경적 요인이 더 설득력이 크다. 영양 상태, 위생 상태, 운동, 식습관, 체지방 정도가 사춘기 시작 시기와 진행 속도에 영향을 주는 주요 환경적 요인이다. 전 세계적으로 사춘기 여자의 초경 시작 연령은 과거에 비해 빨라지고 있다. 미국과 유럽의 경우는 10년당 2~3개월씩 초경 연령이 앞당겨지고 있다(Wyshak & Frisch, 1982).

우리나라의 경우, 1900~1989년 출생자의 초경 연령의 변화를 조사한 연구에 따르면 90년간 평균 2년 정도 초경 연령이 빨라져서 1900년대 출생자는 50%가 15~16세에 초경을 경험하였으나 1980년대 출생자는 50%가 13~14세에 초경을 경험하였다(박미정, 이인숙, 신은경, 정효지, 조성임, 2006). 2005년도 자료에서는 평균 초경 연령이 11.7세로 나타났다(질병관리본부, 2005). 이와 같이 초경 연령이 빨라지고 있는 이유는 영양과 위생 상태가 개선되었기 때문이라고 본다.

운동이나 식습관, 체지방 정도도 사춘기의 개인차를 설명하는 주요 요인이다. 앞서도 말했듯이 체지방량이 17~19% 정도로 유지될 때 초경을 시작하게 되는데, 운동량이 많거나 지나친 체중 감량을 위한 식습관으로 인해 필요한 체지방이 부족한 경우에는 초경이 늦을 수 있다. 이러한 자료는 영양과 위생 상태, 운동, 식습관, 체지방과 같은 요인이 사춘기의 개인차를 설명할 수 있음을 보여 준다.

그 밖의 주요 요인으로는 사춘기의 개인차에 영향을 주는 환경적 특성으로 매체를 통해 성적 자극에 쉽게 노출되는 경험이 고려되고 있다. 성적 자극에 쉽게 노출되는 환경에서는 성적 성숙이 빠르다. 앞서도 말했듯이 과거에 비해 현대의 청소년이 사춘기가 빨리 오는 것은 과거에 비해 개선된 영양이나 위생 상태로 건강이 좋아진 때문이기도 하지만, 각종 매체를 통해 쏟아져 나오는 성적 자극물에 쉽게 노출되기 때문에 성숙의 가속화 현상이 일어난다고도 본다(정옥분, 2008, p. 137).

스트레스도 성적 성숙이 빨리 일어나게 되는 원인임이 보고되고 있다. 그 예로 갈등이 많은 가족이나 가족 구성원 간 관계가 좋지 않은 가족에서 자란 여자 청소년의 초경이 그렇지 않은 경우보다 빠르다는 연구결과가 있다(Ellis, 2004). 이러한 결과에 대해 연구자는 가족 갈등이나 관계의 어려움은 스트레스가 되고 스트레스는 청소년기 호르몬 분비에 영향을 주어서 사춘기가 빨리 온다고 설명하였다.

(2) 조숙과 만숙이 심리적 발달에 미치는 영향

유전적·환경적 요인으로 인한 사춘기의 시작 시기와 속도에서의 개인차는 조숙과 만숙으로 표현할 수 있다. 사춘기가 또래에 비해 빨리 온 경우는 조숙(早熟), 늦게 온 경우는 만숙(晩熟)이라고 한다(**그림 4-1** 참조). 또래에 비해 사춘기가 빨리 왔는지 혹은 늦게 왔는지의 여부는 청소년기 심리적 적응에 영향을 주기 쉽다. 왜냐하면 조숙과 만숙의 결과 신체의 변화 과정이나 모습이 또래와 다를 뿐 아니라 주위 사람으로부터 또래와 다르게 대우를 받기 때문이다. 그 결과로 조숙 혹은 만숙 청소년은 또래와 다른 심리적 발달 특성을 보이기 쉽다.

일반적으로 조숙한 청소년은 만숙한 청소년이나 적기에 사춘기를 경험하는 청소년보다 심리적으로 안정된 발달을 보일 가능성이 낮다. 그 이유는, 첫째, 조숙한 청소년은 그렇지 않은 청소년에 비해서 외모는 성인이지만 심리적으로 성인의 역할을 감당할 준비가 되지 않은 상태이기 때문이다. 사춘기 이전 시기는 청소년기뿐

그림 4-1 조숙과 만숙(초등학교 6학년생)

아니라 성인기에 특히 필요한 스트레스 대처 기술이 발달하는 중요한 시기다. 그러나 호르몬 분비와 신체적 성장의 급격한 변화를 겪게 되는 사춘기가 빨리 오게 되면 일시적이지만 심리적 안정이 깨지고, 이로 인해 스트레스에 대한 대처 기술을 발달시킬 수 있는 충분한 시간을 갖기 어렵게 된다. 그리하여 성인과 같이 성숙된 행동을 하도록 타인에게서 기대를 받게 되면 불편함을 경험하게 된다.

조숙한 청소년이 그렇지 않은 청소년에 비해 심리적으로 안정된 발달을 보이기 어려운 두 번째 이유는 그들이 음주, 흡연, 성관계 등 미성년자에게는 유해한 성인의 행동을 더 일찍 시작할 가능성이 크기 때문이다. 특히 남자의 경우 더욱 그러한데, 조숙한 청소년이 그렇지 않은 청소년보다 학교 부적응 문제, 폭력, 약물남용 등의 일탈행동을 할 가능성이 크다. 조숙한 남자 청소년은 자신보다 나이가 많은 집단과 어울릴 가능성이 많고, 대개 이럴 경우 폭력이나 약물남용 등의 행동을 하는 집단일 가능성이 있기 때문이다(Steinberg, 2011, p. 44). 여자 청소년의 경우도 예외는 아니다. 또래에 비해 성숙된 외모를 갖게 되는 경우 성적으로 더 많은 관심을 타인에게서 받게 되고, 그 결과 어린 나이에 성적 행동의 대상이 되기 쉽다. 그리고 준비되지 않은 상황에서 하게 되는 성적 행동의 결과는 10대 임신을 비롯한 일탈의

문제를 낳기 쉽다(이종화, 2005; 장순복, 이선경, 전은미, 2002).

그러나 조숙과 만숙이 심리적 발달에 미치는 영향은 남녀 간에 다른 양상을 보이는 경향이 있다. 남자에게는 조숙이 심리적 발달에 긍정적 효과를 미치는 경우가 종종 있다. 일찍 성숙하는 남자 청소년은 또래보다 체격이 크고 운동을 잘할 가능성이 커서 또래뿐 아니라 이성에게 인기가 있고 리더의 역할을 수행한다. 이러한 경험으로 인해 조숙한 남자 청소년은 긍정적 자아개념과 자신감이 발달한다(허혜경, 김혜수, 2010, p. 78).

반면에 여자의 경우는 조숙의 긍정적 효과가 적다. 사춘기가 다른 친구에 비해 빨리 와서 신체적·성적으로 더 일찍 성숙하는 여자 청소년은 그렇지 않은 여자 청소년에 비해 심리적·정서적으로 더욱 부정적인 특징을 보인다는 연구결과가 많다. 조숙한 여자 청소년은 자아존중감이 낮고 우울증, 불안, 섭식장애 등의 문제를 일으킬 가능성이 더 높은데, 이는 신체적인 변화 자체 혹은 호르몬 분비의 직접적인 영향 때문이기보다는 친구들과 다른 외모에 대한 불안이나 성숙에 따라 변화하는 대인관계의 영향 때문이다(이수경, 2003; Mendle, Turkheimer, & Emery, 2007).

여자 청소년 스스로도 조숙을 원하지 않았는데, 우리나라 초등학생 5, 6학년 여학생을 대상으로 한 연구에서 연구 대상자의 68%는 초경을 늦게 하기 원한다고 보고했다(이여주, 2011). 초경을 빨리 하게 되면 키가 자라지 않고 살이 찌기 때문이라고 하였다. 또 다른 연구에서는 초경이 빠른 여자 청소년이 초경이 늦은 여자 청소년보다 자신의 신체에 대한 만족도가 낮았다(이분옥, 1999). 이와 같이 남보다 일찍 성숙하여 친구들에 비해 차이를 보이는 외모에 대해 만족하지 않는 것은 심리적 부적응에 영향을 줄 수 있다.

만숙도 조숙과 마찬가지로 또래와 비교해서 성숙의 정도가 다른 점이 심리적 적응에 부정적 요인으로 작용한다. 남자의 경우는 친구들에 비해 체격이 작고 성적으로 덜 성숙하여 자신의 외모에 덜 만족하고 이로 인해 열등감이 있으며, 이성에게 인기도 적어 자신감이 적은 편이다(허혜경, 김혜수, 2010, p. 80).

그러나 만숙이 모든 면에서 부정적인 것은 아니라는 연구결과도 있다. 만숙한 청소년은 조숙과 달리 아동기와 사춘기 이전의 시기를 충분히 갖기 때문에 사춘기에 경험하게 되는 성숙의 변화에 잘 적응할 수 있는 대처 기술을 더 잘 발달시킬 수 있다. 그래서 만숙한 남자 청소년은 조숙한 또래에 비해 다양한 영역에서 지적 활동에 더 몰두하여 인지적 능력이 발달되어 있고 호기심과 창의력이 더 발달되어 있다(박경애, 김혜원, 주영아, 2010, p. 91; Steinberg, 2011, p. 44). 여자 청소년의 경우는 앞서 말한 바와 같이 조숙의 부정적 영향에 대한 연구결과는 많은 반면 만숙의 부정적 영향에 대한 연구결과는 적은 편이다. 그러나 또래에 비해 늦게 성숙한 여학생은 적기에 사춘기를 경험하는 또래에 비해 자아존중감과 외모 만족도가 낮고 우울 경향을 더 보인다고 한다(Alsaker, 1992).

2. 청소년기의 성행동 발달

청소년기는 성행동의 발달에서 중요한 시기다. 그러나 성적 욕구와 성행동이 청소년기에 들어서야 비로소 나타나는 것은 아니다. 청소년기에 접어들기 이전인 아동기에도 성적 행동을 한다. Freud의 성격발달단계 이론에 따르면 영아기는 입을 통해서, 유아기는 항문을 통해서, 아동 초기는 성기를 통해서 성적 욕구를 충족하고자 하며, 욕구 충족이 되지 않았을 때는 부적응적인 성격 특성이 발달하게 된다. 그러다가 아동 후기에 접어들면서 이전 시기처럼 입이나 항문 혹은 성기 등 특정 신체 부위를 통해 성적 욕구를 충족하려는 성향이 잠재되어 있다가, 청소년기에 접어들면서 다시 성기를 통해 성적 욕구를 충족하고자 하는 충동이 증가하게 된다(Steinberg, 2011, p. 338).

이렇게 Freud의 이론이 말해 주는 것처럼 인간의 성행동은 청소년기에 비로소 시작되는 것도 아니며 청소년기 이후에도 지속되는 행동이다. 그런데 청소년기가 성행동의 발달에서 특히 중요한 시기라고 말하는 이유는, 첫째, 청소년기의 성행동은 아동기의 성행동과 그 의미가 다르기 때문이고, 둘째, 청소년기 성행동과 관련된 성일탈의 문제는 그 심각성이 크기 때문이다. 여기서는 청소년기의 성행동 발달 특성은 어떠하고 성행동과 관련된 성의식은 어떠한지에 대해 살펴보기로 한다.

1) 청소년기의 성행동 발달 특성

(1) 청소년기의 성행동 유형 및 특징

성행동이란 성(sexuality)과 관련하여 겉으로 드러나는 행동으로서 직접적 성행동과 간접적 성행동으로 분류할 수 있다(백혜정, 김은정, 2008, pp. 16-17). 직접적 성행동은 손잡기, 포옹, 키스, 애무, 성관계 등 개인 간의 직접적인 신체 접촉을 통한 성행동을 말한다. 이러한 직접적인 성행동은 두 사람 사이의 사랑이나 친밀감의 표현으로 나타날 수 있는 긍정적인 행동과 폭력이나 강요에 의한 부정적인 행동으로 분류된다. 후자의 경우는 성일탈 행위로 이어질 수 있다.

간접적 성행동은 개인 간의 직접적인 신체 접촉이 없이 방송, 인쇄, 인터넷 매체 등에서 제공되는 음란물을 보는 행동을 말한다. 이러한 음란 매체에 대한 잦은 노출은 청소년에게 성에 대한 왜곡된 정보와 가치관을 심어 주고, 그 결과 사회규범에서 벗어난 성적 일탈 행위를 하게 할 가능성을 키운다. 성에 대한 왜곡된 지식은 사회규범에서 벗어난 성행동으로 이어질 가능성이 크기 때문에, 간접적인 성행동이 어떤 면에서는 직접적인 성행동보다 성일탈로 이어질 가능성이 크다고 볼 수 있다.

아동도 성행동을 할 수 있으나 청소년의 성행동과는 다르다. 청소년기의 성행동이 아동기의 성행동과 그 의미가 다른 점에 대해서 구체적으로 살펴보면 다음과 같다(Steinberg, 2011, pp. 338-339). 첫째, 사춘기 이전의 아동도 키스, 포옹, 자위 행위 등의 성행동을 할 수 있다. 그러나 사춘기에 접어들어야 비로소 남자는 사정을 할 수 있고, 여자는 배란을 하여 성행동으로 임신까지 가능한 결과를 가져올 수 있다. 그러므로 아동기의 성행동과 청소년기의 성행동은 의미가 다르다고 볼 수 있다.

둘째, 청소년기의 성행동은 많은 생각을 수반하게 된다. 청소년기의 성행동은 단순히 성적 욕구를 표출하는 행동이 아니라 성적 상대와의 관계에서 성적 욕구를 어떻게 자제하고 때로는 어떻게 적절하게 표현할 것인지 등에 대한 생각을 수반한다. 청소년기의 성행동은 자의식적 사고('내가 상대방에게 어떻게 보일까?'), 의사결정('상대방에게 표현을 할까, 말까?'), 추측('상대방이 원할까, 원하지 않을까?'), 가설적 사고('오늘 상대방이 원한다면 어떻게 할까?') 등의 복합적인 사고를 수반한다.

셋째, 청소년기의 성행동은 사회관계나 사회지위와 밀접한 관련이 있다. 친밀한 애정관계를 유지하기 위해 성행동을 하기도 하고, 특히 남자 청소년의 경우 성행동은 때로 친구들과의 관계에서 자기의 위치를 높이기 위한 수단이 되기도 한다.

(2) 청소년의 성행동 실태

우리나라 청소년의 성행동 실태는 어떠할까. 성일탈로 이어질 가능성이 가장 큰 성행동인 성관계 경험에 대한 실태를 살펴보면, 조사대상이 누구인가에 따라 차이가 있으며 조사시기에 따라서도 차이를 보인다. 남학생이 여학생보다 그리고 고등학생이 중학생보다 경험률이 높다. 또한 전국규모의 표집을 대상으로 하는 조사의 경우는 최근 자료일수록 성관계 경험률이 증가하는 경향을 보인다. 백혜정과 김은정(2008)은 우리나라 7개 시·도에 거주하는 중·고등학교 남학생 1,090명과 여학생 1,051명의 총 2,141명을 대상으로 성행동 실태를 조사했는데, 중학교 남학생의 3.7%, 여학생의 0.8%, 인문계 고등학교 남학생의 6.6%, 여학생의 3.2%, 그리고 전문계 고등학교 남학생의 11.2%, 여학생의 3.0%가 1회 이상 성관계 경험이 있었다. 이 자료에 따르면 중학생에 비해 고등학생의 성관계 경험 비율이 2~3배 높고, 여학생에 비해 남학생의 성관계 경험 비율이 2배 이상 높다.

여성가족부(2011)에서는 전국 중학생 이상 19세 미만 일반청소년 1만 5,954명을 대상으로 성행동 실태를 파악하였다. 이 조사에서 일반청소년이란 전국 중학교와 인문고, 실업고에 다니는 학생을 말한다. 조사 결과에 따르면 남자가 4.2%, 여자가 1.7% 성관계 경험을 하였고, 성관계를 경험한 평균 연령은 남자가 14.2세, 여자가 15.6세였다.

교육부, 보건복지부, 질병관리본부(2018)에서 전국 중·고등학생 60,040명을 대상으로 성관계 경험으로 조사한 바에 의하면 남학생의 7.6%, 여학생의 3.8%가 성관계 경험이 있었다. 2011년에 비해서 남, 여 모두 성관계 경험률이 증가하였다. 교급별로 살펴보면 남학생의 경우 중학생은 3.5%, 고등학생은 11%이고 여학생의 경우 중학생은 1.5%, 고등학생은 5.7%이다.

이와 같이 청소년들의 성행동 중에서 성관계 경험률이 증가하고 있다는 것은 청소년기 성행동이 위험성행동으로 진행될 가능성이 증가하고 있음을 의미한다. 위험성행동이란 성행동의 결과가 부정적이거나 사회의 성적 규범에 반하는 성행동을 말한다. 10대 임신, 성폭력, 성매매, 음란물 중독 등을 예로 들 수 있는데 이러한 청소년기 위험성행동은 신체적, 사회적, 정서적 발달에 부정적인 영향을 미친다. 그러므로 청소년기 성행동 실태에 대한 구체적인 파악을 기초로 위험성행동의 발생을 예방하고 해결하려는 노력이 요구된다.

2) 청소년기의 성의식 발달 특성

앞서 말한 바와 같이 청소년기에는 성적 충동과 관심을 갖는 것이 정상적인 발달과정이며, 건강한 성행동의 발달을 통해 자아정체감을 발달시킬 수 있다. 그런데 왜 청소년기 성행동 경험이 성일탈로 이어지는 경우가 발생할까. 여러 가지 심리적 · 환경적 요인이 관련되어 있으나 행동에 대해 직접적으로 영향을 미치는 의식 혹은 가치관을 주요 이유로 들 수 있다. 잘못된 의식과 가치관을 갖고 있을 때는 잘못된 행동을 할 가능성이 커진다. 그러므로 청소년기에 발생하는 성적인 행동의 문제를 이해하기 위해서는 그들이 갖고 있는 왜곡된 성의식이 무엇인지에 대해 주의 깊게 살펴보아야 한다.

성의식이란 성에 대한 가치관으로서 성에 대한 신념과 선호의 형태나 정도를 말한다(백혜정, 김은정, 2008, p. 13). 성의식의 형태나 정도를 설명하기 위해서 많은 연구자가 다양하게 분류하여 설명하고 있는데, 공통적으로는 도덕성과 전통성을 기준으로 성의식을 분류하고 있다(백혜정, 김은정, 2008; 이미정, 변화순, 김은정, 2009). 도덕성이나 전통성의 측면에서 입장을 달리하는 성의식을 크게 네 가지로 나누어 살펴보기로 하자.

첫째, 절제를 강조하는 성의식이다. 배우자를 제외한 어떠한 성관계도 허용될 수 없다는 도덕적 가치관을 말한다. 도덕성과 전통성 그리고 합법성에 근거한 성의식으로 많은 사회에서 성규범으로 받아들이는 가치관이다. 그러나 최근 연구에서는 이러한 성의식을 갖고 있는 청년의 비율이 낮음을 알 수 있다. 전국 16개 광역시 · 도의 청년층 3,600명을 대상으로 한 온라인 설문조사 결과에 따르면(이미정 외, 2009) 혼전 순결을 지켜야 한다고 생각하는 비율이 20% 내외였으며, 남자와 여자에 따라 그 생각이 달랐다. 여자의 혼전 순결에 대해서는 조사 대상인 19~24세 남녀 모두 23%가 지켜야 한다고 했으며, 남자의 혼전 순결에 대해서는 남자는 14%,

여자는 20%가 지켜야 한다고 생각했다. 이러한 실태조사 자료에 따르면 우리나라 청년의 1/5 정도가 전통적인 성의식을 갖고 있다고 볼 수 있으나 그 수는 더 줄어들 것으로 예상된다.

둘째, 애정을 전제로 한 성관계를 허용하는 성의식이다. 애정이 전제된 경우 당사자가 합의한다면 합법적이지 않은 혼전 성관계도 허용될 수 있다는 가치관을 말한다. 전국 60개 대학의 학생 2,385명을 대상으로 한 조사에서는 남자의 66%, 여자의 31%가 애정이 전제된 혼전 성관계에 대해 허용적인 태도를 보였다(손애리, 천성수, 2005).

셋째, 애정이 전제되지 않은 성관계도 허용하는 성의식이다(채규만, 정민철, 2004). 반도덕성에 근거한 태도로 모든 성행동은 자유로워야 하고 인간은 성적 자유를 통해서 만족감을 느끼고 긴장을 해소할 수 있다는 가치관을 말한다. 즉, 개인의 성충동과 성에 대한 자유의사를 최대한 허용하여야 한다는 입장이다. 따라서 애정이 전제되지 않아도 성충동에 의한 혼전 성관계가 문제되지 않는다고 본다. 또한 원하는 것을 얻기 위해서는 성을 도구나 상품화할 수도 있다고 보는 입장이다(성윤숙, 박병식, 박나래, 2009). 이러한 성의식에 의한 성행동은 성일탈로 이어질 가능성이 크다.

넷째, 성에 대한 이중적인 잣대를 가지고 있는 성의식이다. 남녀 간에 차별적인 잣대를 갖고 있는 것을 말한다. 즉, 남자는 성행동의 주체이며 여자는 대상이고, 남자는 혼전 성관계를 허용하고 여자는 허용하지 않는 등의 남녀 차별적인 성의식을 말한다. 앞서 첫 번째 성의식 설명에서 예를 든 한국여성정책연구원의 조사 자료에서는 우리나라 19~24세 남자의 23%가 여자의 혼전 순결은 지켜져야 한다고 생각한 반면 남자의 혼전 순결에 대해서는 14%만이 지켜야 한다고 하였다(이미순 외, 2009). 한편, 여자는 여자의 혼전 순결이 지켜져야 한다고 응답한 비율은 23%, 남자의 혼전 순결이 지켜져야 한다고 응답한 비율은 20%로 성별에 따른 차이가 크지 않았다. 이러한 실태는 우리나라 청년층이 성에 대한 이중적인 잣대를 갖고 있는 성의식 수준이 어느 정도인지를 잘 보여 주며, 이러한 이중적인 성의식은 남자에 대해 더욱 개방적임을 알 수 있다.

남자가 여자보다 성에 대한 이중적인 잣대를 더 많이 갖고 있음을 보여 주는 연구도 있다. 서울 · 경기 지역 고등학생 571명을 대상으로 한 조사다(김혜원, 2002).

이 연구에서는 결혼 전 순결을 지키는 것은 남자보다 여자에게 더 중요하다거나 원하지 않는 임신의 주된 책임은 여자에게 있다는 등의 내용을 담고 있는 성평등성 척도를 사용하여 남학생과 여학생의 성평등성 수준을 측정하였는데, 남학생의 성평등성 점수는 24.18, 여학생의 점수는 28.29로 남학생의 성평등성 수준이 더 낮아 성에 대한 불평등한 의식을 더 많이 가지고 있는 것으로 나타났다.

이상에서 살펴본 바와 같이 우리나라 청소년이 갖고 있는 성의식은 합법적이고 도덕적이라고 지켜져 왔던 전통적인 성의식에서 많이 달라지고 있음을 알 수 있다. 변화하고 있는 청소년의 성의식은 그들의 성행동 변화를 설명해 준다. 앞서도 말한 바와 같이 의식과 태도는 행동에 영향을 주기 때문이다. 청소년 성일탈의 문제를 파악하고 해결하기 위해서는 건강한 성의식이 무엇이며 건강한 성의식의 발달을 위해서 어떤 노력을 기울여야 할 것인지를 생각하고 실천해야 할 것이다.

건강한 성의식이 무엇인지는 시대와 사회적 맥락에 따라 다를 수 있다. 그러나 우리나라에서는 대체로 전통적인 성의식에 가까울수록 건강한 성의식이라고 판단하는 경향이다. 즉, 결혼을 하거나 혹은 적어도 성인이 되어서 애정을 전제로 상호합의하여 결과에 대해 책임지는 성행동을 하는 것을 바람직한 성의식으로 본다(백혜정, 김은정, 2008, p. 16).

건강한 성의식과 성행동의 발달을 위해서는 교육이 중요하다. 청소년이 성에 대한 건강한 가치관을 발달시키고 책임질 수 있는 긍정적인 성행동을 수행하기를 원할 때 부모나 성교육 지도자는 다음과 같은 사항을 고려해야 한다(Steinberg, 2011, p. 339). 첫째, 청소년은 성숙해 가는 자기 몸의 생김새, 크기, 매력성 등에 대해 편안함을 느껴야 한다. 둘째, 청소년기에 성적 욕구가 생기는 것에 대해 죄의식을 느낄 것이 아니라 정상적인 현상으로 받아들여야 한다. 셋째, 성행동은 일방적이어서는 안 되고 자신과 상대방이 모두 원할 때 가능하다는 것을 알아야 한다. 넷째, 안전한 성행동, 예를 들어 피임법, 감염을 피하는 방법 등에 대해 구체적으로 알아야 한다.

3. 청소년기의 인지발달

1) 인지발달 이론

(1) Piaget 인지발달단계 이론의 기본 개념

청소년기는 생리적 발달과 성행동의 발달뿐 아니라 인지 또한 큰 변화와 발전을 보인다. 인지(cognition)란 지식을 습득하는 과정과 그것을 활용하여 문제를 해결하는 정신적 활동이다(최경숙, 2001, p. 140). 다시 말하면, 인지는 사고 과정이라고 볼 수 있다. 인간은 인지를 통해 환경을 이해하고 효과적으로 적응해 나간다. 인지는 연령에 따라 변화하는데, 청소년기 특유의 인지 특성을 이해하는 것은 청소년을 이해하는 데 필수적이다.

인지발달에 대한 이론은 다양하다. 기본적인 지적 능력이 어디에서 비롯하는지, 그리고 연령의 증가와 함께 인간의 지적 능력은 어떻게 변화하는지에 대해 체계적으로 설명하고 있는 Piaget의 인지발달단계 이론은 인지발달 연구에 큰 공헌을 하였다. Piaget가 인지발달 과정을 설명하기 위해서 제시한 기본 개념과 청소년기의 인지발달 특성에 대해서 살펴보기로 한다.

Piaget 이론의 주요 개념인 인지구조, 동화, 조절, 평형화에 대해 살펴보자. 인지구조란 인간이 주위 환경을 이해하는 데 필요한 지식 기반을 말한다. 인지구조를 사용해서 환경을 해석하고 조직화해 나감으로써 환경에 적응한다. 그러므로 Piaget가 말하는 인지발달이란 바로 이러한 인지구조의 발달을 말한다고 볼 수 있다.

인간은 기본적으로 인지구조를 갖고 태어나는데 반사 행동이 최초의 인지구조다. 태어나면 숨쉬기, 삼키기, 빨기, 눈 깜빡이기 등의 반사 행동을 통해서 주위 환경을 이해하기 시작하고, 이러한 반사 행동이 통합되고 변화해 나가면서 인지가 발달된다. 궁극적으로 청소년기가 되면 추상적이고 복합적인 사고 능력을 통해 환경을 이해하고 적응해 나가는 수준에까지 이르게 된다. 그러므로 Piaget에 따르면 인간의 지적 능력은 반사 행동에서 비롯한다고 볼 수 있다.

Piaget는 이러한 인지구조를 도식(scheme 또는 schema)이라고 명명하였다. 도식이란 환경이나 경험을 이해하기 위해서 구성된 일련의 조직화된 행동이나 사고 양식을 말한다(송명자, 1995, p. 91; 최경숙, 2001, p. 142). 예를 들어, 아기가 엄마 젖을 빠는 행동은 엄마를 이해하기 위한 하나의 도식이다. 아기는 엄마의 젖을 빪으로써 엄마를 따뜻하고 맛있는 젖을 주는 대상으로 이해하게 된다. 또한 이와 같이 빨거나 잡는 등의 행동을 하지 않고 머릿속으로 생각하는 사고 양식을 통해서도 환경을 이해하게 된다. 이러한 도식을 사용할 수 있는 시기는 대략 2세 전후의 말을 하게 되는 즈음이다. 예를 들어, 2세 정도 된 아이에게 동물이나 과일이 그려진 그림카드를 보여 주면 이름을 말하게 되는데, 이는 기억이나 상징 능력을 동원해서 생각을 통해 문제를 푸는 것이다. 그러므로 이 시기부터 직접적인 행동이 없이도 내적인 사고를 통해서 환경을 이해하고 논리적 결론에 도달하는 인지가 발달한다고 본다.

동화(assimilation)와 조절(accommodation) 그리고 평형화(equilibration)는 인지가 발달하는 과정을 설명하는 개념이다(송명자, 1995, p. 90; 최경숙, 2001, pp. 145-146). 동화는 환경으로부터 주어지는 새로운 경험을 이미 가지고 있는 도식에 따라서 해석하는 과정이다. 예를 들어, 빨기 도식을 가지고 있는 영아는 입에 닿는 것은 무엇이든지 빨아 봄으로써 그 대상을 이해하게 된다. 반면에 조절은 환경으로부터 주어지는 새로운 경험을 이해하기 위해서 가지고 있는 도식을 수정하는 과정이다. 예를 들어, 엄마 젖만 빨아 보았던 영아는 고무젖꼭지를 물게 되면 처음에는 익숙하지 않지만 빠는 방법을 바꿔 보는 등 기존의 도식을 수정함으로써 고무젖꼭지라는 새로운 대상을 이해하게 된다.

평형화는 이러한 동화와 조절이라는 두 기능의 통합 과정으로서 인지적으로 평형을 유지하려는 경향을 말한다. Piaget 이론에 따르면 인지발달은 인지구조 및 인지 과정과 외부 세계와의 사이에서 안정된 평형을 추구해 나가는 과정에서 이루어진다. 예를 들어, 내가 알지 못하는 새로운 외부 대상에 접하게 될 때 기존의 도식이나 동화 과정을 통해서는 새로운 대상을 이해할 수 없다. 이럴 경우 인지적으로 갈등이 유발되는데, 이러한 갈등 상태가 바로 인지적 평형화가 깨진 상태다. 인지적 평형 상태가 깨지면 다시 그것을 유지하기 위해 앞서 말한 조절 과정을 통해 새로운 상위의 도식이나 구조를 생성함으로써 재평형화가 이루어진다. 이와 같이 인지는 평형화, 인지적 갈등, 조절, 재평형화의 순으로 발달해 나간다.

(2) Piaget의 인지발달단계와 형식적 조작기

평형화를 추구하는 인지 과정을 통해 인간은 항상 이전에 갖고 있던 도식보다 더욱 정교하고 발달된 도식을 갖게 된다. 새롭게 형성되거나 정교화된 도식은 이전에 갖고 있던 도식의 양적인 변화가 아닌 질적인 변화의 결과물이다. Piaget는 이러한 관점에서 인지는 질적으로 다른 사고의 틀을 가진 4개의 단계를 거쳐서 발달하게 된다고 설명하였다. 이것이 Piaget가 제시한 인지발달단계로, 각 단계의 명칭은 다음과 같다. 출생해서 2세까지의 시기에 해당하는 단계는 감각운동기(sensorimotor stage), 2~7세에 해당하는 단계는 전조작기(preoperational stage), 7~11세에 해당하는 단계는 구체적 조작기(concrete operational stage), 그리고 11세 이후의 연령대에 해당하는 단계는 형식적 조작기(formal stage)다.

이러한 4개의 인지발달단계 중에서 형식적 조작기가 청소년기에 해당하는데, 형식적 조작기란 명칭의 의미를 먼저 살펴보자. 여기서 '형식적(formal)'이란 공식적이고 형식을 갖추었다는 의미가 아니라 이전 단계인 구체적 조작기의 '구체적(concrete)'에 반하는 의미를 갖는데, 구체적으로 존재하는 대상이 아닌 추상적인 대상을 가리킨다. 한편, 조작(operation)이란 논리적으로 사고한다는 의미다. 따라서 형식적 조작기는 추상적인 대상에 대해서 논리적으로 사고할 수 있는 단계라는 의미를 갖는다.

여기서는 Piaget가 설명한 형식적 조작기의 내용을 살펴봄으로써 청소년기 인지발달의 특성을 이해하고자 한다. Piaget가 제시한 형식적 조작 사고는 명제적 사고, 결합적 분석, 추상적 추론의 세 가지 특성을 갖는다(송명자, 1995, pp. 315-316). 명제적 사고란 가설을 설정하고 이를 전제로 추론하는 사고를 말한다. 이러한 사고가 가능한 청소년은 문제가 주어졌을 때 계획을 세우고 일련의 가설을 설정해서 가설을 하나씩 차근차근 점검해 가면서 문제의 해답을 찾을 수 있다. 결합적 분석이란 문제해결 과정에서 다양한 관련 요인을 생각해 내고 요인 간의 상호 관련성을 찾아내고 통합하여 문제를 해결해 나가는 사고를 말한다. 추상적 추론이란 구체적으로 존재하는 대상뿐 아니라 구체적으로 존재하지 않는 모든 가능한 것에 대해서도 논리적으로 사고하고 원리를 찾으며 나아가 이론을 형성하는 사고 과정을 말한다.

2) 청소년기의 인지발달 특성

Piaget의 인지발달 이론에 따르면 청소년기는 아동기에 비해 질적으로 다른 인지발달 수준을 보인다. 청소년은 아동보다 더 많은 양의 정보를 갖고 있을 뿐 아니라 문제해결을 위해 아동보다 더 효과적으로 사고할 수 있다.

(1) 형식적 조작기의 사고 특성

청소년심리학자인 Steinberg는 Piaget가 제시한 형식적 조작기의 인지발달 특성에 근거하여 청소년기 전반적 인지발달 특성을 다음과 같이 다섯 가지로 요약하여 설명하였다(Steinberg, 2011).

첫째, 가능성에 대해 사고할 수 있는 능력이 발달한다. 아동은 구체적인 사실에 국한된 사고만을 할 수 있는 반면, 청소년은 다양한 가능성을 생각해 내고 체계적으로 설명할 수 있다. 그래서 청소년기가 되면 아동기에는 가능하지 않았던 연역적 추리(deductive reasoning), 가설적 사고(hypothetical thinking)가 가능해진다.

연역적 추리란 일반적인 전제로부터 논리적인 결론을 이끌어 내는 추리 과정으로서, 근거 자료를 통해 논리적인 결론을 내리는 추리 과정인 귀납적 추리(inductive reasoning)에 비해 좀 더 어려운 사고 과정이다. 귀납적 추리는 아동도 가능하나 연역적 추리는 좀 더 높은 수준의 사고 과정이므로 청소년기가 되어야 가능한 경우가 많다. 가설적 사고란 가능한 결과를 예측해서 논리적으로 추론하는 것이다. 청소년기에 이러한 가설적 사고를 할 수 있게 됨에 따라 여러 가지 폭넓은 사고가 가능해진다.

이를테면 어떤 일을 하기 위해서 미리 계획을 세울 수 있고, 계획을 수행한 결과를 예측할 수 있으며, 결과에 대해 다양한 관점에서 설명을 할 수 있다(Steinberg, 2011, pp. 58-60). 즉, 청소년기에는 체계적이고 조합적인 사고가 가능해진다. 아동기에는 체계적인 계획에 따라 문제를 해결하기보다는 시행착오로 문제를 해결하는 편이다. 그러므로 이전에 한 실수를 다시 할 수도 있고 직관적으로 해결책을 모색하기 때문에 빠뜨리는 것이 많다. 그러나 청소년기가 되면 문제해결을 위해 사전에 계획을 세우고 체계적으로 해결책을 하나씩 시험해 봄으로써 모든 가능성을 놓치지 않고 탐색해 볼 수 있다. 이러한 청소년기 인지발달은 살면서 부딪히게 되는 문제를 해결하는 데 크게 기여한다.

둘째, 추상적인 개념을 생각할 수 있다. 아동기의 사고가 구체적인 사물이나 관찰 가능한 현상에 국한되는 경우가 많은 반면, 청소년기 사고의 범위는 추상적인 개념으로 확대된다. 추상적인 개념이란 감각기관을 통해서 직접 경험될 수 없는 개념이다. 예를 들어, 사랑, 자유, 용서 등과 같은 개념은 존재하기는 하나 직접 보거나 만질 수 없는 개념이다. 청소년기가 되면 추상적인 사고가 가능해지므로 인간관계, 종교, 정직, 이상향 등에 대한 사고를 할 수 있고, 나아가 삶의 의미에 대해서 생각할 수 있다(Steinberg, 2011, pp. 60-61).

이러한 추상적 사고 능력은 사회관계를 이해하는 능력으로 발달한다. 사회관계를 이해하는 능력을 사회 인지(social cognition)라고 하는데, 이는 인간관계를 유지하는 데 기본이 되는 것으로 다른 사람의 감정이나 생각, 의도 등을 이해하는 능력이다(정옥분, 2008, p. 162). 따라서 사회 인지가 발달되어야 타인과 원만한 관계를 유지할 수 있다. 이렇게 추상적 사고 능력의 발달과 관련된 사회 인지의 발달을 통해 청소년은 아동에 비해 대인관계나 인간의 행동에 대해 더욱 성숙된 사고를 할 수 있다. 반면에 사회 인지가 발달되지 않은 청소년은 대인관계에서 문제행동을 할 수 있다(Steinberg, 2011, p. 79).

셋째, 사고 과정에 대한 사고가 가능하다. 사고 과정에 대한 사고는 초인지(meta cognition)라고 한다(Steinberg, 2011, p. 60). 초인지는 자신의 사고 과정에 대해 사고하는 것으로, 예를 들면 어떤 내용을 암기할 때 어떤 방법을 쓰면 더 잘 암기할 수 있을지에 대해 생각하는 것이다. 즉, 초인지적 사고가 가능하면 암기라는 자신의 사고 과정에 대해 사고함으로써 암기가 잘되는 방법을 생각해 낼 수 있다. 이러한 초인지적 사고의 발달은 자의식적 사고의 발달로 이어지게 된다. 자의식적 사고란 다른 사람이 나에 대해서 어떻게 생각할 것인가에 대해 생각하는 것이다. 이러한 자의식적 사고를 통해서 생각의 관심이 자신에게 향하게 되고, 자신에 대한 지속적인 생각을 통해 청소년기 자아정체감이 발달하게 된다. 그러나 지나치게 자의식적 사고에 빠지게 되면 청소년기 특유의 비논리적이고 자기중심적인 사고 특성을 보이기도 한다. 이러한 청소년기 자기중심적 사고 특성에 대해서는 나중에 살펴보기로 하자.

넷째, 복합적인 사고(multidimensional thinking)가 가능하다(Steinberg, 2011, p. 62).

복합적인 사고란 한 번에 한 가지 차원만 생각하는 것이 아니라 여러 가지 차원을 동시에 생각할 수 있는 것을 말한다. 아동기에는 한 번에 한 가지씩 생각하지만, 청소년기가 되면 문제에 대한 여러 가지 측면을 동시에 생각할 수 있다. 이러한 사고 능력은 자신이나 타인에 대한 생각에도 영향을 미치는데, 아동에게 '너는 어떤 사람인가' 하고 물으면 '나는 착한 사람이다' '나는 공부를 잘한다'와 같이 단순하게 대답하지만 청소년의 자아개념은 복합적이다. 예를 들면, '나는 내성적인 사람이지만 내가 좋아하는 일을 할 때는 매우 외향적이 된다'와 같이 다양한 측면을 상황에 따라 동시에 고려할 수 있다. 이러한 복합적인 사고는 타인의 행동을 이해하는 데에도 도움이 된다. 어떤 상황에 대한 나의 생각과 타인의 생각은 다를 수 있음을 알고, 나와는 다른 생각을 갖고 있는 다른 사람의 관점에서 그 상황을 생각해 볼 수 있다. 이러한 사고 능력 때문에 청소년의 자아개념이나 대인관계는 아동에 비해 훨씬 깊고 복잡하다.

다섯째, 상대주의적 사고가 가능하다(Steinberg, 2011, p. 63). 상대주의(relativism)란 모든 진리나 가치의 절대적인 타당성을 부인하고, 모든 것은 상대적이라고 보는 입장을 말한다. 청소년기에 발달하는 상대주의적 사고 때문에 청소년은 사실을 절대적인 진리로 쉽게 받아들이지 않으며 매사에 회의적이다. 청소년기에 발달하게 되는 이러한 상대주의적 사고는 부모와의 대화에서 갈등을 느끼는 원인이 되기도 한다. 이전에는 부모의 말은 모두 옳다고 생각하고 따르나, 청소년기가 되면 부모의 생각이나 말이 구식이며 시대에 뒤떨어졌다고 생각한다. 그러나 이렇게 매사를 회의적으로 생각하는 단계를 거쳐서 청소년은 보다 복잡하고 추상적인 지식을 이해하는 수준에 이르게 된다.

(2) 청소년기의 자아중심적 사고의 특성

앞서 말한 바와 같이 청소년기에 지나치게 자의식적인 사고에 빠지게 되면 자기에게 몰두하여 객관적인 판단이나 논리적인 사고를 하지 못하게 되는 경우가 있는데, 이러한 현상을 청소년기 자아중심성(egocentrism)이라고 한다(Elkind, 1974). Elkind(1974)는 청소년기 자아중심성의 문제점을 '상상적 청중(imaginary audience)'과 '개인적 우화(personal fable)'라고 명명하였으며, 이러한 특성이 청소년의 이상한 행동을 설명해 준다고 하였다. 각 특성이 청소년의 어떠한 행동을 설명해 주는지

그림 4-2 **상상적 청중**
청소년은 자신이 항상 다른 사람의 관심과 주의의 대상이라고 믿는 자의식적 사고 특성을 보임

살펴보기로 하자.

첫째, 상상적 청중이란 매우 자의식적인 사고 특성을 말하는데(**그림 4-2** 참조), 자신은 항상 다른 사람의 관심과 주의의 대상이라고 믿는 것이다(장휘숙, 2004, p. 140; 허혜경, 김혜수, 2010, p. 103). 무대 위의 주인공처럼 상상의 청중을 의식하여 늘 외모와 행동에 신경을 쓴다. 이러한 상상적 청중을 의식하는 자아중심적 사고는 남자 청소년보다 여자 청소년에게서 더 많이 관찰되며, 연령이 증가할수록 서서히 감소하는데 대체로 15세 정도에 절정을 이루다가 감소한다(허혜경, 김혜수, 2010, p. 103; Steinberg, 2011, p. 61).

둘째, 개인적 우화는 청소년이 가지고 있는 자아중심적 사고의 또 다른 형태인데, 자신의 경험은 독특하고 다른 사람과 다르다고 믿는 것으로 지나친 자기과신에서 비롯한다(Steinberg, 2011, p. 62). 자신의 독특성을 믿는 개인적 우화 신념은 자신을 중요하게 생각하는 마음을 갖게 하고 자아존중감을 향상하는 측면도 있으나 자신의 독특성에 대한 비합리적인 신념을 주로 지칭한다. 그래서 개인적 우화 신념은 청소년의 위험행동이나 문제행동과 관련이 있다. 청소년 임신의 문제를 예로 들면, 나는 다른 사람과 달라서 피임을 하지 않아도 임신하지 않을 것이라고 믿는 개인적 우화 신념이 영향을 준다.

청소년기 자아중심적 사고는 왜 생기는 것인가? 인지발달적 관점에서 설명하자면, 청소년기에는 인지발달에서 질적으로 급성장을 이루어 앞서 제시한 대로 아동기에 비해 추상적이고 다면적인 사고가 가능해진다. 그러나 청소년 초기에는 아직 이러한 사고에 익숙하지 않아서 인지적 왜곡 현상을 보이게 되는데 대표적인 사고가 자아중심적 사고다.

동시에 청소년기는 가정, 학교, 친구 집단, 지역사회 등 사회 환경으로부터 사회화의 영향을 강하게 받는 시기다. 청소년기의 자아중심적 사고의 발달은 사회화와도 관련이 있다. 부모의 영향을 예로 들어 보자. 우리나라 중·고등학생과 대학 1학년생을 대상으로 자아중심적 사고의 발달과 부모의 양육 태도의 관계를 분석한 연구에 따르면(김인경, 윤진, 1988), 청소년이 부모와 애정적인 관계를 유지하고 부모로부터 인정받고 사랑받는다고 느끼는 경우에는 자아중심적인 사고를 적게 하는 경향을 보이지만, 부모의 통제나 구속 혹은 지나친 방임의 상황에 놓여 있다고 느끼는 경우에는 자아중심적 사고를 강하게 보인다. 즉, 부모로부터 인정받고 사랑받는 청소년은 자신의 존재 가치를 의도적으로 타인에게 나타낼 필요를 덜 느끼지만, 부모로부터 지나치게 통제당하고 있다고 느끼는 청소년은 부모의 구속과 간섭으로부터 자신을 찾고자 하는 의도가 강하게 나타난 결과로 자신은 독특하고 남과 다르다는 자아중심적 사고 경향을 많이 보인다(김인경, 윤진, 1988). 또한 부모가 자신을 방임하고 있다고 느끼는 청소년은 부모의 방임에 의해 무능력해진 자신을 타인에게 드러내어 알리고 자신의 존재 가치를 확립하고자 하는 노력의 한 형태로 자아중심적 사고를 하는 경향이 있다(김인경, 윤진, 1988). 청소년기의 이러한 자아중심적 사고는 지나치게 자의식적이면서 동시에 다른 사람의 의견을 아랑곳하지 않고 위험행동이나 문제행동을 하는 청소년기의 독특한 정서적·행동적 경험 특성을 설명한다. 청소년은 성장해 감에 따라 이러한 자아중심적 사고가 점진적으로 쇠퇴하고 사회 중심적이며 타인 지향적인 사고를 하게 된다.

4. 청소년기의 자아정체감 발달

1) 자아정체감 발달 이론

(1) Erikson의 심리사회적 발달 이론

Erikson은 인간의 전 생애를 8단계로 나누어 각 단계마다 성취해야 할 과업과 위기를 개념화한 심리사회적 발달 이론(psychosocial developmental theory)을 제시하였다. Erikson의 이론에서는 청소년기에 성취해야 할 과업이 자아정체감을 형성하는 것이고, 그러지 못했을 때는 자아정체감의 위기를 경험한다고 하였다. 즉, 청소년기는 자아정체감을 형성해야 할 중요한 시기임을 말해 준다.

Erikson의 심리사회적 발달단계에서 1단계는 대략 0~1세에 해당하는 단계이며, 그 과업은 타인에 대한 신뢰감을 형성하는 것이고 과업을 성취하지 못하면 불신감을 발달시킨다. 그래서 이 단계를 신뢰감 대 불신감의 단계라고 부른다. 2단계는 자율성 대 의심, 수치의 단계로 대략 1~3세에 해당한다. 3단계는 주도성 대 죄책감의 단계로 3~6세에 해당한다. 4단계는 근면성 대 열등감의 단계로 대략 6~12세에 해당한다. 5단계는 자아정체감 대 자아정체감 혼미의 단계로 12~19세에 해당한다. 생애를 통해 성취해야 할 과업이 여러 가지인데 과업 중에서 특히 청소년기의 주요 과업이 자아정체감 형성이라는 것이다. 6단계는 성인기로서 대략 19~36세에 해당하며, 주요 과업은 타인과 친밀감을 형성하는 것이고 과업 형성에 실패할 경우 고립감에 빠지게 된다. 7단계는 생산성 대 침체감의 단계로 중장년기인 36~56세에 해당한다. 마지막 단계인 8단계는 자아통합감 대 절망감의 단계로 56세 이상에 해당한다(허혜경, 김혜수, 2010).

Erikson의 이론은 인간의 심리사회적 발달에서 특히 자아(ego)의 역할을 강조하였다. 앞서 말한 대로 발달의 각 단계에서 수행해야 할 과업을 성취하기 위해서는 타인과의 긍정적인 상호작용이 중요하며, 앞 단계에서 과업을 성공적으로 수행하면 다음 단계에서도 과업을 성공적으로 수행하기 쉬워진다. 즉, 1단계에서 신뢰감을 형성하면 2단계에서는 자율성을 형성하고 3단계에서는 주도성을 배우고 4단계에서는 근면성을 발달시킨다. 이러한 누적적인 발달의 결과로 5단계인 청소년기에는 자아정체감을 확립하고 성인기로 성장하여서 타인과의 친밀감을 형성하기 쉽고 생산적이 되며, 노년기에 접어들어서는 모든 것을 이루었다는 자아통합감을 느끼게 된다. 그러므로 청소년기의 자아정체감 발달은 청소년기에만 국한된 발달과업이 아니라 그 이전 단계에서 수행한 과업이 기초가 되어 이루어지는 것이며, 청소년기에 자아정체감을 성공적으로 발달시키면 이후의 성인기에서 노년기까지의 삶이 만족스럽다는 것이다.

(2) 자아정체감의 수준

Marcia(1966)는 진로, 신념, 대인관계에서 청소년이 갖는 자아정체감의 상태를 크게 네 가지 수준으로 분류하였다. 네 가지 수준의 분류는 확립과 탐색이라는 두 가지 차원에 근거하였다. **그림 4-3**에는 두 가지 차원에 따라 분류된 자아정체감의 네 수준이 제시되어 있다.

자아정체감 발달과정에서 가장 미숙한 수준은 정체감 혼미(identity diffusion)다. 자신의 진로나 가치관 혹은 대인관계에서 자신에 대한 확고한 미래 지향적인 탐색적 욕구가 부족하여 자아정체감 확립에 실패한 경우다. 이 수준의 청소년은 심리적 혹은 사회적 문제를 보이는데, 연구결과에 따르면 사회적으로 위축되어 있으며 다른 세 수준에 있는 청소년에 비해서 친구와의 관계에서 친밀감을 가장 적게 느꼈다(Fulton, 1997; Meeus, 1996; Wallace-Broscious, Serafica, & Osipow, 1994: Steinberg, 2011, p. 263에서 재인용).

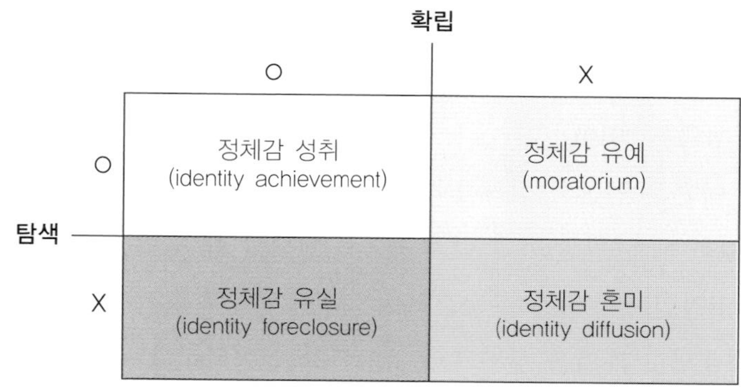

그림 4-3 Marcia의 분류에 따른 자아정체감의 상태

출처: Steinberg(2011), p. 263.

두 번째 수준은 정체감 유실(identity foreclosure)이다. 이 수준에 있는 청소년은 정체감 탐색의 과정을 거치지 않고 지나치게 빨리 자신의 정체감을 확립해 버린다. 예를 들어, 부모가 제안하는 진로를 가능성이나 대안에 대한 탐색 없이 그대로 수용하는 경우를 들 수 있는데, 이는 우리나라 청소년에게서 흔히 발견되는 것이다. 이렇게 정체감 유실의 수준에 있는 청소년은 청소년기를 안정적으로 보내는 것 같아도 성인기에 가서 다시 정체감 위기를 경험할 수 있다(최경숙, 2001). 연구결과에 따르면, 정체감 유실 수준에 있는 청소년은 다른 세 수준에 있는 청소년에 비해서 권위주의적이고, 편견이 심하며, 남에게 인정을 받고자 하는 욕구가 강하며, 자율성이 낮고, 부모와 가깝게 지낸다(Fulton, 1997; Meeus, 1996; Wallace-Broscious et al., 1994: Steinberg, 2011, p. 263에서 재인용).

세 번째 수준은 정체감 유예(moratorium)다. 정체감 탐색의 과정에 있으나 아직 정체감은 확립하지 못한 수준이다. 다양한 진로와 가치관을 적극적으로 탐색하고 있으나 아직 자신의 정체감에 대해서는 불확실한 수준에 있는데, 이는 정체감 성취에 이르는 과도기적 단계다. 정체감 유예 상태의 청소년은 근심을 많이 하며 권위에 대해 갈등을 많이 하고, 다른 세 수준에 있는 청소년에 비해서 권위주의적인 경향이 가장 낮았다(Fulton, 1997; Meeus, 1996; Wallace-Broscious et al., 1994: Steinberg, 2011, p. 263에서 재인용).

자아정체감 발달과정에서 가장 성숙한 단계인 네 번째 수준은 정체감 성취(identity achievement)다. 이 수준의 청소년은 진로, 가치관 등이 강하게 확립되어 있으며, 따라서 확고한 정체감을 형성한다. 정체감 성취의 수준에 있는 청소년은 다른 세 수준에 있는 청소년에 비해서 심리적으로 건강하다. 연구결과에 따르면 정체감 성취 청소년은 다른 세 수준의 청소년에 비해서 성취 동기 수준이 높고, 도덕성이 높으며, 친구와의 친밀감이 높고, 진로 탐색행동도 가장 성숙하였다(Fulton, 1997; Meeus, 1996; Wallace-Broscious et al., 1994: Steinberg, 2011, p. 263에서 재인용).

2) 청소년기의 자아정체감 발달 특성

자아정체감을 확립하면 나는 누구이고 무엇을 할 수 있는 사람이라는 인식이 뚜렷해져서 자신의 존재에 대해 확신을 갖게 되고 자신감을 가지고 인생의 목표를 추구하게 된다. 그러나 자아정체감을 확립하지 못하고 혼돈에 빠진 청소년은 자신이 누구이고 어떤 목표를 추구하면서 살아야 하는지 모르고 관심도 없으며 자신을 가치 없는 존재로 생각하여 비행에 빠지기도 한다.

청소년기의 자아정체감 발달 특성을 이해하기 위해 앞서 설명한 Erikson의 심리사회적 발달단계 중에서 청소년기에 해당하는 5단계의 과업과 위기인 자아정체감 대 자아정체감 혼미의 특성에 대해서 구체적으로 살펴보기로 한다. 자아정체감이란 자신에 대한 균형 잡히고 통합된 개념을 갖는 것이다. 즉, 자아정체감을 확립한 사람은 '나는 다른 사람과 다르다'고 인식하는 개별성, '나의 욕구, 감정, 태도, 행동이 균형 잡히고 통일되어 있다'고 인식하는 총체성, '나라는 존재는 세월이 흘러도 변하지 않는다'고 인식하는 계속성을 경험한다(정옥분, 2008, p. 194). 이와 같이 인지적·정서적으로 높은 수준의 인식 능력이 필요하기 때문에 자아정체감을 확립하기 위해서는 앞의 '청소년기의 인지발달'에서 살펴본 바와 같이 추상적이고 복합적인 사고가 가능한 수준인 형식적 조작기에 해당하는 청소년기가 되어야 한다.

청소년은 사춘기의 신체 변화와 성적 성숙으로 인해 자의식이 강해지기 때문에 자아개념의 확립이 요구된다. 청소년은 사회에서 주변인으로서의 지위 때문에 부딪히게 되는 양면적인 상황에서 자신의 위치와 역할에 대해 많은 생각을 하게 된다. 또한 진로 문제와 친구관계에서 선택과 결정이 요구되는 상황에 직면하면서 여러 가지 가능성을 생각해 보는 시간을 갖게 된다. 이러한 청소년기의 특수한 상황으로 인해 청소년기는 더욱 자의식적이고 자신에 대해 예민해지는 시기다.

따라서 청소년기는 자아정체감을 확립하는 결정적인 시기다. 청소년기에 특히 자신에 대해 민감하게 느끼고 자신에 대한 생각을 정리하게 되는데, 이러한 발달 특성은 자아정체감을 형성하는 데 도움을 준다. 그러면 청소년기에 자신에 대한 생각을 많이 하게 되는 이유를 살펴보자. 앞서 말했지만, 첫 번째 이유는 사춘기의 신체적·생리적 변화다. 사춘기에 청소년은 외모와 생리적인 현상에 많은 변화를 겪게 되는데 이로 인해 자신의 몸에 주의를 집중할 수밖에 없고 자신에 대해 생각을 하게 된다. 그 결과 그동안 가지고 있었던 자아상에 대해 변화를 갖게 될 수도 있고 자신을 다시 생각해 보는 시간을 갖게 된다.

둘째, 청소년기가 되면 추상적이고 복합적인 사고가 가능해지는 인지발달로 인해 자신의 문제나 가치관, 대인관계 등을 아동기 때와 다른 관점에서 생각할 수 있다. 추상적인 사고는 구체적인 대상이 없어도 논리적인 사고를 하는 것을 말한다. 이러한 사고 능력의 발달을 통해 자신의 가능성 있는 다양한 모습을 생각할 수 있고, 이러한 생각이 자아정체감을 형성하는 데 도움을 준다. 또한 미래 지향적인 사고를 통해서 앞으로 어떤 사람이 될 것인지, 삶의 목표는 무엇인지 생각할 수 있고, 이러한 생각은 자아정체감 형성을 위해 필요한 조건이다.

셋째, 청소년기가 되면 아동기에는 해당되지 않았던 여러 가지 역할이 부여되기도 하고 중요한 결정을 할 기회가 많아진다. 예를 들면, 아르바이트를 한다거나 진학이나 진로에 대한 결정을 해야 한다. 사회에서 부여하는 이러한 기회에 부딪히면서 청소년은 자신의 목표에 대해서 생각하게 되고 선택을 하게 된다. 이러한 과정을 통해 자신의 정체감에 대해 생각하게 되고 성인이 될 준비를 하게 된다. 자아정체감 발달은 이처럼 내 안에서 일어나는 신체발달 혹은 인지발달을 통해서 이루어짐과 동시에 사회나 환경에서 부여하는 역할이나 선택을 통해서도 이루어진다. 그러므로 자아정체감은 내가 생각하는 나와 타인이 생각하는 나 사이의 조화를 이루면서 발달해 나간다.

3) 청소년기의 자아정체감 발달 관련 요인

청소년기의 자아정체감 발달과 의미 있게 관련된 요인을 가족, 학교, 사회적 요인으로 나누어 살펴보겠다. 첫째, 자아정체감 발달과 관련된 가족 요인은 부모의 양육 태도, 부모의 학력, 가족의 경제적 · 심리적 환경 특성 요인을 들 수 있다. 자녀의 자아정체감 발달에 영향을 주는 것은 무엇보다 자녀에 대한 부모의 태도다. 자녀가 부모를 신뢰할 때 긍정적인 자아상을 가지고 자아정체감을 발달시킨다. 아동이나 청소년을 대상으로 한 선행 연구에 따르면, 부모의 양육 행동이 지지적일수록 청소년은 자아정체감이 높다(도현심, 최미경, 1998; 민하영, 권기남, 2004; Kroger, 1995). 부모가 수용적이고 지지적인 양육을 하면 자녀는 자기가 사랑받고 있다는 생각을 가지면서 자신의 존재 의미에 대해 확신을 갖게 되고 이를 통해 자아정체감을 강화한다. 이와 같이 부모의 양육 태도, 가치관, 신념, 가정의 분위기는 청소년의 자아정체감 발달에 영향을 주는 중요한 요인이다.

부모의 양육 행동 이외에도 가족 요인은 청소년의 자아정체감 발달에 직간접적으로 영향을 준다. 중학생, 고등학생, 대학생을 대상으로 자아정체감의 발달과 관련된 요인을 분석한 선행 연구에 따르면(송현옥, 박아청, 2009; 송현옥, 박아청, 최성열, 2010), 부모의 교육 수준이 높을수록, 가족의 경제적 수준이 높고 심리적으로 건강할수록 청소년은 자아정체감 발달 수준이 높았다. 연구자들은 부모의 교육 수준이나 가정의 경제적 수준이 청소년의 자아정체감 발달에 직접적인 영향을 주기보다 이러한 객관적인 특성이 부모나 가족 구성원이 청소년에게 제공하는 지지 수준을 높이고, 이러한 지지는 청소년의 자신감에 영향을 줌으로써 자아정체감 발달에 긍정적인 영향을 주게 된다고 설명하였다.

둘째, 학교는 가정 못지않게 청소년의 자아정체감 발달과 관련된 주요 맥락이다. 우리나라 청소년은 청소년기의 대부분을 학교에서 보내기 때문에 학교가 청소년의 성장·발달에 영향을 주는 중요한 공간이다. 그러나 입시 위주의 학교 풍토는 청소년의 자아정체감 발달에 부정적인 영향을 준다. 학교에서 청소년은 좌절과 혼란을 겪기도 하고 그로 인해 자아에 대한 부정적인 평가를 하기도 한다. 그럼에도 학교생활의 어떠한 면이 청소년기 자아정체감 발달에 긍정적인 영향을 주는지에 대해 많은 연구가 진행되고 있다. 연구결과에 따르면 자아정체감 발달과 관련된 학교 요인은 학업 성취도, 교우관계, 교사와의 관계, 학교환경에 대한 지각이다. 학업 성취도가 높고 교우관계나 교사와의 관계가 좋을수록, 그리고 학과 활동에 대해 목표의식을 가지고 흥미를 갖고 능동적으로 대처할수록 청소년은 자아정체감이 잘 발달되었다(이차선, 1998; 이현림, 천미숙, 2003).

셋째, 청소년의 자아정체감 발달과 관련된 사회적 요인으로는 청소년문화를 들 수 있다. 청소년문화의 특성은 미숙한 문화, 비행 문화, 하위문화, 저항 문화, 새로운 문화 등으로 설명되고 있다(김신일, 1992). 청소년문화를 통해 청소년 집단으로서의 정체감을 형성하게 되고, 이러한 집단 정체성은 개인의 자아정체감 형성에 영향을 주게 된다. 사이버 문화는 청소년의 대표적인 문화인데 사이버 공간을 통해 자신의 다양한 정체성을 표현함으로써 자신을 발견할 수 있는 기회를 갖게 된다. 이러한 과정은 긍정적으로나 부정적으로 청소년의 자아정체감 형성에 영향을 준다(최병목, 2002). 한편, 청소년문화는 대중문화에 민감하게 반응하는 문화다. 대중매체는 청소년의 여가생활과 소비 문화에 많은 영향을 주고 있는데, 청소년은 대중매체에서 보여 주는 유행 성향을 모방함으로써 또래와의 응집력을 느끼게 되고 이를 통해 자신의 정체감 형성에 영향을 받게 된다(김창남, 1994).

생각해 봅시다

1. 사춘기의 성장 급등과 성적인 발달로 인한 신체 변화는 청소년기의 심리적 발달에 어떠한 영향을 주는지 생각해 봅시다.
2. 청소년기에 발생하는 성일탈의 문제는 어떠한 성의식 및 성행동 발달과 관련이 있는지 생각해 봅시다.
3. Piaget는 청소년기의 인지발달 특성을 어떻게 설명하고 있는지 정리해 봅시다.
4. 청소년기 자아정체감의 발달은 건강한 성격과 사회성 발달에 기초가 되는 심리적 특성입니다. 자아정체감의 개념은 무엇이며 자아정체감 발달 수준은 어떻게 분류할 수 있는지 정리해 봅시다.

❋ 참고문헌

교육부(2018). 2017년도 학생 건강검사 표본통계 분석결과. 서울: 교육부.

교육부, 보건복지부, 질병관리본부(2018). 제14차(2018년) 청소년건강행태조사 통계. 서울: 질병관리본부

김성일, 김남희(2001). 청소년이 지각한 부모의 의사소통 유형과 자아정체감의 관계. 한국심리학회지: 발달, 14(1), 75-89.

김신일(1992). 청소년문화의 의미와 성격. 서울: 한국청소년연구원.

김인경, 윤진(1988). 청소년기의 자아중심성에 관한 연구: 인지발달 및 지각된 부모의 양육 유형과의 관계. 한국심리학회지, 7(1), 54-62.

김창남(1994). 하위문화 집단의 대중문화 실천에 관한 일 연구. 서울대학교 대학원 박사 학위논문.

김혜원(2002). 청소년 성행동에 대한 고정관념: 고등학생들의 성경험에 대한 학생·성인 집단간의 반응비교. 청소년행동연구, 7, 1-21.

도현심, 최미경(1998). 어머니의 양육행동 및 또래 경험과 아동의 자아존중감 간의 관계. 아동학회지, 19(2), 19-33.

민하영, 권기남(2004). 저소득층 아동의 학교적응: 아동이 지각한 부모 양육행동과 아동의 자아정체감을 중심으로. 아동학회지, 25(2), 81-92.

박경애, 김혜원, 주영아(2010). 청소년심리 및 상담. 경기: 공동체.

박미정, 이인숙, 신은경, 정효지, 조성임(2006). 한국 청소년의 성성숙 시기 및 장기간의 초경연령 추세분석. *Korean Journal of Pediatrics*, *49*(6), 610-616.

백혜정, 김은정(2008). 청소년 성의식 및 행동 실태와 대처방안 연구(08-R08 연구보고). 서울: 한국청소년정책연구원.

성윤숙, 박병식, 박나래(2009). 여성청소년의 인터넷 성매매 실태와 대응방안 연구. 서울: 한국청소년개발원.

손애리, 천성수(2005). 전국대학생의 성의식, 첫 성경험 및 성행동에 대한 성차. 보건과 사회과학, 18, 73-100.

송명자(1995). 발달심리학. 서울: 학지사.

송현옥, 박아청(2009). 청소년기의 자아정체감에 영향을 미치는 관련 변인간의 구조분석. 교육심리연구, 23(2), 297-321.

송현옥, 박아청, 최성열(2010). 청소년의 가정환경, 지각된 사회적 지지, 자기효능감과 자아정체감 간의 관계 분석. 청소년학연구, 17(2), 109-129.

안용수, 이기수, 남종현, 강윤구(2009). 신장의 사춘기 성장 동안 초경 발생 시기와 성장곡선의 형태에 관한 연구. 대한치과교정학회지, 39(3), 159-167.

여성가족부(2011). 2011년 청소년 유해환경 접촉 종합 실태조사 보고서. 서울: 여성가족부.

이미정, 변화순, 김은정(2009). 청년층 섹슈얼리티와 친밀한 관계에서의 성폭력 연구. 서울: 한국여성정책연구원.

이분옥(1999). 초등학생의 신체상에 따른 절식행동 및 자아존중감에 관한 연구: 정상아와 고도비만아를 중심으로. 연세대학교 교육대학원 석사학위논문.

이수경(2003). 사춘기 여학생의 신체 성장에 따른 신체 이미지 및 자기 존중감, 의복태도 형성 모델. 연세대학교 대학원 박사학위논문.

이여주(2011). 초경 유무에 따른 여자 초등학생의 섭식행동 및 영양소 섭취의 비교. 성신여자대학교 교육대학원 학위석사논문.

이종화(2005). 10대 여학생의 임신 경험 관련 요인에 관한 예측 모형. 한국청소년연구, 16(1), 345-382.

이차선(1998). 청소년의 자아정체감 형성 변인 분석. 고려대학교 대학원 박사학위논문.

이춘재, 오가실, 정옥분(1991). 사춘기 신체성숙시기와 심리사회적 발달. 한국심리학회지: 발달, 4(1), 89-101.

이현림, 천미숙(2003). 청소년의 자아정체감과 학교생활적응 간의 관계 분석. 청소년학연구, 10(4), 511-541.

장순복, 이선경, 전은미(2002). 10대 여학생의 성경험 여부에 따른 성문제 예방 대책. 여성건강간호학회지, 8(3), 325-334.

장승옥, 한선혁(2004). 청소년문화활동과 자아존중감의 관계: 칠곡군 청소년을 대상으로. 청소년학연구, 11(4), 185-207.

장휘숙(2004). 청년심리학. 서울: 박영사.

정옥분(2008). 청년발달의 이해(개정판). 서울: 학지사.

정은숙, 이정아, 임현숙(2005). 한국여성의 초경개시 임계체중과 체지방률. 대한지역사회영양학회지, 10(2), 196-204.

질병관리본부(2005). 제3기 2차년도(2004) 국민건강영양조사. 충북: 질병관리본부.

채규만, 정민철(2004). 한국대학생의 성에 대한 태도와 행동 및 피해 경험에 관한 연구. 한국심리학회지: 건강, 9(4), 869-886.

최경숙(2001). 발달심리학: 아동 청소년기. 서울: 교문사.

최병목(2002). 사이버 문화의 새로운 현상과 사회변화. 서울: 정보통신윤리위원회.

허혜경, 김혜수(2010). 청년발달. 서울: 학지사.

Alsaker, F. D. (1992). Pubertal timing, overweight, psychological adjustment. *Journal of Early Adolescence, 12*, 396-419.

Elkind, D. (1974). *Children and adolescents: interpretive essays on Jean Piaget*. New York: Oxford University Press.

Ellis, B. (2004). Timing of pubertal maturation in girls: An integrated life history approach. *Psychological Bulletin, 130*, 920-958.

Fulton, A. (1997). Identity status, religious orientation and prejudice. *Journal of Youth and Adolescence, 26*, 1-11.

Kroger, J. (1995). The differentiation of firm and developmental foreclosure identity statuses: A longitudinal study. *Journal of Adolescent Research, 10*, 317-337.

Marcia, J. (1966). Development and validation of ego identity status. *Journal of Personality and Social Psychology, 3*, 551-558.

Meeus, W. (1996). Studies on identity development in adolescence: An overview of research and some new data. *Journal of Youth and Adolescence, 25*, 569-598.

Mendle, J., Turkheimer, E., & Emery, R. E. (2007). Detrimental psychological outcomes assoicated with early pubertal timing in adolescent girls. *Developmental Review, 27*, 151-171.

Mortimer, J. T., & Larson, R. W. (Eds.). (2002). *The changing adolescent experience: Societal trends and the transition to*. New York: Cambridge University Press.

Mustanski, B. S., Viken, R. J., Kaprio, J., Pulkkinen, L., & Rose, R. J. (2004). Genetic and environmental influences on pubertal development: Longitudinal data from Finnish twins at ages 11 and 14. *Developmental Psychology, 40*, 1188-1198.

Steinberg, L. (2011). *Adolescence*. New York: McGraw-Hill.

Wallace-Broscious, A., Serafica, F., & Osipow, S. (1994). Adolescent career development: Relationships to self-concept and identity status. *Journal of Research on Adolescence, 4*, 127-149.

Wyshak, G., & Frisch, R. E. (1982). Evidence for a secular trend in age of menarche. *New England Journal of Medicine, 306*, 1033-1035.

제5장

청소년문화

청소년의 제반 삶의 양식을 다양한 문화적 시각과 관점으로 바라보는 능력은 청소년지도자는 물론이고 청소년학을 공부하는 예비 청소년지도자도 지녀야 할 중요한 역량 중 하나다. 동시에 이런 능력은 최근 다변하는 청소년 삶의 제반 특성을 파악할 수 있을 뿐만 아니라 청소년의 의식과 행동 변화 추이까지 탐색하게 하여 현재를 진단하고 미래를 예견하게 한다. 이는 곧 청소년지도자의 역할이 단순히 청소년을 지도하는 데 그치지 않고 청소년을 사회적 동반자로 삼아 성인과 함께 사회적 주체로 서도록 지원하는 실천적인 역량이라 할 수 있다. 따라서 청소년지도자와 예비 청소년지도자는 청소년문화를 이해하기 위해 제반 문화이론적 이해 능력을 갖추어야 한다.

1. 문화와 청소년문화

1) 문화의 개념

우리는 일상생활에서 문화(culture)란 개념을 여러 의미로 사용한다. 실제로 문화란 개념에는 적어도 다음과 같은 이중적인 의미가 있다. 예컨대, 신문지상의 문화면은 건축 · 문학 · 미술 · 음악 · 공연과 같은 예술 장르 중심으로 기사가 구성되어 있어, 여기서 언급하는 문화는 예술(art)과 크게 다르지 않은 개념으로 이해된다. 한편, 문화는 성인문화, 청소년문화, 유럽 문화, 아시아 문화, 미국 문화, 남미 문화의 예처럼 누구 혹은 어느 지역의 '삶의 양식(life style)'을 뜻하는 포괄적 개념으로 사용하는 경우도 있다(김민, 2011). 이처럼 문화라는 개념을 두 측면에서 바라보려는 시도는 예로부터 있어 왔다. 전자의 경우가 문화를 미학적인 협의의 개념으로 바라보는 것이라면, 후자의 경우는 광의의 측면에서 그리고 인류학적 개념으로서 인간의 삶의 양식, 관습, 가치관 등과 관련되어 있다(Fornäs, 1995, p. 4).

일상에서 문화를 여러 의미를 갖고 있는 개념으로 수용하듯, 이론의 영역에서도 문화에 대한 개념 정의는 다양하다. 대표적으로 Kröber와 Kluckhohn(1952)은 문화의 개념을 검토하고 재정립하는 작업에서 무려 175개의 상이한 정의를 발견하고 새로운 종합적 개념을 정의하려고 시도하였지만(이종각, 1983, p. 43에서 재인용), 그들 역시 176번째의 개념 정의를 내리는 데 그칠 정도였다. 문화연구자이자 인류학자인 Williams(1983) 역시 문화에 대해 "영어에서 정의하기 어려운 가장 복잡한 용어"라고 말할 만큼 문화의 개념을 정의하기란 쉽지 않다.

culture란 용어를 영어사전에서 살펴보면 우리가 흔히 아는 '문화'란 의미 외에도 '경작' 혹은 '재배'라는 뜻이 있음을 발견할 수 있다. 이는 17~18세기에 토지의 경작, 곡물의 재배, 가축의 사육을 뜻하는 의미로 사용되었는데, 이후 정신을 경작한다는 뜻에서 '정신의 계발'을 의미하게 되었다. 그래서 문화는 주로 정신문화를 의미하는 것이었으며, 문화인은 정신적으로 계몽된 인간인 '교양인'을 일컫는 말이었다. 흔히 문화와 유사한 개념인 문명은 때때로 문화와 동의어로 사용되기도 하고 또는 구별되어 사용되기도 하는데, 흔히 정신적인 성격을 문화로, 물질적인 성격은 문명으로 구별하는 것이 이에 근거한 것이다. 문화인은 문화적 진화 또는 계몽의 수준에 따라 미개인 또는 야만인과 구별된다. 이러한 구별은 특히 유럽 국가들이 아프리카 및 아시아 등 미개발 지역의 사람들과 접촉하는 과정에서 물질적 · 정신적 능력의 차이를 강조하기 위해 이루어졌다(한국산업사회학회, 2004, p. 111).

문화란 개념 안에는 인간의 생활양식(life style), 텍스트(text), 이데올로기(ideology) 등 복합적인 사회 현상이 함의되어 있다. 인간이 만든 건축물에도 당대의 생활양식이 그대로 표현되어 있는데, 건축물 자체가 하나의 문화적 텍스트이자 당시의 생활양식과 이데올로기가 그대로 농축된 상징이다.

다양한 문화 개념을 사회과학적으로 그리고 현실 적용 가능한 수준에서 사용하기 위해서는 체계적인 정의가 필요하다. Williams는 문화 개념을 다음과 같이 세 가지로 정의하였다. 첫째, 문화는 '인간의 지적 · 정신적 · 심미적 능력을 계발하는 일반적인 과정'이고, 둘째, '한 인간이나 한 시대 또는 한 집단의 특정한 생활양식'이며, 셋째, '지적인 산물이나 실천 행위, 특히 예술적인 활동'이다(Storey, 2002, pp. 13-14; Williams, 1983, p. 90).

첫 번째 정의는 문화를 정신문화로 한정하는 과거의 문화 개념과 다르지 않다. 흔히 '인간 정신의 완벽한 정수'로 일컫는 고급문화 이론이나 엘리트주의적 비판 이론, 곧 아놀디즘(Arnoldism)이나 리비스주의(Leavisism)의 입장과 맞닿는 정의이기도 하다. 이는 마치 서유럽의 문화 발전에 대해 논의하면서 그중 지적이고 정신적이며 미학적인 요소—위대한 철학자나 화가, 시인 그리고 그들의 작품—에 대해서만 언급하는 것과 같다.

두 번째 정의는 지적이고 미학적인 요소만이 아니라 살아 있는 문화 또는 문화적 실천 전반을 일컫는 것이다. 이는 서유럽의 문화 발전을 언급하면서 지적이고 미학적인 요소는 물론이고 시대에 따라 변화된 정치사회적 실태와 교육적 현황, 종교적 축제, 여가생활 등을 언급하는 것이다.

세 번째 정의는 의미를 나타내거나 생산하는 혹은 의미 생산의 근거가 되는 것을 주된 기능으로 삼는 텍스트나 문화적 행위를 말한다. 여기서 텍스트란 기호학이나 문화 연구에서 '기호로 구성된 존재'라고 이해되는, '의미를 갖는 하나의 구조'를 말한다(Edgar & Sedgwick, 2003, p. 428). 이를테면 텔레비전 프로그램, 대중음악, 영화, 책, 의상 등 어떤 의미를 형성하거나 나타내는 실천 행위(signifying practice)를 말하는데, 흔히 문화 이론에서 '문화적 텍스트'라고 하는 것들이다.

이러한 문화 개념에 대한 정의는 다음과 같은 방식으로 재구성할 수 있다.

첫 번째는 문화를 고급문화로만 한정하는 방식이다. 앞서 언급한 바와 같이 M. Arnold나 F. R. Leavis와 같은 엘리트주의적 비판 이론가에 의해 강조된 문화 정의의 방식을 말한다. 그들에 따르면 진정한 문화란 인간 정신의 완벽한 정수이자 그 결과로서, 그런 고급문화가 갖는 아우라(aura)를 발견하고 그것을 향유하는 심미적 능력의 계발이 문화교육의 핵심이다.

두 번째는 문화를 생활양식 또는 실천으로 보는 것이다. 여기서 문화는 사회적 조건의 역동적인 변화에 따라 형성된 다양한 인간의 생활양식 자체로 이해된다. 따라서 문화란 절대적 개념이 아닌 상대적 개념의 용어이며, 인간의 생활양식은 보편성이란 토대 위에 다양성이란 상반된 성격을 가질 수 있다. 문화의 특성에서도 살펴보겠지만, 문화가 사회 구성원 모두가 공유하는 특성을 가지면서 동시에 인류 전체를 대상으로는 다양성이란 특성을 갖는 이유도 이에 근거한다. 이처럼 문화는 정신적 산물만이 아닌 실제적인 인간의 생활양식이자 실천이다.

세 번째는 문화를 의미 형성적 실천 행위, 또는 텍스트로 보는 것이다. 흔히 문화를 인간의 생활양식이자 실천으로 보는 두 번째 방식에서 좀 더 나아가 보다 미시적 관점에서 그리고 구조주의적 관점에서 살펴보려는 방식이다. 여기서 의미 형성적 실천이나 텍스트는 수용자에게 다양한 감정이나 의미를 전달하는 담론적 과정을 수반한다. 예컨대, 청소년이 플래시몹이나 코스프레, 웹상의 외계어를 사용할 때 각각은 특정 청소년 집단의 의식과 가치관, 행위를 가늠하고 규정할 수 있는 주요한 의미 형성의 텍스트가 되며, 이러한 텍스트를 해석함으로써 우리는 청소년문화와 관련된 다양한 담론을 산출해 낼 수 있다. 이런 담론을 산출하는 과정에서 단순히 청소년 집단의 문화 현상으로만 보지 않고 흔히 사회 전반의 의식, 관념, 가치, 규범을 포괄하거나 연관하는 경우가 많은데, 이 과정에서 문화는 사회적 이데올로기와 만난다. 이처럼 문화는 생활양식, 텍스트, 이데올로기 등 다양한 모습을 띠는 복합적인 사회 현상이다.

따라서 청소년문화 현상을 살펴보면서 문화적 관점을 단순히 미학적이거나 정신적인 계발 과정으로만 다루어서는 안 된다. Fiske(2004)가 "문화라는 것은 단순히 미학적이거나 인본주의적인 것에 그 강조점이 있지 않고 정치적인 것에 강조점이 있다"고 주장한 것은 그만큼 문화가 다양한 복합체의 성격을 띠고 있다는 것을 보여 주는 것이다. 그간 문화 연구를 이렇게 규정한 것은 연구 대상으로서의 문화라는 것이 좁은 의미의 심미적 탁월함(고급 예술)의 대상이 아니란 점을 강조하기 위함이다. 다시 말하자면, 문화는 미학적 · 지적 · 정신적 발달의 과정이라는 협소한 의미로 규정되어서는 안 된다. Williams가 논의하였듯이, 문화란 그것이 사람들이나 특정한 시기 또는 특정 집단에 대해 다룬다 해도 언제나 '삶의 특별한 방식'으로 다루어져야 한다. 이러한 문화에 대한 개념 규정을 통해서만 문화 연구가 사회적 배제와 협소함을 넘어서 대중문화, 소수자의 문화까지 포괄할 수 있기 때문이다. 청소년문화 역시 마찬가지다. 청소년이란 특정 집단의 의식과 가치관, 행동 및 태도 등으로 외화(外化)된 그들의 삶의 양식, 태도, 의식, 문화적 텍스트, 이데올로기 등을 문화 연구의 대상으로 삼는 것이 필요한 이유가 여기에 있다.

2) 문화의 특성

앞서 문화란 개념을 정의하기란 쉽지 않다고 논의한 바 있다. 그 이유는 문화가 보편적으로 사용하고 있는 용어이나 사용되는 상황과 맥락에 따라 의사소통의 성원이 받아들이는 개념이 서로 다르기 때문이고, 또 문화 개념이 시대와 역사의 맥락에 따라 다양하게 변화되어 왔다는 사실과도 무관치 않기 때문이다(Barker, 2004). 하지만 문화의 특성과 성격을 중심으로 살펴보면 합의 가능한 특성을 도출하기란 어렵지 않다. 특히 문화는 인간으로 하여금 다른 종과 구분되게 하는 가장 확실하고 뚜렷한 근거가 된다. 문화의 속성을 살펴보면 다음과 같다.

(1) 공유성

문화는 사회 구성원 간의 공통적인 성향을 공유하는 속성을 가진다. 개개인의 독특한 취향과 성격, 버릇, 기질 등은 문화로 보기 어렵다. 사회 구성원이 갖고 있는 문화에는 다른 사회 구성원과 구별되는 행동 양식과 가치관 등이 있으며, 이러한 행동 양식과 가치관은 같은 집단 구성원끼리 상호 공유하는 성질을 지닌다. 문화의 이러한 속성을 공유성이라 한다. 문화의 공유성은 문화를 함께 향유하는 구성원과의 사회생활을 원활하게 할 수 있는 공동의 장을 제공하며 언어, 관습, 양식 등에서 상대방의 행동과 기대를 예측할 수 있게 한다.

(2) 후천적 학습성

하지만 공유된 모든 것을 문화라고 말할 수는 없다. 한국인의 검은 머리카락, 갈색 눈동자, 피부색 등을 한국 문화라고 하지 않는다. 하지만 상투, 한복, 짚신 등은 한국의 전통 문화 중 하나라고 일컫는다. 전자와 후자 모두 구성원 모두가 공유하는 것이지만, 전자는 유전적 · 선천적인 것이고 후자는 후천적인 사회생활의 결과다. 이처럼 문화는 어느 한 집단이 사회생활을 통해 후천적으로 학습함으로써 공유하는 것을 말한다(이종각, 1983, p. 46). 즉, 문화란 한 사회의 구성원으로서 인간이 갖는 생래적이고 본능적인 것이 아니라 후천적이고 경험적인 인간생활의 요소를 말한다. 다시 말하자면, 인간은 성장과정에서 학습을 통해 문화를 습득하는데, 이때 문화는 생득적이거나 본연적인 속성이 아닌 후천적으로 얻어지는 학습의 산물이다.

(3) 다양성

문화는 다양성을 지닌다. 다양한 문화의 발로는 때때로 사회 내에 갈등을 조장하기도 하지만 전체 사회의 건강성을 지키기도 한다. 여기서 문화가 다양하기 때문에 갈등이 조장된다기보다는 그런 갈등을 그 사회가 어떻게 해소하고 풀어내느냐가 중요하다는 점을 알 필요가 있다. 즉, 문화 다양성의 장점을 살리면서 갈등 해결의 지혜를 가져야 한다. 사회 문화의 획일성과 절대성은 문화의 다양성을 억압함으로써 소수 문화 향유자와 주체를 소외시키는 원인이 되기 때문이다. 다양성은 향후 사회의 발전과 함께 진행될 가능성이 크다. 특히 현대사회는 한 국가는 물론이고 지구촌사회 전체가 다문화사회(multiculture society)로 전이할 가능성이 크므로, 문화의 정체성을 가지되 문화적 유연성(다양성)을 담아낼 필요가 커질 것으로 전망된다.

(4) 전승과 축적의 특성

문화는 다양한 상징적 수단을 통해 세대와 세대를 이어 전승되며 또 누적적으로 축적되는 특성을 가진다. 즉, 문화는 한 세대에 의해 이루어지고 완성된 것이 그다음 세대로 전해지는 전승의 특성과 함께, 시간이 지남에 따라 각 세대에서 이루어진 것들이 계속적으로 누적되는 축적의 특성을 지닌다. 이때 세대와 세대 사이의 삶의 전승을 일컬어 사회화(socialization) 혹은 문화전계(enculturation)라 말한다. 문자가 없던 시기에는 구전을 통해 문화가 다음 세대로 전해졌지만, 문자의 등장으로 책이나 문서의 형식으로 보존이 가능해지면서 문화적 지식의 축적이 용이해졌다. 특히 미디어의 발달은 지식의 축적과 활용에서 비약적인 발전을 가져왔으며, 동시에 정보 활용의 중요성을 강조하기 시작하였다. 오늘날 뉴미디어의 출현은 지식과 정보의 축적만이 아니라 축적된 정보의 활용과 그 기술도 중요하다는 점을 시사한다.

(5) 가변성

문화는 정지된 어떤 것이 아니라 생명을 갖고 있는 유기체처럼 생동감 있게 움직이는 특성을 가진다. 문화는 통시적으로 볼 때 정체되어 있지 않으며, 공시적 차원에서도 움직이는 속성을 지닌다. 문화는 생성과 융성, 정체와 소멸의 단계를 거치며, 그 과정에서 무수한 변화의 과정을 거친다. 장기간에 걸쳐 문화는 변하지 않거나 똑같은 양상을 반복하는 것이 아니라, 점진적으로 그리고 때로는 급격히 변화하는 가변의 속성을 가진다. 이때 사회 내부에서 새롭게 시도되는 문화적 변화는 문화 혁신(cultural innovation)이라 부르며, 외부의 자극을 통해 나타나는 변화는 문화 전파(cultural diffusion)라고 한다(한상복, 이문웅, 김광억, 1982).

특히 문화는 외부 다른 문화와의 접촉을 통해 새롭고 이질적인 문화적 충돌과 수용을 이루며 변화를 꾀하기도 한다. 타 문화와의 접촉은 '문화 접변(acculturation)'이라고 한다. 예컨대, 한국 문화는 해방 이후 서구 문화와의 접촉을 통해 서구 외래문화를 받아들였고 이로 인해 전통 문화가 많이 변질되었는데, 이 역시 문화 접변을 통한 우리 사회 변화 상황의 한 사례이다. 이처럼 문화는 생명을 갖고 있는 유기체처럼 움직이고 변화하며, 발전하거나 쇠퇴하는 속성을 지니고 있다.

문화의 가변성은 때때로 문화의 기능과 관련해 적지 않은 논의를 제공한다. 즉, 문화 변화는 때때로 사회 구성원 모두 혹은 다수의 동의와 합의를 받지 못할 때 구성원 간에 문화적 갈등을 야기한다. 하지만 계속적으로 변화하는 과정에서 문화는 그에 속한 사람들의 사회적 안정과 균형의 유지에 기여하기도 한다.

(6) 통합성과 미래 예측성

문화에 대한 고전적인 정의 중 하나는 E. B. Tyler의 정의다. 그는 "문화란 사회 구성원으로서의 인간이 획득한 지식, 신앙, 예술, 법률, 도덕, 관습 및 기타 모든 능력과 기능을 포함하는 '복합적 총체'"라고 정의하면서 문화를 통합적인 속성을 갖고 있는 존재로 보았다(Broom & Selznick, 1977, p. 56). 2001년 유네스코 제31차 총회에서 채택된 '유네스코 세계문화 다양성 선언'에 따르면, 문화란 사회와 사회 구성원 특유의 정신적 · 물질적 · 지적 · 감성적 특징의 총체이며 예술과 문학뿐 아니라 생활양식, 가치 체계, 전통과 신념을 모두 포함한다(유네스코 한국위원회, 2008; 최현덕, 2009).

문화에 대한 통합적 견해는 김영찬(1980, pp. 63-66)을 통해서도 확인할 수 있다. 그는 ① 문화는 사회 성원이 공유하고 있으며, ② 역사적으로 전승된 것이고, ③ 학습된 것이며, ④ 사회 성원의 행동지침이 되고, ⑤ 하나의 통합된 체제 또는 형태이며, ⑥ 사회 성원의 경험 조직의 표준이라고 논하였다. 즉, 문화를 이해하기 위해서는 사회의 다양한 측면과 요소가 유기적으로 연관되어 있으며 이러한 것은 단순한 총화가 아닌 통합의 속성임을 주목해야 한다.

아울러 여기서 주목해야 할 것은 문화가 구성원의 행동 양식을 결정하며 모든 생활양식의 구체적인 방향과 잠재적 지침의 기능, 곧 미래 예측성을 갖고 있다는 점이다. 즉, 한 사회의 문화는 구성원의 행동 양식, 사고방식, 심미적 취향, 심지어 독특한 몸짓과 의상마저 결정하는 힘을 가진다. 문화의 중요한 의의가 바로 여기에 있다. 다시 말해, 청소년문화에 관심을 가져야 하는 이유는 그것이 청소년이 행동하고 사고하는 방식은 물론이고 향후 총체적인 삶의 방향에 결정적인 영향을 주기 때문이다(김민, 2011). 누구나 자신이 속해 있는 문화의 지배에서 벗어날 수 없다고 볼 때, 지금의 문화적 상황은 청소년문화의 질과 내용, 곧 그들의 삶의 질과 내용, 양식 등을 결정한다. 이런 맥락에서 오늘날 우리 사회 대부분의 문화를 결정하는 성인의 문화에 대한 책무성은 매우 크며, 청소년지도자가 청소년문화에 대한 날카로운 예지의 민감한 촉수를 지녀야 할 이유가 여기에 있다.

3) 청소년문화에 대한 관점

청소년문화를 바라보는 관점에 대한 기존의 논의는 생각보다 다양하지 않다. 대체로 청소년문화에 대한 관점은 청소년에 대한 관점과 밀접하다. 즉, 청소년이란 대상 집단에 대한 관점과 청소년문화에 대한 관점은 서로 맞닿아 있다. 그런 맥락에서 청소년에 대한 관점이 곧 청소년문화를 규정한다고 할 수 있다.

청소년을 바라보는 관점은 지금까지 크게 다섯 가지로 논의되어 왔는데(김민,

2011; 김신일, 1992), 그에 따라 청소년문화에 대한 다양한 해석이 있을 수 있다. 이를 살펴보면 다음과 같다.

첫째, 청소년문화를 '미숙한 아이들의 문화'로 보는 관점이다. 이는 대체로 청소년기를 어리고 미숙한 인간 발달단계의 시기로 보거나, 혹은 바라보고자 하는 청소년의 연령과 시기를 청소년 초기 연령대에 맞추어 살펴보려는 경우에서 발견할 수 있다. 구체적으로 살펴보면 청소년기를 성인이 되기 전까지의 발달단계로 보되 성인에 비해 아직 미숙하고 모자란 시기로 보는 것으로, 대체로 성인 중심주의적 관점으로 분류된다. 따라서 이 관점에서는 청소년문화를 그 실체가 분명하지 않거나 혹은 있다 해도 아직은 미숙하고 모자란 덜 성숙한 문화로 간주한다. 미숙한 문화로 보는 관점은 청소년을 사회적 주체로서 승인하거나 존중받아야 하는 대상으로 보기보다, 사회적 보호와 이해가 선결되어야 하고 훈육과 육성이 요구되는 존재로 보는 경향이 강하여 다소 통제적인 관점에 치우치기 쉽다. 특히 청소년 집단 중 연령이 어린 집단, 즉 아동에 가까운 청소년일수록 이런 관점이 강한 편이다.

둘째, 청소년문화를 '일탈과 비행청소년의 문화'로 보는 관점이다. 이는 청소년의 삶이 일상 규범에서 벗어나 문제와 일탈, 비행 등의 소행을 지향한다고 보는 것이다(조혜영, 2005). '미숙한 아이들의 문화'로 보는 것과 마찬가지로 성인 중심주의적 관점에 가까운 이 관점은 1960년대 들어와 사회학자들이 청소년 비행에 관심을 가지면서 청소년문화를 비행과 일탈의 관점에서 접근하고 분석하면서 본격적으로 등장하였다. 특히 이 관점은 부분적으로 청소년문화를 미숙한 문화로 보는 관점과도 공유하는 측면이 있으며, 다음에 나오는 하위문화로 보는 관점과도 일부 중첩된다. 즉, 이 입장은 전체적으로 청소년문화를 사회적 승인이 어려운 미숙한 문화로 바라봄으로써 현상적으로 불거지는 비행 현상에 초점을 맞추기도 하고, 한편으로는 지배 문화의 부정적인 산물, 곧 하위문화적 양태로 청소년 비행 문화를 주목함으로써 결국 청소년문화를 비행 하위문화로 규정하기도 한다(김민, 2011). 한국 사회에서는 청소년을 학업 연령에 달한 '학생'으로 규정함으로써 청소년기를 학업의 신성한 의무를 다해야 하는 시기로 규정하는데, 흔히 학생 문화 혹은 학생이란 통념에서 벗어난 청소년의 지위비행이나 일탈을 중심으로 그들의 문화를 비행 문화로 규정하는 경향이 있다.

셋째, '청소년 하위문화(youth subculture)'로 보는 관점이다. 청소년은 여성, 노인과 같이 사회 전체를 구성하는 하위 집단의 하나로, 그들의 문화도 사회 전체의 문화 가운데 하나의 문화를 이룬다는 입장이다. 따라서 그들의 문화는 사회 전체의 문화(주류 문화)와 관련이 있으며 그 부분적 요소로 이루어져 있는 하위의 문화로 규정된다. 여기서 하위문화란 사회 전체의 지배적인 문화의 부분을 이루는 문화로서 사회를 이루는 단위 요소, 이를테면 계급 · 성 · 세대 등으로 구분되는 커다란 범주에 속하면서 각기 다른 속성에 의해 구별되는 다양한 소집단의 독특한 정체성을 반영하는 문화를 말한다. 그러므로 청소년문화를 하위문화로 보는 관점에서는 청소년 하위 집단의 독특한 정체성이 그들의 문화에 반영되어 있다.

넷째, 청소년문화를 '반문화(anti-culture)' 혹은 '대항문화(counter-culture)'로 보는 관점이다. 이는 청소년 세대가 기성세대의 사회적 합의와 전통적인 질서를 거부하고 자신들 세대만의 독특한 문화를 형성하되 대체로 저항적이고 대항적인 성향을 강하게 띠고 있다고 보는 입장이다. 따라서 청소년문화는 기성세대의 문화에 순응하기보다는 그것을 거부하고, 그들의 새로운 문화를 저항의 실천으로 상징한다. 유럽과 미국에서 1960년대와 1970년대의 젊은이들의 돌풍이 대표적인 예인데, 당시 청소년과 청년은 기존의 사회 체제와 그것을 유지하는 이념과 가치관을 전면적으로 부정한 바 있다(김신일, 1992; 이영란, 김민, 2018). 이 입장에서 새로운 세대가 기성세대에게 비판을 가하고 반항하는 것은 그들이 미숙하거나 일탈적인 속성을 가져서가 아니라 기성세대와는 다른 세계관을 갖고 있기 때문이며, 부모 세대와는 다른 삶의 방식을 추구하기 때문이다.

다섯째, 청소년문화를 '대안 문화(alternative culture)'로 보는 관점이다. 아동과 청소년 등의 성장 세대는 그들 나름의 새로운 문화를 창조하고 형성할 수 있는 긍정적인 가능성과 잠재성을 갖고 있으며 이러한 세대를 현실적 사회 변화의 동반자로 적극 받아들이려는 입장이다. 따라서 이 관점에서 청소년문화는 한 사회의 생동적 발전을 위한 대안적 자원이 되며 또 그만큼의 긍정적 가능성과 잠재성 그리고 현실성을 갖고 있는 주류적 문화 요소로 수용된다(이영란, 김민, 2018).

이상으로 청소년문화에 대한 관점 다섯 가지를 살펴보았다. 여기서 우리가 중요하게 고려해야 할 것은 어느 관점이 맞고 틀리느냐가 아니다. 다섯 가지의 관점은 오늘날 보이는 모든 청소년문화 현상에 적용할 수 있으며, 어떤 문화 현상은 둘 이상의 관점으로도 살펴볼 수 있다. 문제는 어느 한 관점만을 고집하거나 유지하려는 것이다. 이는 편협한 문화 이해이며 더 구체적으로는 청소년문화의 잠재적 가능성과 다양성을 무시하는 것이다. 따라서 청소년문화 현상을 바로 이해하기 위해서는 무엇보다 개방적이고 유연한 관점을 유지하고 그러한 태도를 가져야 한다. 즉, 청소년문화의 성격을 어느 하나의 관점으로 규정하고 경직되게 바라볼 것이 아니라 여러 성격을 갖고 있는 문화 현상으로 바라보는 유연한 관점을 가져야 한다.

2. 현대 청소년문화 이해를 위한 전제

1) 청소년문화와 청소년문제

우리나라를 비롯해 다른 나라에서도 청소년문화를 하나의 문화적 전형 혹은 청소년 세대의 '삶의 한 방식'이라는 탈가치적인 현상으로 보기보다 사회 문제의 일부로 간주하는 경향이 강하다. 이것은 흔히 청소년과 성인 간의 세대 간 격차(generation gap)에 따른 의례적인 현상이지만, 청소년 세대가 보이는 이질적인 삶의 양식이 기존의 통념, 규범, 관습, 제도, 법률과 불일치함에 따른 사회적 갈등과 밀접하다. 따라서 청소년문화는 일탈과 비행으로 낙인찍히기 쉽고, 모든 문제의 근원이자 집합으로 규정되기도 한다(Hodkinson, 2007, pp. 3-8).

이와는 달리 청소년 혹은 청소년문화 현상 자체가 문제가 아니라 그것을 주어진 잣대와 틀에서 벗어난 일탈로 규정하는 사회가 문제란 시각도 있다. 더욱이 개별적 주체의 다양성이 강조되고 탈중심화 경향이 강한 오늘날의 후기 현대사회(post-modern society)에서 과거의 잣대와 틀로만 청소년문화를 규정하려 하면 오히려 청소년의 잠재성과 가능성을 위축할 수 있다는 논의도 있다. 후기 현대사회로의 진입과정에서 균질화된 기존의 지배 문화에 균열을 초래하는 문화 다양성에 대한 논의를 대중문화와 고급문화의 문화사(文化史)를 통해 살펴본 Ulf Böthius(1995, pp. 13-38)의 주장이 바로 그것이다. 그는 후기 현대사회의 느슨하고 쇠약해진 문화적 구별(cultural distinction)이 새로운 미디어의 출현과 청소년 세대의 혼종 문화의 등장과 관련이 있다고 논의한다.

하지만 여전히 우리 사회에는 고급문화와 저급 대중문화, 좋은 문화와 나쁜 문화와 같은 문화적 구별이 잔존하는데, 이와 같은 이항대립적 문화 구별의 태도가 오늘날 청소년의 문화 현상을 후자의 영역으로 밀어내는 경향을 보인다는 것이다. 실제로 성인의 관점 혹은 지배 문화의 관점에서는 10대 청소년문화 현상의 대부분이 일탈과 비행의 문화, 저항과 반문화의 문제 현상으로 읽히는 경우가 많다. 따라서 청소년문화 현상은 '청소년문제(youth problem)'와 유사한 개념으로 받아들여져 왔다.

하지만 청소년문제란 개념과 현상 자체를 보더라도 청소년이 문제를 갖고 있는 원천인지, 아니면 사회에서 그 문제의 근원을 찾아야 하는지를 고민하게 한다. 흔히 청소년문제란 개념은 단순히 지금의 청소년이 어떤 문제를 안고 있다는 어감(nuance)을 준다. 즉, 청소년에게 문제의 원인과 과정, 결과를 귀속하거나 전가하는 말로 들릴 수 있다.

그런데 청소년문제라고 보는 일탈과 비행의 현상을 구체적인 사례(성, 가출, 범죄, 학교폭력, 학업 중단 등) 중심으로 살펴보면 다름 아닌 우리 사회의 문제가 응축되어 청소년에게 상징적으로 나타나는 현상이라는 것을 알 수 있다. 즉, 문제의 핵심을 파고들어 가면 청소년문제는 곧 성인 문제이며 동시에 우리 사회가 안고 있는 문제의 표상이다. 그런 의미에서 우리 사회가 안고 있는 문제가 청소년 세대의 현안으로 표출되는 것이 청소년문제라 보는 것이 더 옳을 것이다. 따라서 엄밀한 의미에서 청소년문제(youth problem)는 사회가 거듭되는 변화 과정에서 청소년을 중심으로 우리에게 계속적인 물음과 응답을 요구하는 또 다른 의미에서의 청소년문제(youth question)라고 보는 것이 적확하다(김민, 2002).

요약하자면, 청소년문제란 결국 사회의 문제이자 기성세대의 문제이며 우리 사회가 당면한 과제를 상징적으로 성장 세대가 대리적으로 보여 주는 현상이다. 이는 청소년문화를 이해하고 분석할 때 문제 중심의 획일적이고 지배적인 시각에서 파악했던 것에서 이제는 다양한 사회의 제반 요인을 중심으로 종합적으로 접근해야 한다는 것을 보여 준다. 청소년문제는 사회의 산물이자 곧 사회 문제의 연장이며, 청소년문화를 문제 중심의 시각에서 본다 해도 청소년의 문제 중심의 문화 현상 역시 우리 사회의 이면에 깊숙이 뿌리를 두고 있다는 것이다. 그러므로 청소년문화 현상에 대한 기존의 문제 중심 시각에서 벗어나 청소년의 독특한 의식과 가치관, 삶의 양식을 그 자체로 살펴보는 관점이 필요하다.

2) 청소년기의 연장과 지불유예기

그렇다면 우리는 왜 청소년과 관련한 현안을 문제 중심으로 접근하려 하는가? 최근 들어 이러한 문제가 증폭된 것으로 보이는 것은 왜일까? 그리고 이러한 현상에 대한 적절한 우리의 대응은 무엇이며, 청소년 삶에 대한 읽기와 이해의 관점은 어떻게 유지해야 하는가? 이러한 의문과 관련해 청소년기의 연장과 지불유예기(모라토리엄, moratorium)라는 개념을 살펴볼 필요가 있다.

흔히 청소년기의 시작은 사춘기(puberty)의 발현과 같이한다. 즉, 인간은 생물적 기준에 따라 2차 성징이 발현되는 시기인 사춘기에 들어서면서 자연스럽게 청소년기에 진입하게 된다(Brooks-Gunn & Reiter, 1990). 이러한 성적 · 신체적 성숙은 약 18세 전후에 완료되어, 청소년은 이 시기부터 성인으로서의 자기 인식을 하게 된다(**그림 5-1** 참조).

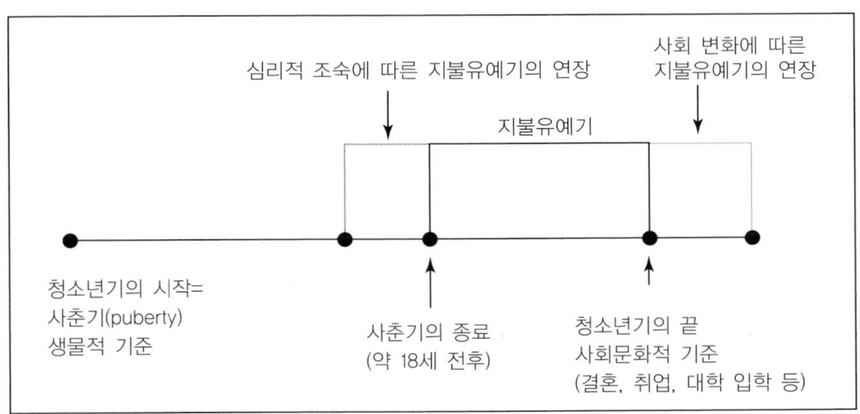

그림 5-1 청소년기 지불유예기의 연장

하지만 사회는 통상 사춘기가 끝난다고 해서 바로 성인으로서의 지위를 부여하지 않는데, 그 이유는 청소년기의 종료 시점이 생식 체계의 완전한 성숙을 의미하는 사춘기의 종료 시점과 일치하지 않는 데 있다. 생물학적 기준에 따라 청소년기의 시작이 11세부터 시작되는 사춘기와 함께 이루어진다면 사춘기의 종료가 어느 정도 이루어지는 18세 전후의 시기 이후까지 청소년기는 지속되기 때문이다. 특히 청소년기의 종료 시점은 생물학적 기준에 따른 시작 시점과는 달리 청소년이 속하는 사회문화적 조건과 특성에 따라 다양하게 결정된다. 즉, 청소년 자신이 속해 있는 사회에 따라 청소년에서 성인으로의 편입 기준은 각각 다르다. 대학에 진학한다든가, 취업을 한다든가, 혹은 결혼과 자녀 생산에 따른 양육의 과정을 거쳐야 성인으로 인정하는 것이 그 예다.

문제는 사춘기가 종료되고 성인으로 인정받는 시기까지 소위 지불유예기가 존재한다는 점이다. 단축해 '유예기'라고도 하는 지불유예기는 청소년과 사회(혹은 기성세대) 간의 상호 인준의 불일치가 빚어내는 기간이다. 청소년인 성장 세대는 신체적 발육과 성장을 통해 자신이 성숙의 시기를 이제 성인으로 성장했다고 생각하고, 성인은 청소년에게 아직은 동반자로서의 지위와 파트너십을 부여하지 않으려 한다. 이러한 인식의 상호 충돌로, 이 시기에는 세대와 세대 간에 혹은 성장 세대와 사회 간에 적지 않은 긴장과 갈등이 노정된다. 이른바 지위비행(status delinquency)이라는 청소년기 일탈 현상이 나타날 수도 있는 시기이다.

그런데 최근에는 이 지불유예기의 시작과 종료의 기점이 변화되면서 지불유예기의 전체 기간이 더 늘어나는 양상을 보인다. 지불유예기의 시작 시점과 관련해서는 신체적 성숙에 채 도달하지 않은 청소년이 스스로를 성숙한 존재로 보는 '심리적 조숙 과정'이 심화되고 있다. 이런 현상은 선행 연구에 의해 이미 밝혀진 것으로, 부모와의 애착 정도, 자기 주도성, 자아정체감, 인지적 측면의 발달 조숙화, 성에 대한 인식 발달, 대중매체의 무차별적 노출 등에 의해 지지되고 있다(서울대학교 교육연구소, 1996; Muuss, 1999).

반면, 지불유예기의 종료 시점의 연장은 현대사회 구조가 점차 다원화·전문화되어 가는 과정에서 대표적인 성인기로의 인준을 상징하는 노동 시장에의 편입이 점차 늦추어지는 현상을 근거로 삼는다(Galland, 1996; Ferchhoff, 1990: 최윤진, 1999에서 재인용). 이러한 현상은 크게 두 가지 견해로 설명된다. 하나는 고용사회의 위기 및 실업의 증가 등 사회적 요인에서 비롯한다고 보는 견해이며, 다른 하나는 더 나은 직업생활로의 진입이나 부담 없고 자유로운 청소년 후기(청년기)를 즐기고자 하는 개인적인 요구에서 비롯한다고 보는 견해다. 모두 학교로부터 노동 시장으로의 전이(transition from school to work)가 어려워진 현대사회 구조의 특징에서 연유한다. 실제로 '어른아이(adultolescent)'라는 신조어처럼 노동 시장에의 편입을 의도적으로 늦추거나 혹은 성인으로서의 지위와 역할을 부여했음에도 청소년기로의 퇴행과 고

착적 심리가 강해지는 현상이 이를 지지하는 근거다.

이러한 시작과 종료 시점의 연장은 최근 청소년문제가 사회의 대표적인 문제 현상으로 대두되는 배경이 된다. 특히 1990년대를 기점으로 하여 최근에 이르기까지 청소년문제가 우리 사회의 주요 화두(話頭)로 등장하는 이유가 바로 여기에 있다. 즉, 다양성의 문화가 팽배해진 1990년대에 들어서면서 청소년을 둘러싼 사회적 환경이 급변함에 따라 청소년기의 지불유예기 연장이 실질적으로 전개되었기 때문이다.

그러나 지불유예기의 연장을 곧 청소년문제의 심화로 연결 짓는 설명에는 좀 더 찬찬히 살펴봐야 할 대목이 있다. 지불유예기에 처한 청소년을 어떻게 해석하고 바라보느냐에 따라 청소년에 대한 우리 사회의 대응에서 발전적 토대로 활용할 수 있는 여지도 있기 때문이다. 좀 더 구체적으로 설명하자면, 이 시기의 청소년에게 사회적 동반자로서의 지위를 정당하게 부여하고 성숙한 시민의 하나로서 사회적 편입을 연착륙하는 사회 분위기와 조건이 갖추어진다면 지불유예기는 우리 사회의 청소년문제의 원인이기보다는 발전을 위한 하나의 기회일 수도 있기 때문이다.

실제로 지불유예기의 연장 현상은 단지 우리나라만의 문제는 아니다. 다른 나라에서도 청소년기의 연장이 이루어지고 있는데 왜 유독 우리 사회에서 청소년문제가 증폭되는가를 고려하여야 한다. 그것은 청소년기의 긴장과 갈등의 근원이라 할 수 있는 지불유예기에 처해 있는 청소년을 사회 구성원으로 안착시키는 사회적 시스템을 우리가 갖추고 있지 못하기 때문일 수 있다. 우리의 경우에는 지불유예기에 처해 있는 청소년을 안정적으로 사회의 한 구성원으로 편입하려 하기보다, 아직 성인기 이전의 미숙한 존재로 치부하거나 혹은 그들을 보호와 선도, 지도 중심의 '담론 객체'로 묶어 제한적으로 구속하고자 하는 경향이 강하다. 그리하여 사회와 성장 세대가 갖는 긴장 구조는 더욱 심화될 수밖에 없으며, 지불유예기의 연장에 따라 그 긴장과 갈등의 진폭은 더욱 커지기 마련이라는 것이다. 따라서 단순히 지불유예기의 연장에 따라 청소년문제가 증폭된다고 해석하기보다, 이와 같은 변화된 청소년 삶의 환경 조건에 우리 사회가 얼마나 유연하고 적절하게 대응하고 있는지에 대한 관점으로 살펴보아야 한다.

3. 현대 청소년문화의 이해: SNS를 중심으로

1) 현대 청소년문화의 특성

오늘날 청소년문화의 특성에 대한 논의는 여전히 진행 중이다. 일찍이 청소년문화의 전 지구적 공통 특성에 대해 Ferchhoff(1990)는 오늘날의 청소년은 개인 중심적이고 현실 만족주의적인 성향을 가지며, 성의 구분이 모호한 동질적 성향을 보이고, 생활양식의 다원화 현상이 뚜렷하다고 지적한 바 있다(최윤진, 1999에서 재인용). 조혜영(2005)은 현대사회의 문화적 특징과 연결 지어 오늘날 청소년문화는 생비자(prosumer)적 특성과 함께 사회 신드롬의 주도적 역할을 수행하고, 유목민(nomad)적 속성 및 기술 발달과 밀접한 속성을 지니며, 다국적이고 혼성적이라고 기술한 바 있다. 김민(2011) 역시 청소년문화에 대해 Ferchhoff의 견해, 곧 개인주의적 성향 및 현실 만족주의적 성향, 성의 단성화(單性化, unisex mode)를 포함해 자기표현 중심적이고 영상 세대로서의 특징과 함께 포스트모던한 문화 특성을 논의한 바 있다.

그러나 급변하는 사회환경 및 청소년 집단의 문화적 가변성에 따라 현대 청소년문화는 고정되지 않고 계속적으로 진화하는 특성을 가진다. 특히 현대사회의 청소년문화 특성은 전통적으로 뉴미디어의 발달과 밀접하다는 공통된 견해(Fornäs & Bolin, 1995; Lincoln, 2012; Springhall, 1998)를 중심으로 청소년 집단과 불가분의 관계인 대중음악 및 영상 문화, 즉 대중문화와도 관련되어 있다(Dolby & Rizvi, 2008; Muller, 2007; Thornton, 1995). 그러다 보니 사회 변화를 견인하는 미디어의 발달과 함께 수시로 급변하는 대중문화의 특성에 따라 청소년문화의 특성도 쉽게 변화하는 유연하고 탄력적인 변성(變成)을 갖는다. 따라서 청소년문화에 관심을 갖는 사람이라면 대중문화와 미디어에 대한 관심도 요구된다.

2) 대중문화와 미디어

대중문화는 산업화와 함께 대중이 출현하면서 나타난 근대사회의 산물이다. 산업혁명 이후 본격적으로 등장한 대중과 함께 자본주의와 도시화란 근대사회의 주요한 변화 흐름은 대중문화의 형성에 직접적인 원인이 되었다. 물론 이전에도 민속 문화(folk culture)라 하여 중세 유럽의 축제(carnival) 등을 통해 구전되거나 전래되어 온 민중의 토속 문화가 있었다(Böthius, 1995, pp. 13-16). 하지만 이는 지배 계급의 고급문화와 대별되는 저급 문화에 지나지 않았다. 따라서 신분의 예속에서 벗어나고 지배 계급으로부터 분리된 독립된 영역에서 형성된 대중의 자생적인 문화로 보기에는 어려웠다. 적어도 서구에서 나타난 대중문화 본래의 개념은 자본주의화와 도시화가 이루어지면서 하위 계급을 형성한 노동자들이 자신들만의 공간에서 독특한 문화를 형성하면서부터 나타난 것이다. 이런 점에서 초기의 대중문화는 태생적으로 자생적이고 저항적이었으며 민주적이었다.

하지만 곧 대중매체(대표적으로 라디오와 TV)가 등장함에 따라 미디어가 산출하는 문화상품에 의해 수용자의 자생력과 저항은 위축되기 시작하였고, 대중매체의 수용자를 문화상품의 수동적 소비자로 가정하는 경향이 강해졌다. 대중매체가 쏟아내는 대량적인 그리고 수용자의 소비 욕망에 기초한 문화상품의 메시지는 이데올로기라는 비교적 정교한 이론의 맥락에서 해석되어, 대중은 새로운 대중매체를 통해 조작되는 대상으로 간주되었다. 이러한 접근법 중 가장 정교한 이론이 프랑크푸르트 학파의 문화산업 개념(혹은 비판 이론)이다.

그러다 탈근대사회가 등장하면서 1950년대 이후 대중매체에 대한 사회학과 문화 연구의 획기적인 발전, 특히 Richard Hoggart와 영국 버밍엄 대학의 현대문화연구소(Centre for Contemporary Cultural Studies: CCCS)의 탁월한 업적에 의해 대중문화의 소비자는 점차 능동적인 존재로 간주되기 시작하였고, 따라서 대중문화의 메시지가 수용자와 커뮤니케이션을 하는 과정에 대한 해석은 점차 복잡해지기 시작하였다. 사람들은 대중매체가 생산하는 문화상품에 예속되거나 문화 자생력이 위축될 수도 있지만, 동시에 미디어가 산출하는 메시지와 텍스트를 즐기면서 그 허구를 간파하고 그것을 나름대로 해석하는 자생적인 문화 해석자로도 기능할 수 있다고 본 것이다(Edgar & Sedgwick, 2003, p. 122). 특히 대중매체가 만들어 내는 문화상품과 메시지, 텍스트에 대한 자생적인 문화 해석은 물론이고, 단순히 소비자의 위치에 있던 수용자를 생산자의 영역으로 견인해 낸 뉴미디어—개인용 컴퓨터(PC)와 인터넷—의 출현은 오늘날 대중문화와 미디어 간의 관계에 새로운 문화 해석이 필요하다는 것을 보여 주었다. 미디어 리터러시(media literacy) 역량이 성인 세대보다 탁월한 성장 세대에게 소위 문화적 힘의 전이(power shift)가 가능케 한 것도 바로 뉴미디어의 등장이었다. 대중문화와 미디어의 발달에 오늘날 청소년 세대가 주역으로 등장하게 된 연유가 여기에 있다.

3) SNS의 개념과 유형

미디어가 발달하면서 인간과 사회에 던진 최대의 이슈는 미디어의 기능이 어떤 형태로 융합될 것이냐에 관한 것이다. 디지털 컨버전스(digital convergence)란 이름으로 다양한 미디어가 부분적인 기능을 통합하여 하나의 미디어로 탄생하고 있음은 물론이고, 우리는 이미 이들 새로운 미디어를 자연스럽게 받아들이고 활용하고 있는 실정이다. 하지만 완전한 미디어의 융합을 논하기에는 아직 시기상조다. 현재 미디어가 갖고 있는 기능이나 활용이 어디까지 이어질지는 알 수 없으나 인류가 존재하는 한 미디어의 발달은 앞으로도 끊임없이 이어질 것으로 보이기 때문이다.

오늘날 인간의 삶이 진화하는 데 큰 공헌을 한 미디어는 삶의 도구로서의 발달만 가져오지는 않았다. 미디어 자체의 의미도 큰 변화와 발달을 가져왔다. M. MaLunhan(2002)은 일찍이 "모든 미디어는 인간의 심리적 · 육체적 기능의 연장"이라고 언급하면서, 미디어는 이제 단순한 도구가 아닌 인간의 확장임을 논의한 바 있다. 그가 언급했듯이, 인간 혹은 인간 삶의 확장인 미디어가 현재 가장 활발하게 표출되고 있는 곳은 바로 인터넷 미디어다. 그뿐 아니라 그 중심에는 인간의 삶을 방대하고 추상적으로 옮겨 놓은 인터넷 미디어의 산물인 사이버 공간이 있다. 사이버 공간은 현실과 가상의 경계 구분을 모호하게 만드는 특성이 있으며, 인간으로 하여금 다양하고 창의적인 작업을 가능하게 한다. 최근에는 스마트폰으로 인해 데이터 통신망을 통해 언제 어디서나 인터넷 미디어 환경을 사용할 수 있게 되었고, 다양한 프로그램(애플리케이션)을 활용하여 정보 검색, 커뮤니케이션, 사이버 커뮤니티 구축 등이 가능하게 되었다.

인터넷 미디어의 발달은 사적인 일이나 인간관계까지 인간의 삶 속에 끌어들여 새로운 생활양식을 형성하고 있다. 그 대표적인 것이 SNS(Social Network Service)다. 일반적으로 현재 우리가 사용하고 있는 SNS는 소셜 미디어(social media)의 하나로 이해할 수 있다. 소셜 미디어란 개방, 참여, 공유의 가치로 요약되는 웹 2.0 시대의 도래에 따라 소셜 네트워크의 기반 위에서 개인의 생각이나 의견, 경험, 정보 등을 상호 공유하고 타인과의 관계를 생성 또는 확장할 수 있는 개방화된 온라인 플랫폼을 의미한다. 소셜 미디어는 그 자체가 일종의 유기체처럼 성장하기 때문에 소비와 생산의 일반적인 기제가 적용되지 않으며, 양방향성을 활용하여 이용자가 자발적으로 참여하고 정보를 공유하며 콘텐츠를 만들어 가는 특성이 있다.

다시 말해, TV, 라디오, 신문, 잡지 등과 같은 전통 미디어가 일대다(one-to-many)의 일방향적 관계형에 기초한 커뮤니케이션의 속성을 가졌다면, 소셜 미디어는 다양한 형태의 콘텐츠가 다양한 사용자에 의해 생성되고 공유되는 다대다(many-to-many)의 양방향적 관계성을 토대로 하므로 1인 미디어, 1인 커뮤니티의 특성을 지닌다. 이러한 소셜 미디어의 특성을 그대로 반영하고 있는 것이 바로 SNS다.

소셜 미디어는 콘텐츠 내용과 형태, 사이트의 기능과 목적 등에 따라 다양한 유형으로 구분할 수 있다. 우리나라의 경우 한국인터넷진흥원(2009)에서는 SNS를 정보 공유, 인맥 관리, 자기표현 등을 통해 타인과 관계를 형성 · 유지 · 관리할 수 있는 서비스로 정리하면서, ① 카페, 클럽, 인터넷 동호회(예: 다음 카페, 네이버 클럽, 프리첼 커뮤니티 등), ② 블로그와 미니 홈페이지(예: 다음 블로그, 조인스 블로그, 싸이월드 미니홈피 등), ③ 인스턴트 메신저(예: 네이트온, MSN, 버디버디 등), ④ 인맥관리 서비스(예: 페이스북, 마이스페이스, 미투데이 등), ⑤ 가상현실 서비스(예: 세컨드 라이프, 싸이월드 미니라이프 등) 등으로 구분한 바 있다.

현재 우리 사회에서 통용되는 SNS를 콘텐츠의 내용과 형태, 주된 기능과 사용 목적 등을 중심으로 그 유형을 크게 구분하면 폐쇄형과 개방형, 그리고 폐쇄형과 개방형의 특징을 함께 갖춘 마이크로블로그(microblog)로 나누어 볼 수 있다(**표 5-1** 참조). 폐쇄형이란 상대방이 수락해야 정보 공유 및 인맥 형성이 가능한 성격을 말하는 반면, 개방형은 불특정 다수에게도 개방되는 성격을 말한다.

표 5-1 SNS의 유형

구분	유형	특성
폐쇄형	페이스북, 싸이월드, 미니홈피, 인스턴트 메신저(카카오톡, 네이트온, 버디버디, 세이터키, 드림위즈, 틱톡, 마이피플, 구글토크 등)	친구 및 지인을 기반으로 하는 인맥중심의 관계 형성 커뮤니티 사이트. 주로 프로필과 사진, 음악 등을 통해 자기표현 및 정보 공유, 인스턴트 메신저 등을 통해 지속적인 관계유지를 하는 것이 특징
개방형	마이스페이스, 블로그, 유튜브, UCC 등	자신의 주요 관심사를 위주로 친분을 형성, 유지하며 사진이나 동영상 등 엔터테인먼트 관심사를 중심으로 다룸
마이크로 블로그	twitter, me2day, iLaodao, fanfou, 토씨, 다음 yozm, 네이트 커넥트, 시나웨이보, 자이쿠, 플레이톡, 텀블러 등	한두 문장의 단문을 통해 빠른 시간 내에 정보 공유 및 확산이 가능한 장점을 살려 불특정 다수로 하여금 정보공유, 확산이 가능하고 지원하는 서비스. 간결한 표현으로 단문메시지(140자에서 250자)를 작성하여 제공하는 것이 특징

4) SNS의 특성과 청소년문화

SNS는 웹 기반 서비스로 사용자 간의 자유로운 의사소통과 정보 공유 그리고 인맥 확대 등을 통해 사회관계를 생성 · 강화해 주는 온라인 플랫폼을 말한다. 따라서 기술 중심의 정보 전달 효율성을 추구하는 기존의 웹 1.0에 비해 참여 · 공유 · 인간의 집단적 지성을 이용한 다양성을 추구한다는 특징을 갖는다. 웹 1.0 시대에서 정보제작자는 포털과 같은 전문 기업의 전문가, 프로그래머였다면, 웹 2.0 시대에는 모든 네트워크 사용자가 정보제작자가 될 수 있는 환경이 만들어 졌다(장재민, 2011). 웹 2.0 시대에는 모든 네트워크 사용자가 확대되었다(장재민, 2011). 오늘날 인터넷을 활용한 SNS는 우리나라뿐만 아니라 전 세계 모든 사람의 생활양식을 주도하며 그 파급 효과를 높이고 있다.

SNS는 개인이 프로필을 갖추고 개인 간의 관계를 바탕으로 형성된 연결을 공유하며 이러한 연결을 바탕으로 일어나는 개인 간의 상호작용과 친교, 커뮤니티 형성 등을 지원하는 서비스다. Boyd와 Ellison(2007)은 일찍이 SNS가 다음과 같은 세 가지 기능을 가진다고 논한 바 있다. 첫째, 공개적이거나 반공개적인 개인 프로파일 및 콘텐츠를 생성할 수 있어야 하고, 둘째, 다른 사용자와 특정 관계를 맺어 네트워크를 맺을 수 있어야 하며, 셋째, 이렇게 구축된 네트워크를 활용해 다른 사용자와 서비스가 이루어지는 사이트 내에서 텍스트나 이미지 등과 같은 정보를 공유하고 커뮤니케이션을 할 수 있는 기능을 지원해야 한다.

이처럼 현대사회에서 SNS는 무한한 가능성과 함께 뚜렷한 여러 기능과 속성을 갖고 있는 새로운 미디어로서의 특징을 가진다. 이를 요약하면 ① 참여(participation), ② 개방(openness), ③ 대화(conversation), ④ 커뮤니티(community) 구축, ⑤ 연결(connectedness)의 속성이라 할 수 있다.

첫째, '참여'의 속성은 특정 주제에 관심이 있는 사람들이 자발적으로 참여하여 자신의 지식과 의견, 견해 및 피드백을 상호 공유하는 것을 말한다. 이 속성에 따라 대부분의 SNS 활동은 미디어와 사용자 사이의 경계를 와해한다. 둘째, SNS는 사용자의 피드백과 참여에 대해 '개방'되어 있기 때문에 사용자 간의 정보 공유, 댓글, 피드백, 투표 등을 촉진하는 속성을 지닌다. 셋째, SNS는 정보 제공자와 수용자가 쌍방향으로 '대화'하는 커뮤니케이션 방식을 지향하기 때문에 서로의 생각과 의견을 자유롭게 교환하는 속성을 가진다. 넷째, '커뮤니티 구축'의 속성은 동일한 관심을 갖고 있는 사용자들이 SNS를 통해 동일 관심사나 관련 주제를 중심으로 효율적으로 커뮤니케이션을 하고 공동체를 구축하는 것을 말한다. 다섯째, '연결'의 속성은 SNS 활동 과정에서 사용자가 다양한 미디어의 조합과 이들 사이의 링크가 가능해짐에 따라 상호 간의 관계 형성이 촉진되고 다양한 표현 양식이 가능해지는 것을 말한다.

SNS가 청소년문화 현상의 하나로 자리 잡게 되면서 그 긍정적 기능과 부정적 기능에 대한 논의도 증가하고 있다. 먼저 SNS가 청소년문화에 미치는 긍정적 기능으로는 다양한 정보의 전달과 공유, 정보 습득의 편리, 학습의 용이, 취미와 여가 활동의 공유, 학업 스트레스 해소, 인맥 관리 및 커뮤니티의 형성, 집단 지성의 구축 등이 대표적으로 논의되고 있다. 하지만 SNS가 갖는 부정적 기능에 대한 우려도 만만치 않다. 무엇보다 지나친 SNS 활동에 따른 학습장애를 비롯해 개인 정보의 오용, 악플, 불필요한 인맥 구축에 따른 부적 기능(상업적 마케팅과 인터넷 성매매 등)의 확산, 사이버상의 집단따돌림(cyber bullying), 과대소비 욕구의 충동 등이 그것이다. 오늘날에는 SNS에 대한 과도한 몰입에 따라 스마트폰 중독에 대한 논의로까지 이어지고 있다.

따라서 향후 SNS와 청소년에 대한 연구가 활발해질 것으로 전망된다. 특히 SNS가 청소년에게 미치는 영향에 대한 실증적이고 경험적인 연구가 증가할 것으로 보이며, 이에 따른 다양한 사회적 대응 방안도 모색될 것으로 기대된다.

4. 청소년문화를 위한 과제: 다양한 문화의 존중과 공존

오늘날 청소년문화는 현대사회를 읽는 '리트머스'이자 '좌표'다. 청소년의 문화가 어떻게 존재하고 어떤 문화 현상으로 나타나는가에 따라 그 사회의 문화와 현재의 상태를 알 수 있기 때문이다. 따라서 한 사회의 청소년문화가 건강하다고 할 때 그 사회의 문화 역시 건강하다고 할 수 있으며, 역으로 그 사회의 문화가 건강하지 못할 때는 청소년문화의 긍정성 역시 장담할 수 없다.

흔히 문화라는 주제와 관련해 가장 쟁점이 되는 사안을 꼽으라면 단연 다양성과 불평등의 문제다. 문화의 특성에서도 언급한 바와 같이 문화란 용광로와 같아 다양성을 담보로 풍성한 결과를 기대할 수 있는데, 이러한 다양성은 쉽게 한 사회에서 받아들여지기 어려워 오히려 새로운 문화적 양식이 폄하되는 불평등의 구조를 띠기 마련이다. 이와 관련해 프랑스의 인류학자이자 문화 이론가인 Claude Lévi-Strauss는 인류의 발전 역사에서 문화와 문명의 다양성은 또 다른 측면에서 문화적 불평등의 문제와 밀접하다고 논의한 바 있으며, 이는 곧 문화적 다양성의 '존중과 공존'은 같은 뿌리에서 나온 문화적 불평등의 해소와 함께 맞물려 있음을 말한 바 있다(김민, 2011).

짧은 과정에서 압축적 성장을 겪어야 했던 한국 사회에서 문화적 다양성과 존중은 쉽사리 상실되기 마련이었다. 통일성과 일체감이란 말로 문화적 다양성은 쉽게 자리 잡지 못하였고, 또 그만큼 쉽게 문화적 불평등 구조로 변질되는 가운데 문화적 자생력의 발현 기회는 충분히 제공되지 못하였다. 결국 '차이를 발전시키는 시간'은 주어지지 않은 채 오히려 '차이'가 '차별'로 전이되어 문화의 다양성과 공존 그리고 관용과 소통은 현실에서 한날 이상으로 치부되기 일쑤였다. 그 과정에서 최대의 피해자가 바로 청소년 그리고 청소년문화였다. 청소년은 자생력의 기회와 '차이를 발전시키는 시간'을 얻지 못한 채 문화적 불평등 구조의 피해자로 그들의 문화가 갖는 다양한 잠재성과 다양성을 제대로 인정받지 못하였다. 그 가운데 소위 신세대 문화는 기성세대와 (전)근대적 관점에서 청소년 일탈과 비행으로 치부되기도 하고, 청소년의 관점에서 청소년문화는 비보이(B-boy)와 예지 일탈적 소수 집단의 전유물로 받아들여지기도 하였다. 즉, 경계와 틀의 구분 없이 자유로운 소통을 보이는 새로운 사회의 변화 세력으로 인정받기보다는 기존의 주류적 문화에서 일탈한 소수의 하위문화로 낙인받기 쉬웠다.

그러나 현대사회에서는 급격한 변화가 나타나면서 이러한 양상이 달라지게 되었다. 특히 정보통신 기술과 뉴미디어의 등장을 통해 새로운 네트워크가 구축되면서 젊은 세대의 문화가 사회적 주목을 받기 시작하더니 이제는 사회 변화의 주도 세력으로 등장하게 된 것이다.

하지만 여전히 우리에게 남겨진 과제는 그대로다. 하나는 급격한 사회 변화의 과정에서 자칫 잃기 쉬운 문화적 정체성을 획득하는 것이고, 다른 하나는 이러한 정체성으로부터 반드시 유지해야 할 유연성과 개방성의 획득이다. 문화적 다양성만을 위해 정체성을 포기할 수는 없는 일이며, 정체성만을 위해 다양성을 거부해서도 안 된다. 특히 문화적 정체성은 서로 다른 문화 속에서 함께 사는 공동체사회에서 상호 존중하도록 하는 공통의 영역이다.

청소년문화 역시 마찬가지다. 청소년이 급변하는 세계 문화의 흐름에서 문화적 유연성과 개방성을 갖도록 도와주면서 동시에 한국 사회의 구성원으로서 마땅히 갖춰야 할 문화적 정체성을 획득하도록 지원해야 한다. 오늘날 청소년문화의 긍정성을 극대화하고 부정적 기능은 최소화하는 사회적 전략은 이러한 원칙에 입각해야 한다. 따라서 다양한 문화의 존중과 공존은 한국 문화의 전략이면서 동시에 청소년문화의 핵심 과제다.

생각해 봅시다

1. 문화의 개념을 살펴본 후 문화가 갖는 특성을 생각해 봅시다.

2. 오늘날 청소년문화를 바라보는 다섯 가지 관점을 기억하면서, 청소년문화를 바라볼 때 유의해야 할 자세와 태도로 무엇이 있는지 생각해 봅시다.

3. 청소년문화 현상을 청소년문제의 일부로 쉽게 간주하려는 성향에는 어떤 이유와 배경이 있는지 생각해 봅시다.

4. 현대 청소년문화가 갖고 있는 특성에는 무엇이 있는지 생각해 봅시다.

5. 미디어가 청소년과 청소년문화에 어떤 영향을 미치는지 긍정적 측면과 부정적 측면으로 나누어 생각해 보고, 그에 대한 우리 사회의 준비와 대응으로는 무엇이 필요한지 생각해 봅시다.

✱ 참고문헌

김민(2002). 청소년문화. 청소년문화복지아카데미(pp. 56-91). 서울: 인간과복지.

김민(2011). 청소년문화. 차세대 청소년학총론(pp. 45-72). 경기: 양서원.

김신일(1992). 청소년문화의 의미와 성격. 청소년문화론(pp. 1-43). 서울: 한국청소년개발원.

김영찬(1980). 생활, 문화, 교육. 서울: 교육과학사.

서울대학교 교육연구소(1996). 신세대의 이해: 그들의 의식과 유형. 서울: 삼성복지재단.

유네스코 한국위원회(2008). 유네스코와 문화다양성. 서울: 집문당.

이영란, 김민(2018). 유럽 청소년 · 청년 대항문화와 대안문화의 기원과 전개양상에 관한 연구. 청소년문화포럼, 53, 93-119.

이종각(1983). 문화와 교육. 서울: 배영사.

장재민(2011). SNS 검색서비스의 신뢰, 만족 및 구매의도에 미치는 영향에 대한 연구: 국내 포털 SNS를 중심으로. 건국대학교 대학원 석사학위논문.

조혜영(2005). 청소년문화 개요. 청소년문화론(pp. 9-36). 경기: 교육과학사.

천정웅, 김민, 김진호, 박선영(2011). 차세대 청소년학총론. 경기: 양서원.
최윤진(1999). 청소년문화. 한국청소년학회 편, 청소년학 총론(pp. 225-247). 서울: 양서원.
최현덕(2009). 경계와 상호문화성: 상호문화 철학의 기본과제. 코기토, 67, 301-329.
한국산업사회학회(2004). 사회학. 서울: 한울.
한국인터넷진흥원(2009). 인터넷 이용자의 SNS 이용실태 조사. 서울: 한국인터넷진흥원.
한국인터넷진흥원(2011). 인터넷이용실태조사. 서울: 한국인터넷진흥원.
한국인터넷진흥원(2012). 2012년 상반기 스마트폰 이용실태조사. 서울: 한국인터넷진흥원.
한국정보문화진흥원(2009). 한 · 미 · 일 SNS 서비스 비교분석. 서울: 한국정보문화진흥원.
한국청소년개발원 편(1992). 청소년문화론. 서울: 한국청소년개발원.
한국청소년개발원 편(2005). 청소년문화론. 경기: 교육과학사.
한상복, 이문웅, 김광억(1982). 문화인류학. 서울: 서울대학교출판부.

Barker, C. (2004). *The sage dictionary of cultural studies*. London: Sage.
Böthius, U. (1995). The history of high and low culture. In J. Fornäs & G. Bolin (Ed.), *Youth culture in late modernity* (pp. 13-38). London: Sage.
Boyd, D. M., & Ellison, N. B. (2007). Social network sites: Definition, history, and scholarship. *Journal of Computer-Mediated Communication, 13*(1), 210-230.
Brooks-Gunn, J., & Reiter, E. O. (1990). The role of pubertal processes. In S. S. Feldman & G. R. Elliott (Eds.), *At the threshold: The developing adolescent* (pp. 16-53). Cambridge, MA: Harvard University Press.
Broom, L., & Selznick, P. (1977). *Sociology*. New York: Harper and Row.
Dolby, N., & Rizvi, F. (Eds.). (2008). *Youth moves: Identities and education in global perspective*. New York: Routledge.
Edgar, A., & Sedgwick, P. (Eds.). (2003). 문화이론사전(박명진 외 공역). 서울: 한나래. (2002년 원저 출간)
Ferchhoff, W. (1990). West German youth cultures at the close of the eighties. In L. Chisholm et al. (Eds.), *Childhood, youth, and social change: A comparative perspective*. London: The Falmer Press.
Fiske, J. (2004). 문화연구란 무엇인가(백선기 역). 서울: 커뮤니케이션북스. (2000년 원저 출간)
Fornäs, J. (1995). Youth, culture, and modernity. In J. Fornäs & G. Bolin (Eds.), *Youth culture in late modernity* (pp. 1-11). London: Sage.
Fornäs, J., & Bolin, G. (Eds.). (1995). *Youth culture in late modernity*. London: Sage.
Hodkinson, P. (2007). Youth cultures: A critical outline of key debates. In P.

Hodkinson & W. Deicke (Eds.), *Youth cultures: Scenes, subcultures and tribes*. New York: Routledge.

Kröber, A. L., & Kluckhohn, C. (1952). *Culture: A critical review of concepts and definitions*. New York: Vintage Book.

Lincoln, S. (2012). *Youth culture and private space*. London: Palgrave Macmillan.

MaLunhan, M. (2002). 미디어의 이해(김성기, 이한우 공역). 서울: 민음사. (2000년 원저 출간)

Muller, W. (2007). *Youth culture 101*. Grand Rapids, MI: Zondervan.

Muuss, R. E. (1999). 청년발달의 이론(정옥분 외 공역). 서울: 양서원. (1996년 원저 출간)

Springhall, J. (1998). *Youth, popular culture and moral panics: Penny gaffs to gangsta-rap, 1830-1996*. New York: St. Martin's Press.

Storey, J. (2002). 문화연구와 문화이론(박만준 역). 서울: 경문사. (1993년 원저 출간)

Thornton, S. (1995). *Club cultures: Music, media and subculture*. Cambridge: Polity Press.

Williams, R. (1983). *Keywords*. London: Fontana.

제6장
청소년문제

청소년기는 발달 특성상 다른 발달단계에 비해 사회적으로 문제시되는 행동을 나타내기 쉬운데 이는 심리적 부적응 상태로 이어져 문제행동을 유발하기도 한다. 특히 청소년의 정신건강과 관련한 심각성은 중요한 사회문제가 되고 있다. 청소년기의 문제는 내적인 심리적 어려움을 표현하는 내재적 차원의 문제이기도 하고, 반사회적이며 공격적인 행위를 포함하는 비행 행동과 같은 외현적 차원의 문제이기도 하다. 이러한 청소년문제는 대개 내재적 차원의 문제가 원인이 되어 외현 행동으로 나타나지만 두 차원이 동시에 작용하여 나타나기도 한다. 따라서 이 장에서는 청소년문제를 내재적 문제와 외현적 문제로 구분하여 살펴보고자 한다.

1. 내재적 문제

청소년의 내재적 문제는 우울, 불안 등과 같은 부정적 심리 상태를 의미하는데 이러한 문제는 자살이나 비행 행동과 같은 반사회적 행동으로 이어지기도 한다. 청소년의 내재적 문제는 청소년 자신의 성격이나 기질과 같은 내적 요인과 학업 성적이나 또래관계, 부적절한 부모 양육 행동이나 태도와 같은 외적 요인에 의해 발생한다. 청소년의 대표적인 내재적 문제로는 스트레스, 우울, 자살 등이 있다.

1) 스트레스

(1) 정의 및 원인

스트레스는 분노, 우울, 불안 등과 같은 심리적 문제뿐만 아니라 심각한 정도의 신체적 질환을 일으킨다. 청소년이 많이 나타내는 주의 산만, 눈 깜박이기, 손톱 깨물기, 불면증, 소화불량, 잦은 실수, 잦은 짜증, 거친 언어 행동, 무기력증 등의 행동은 스트레스로 인해 발생하는 현상이라고 볼 수 있다(강진령, 연문희, 2009, p. 124). 스트레스는 일정 수준을 넘으면 부적응 행동의 원인이 될 수 있으므로 주의가 필요하다. 특히 청소년기 스트레스로 인한 우울과 불안은 자살 사고나 자살 시도로 이어질 수 있고 성인기의 정신질환으로 발전할 수도 있기 때문에 조기에 발견하여 해결해 주어야 한다.

스트레스(stress)는 라틴어 'stringer'에서 유래하였는데 14세기에는 고난, 역경, 고통 등을 나타내는 말로 사용하였다가 20세기에 이르러 '정신장애를 일으키는 것' '건강을 해치는 요인' 등으로 인식하기 시작하였다(이윤주, 2008, p. 43). 스트레스는 세 가지 관점으로 이해할 수 있다. 첫째, '자극으로서의 스트레스'로, 각 개인이 동일한 자극을 경험할 경우에 동일한 스트레스를 느낀다는 것이다. 둘째, '자극에 대한 반응으로서의 스트레스'로, 스트레스에 적응하는 자원이 모두 소진되면 스트레스 영향이 심리적 · 신체적 결과로 나타난다는 것이다. 셋째, '스트레스에 대한 역동적 상호작용'으로, 어떤 사건을 스트레스로 지각하는지의 여부는 자극이나 반응 자체가 아니라 유기체가 환경 자극을 해석하고 그 요구에 반응할 수 있는 각자의 주관적 대처 능력에 달려 있다는 것이다(이윤주, 2008, pp. 45-47).

청소년에게 있어 스트레스는 주로 가족과 학교 관련 문제에서 비롯된다. 즉, 부모의 불화나 별거, 부모의 과잉기대, 형제간 갈등과 같은 가족 관련 문제와 학교 규칙 위반, 또래집단의 압력, 집단괴롭힘, 약물 오남용, 학업 문제, 이성 교제, 교사의 태도, 과외 활동 등의 학교 관련 문제다(강진령, 연문희, 2009, pp. 124-125).

(2) 현황

청소년의 스트레스 인지율은 2013년 이후 감소하다가 최근 약간 증가하는 경향을 보이고 있다. 이는 여학생이 남학생에 비해 현저하게 높으며(**그림 6-1** 참조), 남녀 학생 모두 학년이 증가할수록 높아지는 경향을 나타낸다(**그림 6-2** 참조). 특히 여학생의 경우 고등학교 3학년인 경우에는 2명에 한 명꼴로 스트레스를 경험하는 것으로 드러나 이에 대한 대처방안의 모색이 필요하다.

청소년의 스트레스 내용을 청소년상담복지센터 이용자의 상담실적을 통해 알아보면(여성가족부, 2017, p. 199) 청소년은 대인관계와 학업 및 진로문제, 정신건강 등의 문제로 힘들어한다. 대인관계는 친구관계 고민, 따돌림 및 왕따, 교사와의 관계로 인한 어려움이, 학업 및 진로문제는 진로정보탐색, 학업흥미/학업 동기 부족, 학교생활부적응 등이, 정신건강은 우울/위축문제, 자살 관련 문제, 강박/불안 문제 등이 주된 스트레스 내용이다.

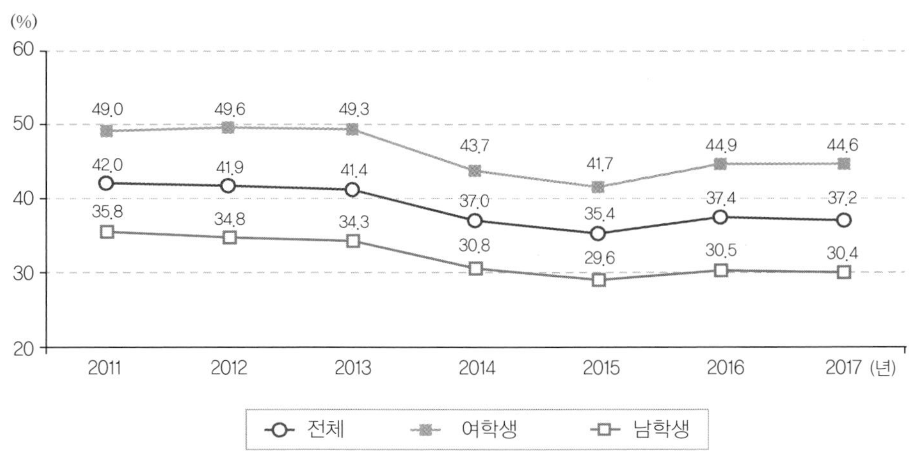

주: 스트레스 인지율은 평상시 스트레스를 '대단히 많이' 또는 '많이' 느끼는 편인 사람의 분율임
자료: 보건복지부, 질병관리본부, 교육부(각 년도). 청소년건강행태 온라인조사 통계.

그림 6-1 청소년의 연도별 스트레스 인지율

출처: 여성가족부(2017), p. XVI.

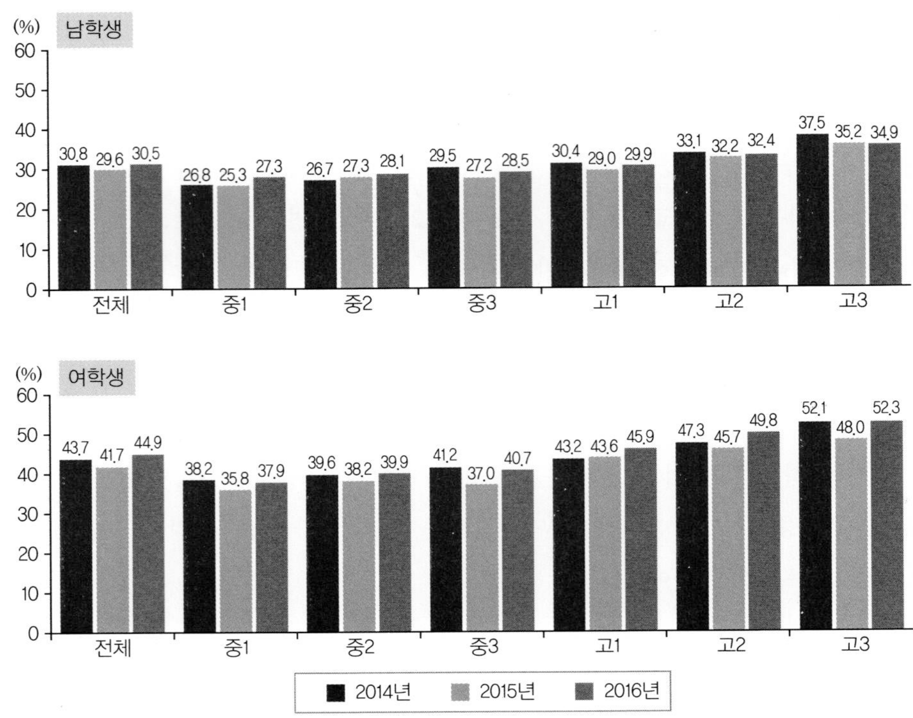

주: 평상시 스트레스를 '대단히 많이' 또는 '많이' 느끼는 편인 사람의 분율임

자료: 교육부, 보건복지부, 질병관리본부(2016). 제11차(2016) 청소년건강행태 온라인조사 통계.

그림 6-2 청소년의 학교급별 연도별 학년별 스트레스 인지율

출처: 여성가족부(2017), p. 225.

2) 우울과 자살

(1) 정의 및 원인

청소년 정신건강과 관련한 대표적 문제는 우울과 그로 인한 자살이다. 일반적으로 우울은 공포, 분노, 죄의식 등과 같은 부정적 정서 상태를 동반하는 경우가 많은데, 우울한 상태가 최소 2주 이상 지속되면 임상적으로 우울증이라고 한다(한상철, 김혜원, 설인자, 임영식, 조아미, 2008, p. 73). 우울증은 전 세계적으로 가장 흔한 정신장애로서 스트레스 적응 과정에서 불안이나 갈등과 더불어 나타나는데 일상생활을 할 수 없을 때를 말한다. 이혜연(1993), Achenbach(1991), Cantwell과 Baker(1991) 등에 의하면 우울증 증상을 지닌 청소년은 사회관계를 회피하고, 문제를 많이 일으키며, 정상적인 사고를 하지 못하고, 집중이 잘 안되며, 성적이 떨어지고, 비행 행동이나 자기 파괴적이며 공격적인 행동을 나타내고, 희망 사항이 없으며, 두통이나 복통 등의 신체 증상을 호소하고, 무력감과 죄의식을 느끼며, 자아존중감이 낮은 경우가 많다(한상철 외, 2008, pp. 74, 78-80에서 재인용).

청소년기 우울은 감정 기복이 심하고, 우울한 기분이 마치 가면을 쓰고 있는 것처럼 겉으로 잘 드러나지 않는 가면성 우울증(masked depression)이 특징이다(김영화, 2012, pp. 81-82). 가면성 우울증은 명확한 우울 증상이나 신체적 변화는 없지만 비행, 공격성, 과다행동, 약물남용 등의 행동장애를 동반하며, 심하면 자살을 시도하기도 한다. 청소년기는 신체적 · 정서적 · 심리적 변화가 많은 시기이므로 그로 인한 갈등이 우울증을 야기하기도 한다. 우울증은 의욕 상실, 주의 집중력 감소와 같은 심리적 측면과 함께 식욕 감소, 체중 변화, 불면증 등 신체적 측면의 부정적 증상을 나타낸다(이윤주, 2008, p. 29).

청소년의 우울이 심해지면 자살로 이어지는 경우가 많다. 세계보건기구(WHO)는 자살을 자살 행위로서 죽음을 초래하는 경우며, 죽음의 의도와 동기를 인식하면서 자신을 해하는 행위로 정의하였다(http://www.who.int/topics/suicide/en). 자살은 자살 생각(suicidal ideation), 자살 시도(attempted suicide), 자살 완료(completed suicide)로 구분한다. 자살 생각은 사람이 살아가면서 무심코 지나가듯이 죽고 싶다는 일회적인 생각부터 자신이 정말 죽으려고 구체적인 계획을 세우는 것까지의 자살에 대한 생각, 계획 등 사고적 측면에 초점을 둔다. 자살 시도는 유서 작성이나 소지품 처분 등 구체적 행동을 표현하지만 죽음으로 끝나지 않는 자해 행동이다. 이는 죽으려는 의도 없이 자살 행동을 통해 다른 목적을 달성하려는 것에서부터 죽으려고 했지만 다른 사람의 개입으로 그 목적을 달성하지 못한 경우를 모두 포함한다. 자살 시도는 여자가 남자보다 더 많다. 자살 완료는 죽으려는 의도를 가지고 자살 시도나 자살 행동을 함으로써 결국 죽음에 이르는 것으로 남자가 여자보다 더 많다(이윤주, 2008, p. 13; 한상철 외, 2008, pp. 167-168).

청소년의 자살은 낮은 자아존중감, 높은 수준의 우울과 불안 및 스트레스, 게임이나 약물중독 등의 개인적 원인과 청소년을 둘러싼 가정, 학교, 사회 등의 환경요인이 복합적으로 작용한다. 청소년 자살의 주 원인은 가족이나 친구와의 관계 악화, 가까운 사람의 죽음이고, 그 외 학교폭력, 가족의 성적 또는 신체적 학대, 진학

스트레스 등으로 인해 발생하기도 한다.

청소년은 부모나 교사에 대한 강한 분노와 공격성을 자신에게 투사해 자살 시도를 하고, 자해 심리로 인해 충동적으로 자살을 하기도 한다(김영화, 2012, p. 84). 그러나 대부분의 청소년 자살은 청소년기의 갈등과 그 특징을 반영한다(이종길, 2010). Blau와 Gullotta(1996)는 자살을 시도하는 대부분의 청소년은 죽음에 대한 생각이 불확실하고, 죽음을 통해 고통을 회피하려는 단순한 생각으로 자살을 생각하기도 한다고 지적하였다(한상철 외, 2008, p. 166에서 재인용). 그에 따라 청소년 자살은 성인기의 자살과 다른 특징을 나타낸다(이윤주, 2008, pp. 18-21; 이종길, 2010). 첫째, 대부분의 청소년 자살은 사전 계획 없이 시도된다. 청소년은 정서적으로 불안정하며, 성취해야 할 과업은 있으나 버거운 경우가 많고, 스트레스에 대응하는 능력이 부족하고, 인지적으로도 미성숙하여 당면한 문제 상황을 갈등이나 스트레스로 인식함으로써 충동적으로 자살 생각을 하거나 자살 시도를 한다. 둘째, 청소년 자살은 부모로부터 심한 꾸중이나 심리적 걱정, 즉 외모에 대한 고민, 이성 친구와의 헤어짐, 성적 저하, 왕따, 입시 실패 등 대부분 분명한 동기가 있다. 또한 청소년 자살은 피암시성이 강해 동반 자살이나 모방 자살도 많다. 셋째, 청소년은 치사도가 높은 자살 수단을 사용함으로써 실제 자살로 이어지는 경우가 많다. 청소년의 자살 행동은 대부분 죽으려는 의지에 따른 것이라기보다는 사회 · 심리적 갈등을 해결하려는 방법이나 현실도피의 충동적 행동, 혹은 자신의 급박한 정서 상태와 절실한 요구를 알리는 신호 등일 수 있다.

청소년 자살은 부모나 사회의 권위에 대한 분노의 표현이며, 자신의 억압된 심리적 상황을 표출하는 것으로 해석할 수도 있다(강진령, 연문희, 2009, p. 121). 자살 가능성이 높은 청소년은 자살이나 죽음 혹은 무력감이나 죄책감에 대해 이야기하거나 어딘가로 떠나는 것에 대해 말하기, 술 · 약 · 자해 등 계속 자신을 해치는 행동하기, 자살 계획에 대해 말하기 등을 한다(김영화, 2012, p. 85). 그러므로 청소년의 어떤 행동은 청소년의 자살을 예측할 수 있다(강진령, 연문희, 2009, p. 121). 이러한 행동으로는 감정 변화의 폭이 극단적으로 크거나, 아끼던 소지품을 친구나 지인에게 모두 나누어 주거나, 갑자기 죽음에 대해 질문한다거나 웃음이 없어지고 얼굴에 근심이 가득하다든지, 식욕을 잃어버리고, 밤잠을 설치고 불안에 떨며 초조해하거나, 공책이나 일기장 등에 '죽음'이나 '죽고 싶다'는 낙서를 자주 한다거나, 학교 성적이 떨어지고 지각과 조퇴를 자주 하거나, 몸에서 상처나 멍 자국이 발견되기도 하고, 이사, 이민 또는 전학을 강력히 요구하기도 한다. 이 외의 행동으로는 아는 사람에게 갑자기 전화, 편지, 이메일 등을 보내거나 고마움을 표시하거나 덕담을 하며, 술이나 약물을 과용하거나, 삶이 비관적이고 냉소적이라는 말을 자주 하기도 하며, 가족과 친구 및 학교로부터 자신을 단절시키고 학교를 그만두기도 한다(김계현 외, 2009, p. 252).

(2) 현황

청소년의 우울은 자살로 이어질 수 있다. 청소년의 사망원인으로 자살이 수위를 차지하는 결과는 청소년의 우울과 자살을 예방할 수 있는 교육이 필요하다는 것을

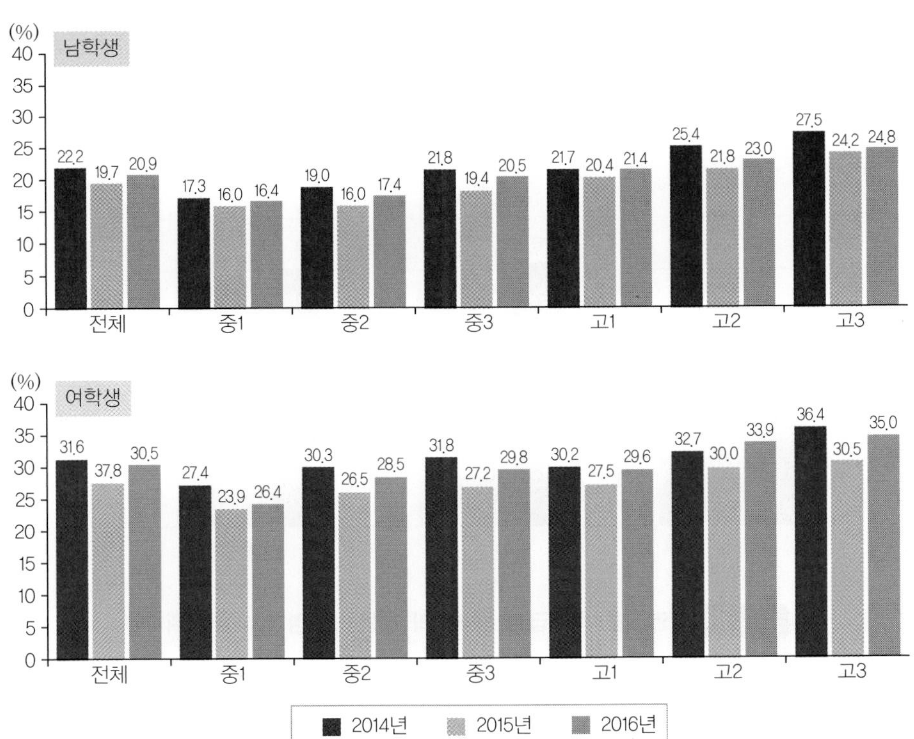

주: 최근 12개월 동안 2주 내내 일상생활을 중단할 정도로 슬프거나 절망감을 느낀 적이 있는 사람의 분율임
자료: 교육부, 보건복지부, 질병관리본부(2016). 제11차(2016) 청소년건강행태 온라인조사 통계.

그림 6-3 청소년의 학교급별 연도별 학년별 우울감 경험률

출처: 여성가족부(2017), p. 226.

시사한다. 청소년의 우울은 학교급과 학년이 올라갈수록 증가하는 경향을 보이며, 특히, 남학생에 비해 여학생이 현저하게 높다(**그림 6-3** 참조).

청소년의 자살충동과 관련하여 염유식, 김경미와 이승원(2016)의 한국 어린이 · 청소년 행복지수 연구결과에서 그 비율은 증가하는 경향을 보이는데 초등학생의 자살충동 경험 비율이 현저하게 증가하였다(**그림 6-4** 참조). 특히 자살충동을 3회 이상 경험한 '자살충동 위험집단'의 비율이 전체 학생의 5%를 초과함으로써 청소년을 자살에 대한 위험으로부터 보호할 수 있는 적극적인 정책의 필요성을 시사하였다. 이러한 청소년의 자살충동은 가정의 정서적 지지망이 없거나 부모와의 관계에서 비롯된 스트레스가 많은 경우, 가정의 경제적 수준이 낮은 경우, 학교 성적이 낮은 경우에 더 많다. 특히 부모와의 관계가 좋지 않으면 자살충동 위험집단에 속할 가능성이 더 높으므로 부모와의 원만한 관계 형성이 중요하다. 그러므로 자살충동 위험집단의 청소년과 부모와의 관계를 개선할 수 있는 부모교육프로그램의 개발이 필요하다.

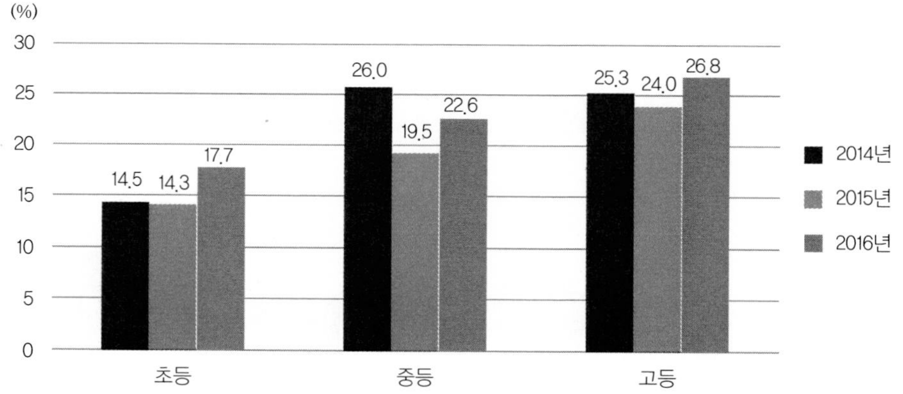

그림 6-4 연도별, 학교급별 청소년의 자살충동 경험 비율(단위: %)

출처: 염유식 외(2016), p. 17.

청소년의 자살 생각도 학교 관련 요인이나 부모와의 관계와 무관하지 않다. 교육과학기술부(2009)의 조사에 의하면 학교폭력과 집단따돌림을 경험한 학생은 그렇지 않은 학생에 비해 남학생은 2.5배, 여학생은 5배나 더 높은 자살충동을 느끼는 것으로 나타났다. 따라서 학교폭력과 집단따돌림을 당한 청소년은 우울증과 불안증, 외상후 스트레스 장애를 경험할 수 있고, 이로 인해 심한 경우 자살충동을 느껴 자살 행동으로까지 이어질 수 있다(김영화, 2012, pp. 60-61). 또한 OECD 국가들과 비교한 조사 결과(염유식 외, 2016)에서도 친구관계에서 비롯된 스트레스와 친구에 대한 열등감으로 인한 스트레스가 청소년 자살충동에 상당한 영향을 미치는 것으로 나타났다. 이와 함께 청소년이 외롭다고 느끼는 경우는 OECD 회원국들 중 가장 높은 수준으로 나타남에 따라 가정이나 학교, 정부에서는 청소년의 자살 생각이나 행동에 영향을 미칠 수 있는 환경을 개선하려는 노력이 필요하다.

2. 외현적 문제

외현적 문제는 내재적 문제가 외부로 드러나 다른 사람이 볼 수 있는 행동으로 표현되는 것인데 흔히 문제행동이나 비행 행동 등으로 나타나는 경우가 많다. Sprinthall과 Collins(1995)는 문제행동을 타인이나 자신에게 해를 주거나 재산상 피해를 일으키는 다양하고 광범위한 행동으로 정의하였다(한상철 외, 2008, p. 23에서 재인용). 이러한 문제행동은 심리적 장애, 일탈 성향이 있는 친구와 어울리기, 부모의 비일관된 양육 행동이나 태도, 집단 동조 경향이나 사회적 역할과 지위에서의 변화나 압력 등과 같은 다양한 내·외적 요인에 의해 발생한다.

1) 비행 이론

청소년의 비행은 구조기능주의와 문화전달 이론으로 설명할 수 있다(공계순, 박현선, 오승환, 이상균, 이현주, 2013, pp. 262-273; 최은영, 양종국, 2005, pp. 152-166). 구조기능주의에서는 공유되는 가치와 규범이 흔들리게 되는 역기능적 상태가 되면 심각한 수준의 사회 해체 현상이 발생하여 규범 해체 현상 혹은 무규범 상태가 발생함으로써 비행이 만연하게 된다고 본다. 이를 Durkheim은 아노미(anomie) 현상이라고 칭하고, 비행의 원인으로 규정하였다. 문화전달 이론 중 Sutherland의 차별접촉 이론(differential association theory)에서 비행은 친밀한 사회관계에 있는 타인이 비행을 하면 그와 접촉함으로써 발생하고, Miller의 문화적 일탈 이론(cultural deviance theory)은 비행을 조장하는 사회규범이나 신념, 가치 등으로 인해 비행이 발생한다고 본다.

2) 비행의 위험 요인과 보호 요인

청소년 비행에는 위험 요인과 보호 요인이 있어 위험 요인을 제거하거나 축소하고 보호 요인을 강화함으로써 청소년 비행을 예방하고 해결할 수 있다.

위험 요인은 개인을 둘러싸고 있는 내외적 환경 중 발달에 부정적 영향을 미치는 객관적 요인으로서 청소년 비행을 예측할 수 있다(양종국, 김충기, 2002; 최은영, 양종국, 2005, p. 162). 이에는 개인 요인, 가족 요인, 친구 요인, 학교와 지역사회 요인이 있다. 개인 요인은 유전적 요인을 포함하여 낮은 자아존중감, 충동조절 능력과 미래조망 수용 능력의 부족, 감정 인식 및 표현 능력의 부족, 자기중심적 인지 왜곡, 문제해결 능력의 부족, 사회적 기술의 부족, 반사회적 성향, 학업 실패, 모험심, 불안, 우울 등이다. 가족 요인은 애정적 양육의 부족이나 부모의 억압, 과잉기대 등의 부적절한 훈육, 부적절한 부모역할 모델링, 자녀 발달에 따른 관계 조정의 실패 및 가족 구성원 간의 유대감 부족, 부부간 불화, 결손가정, 가정폭력, 위험한 사회경제적 수준 등이다. 친구 요인은 반사회적인 또래와의 상호작용, 잘못된 의리 의식, 약물 사용에 대한 우호적 태도, 갱단 가입 등이다. 학교와 지역사회 요인은 입시 위주의 교육, 성취 지향적인 교육, 낮은 학업성취도, 사제관계의 붕괴, 빈번한 전학, 부적절한 지역사회 환경, 이웃 간 친밀감 부족 등이다.

보호 요인은 비행을 일으킬 수 있는 위험 요인을 줄이고 이를 이겨 낼 수 있는 내적인 힘이다(최은영, 양종국, 2005, p. 164). 보호 요인에는 개인 요인, 가족 요인, 학교 요인, 친구 요인이 있다. 개인 요인은 자아존중감, 내외적 통제성, 계획성, 책임감, 친화력 있는 인간관계, 성취 경험, 긍정적 삶의 자세 등이다. 가족 요인은 부모의 감독과 적절한 통제, 부모와의 애착 및 적극적 지지, 가족 구성원 간의 결속과 신뢰 등이다. 학교 요인은 높은 학업 성적, 또래 간의 원만한 관계, 교사의 지지, 학교에 대한 긍정적 가치관 등이고, 친구 요인은 또래 친구의 적극적 지지 등이다.

3) 비행 유형 및 현황

비행은 다양한 차원으로 구분한다. 즉, 청소년 비행을 범죄 행위, 촉법 행위, 우범 행위(법무부)로, 지위비행, 폭력비행, 도피비행, 재산비행으로, 또는 재산, 폭력, 약물 등과 관련한 구체적인 범죄 행위를 중심으로 구분하기도 한다(최은영, 양종국, 2005, pp. 47-61). 여기서는 범죄, 가출, 학업중단, 중독 등과 같이 개인과 학교를 중심으로 한 비행에 대해 살펴보고자 한다.

(1) 범죄 행위

청소년 범죄 행위는 10세 이상 19세 미만 청소년의 「형법」에 저촉되는 행위로서 중한 비행이다. 이는 강간, 폭행 등의 강력범죄와 주거침입, 절도, 사기 등의 재산범죄를 포함한다. 2007년 이후 청소년 범죄는 꾸준히 감소하고 있다. 청소년 범죄 유형은 재산범, 폭력범의 순으로 높고, 남자가 여자에 비해 5배 이상 많다. 특히 재산범인 경우에는 절도범이 약 70~80%를 차지하고 있어 생계형 소년범죄가 많아 이에 대한 대책 마련이 필요하다(여성가족부, 2017, pp. 405-407).

(2) 가출

가족 간의 갈등과 가족 해체의 가속화 등으로 청소년가출(runaway)이 사회문제화되고 있다. 청소년가출은 지위비행의 일종으로서 19세 미만의 청소년이 보호자의 허락 없이 24시간 이상 집을 나오거나 집에서 쫓겨난 것이다(조성연 외, 2010, p. 200). 이는 사회적 일탈이나 범죄 및 비행 등의 문제행동이나 건강 훼손 및 자살 등의 사회적 부작용을 일으킬 수 있다. 최근 청소년가출은 문제가 있는 청소년뿐만 아니라 문제가 발견되지 않은 일반청소년까지 보편화되고 있고, 초등학교 시기로 저연령화되는 경향이 있어(**그림 6-5** 참조) 이에 대한 예방 교육과 대책 마련이 필요하다.

청소년가출은 개인, 가족, 학교, 사회적 요인이 복합적으로 작용하여 발생한다. 개인 요인은 부정적 자아개념과 낮은 자아존중감, 충동적이고 부족한 인내심, 불안 · 우울 경향, 반복된 좌절로 인한 낮은 규범성, 방어적이고 원만하지 않은 대인관계 등이다. 가족 요인은 가족의 구조적 · 기능적 결손에 따른 부모의 무관심과

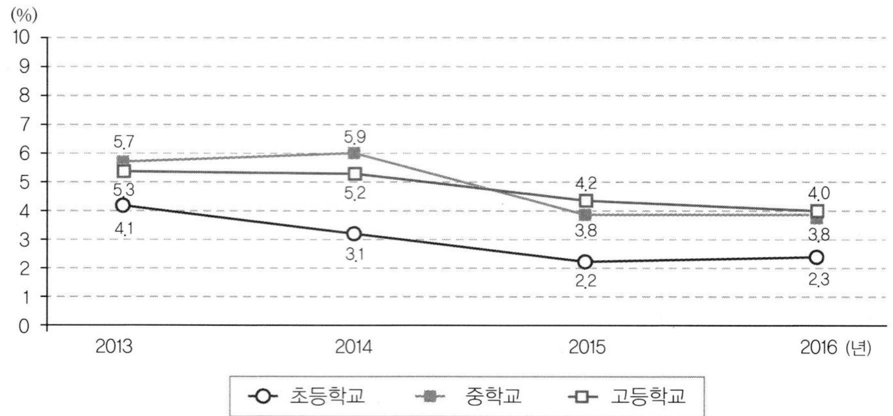

주: 청소년가출 경험률은 최근 12개월 동안 가출 경험이 있다고 응답한 비율임
자료: 한국청소년정책연구원(2016). 아동 · 청소년 인권실태조사.

그림 6-5 학교급별 연도별 청소년가출 경험률

출처: 여성가족부(2017), p. XVIII.

냉대, 부모와의 갈등과 폭력, 부모의 알코올중독이나 정신장애, 가정의 낮은 사회경제적 지위, 낮은 가족응집력 등이다. 학교 요인은 한 명의 친구도 사귀지 못하거나 또래집단으로부터의 불인정, 학교 부적응과 스트레스 및 학업 실패, 또래의 부정적 압력, 학업성취 중심의 학교환경 등이다. 사회 요인은 각종 불법 유흥업소와 빠르게 발달하는 인터넷 등 청소년을 둘러싼 다양한 유해환경 등이다. 특히 가족의 정서적 지지망이 약한 경우 청소년의 가출 충동 경험이 높다(염유식 외, 2016, p. 80).

(3) 학업중단

학업중단은 어떤 이유에서든지 학령기의 청소년이 학업을 지속하지 못하고 중도에 그만두는 것으로서 학교에서 제적되는 경우와 자퇴를 하는 경우 등이 있다. 이에 대한 분류는 다양하다. 조혜정(1996)은 청소년이 자발적으로 학업을 중단하는 경우와 부등교(不登校)가 장기화되어 퇴학을 당해 중퇴자가 되는 것으로 분류하였다(박창남, 도종수, 2003, pp. 210-211에서 재인용). 박창남 외(2001)는 학업중단의 원인에 따라 획일적이고 입시 위주의 학교교육을 거부하는 '적극형', 학습 부진과 낮은 진로의식으로 학교를 중퇴하는 '소극형', 비행과 그에 따른 낙인과 징계로 학교를 중퇴 당하는 '강제형', 가정불화와 가족 내 폭력에 의해 가출과 동반하여 학교를 중퇴하는 '가출동반형', 유학이나 이민, 유리한 내신성적을 위해 검정고시를 보고자 학교를 중퇴하는 '수월추구형' 등으로 구분하였다(박창남, 도종수, 2003, p. 211에서 재인용).

청소년의 학업중단율은 학교급에 따라 학업중단자를 다르게 정의하여 산출한다. 즉, 학업중단자로 의무교육인 초등학교와 중학교는 유예 및 면제자로, 고등학교는 자퇴와 퇴학한 자로 정의한다. 이러한 기준에 따라 학교급별 청소년 학업중단율은 2016년 현재 고등학교 1.4%, 초등학교와 중학교는 각각 0.6%이다. 비록 미미한 증가이기는 하지만 초등학교에서만 학업중단율이 증가하고 있다(여성가족부, 2017, pp. 317-318). 이러한 학업중단 이유로는 과거에는 경제적 빈곤과 일탈행동이 주원인이었으나, 최근에는 유학생의 증가가 주원인이다.

중·고등학생은 학교생활 부적응으로 학업을 중단하는 경우가 많다(임주영, 2012. 2. 13.). 그리하여 정부에서는 이러한 문제로 학업을 중단하는 청소년의 비율을 낮추기 위해 2012년 6월부터 학업중단에 대해 2주 이상 재고해 보는 숙려 기간을 갖는 '학업중단숙려제'를 실시하고 있다. 이는 학업중단의 징후가 발견되거나 학업중단 의사를 밝힌 학생 및 학부모에게 Wee센터(클래스), 청소년상담지원센터 등에서 전문상담을 받으면서 학업중단을 재고해 보도록 하는 것이다. 이와 함께 학업중단은 가족, 학교, 또래집단이 서로 밀접하게 연계되어 영향을 미침으로써 발생하는 복합적인 현상일 수도 있다. 학업중단이 발생한 청소년의 가족은 청소년의 안전과 보호를 담보하지 못하여 해당 청소년은 학교 부적응과 폭력적인 또래 문화에 동조하는 경향이 있다. 청소년의 학업중단을 예방하기 위해서는 학교사회복지사업의 활성화, 청소년의 특성을 반영한 생활지도를 위한 교사 연수 강화, 학교상담 체계화를 통한 학교상담 강화, 사회적 지원 서비스 정보안내 시스템의 도입 등이 필요하다(정해숙, 2012, pp. 188-189, 191-195).

(4) 중독

중독은 물질중독과 과정중독으로 구분한다. 물질중독은 알코올, 마약, 약물 등과 같이 자극과 흥분을 조장하는 물질을 인체에 주입하여 체내에 일정한 흥분을 일으키는 것이다. 반면, 과정중독은 인터넷, 도박, 일, 쇼핑, 관계 등 특정 행위나 상황 속에서 엔도르핀, 아드레날린 등과 같은 흥분 조장 물질이 체내에 자체 생성되어 나타나는 것이다. 이러한 중독은 몇 가지 공통적인 특성이 있다(최은영, 양종국, 2005, pp. 72-73). 첫째, 강박관념(obsession)으로, 중독물질이나 행위에 지나치게 몰입하고 반복적으로 중독물질이나 행위에 대해 생각하는 것이다. 둘째, 통제성 상실(loss of control) 혹은 강제성(compulsion)으로, 중독 행위를 중지하거나 참가 수준의 조절 능력을 잃고 비이성적인 판단을 하는 것이다. 셋째, 부인(denial)으로, 자신의 행동에는 문제가 없다고 보고 다른 사람이나 환경 탓을 하는 것이다. 넷째, 내성(tolerance)으로, 신체가 중독물질이나 활동과의 접촉을 지속하려는 것이다. 다섯째, 금단 증상(withdrawal symptom)으로, 중독물질이나 활동이 중단되었을 때 특정 신체 증상이나 심리 상태를 보이고 중독물질이나 활동으로 되돌아가려는 경향성을 보이는 것이다. 특히 중독은 다음 세대로 이어지는 경향을 보이므로 이를 해결하기 위해서는 부모나 주변의 의미 있는 타자를 확인하는 것이 필요하다.

1 인터넷중독 · 스마트폰 중독 · 인터넷게임 중독

1990년대 정부는 정보화 사회로 진입하고자 인터넷을 급속히 활성화하여 인터넷중독이라는 역기능적 현상을 초래하였다. 2016년 현재 10대 청소년의 인터넷의 주 평균 이용시간은 15.4시간이고, 하루에 1회 이상 인터넷을 이용하는 경우는 93.9%이다(여성가족부, 2017, pp. 71-72). 그러므로 청소년에게 인터넷은 생활의 일부로서 중독 문제로까지 이어지고 있다.

인터넷중독은 단순한 인터넷의 과도한 사용이나 몰입과 구분되어 강박적 사용, 집착, 내성 및 생활상의 장애를 일으키는 대표적인 과정중독이다(주석진, 2011, p. 16). Goldberg(1996)는 인터넷중독을 병적 컴퓨터 사용장애(pathological computer use disorder)로 수정하면서 사람이 컴퓨터를 정도 이상으로 지나치게 이용하여 생기는 장애로 정의하였다. 인터넷중독 유형으로는 사이버 게임 중독, 사이버 채팅 중독, 사이버 섹스 중독, 사이버 거래 중독, 정보검색 중독 등이 있다. 이러한 인터넷중독의 원인은 환경적 요인, 심리적 요인, 인터넷 자체의 특성, 개인적 요인 등이 있다(윤미영, 박선주, 2010, p. 4).

표 6-1 인터넷중독의 원인

원인	주요 내용
개인적 요인	인구통계학적 요인(성별, 교육수준, 직업 등), 중독에 취약한 유전적 · 기질적 요인, 개인의 인터넷 사용 특성(사용기간 및 사용시간) 등
심리적 요인 (내면적 요인)	우울함 및 외로움, 충동성, 무력감, 자극추구성향 등
환경적 요인	가정환경(가족관계, 부모의 양육태도), 학교환경(교사 · 교우관계), 사회환경(대인관계, 사회적 스트레스, 대안놀이 문화 부족, 건전한 정보문화 미형성) 등
인터넷 특성	내재적 특성(이용의 편리성, 익명성), 사회적 특성(사회적 지지, 사이버 대인관계 형성 등)

인터넷중독은 자기통제의 환상, 자기기만, 불안과 두려움, 낮은 자아존중감, 충동조절 장애와 주의력 결핍 장애, 의지력의 상실과 내성, 금단 증상, 일상생활 문제, 신체적 문제 등의 다양한 문제를 유발한다. 이는 일련의 단계를 거쳐 가장 높은

표 6-2 인터넷중독의 발달단계

증상	구체적 내용
전구적 증상	마음의 안정을 찾기 위해 정기적으로 인터넷을 사용한다. 인터넷 사용에 대한 내성이 증가한다.
진행성 증상	학업성적이 떨어진다. 가족 구성원과 갈등이 발생한다. 지속적인 시간 왜곡을 경험한다. 인터넷을 사용하고 싶은 욕구를 경험한다. 가족과 보내는 시간이 줄어들고 관계가 멀어진다. 인터넷을 하기 위해 일을 미루거나 포기한다. 처음 의도했던 것보다 인터넷 사용시간이 늘어난다.
중대한 위기 증상	친구 만나기를 꺼린다. 밖에 나가기를 꺼린다. 밤을 새는 일이 잦아진다. 자나 깨나 인터넷을 할 생각만 한다. 인터넷 사용을 억제하려고 하지만 계속 실패한다. 약속을 지키지 못한다. 다른 일에 흥미를 느끼지 못한다. 식욕이 없어진다. 건강이 나빠진다. 인터넷을 방해받으면 심하게 화를 낸다. 인터넷을 한번 시작하면 그만두기 어렵다. 만족을 얻기 위해 더 자극적인 것을 찾는다.
만성적 증상	인터넷을 사용하지 않는 동안에도 무의식중에 컴퓨터 자판을 두드리게 된다. 강박적으로 인터넷 사용을 반복한다. 인터넷을 사용하지 않으면 우울, 불안, 초조감에 시달린다. 부모에게 반항하고 가출을 한다. 수업시간에도 게임소리가 귓전을 울린다. 인터넷을 사용하는 데 대부분의 시간을 보낸다. 만족감을 얻기 위해 더 오랜 시간 동안 인터넷을 사용한다.

수준의 중독에 이른다. 대표적으로 한국정보문화센터(2002)는 전구적 증상, 진행성 증상, 중대한 위기 증상, 만성적 증상의 4단계를 제시하였다(주석진, 2011, p. 27에서 재인용).

2017년 현재 인터넷을 사용하는 청소년 중 인터넷 과의존 위험군과 주의군 비율은 각각 0.9%, 8.3%에 이르러(여성가족부, 2017, p. XVIII) 이를 예방하기 위한 청소년 대상의 교육과 치료를 위한 상담이나 프로그램 개발이 필요하다. 이를 위해 정부는 학교에서의 인터넷중독 예방교육, 상담 실시 및 전문치료 프로그램 개발, 지역 인터넷중독 상담 인프라 확대, 인터넷중독 핫라인 개설, 인터넷중독 전문상담사를 활용한 가정방문 상담, 인터넷중독 대응 지역 협력체계 구축, 불건전 정보 학부모 신고제, 학부모 사이버패트롤 운영, 인터넷중독 기숙형 치료학교 운영, 인터넷중독 관련 「청소년 보호법」 개정 등 인터넷중독 해결을 위한 다양한 정책을 실시하고 있다.

인터넷중독과 관련하여 최근 문제가 되고 있는 것이 청소년의 스마트폰 사용이다. 2016년 현재 10대 청소년은 매일 스마트폰을 사용하는 경우가 87.6%이고, 음성통화를 제외한 하루 평균 이용시간이 2시간 이상은 53.5%, 하루 평균 이용시간은 132.5분이다. 청소년이 인터넷을 사용하는 경우는 정보검색과 정보전달 83.9%, 커뮤니케이션 75.2%, 미디어콘텐츠 시청 67.2%이었으며, 스마트폰을 가장 중요한 매체로 여기는 경우도 88.8%나 되었다. 이와 함께 청소년의 스마트폰 과의

07:30	기상. 밤새 친구들끼리 나눈 카톡 대화 확인하기
08:20	등교. "학교 도착했냐" 친구와 카톡
09:00	수업 시작. 스마트폰 게임 · 뉴스 검색
14:30	수업 종료
15:00~17:50	수학학원(Ⅰ). 스마트폰 압수
18:00~19:00	영어학원. 원어민 교사 몰래 카톡하기
19:00~20:30	수학학원(Ⅱ). 스마트폰 압수
20:30~21:00	집에서 저녁식사. 동생과 시리얼 먹으며 스마트폰으로 웹툰 보기
21:05	합기도 학원
23:00	집 도착. 스마트폰 게임
24:00	취침 준비. 누워서 1시간 가량 카톡 대화
01:00	취침

그림 6-6 스마트폰에 중독된 학생의 하루 일과 예시

출처: 경향신문(2012. 7. 12). http://news.khan.co.kr/kh_news/khan_art_view.html?artid=201207122137135&code=940100

존 위험군과 주의군 비율은 각각 1.2%, 8.8%에 이른다(여성가족부, 2017, pp. XIX, 75-76).

이와 같은 청소년의 인터넷중독과 스마트폰중독을 치료하기 위해 여성가족부는 2014년 8월 상설치유기관인 국립청소년인터넷드림마을을 설립하여 운영하고 있다. 그뿐만 아니라 전국 220여 개의 청소년상담복지센터, 전국 정신건강증진센터 및 치료협력 병원 연계를 통해 치료서비스를 지원하고 있으며, '인터넷중독 전담 전문상담사'를 양성하고 있고, 청소년 대상의 '스마트폰 유해정보 차단 웹 서비스'를 시범 운영하고 있다(여성가족부, 2017, pp. 237, 280).

한편, 청소년의 인터넷과 관련한 또 다른 문제는 인터넷게임 중독이다. 청소년의 인터넷게임 중독은 학습시간을 침해하고, 수면 부족을 유발하는 등 청소년의 정신적, 신체적 건강에 부정적 영향을 미쳐 청소년들의 건강한 성장과 발달을 저해할 수 있다. 이에 여성가족부는 청소년들의 과도한 인터넷게임 중독을 예방하고 건전한 게임이용문화를 형성하기 위하여 '청소년인터넷게임건전이용제도(일명 셧다운제)'를 도입하여 실시하고 있다(여성가족부, 2017, p. 284).

[2] 유해 약물

유해 약물은 주류, 담배, 마약류, 환각물질 등으로 청소년이 사용할 경우 청소년의 심신에 심각한 문제를 유발하기 때문에 그 사용을 제한하고 있다. 유해 약물을 인위적으로 반복해서 과량 사용하거나 의학적 의도와 무관한 목적으로 사용하여 감정, 인식, 행동에 변화를 일으키는 것은 약물남용이고(최화정, 2009, p. 7), 정당한 의료행위 규정에 맞지 않게 약물을 지속적이거나 일시적으로 과다하게 사용하는 행위를 약물중독(drug addiction)이라 한다(http://www.who.int/topics/substance_abuse/en).

청소년은 단순한 호기심으로 담배와 술, 가스와 본드와 같은 흡입제, 마약류 등의 약물을 사용하기 시작한다. 약물을 계속 사용하게 되면 내성이 생기고, 금단 현상을 일으키는 중독 현상을 유발한다. 이러한 약물중독은 일련의 단계를 거쳐 발달한다. 즉, 호기심 등으로 약물을 처음 접하고 배우는 실험 단계에서 필요 시 약물을 찾는 약물필요 단계로, 이후 자주는 아니지만 정기적으로 약물을 사용해야 하는 약물의존 단계로, 약물을 매일 사용하고 또 한시라도 약물이 없으면 불안한 약물중독 단계로 까지 발전한다(한상철 외, 2008, pp. 215-217).

그림 6-7 William Hogarth, 〈진 거리(Gin Lane)〉(1751)
진(술)의 종류에 중독되어 일상생활을 하지 못하는 사람의 모습을 묘사한 판화

약물남용이나 약물중독은 약물에 대한 호기심, 약물 사용에 대한 잘못된 인지와 태도를 비롯하여 감각적 만족의 추구와 자아 요소 간 갈등, 부모와의 불안정한 관계, 낮은 자아존중감이나 자신의 삶에 대한 비합리적이며 자기 파괴적인 생각, 또래집단의 압력, 불안감의 해소, 부적절한 역할 모델에의 노출과 모방 등 다양한 원인에 의해 발생한다. 청소년이 약물을 사용하게 되면 습관성과 의존성으로 중단하기 어려워 약물남용이나 약물중독이 된다. 그렇게 되면 청소년은 다양한 일탈행위를 하며, 청소년기 이후의 신체 및 정신 건강에 부정적인 영향을 미치고, 심지어 뇌에도 문제를 일으킬 수 있다(안상준, 2012. 8. 1). 그리하여 「청소년 보호법」상 술, 담배, 마약류 등은 '청소년유해약물' 등으로 규정하여 「국민건강증진법」 등에 따라 청소년을 보호하고 있다.

청소년이 접하는 가장 대표적인 약물로는 흡연과 음주를 들 수 있다. 흡연과 음주는 성인에게는 문제가 안 되지만 청소년이 하면 법적으로 문제가 되는 지위비행이다. 2017년 현재 청소년 흡연율은 6.4%(남자 청소년 9.5%, 여자 청소년 3.1%)이고, 최초 흡연 시작연령은 12.7세다(여성가족부, 2017, pp. XV, 259). 이러한 청소년의 흡연율은 지속적으로 감소하고 있으나(**그림 6-8** 참조) 세계 청소년들과 비교해 볼

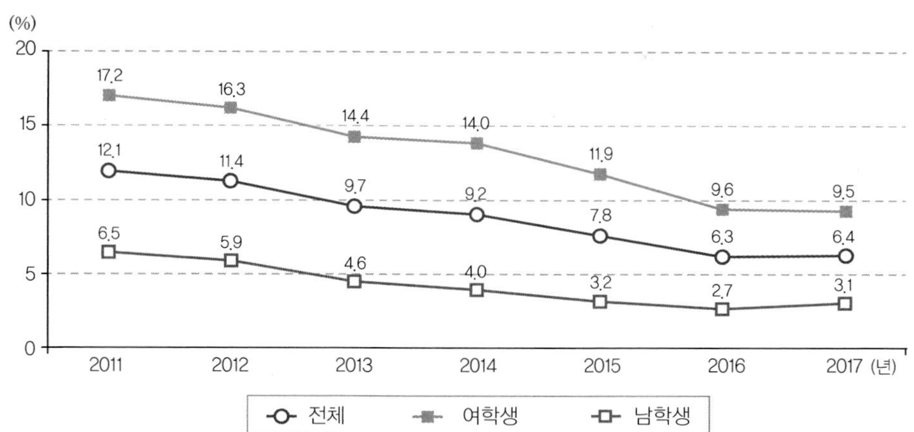

주: 청소년 현재 흡연율은 최근 30일 동안 1일 이상 흡연한 사람의 분율임
자료: 보건복지부, 질병관리본부, 교육부(각 년도). 청소년건강행태 온라인조사 통계.

그림 6-8 연도별 청소년(중 · 고생) 현재 흡연율 추이

출처: 여성가족부(2017), p. XV.

때 여전히 높은 수준이다(여성가족부, 2017, p. 261). 또한 2017년 현재 청소년의 음주율은 16.1%(남자 18.2%, 여자 13.7%)로 2011년 이후 감소하고 있으나(**그림 6-9** 참조) 기성세대의 잘못된 음주문화로 인해 건강한 성장 발달권을 침해받고 있다(여성

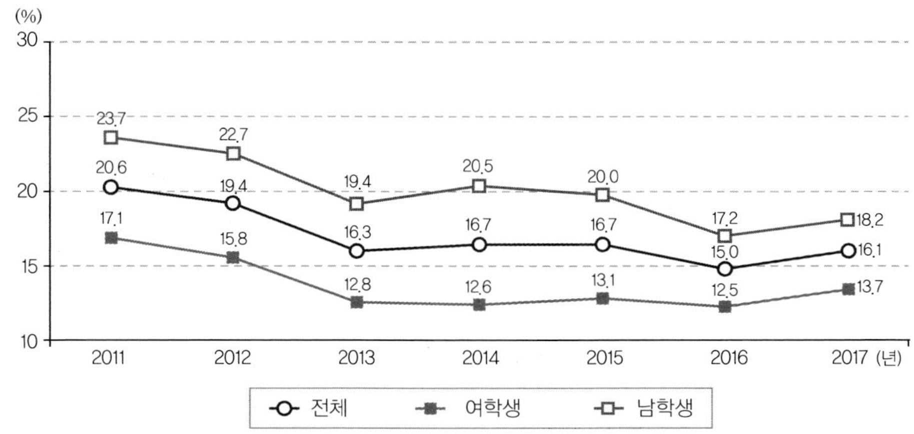

주: 청소년 현재 음주율은 최근 30일 동안 1잔 이상 술을 마신 적이 있는 사람의 분율임
자료: 보건복지부, 질병관리본부, 교육부(각 년도). 청소년건강행태 온라인조사 통계.

그림 6-9 연도별 청소년(중 · 고생) 현재 음주율 추이

출처: 여성가족부(2017), p. XVI.

가족부, 2017, p. 262). 청소년의 음주와 흡연은 호기심으로 시작하지만 시간이 지남에 따라 습관적으로 지속하는 경향이 있어 청소년의 학습능력과 신체 발달에 악영향을 끼친다. 그에 따라 정부에서는 청소년의 흡연율과 음주율을 낮추기 위해 다양한 노력을 기울이고 있다(**표 6-3**, **표 6-4** 참조).

표 6-3 관계부처의 청소년 흡연 예방 정책 주요 내용

관계부처	추진과제
여성가족부	• 청소년 대상 담배 불법판매 모니터링 강화 및 유통업자 종사자 교육 • 유통업체, 시민단체와 협력하여 신분증 확인 캠페인 전개 • 청소년 대상 흡연예방 교육 및 다양한 홍보 실시 •「제1차 청소년보호종합대책(2013-2015)」추진 •「제2차 청소년보호종합대책(2016-2018)」추진
보건복지부	•「국민건강증진법」제정 · 운영 • 보건소 금연상담 및 금연치료프로그램(금연교실, 금연지도자 교육, 보건소 금연 클리닉, 금연상담 등) 제공 • 대중매체 홍보(언론매체, 인터넷, 금연월간지, 스티커 등)
교육부	• 흡연 실태에 대한 주기적 파악 • 전국 초 · 중 · 고등학교 대상 흡연 · 음주예방 교육 실시(금연학교 운영) • 학생건강정보센터를 통한 유해약물에 대한 정보 제공
문화체육관광부	• 청소년 관람가 영화 속의 흡연장면 노출문제 개선(영상물등급분류 소위원회 운영규정 보완)
기획재정부	•「담배사업법」제정 · 운영
과학기술정보통신부	• 인터넷상의 청소년유해약물 유통 규제 방안 개선(인터넷상의 청소년 유해약물 유통 심의 강화 및 기준 보완)
경찰청	• 백화점, 대형마트, 편의점, 슈퍼 등 단속 강화
방송통신위원회	• TV방송 3사(KBS, MBC, SBS)의 드라마 흡연 장면 노출문제 개선
지방자치단체	• 담배 판매업소 특별계도 및 단속

출처: 여성가족부(2017), p. 262.

표 6-4 관계부처의 청소년 음주 예방 정책 주요 내용

관계부처	추진과제
여성가족부	• 청소년 대상 음주 불법판매 모니터링 강화 및 유통업자 종사자 교육 • 유통업체, 시민단체와 협력하여 신분증 확인 캠페인 전개 • 청소년 대상 음주예방 교육 및 다양한 홍보 실시 • 「제1차 청소년보호종합대책(2013-2015)」 추진 • 「제2차 청소년보호종합대책(2016-2018)」 추진
보건복지부	• 음주폐해 감소 및 예방을 위한 국민의식 제고 • 생애집단별 교육 및 홍보(학생과 비행청소년, 또래 지도자와 교사, 주류 판매업자 대상 교육) • 정신건강검진사업을 통한 조기발견과 음주폐해 예방(학교와 연계해 방과 후 예방프로그램 개발과 보급, 중학생과 초등학생까지 적용) • 주류 판매자의 자정노력 강화(클린판매점 선정 및 운영) • 절주 상담실 운영 • 알코올상담센터를 통한 지역협력체계 구축
교육부	• 학생들의 음주율 증가 및 저연령화 문제 관련 - 학생의 체계적 음주예방 교육(정규수업, 학교장 재량 시간 활용) - 학생 음주예방 교육을 위한 지도능력 배양과 인식제고 - 전문지도자 과정 운영
법무부	• 위기청소년(소년원)들의 음주율 증가 문제 관련: 갱생프로그램에 최소한의 음주예방 교육 반영
문화체육관광부	• 청소년 관람가 영화 속의 음주장면 노출문제 개선(영상물등급분류 소위원회 운영규정 보완)
과학기술정보통신부	• 인터넷상의 청소년 유해 주류 유통물 규제 방안 개선(인터넷상의 주류 유통물 심의 강화 및 기준 보완)
대검찰청	• 청소년관련 범죄 수사 시 '피의자 원표'에 음주여부 조사항목 신설
경찰청	• 백화점, 대형마트, 편의점, 슈퍼 등 단속 강화
방송통신위원회	• TV방송 3사(KBS, MBC, SBS)의 드라마 음주장면 노출문제 개선
지방자치단체	• 주류 판매업소 특별계도 및 단속

출처: 여성가족부(2017), p. 263.

생각해 봅시다

1. 청소년의 자살과 관련한 환경적 측면을 고려하여 이를 극복할 수 있는 방안에 대해 생각해 봅시다.

2. 청소년의 소셜미디어(SNS) 사용의 증가와 인터넷중독 및 스마트폰중독과의 관계 및 이를 극복하기 위한 정책적 제안을 생각해 봅시다.

3. 청소년의 음주와 흡연이 청소년의 대인관계에 미치는 영향과 이를 해결하기 위한 개인적 측면의 노력과 범정부 차원의 정책 방향에 대해 생각해 봅시다.

참고문헌

강진령, 연문희(2009). 학교상담(2판). 경기: 양서원.

공계순, 박현선, 오승환, 이상균, 이현주(2013). 아동복지론(4판). 서울: 학지사.

김계현, 김동일, 김봉환, 김창대, 김혜숙, 남상인 외(2009). 학교상담과 생활지도. 서울: 학지사.

김영화(2012). 학교폭력: 청소년문제와 정신 건강. 서울: 한울.

박창남, 도종수(2003). 청소년 학교중퇴의도의 원인에 관한 연구. 청소년학연구, 10(3), 207- 238.

안상준(2012. 8. 1). 청소년기 음주, 학습 · 발육부진 유발한다. 메디컬투데이. http://www.mdtoday.co.kr/mdtoday/index.html?no=197102에서 2012년 8월 5일 인출

양종국, 김충기(2002). 비행청소년의 비행 위험요인 및 보호요인과 재비행 간의 관계. 청소년상담연구, 10(2), 101-121.

여성가족부(2017). 2017 청소년백서. 서울: 여성가족부.

염유식, 김경미, 이승원(2016). 2016 제8차 한국 어린이 · 청소년 행복지수: 국제비교 연구조사 결과보고서. 서울: 한국방정환재단.

윤미영, 박선주(2010). 주요국의 인터넷중독 해소 정책 및 시사점. CIO 리포트 23. 서울: 한국정보화진흥원.

이윤주(2008). 청소년 자살상담. 서울: 학지사.

이종길(2010). 청소년 자살의 원인과 실태 및 해결 방안 연구. 윤리연구, 72, 299-333.

임주영(2012. 2. 13). 중고교생 '학교부적응' 이유로 학업중단 증가. 한국일보. http://news. hankooki.com/lpage/society/201202/h2012021304403422020.htm에서 2013년 8월 20일 인출

정해숙(2012). 여성청소년의 학업중단 예방을 위한 학교환경 조성. 2011 이슈페이퍼(pp. 187-195). 서울: 한국여성정책연구원.

조성연, 유진이, 박은미, 정철상, 길은배, 도미향 외(2010). 청소년복지론. 서울: 창지사.

주석진(2011). 인터넷중독과 학교사회복지 실천. 서울: 이담.

최은영, 양종국(2005). 청소년 비행 및 약물중독상담. 서울: 학지사.

최화정(2009). 약물남용의 정의. 약물오・남용 예방교육 총론: 초・중・고 강사용 교재(pp. 7-36). 서울: 식품의약품안전청, 한국마약퇴치운동본부.

한상철, 김혜원, 설인자, 임영식, 조아미(2008). 청소년문제행동: 심리학적 접근. 서울: 학지사.

경향신문(2012. 7. 12). 스마트폰에 중독된 아이들(1) 스마트폰의 어린 노예. http://news.khan.co.kr/kh_news/khan_art_view.html?artid=201207122137135&code=940100에서 2012년 8월 5일에 인출.

World Health Organization. http://www.who.int

제3부

청소년지도와 상담

제7장

청소년지도

이 장에서는 먼저 청소년지도라는 용어의 개념적 이해에 기초하여 유사 용어로 사용하는 청소년교육과 청소년개발이란 개념을 살펴본다. 이어 청소년지도방법의 개념과 유형을 논의한다. 청소년지도가 결국 지도인력의 전문성에 좌우된다고 할 때, 청소년지도자를 어떻게 양성하느냐는 오늘날 우리에게 당면한 매우 중요한 과제다. 끝으로, 이 장에서는 현재 청소년지도인력 중 국가검정자격인 청소년지도사와 청소년상담사를 중심으로 그 유형을 구분하여 양성 과정과 실태를 살펴본다.

1. 청소년지도의 개념 이해

1) 청소년지도의 개념

청소년지도(青少年指導)라는 용어는 청소년학 및 청소년활동 현장에서 보편적으로 사용하는 용어이자 개념이다. 그런데 청소년지도라는 개념은 포괄적이면서 동시에 제한적인 의미로도 사용하는, 이른바 이중적 의미를 가진 용어다. 우선 청소년지도라는 용어는 생활지도, 진로지도, 학업지도 등 지도의 대상 영역이 분명하게 가늠된 용어와는 달리 대상을 중심으로 정의되는 개념이다. 따라서 청소년지도 개념 안에는 생활지도, 진로지도, 학업지도 등 청소년을 대상으로 하는 모든 지도 활동 영역을 포함할 수 있다.

하지만 청소년학, 청소년활동 현장에서 청소년지도라는 용어는 학교교육에서 사용하는 기존의 생활지도, 진로지도, 학업지도 등과는 다른 개념이자 의미를 갖는 용어로 사용하고 있다. 여기서 청소년지도란 '청소년을 주된 대상으로 하는 지도자의 전문적인 활동'을 의미한다. 즉, 청소년지도란 '청소년의 건강한 성장과 발달을 위한 전문적인 지도자의 조력 활동'을 말하는데, 특히 청소년학계나 활동 · 상담 · 복지 현장에서는 국가검정자격을 갖춘 청소년지도사, 청소년상담사와 같은 전문 지도인력이 청소년과 청소년의 주요한 타자(가족, 보호자, 또래집단, 교사 등)를 대상으로 이루어지는 전문 조력 활동으로 제한하는 경우가 많다. 즉, 지도 활동 주체인 지도자의 전문성을 어떻게 바라보느냐에 따라 청소년지도는 광의적이고 포괄적인 의미와 협의적이고 제한적인 의미로 구분되는 개념이다.

먼저 광의적인 의미에서 청소년지도란 청소년의 긍정적인 성장과 발전을 위한 다양한 조력 활동을 말한다. 예컨대, 문용린(1997)은 청소년지도를 "청소년에게 포괄적인 삶의 경험을 제공해서 그들 나름대로의 삶을 즐기고 영위해 나가게 함으로써 성인이 되어 가는 그들의 노력을 적극적으로 지원해 주는 것"이라고 정의하였다. 김진화(2004)는 "청소년이 그들의 생활세계에서 직면한 여러 문제(교육적 · 가정적 · 사회적 · 직업적 · 신체적 · 정서적 문제)를 해결할 수 있도록 적극적으로 개입하고 지원하며, 청소년의 인지적 · 사회적 · 정서적 · 신체적 영역의 잠재력이 바람직하고 건전하며 온전한 상태로 성장할 수 있도록 조력하고 지원하는 조직적인 일련의 과정"이라고 논의하였다.

반면, 협의적 의미, 곧 제한된 의미에서 바라보는 청소년지도는 보다 전문적인 청소년지도인력에 의해 이루어지는 활동을 강조한다. 예컨대, 한상철(2008)은 "전문적인 지도인력이 청소년을 지도하는 행위 또는 과정으로서 상담의 의미를 내포하고 있으며 청소년으로 하여금 자기 주도적 능력을 갖도록 환경을 조성하고 안내하고 지원하는 일련의 조력 활동"으로 규정하였다. 김영인과 김민(2008)은 "근대기 이후 등장한 사회적 개념인 청소년을 대상으로 그들이 덕 · 체 · 지를 겸비한 도덕적이고 전인적인 인간으로 성장할 수 있도록 청소년지도사, 청소년상담사와 같은 청소년지도 전문가에 의해 이루어지는 지속적이고 체계적인 안내이자 지원 활동"으로 규정한 바 있다.

이처럼 청소년지도는 광의적 의미와 협의적 의미의 두 차원에서 다양하게 정의되는 개념이다. 하지만 '청소년지도'에 대한 선행 연구의 개념 정의에서 나타나는 공통점을 중심으로 다음과 같은 의미를 살펴볼 수 있다.

첫째, 청소년지도 개념은 일정한 목적 지향성과 가치 함축성을 담고 있다(김영인, 김민, 2008, p. 6). 청소년지도는 몰가치적이거나 자유방임적인 그 어떤 것이 아니라 일정한 가치와 목적을 지향하는 구체적인 활동이다. 이런 가치와 목적은 청소년이란 대상의 탄력적인 다변성을 감안하더라도 변하지 않는 어떤 고유한 가치와 목적을 함의하고 지향함을 뜻한다. 따라서 청소년지도는 청소년이 아무리 변화하는 세대라 해도 변하지 않는 어떤 가치를 지향하는, 이른바 청소년의 바람직하고 건강하며 온전한 상태로의 성장과 발전을 지원하는 목표 지향적인 활동을 의미한다(김진화, 2004).

둘째, 청소년지도는 지도의 실제적인 내용을 청소년에게 전달하면서 일방적인 전달이나 처방적 지시가 아닌 '조력' '개입' '안내' 등의 지원적 활동을 중심으로 이루어진다. 때때로 청소년지도는 비행청소년, 문제청소년을 대상으로 하는 대증(對症)적 처방 혹은 강제적 구속성을 갖는 지시적·규제적 행위 등을 포함할 수는 있다. 하지만 청소년지도의 의미 안에는 청소년의 바람직한 성장과 발달을 위한 따뜻한 개입(warm intervention), 곧 조력과 지원이라는 개념이 밑바탕을 이룬다.

인간의 발달과정에서 타인이 지원하는 조력 활동인 개입의 주체는 내가 아닌 타인이지만, 의사결정의 주체는 자기임을 전제하는 용어가 바로 개입이다. 다시 말하자면, 청소년지도의 개입 주체는 지도자이지만 그로 인한 자기결정 행위의 주체는 바로 청소년이다. 따라서 청소년지도는 청소년이라는 대상 집단이 지도 활동 전반에서 뚜렷한 의사결정 주체임을 보여 주면서 동시에 지원적인 활동임을 함의한다.

셋째, 청소년지도의 의사결정 주체는 청소년이지만 청소년지도의 핵심 개입 주체는 청소년지도사, 청소년상담사, 교사, 사회복지사와 같은 지도인력이다. 즉, 청소년지도는 사회적으로 그 전문성을 인준받은 지도자의 전문적인 개입 활동이자 조력 활동이란 의미에서 개입 주체의 전문적인 역량과 경험을 강조하고 있다. 실제로 청소년학 및 청소년활동 현장에서 요청하는 청소년지도의 전문성은 곧 청소년지도인력의 전문성과 맞닿는다. 이를 위해 우리나라는 청소년지도인력의 검정자격제도를 국가적 · 사회적으로 인준하고 고등교육기관에 청소년 관련학과를 설치하여 예비 청소년지도인력을 체계적으로 양성하고 있다. 따라서 청소년 전문 지도인력은 그에 상응하는 전문적 역량과 경험을 갖추어야 하며, 이는 예비 지도인력의 양성 과정은 물론이고 전문 인력으로 인준받은 이후에도 끊임없이 자신의 기량과 전문 역량, 경험을 지속적으로 갈고 닦아야 함을 의미한다.

넷째, 때때로 청소년지도를 정규 학교교육 밖의 교육, 곧 학교 외 교육 장면(out of school education)의 활동으로 제한해 살펴보기도 하지만, 광의의 개념으로 청소년지도는 학교교육과 학교 외 교육 모두를 포괄한다. 이를테면 초기에 청소년지도라는 개념은 학교 밖에서 이루어지는 청소년을 위한 총체적인 활동과 교육을 통칭하는 개념으로 학교교육과 파트너십을 발휘하여야 할 국가사회의 공적인 시스템으로 규정되었다(한국청소년개발원, 2004, p. 19). 그러나 최근에는 학교 교육과정 중의 일부에 청소년 전문 지도인력이 참여하여 해당 교육 활동을 수행하는 경우가 많아, 학교 외 교육 장면의 활동으로 살펴보려는 관점보다는 학교교육과 학교 외 교육을 아우르는 관점이 강조되고 있다. 따라서 청소년지도의 장면을 굳이 학교교육을 제외한 그 밖의 사회교육기관이나 청소년시설 · 단체 등으로 한정하지 않고 청소년이라는 대상 집단을 중심으로 이루어지는 조력 활동 혹은 개입 활동으로 보는 입장이 확대되고 있다.

2) 청소년교육과 청소년개발

흔히 청소년지도 개념과 관련해 유사한 용어로 청소년교육과 청소년개발이라는 용어를 사용한다. 이들 개념 모두 청소년에 대한 이해를 기반으로 청소년의 건강한 성장과 발전을 목표로 삼아 청소년 삶에 대한 긍정적인 개입을 지향한다는 점에서 청소년지도와 별 차이 없이 사용되고 있다. 하지만 각각의 개념을 살펴보면 청소년지도가 갖는 개념의 이중성과 관련하여 시사하는 바가 적지 않다.

먼저 청소년 삶에 대한 긍정적 개입과 관련해 청소년학계에서는 이미 오래전부터 청소년교육(youth education) 혹은 평생교육 관점에서 청소년 사회교육이라는 개념을 사용해 왔다(김영인, 김민, 2008, p. 92). 실제로 초창기 청소년 관련 저서 및 연구보고서 등의 선행 연구물에서는 청소년교육이라는 용어를 많이 사용하였는데, 이때의 청소년교육이란 청소년의 전인적인 성장을 돕기 위한 모든 교육 활동을 의미하거나[1] (중앙청소년보호대책위원회, 1965), 청소년 연구의 실천적 학문 성격을 지칭하기 위한 초기 개념으로 사용되곤 하였다(김남선, 이옥분, 정일환, 주동범, 한상철, 2001).

하지만 전자의 경우처럼 청소년교육의 개념을 포괄적으로 규정하면 청소년교육의 외연은 매우 넓어져 형식교육의 범주에 속하는 학교교육은 물론이고 비형식교육의 범주에 속하는 청소년 대상의 모든 사회교육이 포함되어 청소년교육이 아닌 것이 없게 된다. 따라서 청소년교육이란 개념은 청소년교육자와 청소년 사이에서 이루어지는 비형식교육의 일체를 뜻하거나(조용하, 1988), "평생교육 체제 속의 통합적 부분으로서 학교 외의 사회 과정으로 9세에서 24세의 청소년을 대상으로 행하여지는 조직적인 교육 활동" 등으로 정의되었다(서울대학교 교육연구소, 1998). 즉, 이런 관점에서의 청소년교육은 주로 공교육제도에 의해서 규제되는 학교교육의 틀을 벗어난 사회교육의 모습을 띤다.

하지만 최근 들어 학교 교육과정의 일부에 청소년 전문 지도인력의 활동기회가 넓어지면서 학교 내 교육 활동과 학교 외 교육 활동이란 경계가 다소 모호해지고 있는 실정이다. 예를 들자면, 방과 후 특기적성 활동이나 창의적 체험 활동, Wee스쿨이나 Wee클래스 등은 물론이고, 지역 내 다양한 기관과의 연계 협력을 통해 청소년지도사나 청소년상담사 등의 전문 인력이 학교 교육과정에 참여하는 경우가 잦아졌다. 따라서 청소년교육 개념에 대해 학교교육 내외의 경계를 구분 지은 후 그중 어느 한 곳을 지칭하는 교육 활동으로 규정하는 것은 아무런 의미가 없게 되었다. 특히 청소년교육의 개념은 2000년대 이후 인적자원 개발의 개념과 연동하여 청소년개발(youth development)이란 개념으로 대치되고 있는 실정이다(이광호,

1) 우리나라에서 처음 『청소년백서』를 발간한 중앙청소년보호대책위원회의 당시 백서(1965, pp 21-40)를 살펴보면 제2장 청소년의 교육은 학교교육과 사회교육으로 나누어진다. 학교교육은 다시 학교교육의 현황과 전망, 학교교육의 문제점, 학원단체의 활동이란 하위 절로 구성되어 있고, 사회교육은 미진학자 지도계획, 문맹퇴치, 각종 도서관, 공민학교와 고등공민학교란 하위 절로 구성되어 있다. 결국 청소년교육이란 개념 안에 학교교육과 사회교육이란 두 축을 모두 아우르고 있음을 볼 수 있다. 한편, 최근의 『청소년백서』(여성가족부, 2018)에서는 청소년의 교육은 학교교육으로 제한하고 있어 과거의 백서에서 의미하는 청소년교육과 다른 개념으로 사용하고 있음을 알 수 있다.

2000, 2003).

청소년개발이란 청소년을 문제의 주체가 아닌 사회의 문화적 · 경제적 자원인 동시에 성인과 함께 사회 변화를 이끌어 가는 적극적이고 긍정적인 존재로 인식하여야 한다는 가정하에 1990년대 이후에 등장한 개념이다. 여기에는 청소년의 긍정적인 발달과 성공적인 성인으로의 이행을 촉진하는 것은 단순히 청소년의 문제행동을 예방하고 치료하는 것만으로는 한계가 있다는 전제가 있다. 따라서 청소년개발은 성인으로서의 삶을 위해 필요한 다양한 역량을 개발하고 긍정적인 행동을 늘리며, 문제행동으로부터 스스로를 보호하고 위험 행위를 줄이는 데 초점을 둔다. 다시 말하면 청소년개발이란 청소년의 행복과 건강, 성공적인 성장에 필요하다고 생각되는 모든 장소와 지원, 기회, 사람이 포함된 복합적인 개념이다(천정웅, 김민, 김진호, 박선영, 2011, pp. 217, 219).

청소년개발이 오늘날 사회적으로 주목받게 된 이유 중 하나는 청소년을 바라보는 관점과 지도하는 이론틀 그리고 접근 방식의 중대한 변화와 밀접한 관련이 있다. 즉, 과거에는 청소년을 소극적이고 객체적인 대상 및 유예적인 존재로 바라보았지만, 오늘날에는 성인과 함께 사회 발전을 견인해 내는 적극적이고 주체적인 대상 및 존재로 바라본다는 점에서 청소년의 잠재력과 가능성을 강조하는 청소년개발 개념에 주목하게 된 것이다.

또한 과거의 이론 틀인 소위 청소년의 문제를 중심으로 살펴보는 문제중심 접근법(problem-based approach)에서 탈피하여, 그들의 장점과 가능성을 주목하는 강점중심 접근법(strength-focused approach)을 강조하고 있다는 점에서 이에 가까운 청소년개발 개념이 주목받게 되었다. 문제중심 접근법과 강점중심 접근법은 지금도 유효한 청소년지도의 주요 이론 틀이자 접근 방식이다. 다만 강점중심 접근법은 문제중심 접근법이 청소년을 부정적이고 수동적인 존재로 보는 것을 비판 · 탈피하고 긍정적이고 능동적인 관점에서 청소년을 사회적 자원 또는 변화의 주체로 보는 적극적인 입장이다. 이런 입장에서는 청소년의 잠재력과 가능성을 개발하기 위해서 청소년의 적극적인 사회 참여와 주도적인 활동을 장려한다(**표 7-1** 참조).

표 7-1 문제중심 접근법과 강점중심 접근법

문제중심 접근법	강점중심 접근법
청소년의 문제, 일탈, 범죄, 결점 등 청소년문제의 부정적 측면에 초점	청소년의 잠재력, 가능성, 아이디어, 장점 등 긍정적 측면에 초점
청소년을 객체, 대상으로 봄	청소년을 주체, 행위자로 봄
보호와 격리, 규제와 처방, 문제에 대한 수동적인 반응, 단기적 개입 중시	사회 현안에 대한 청소년의 참여와 역할, 권리 부여, 격려와 칭찬, 미래중심적이고 장기적인 지원 중시
청소년을 성인, 가족, 이웃, 학교, 지역사회 등의 사회적 맥락과 분리하여 고려	성인, 가족, 이웃, 학교, 지역사회 등의 사회적 맥락과 청소년과의 유기적 연관성을 고려
청소년시설, 단체 등의 활동을 고립 또는 경쟁적인 차원에서 바라봄	청소년시설, 단체 등의 상호 협력을 중시
청소년지도의 성공을 청소년문제의 감소로 측정	청소년지도의 성공을 긍정적인 행동·태도·기능의 증가로 측정
전문가의 전문성과 지도에 주로 의존	전문가, 지역사회 인사 등 사회구성원에게 적절한 역할 부여

출처: 김영인, 김민(2008), p. 11에서 수정·보완.

2. 청소년지도방법

1) 청소년지도방법의 개념

청소년지도방법은 지도자에게 요청되는 두 가지의 측면, 즉 품성과 전문성(전문적 역량) 중 전문성과 밀접하다. 품성과 연관이 없다고 볼 수는 없지만, 청소년지도방법은 지도자의 전문적 역량 중에서도 사업 및 프로그램 등에서 요구되는 실제 수행 능력과 더욱 밀접하다. 왜냐하면 청소년지도방법이라는 개념에는 청소년지도의 이념과 목표 달성에 필요한 내용과 전문적인 역량을 청소년에게 내면화하기 위해 전문 지도인력이 활용하는 구체적인 전략과 도구, 기법, 기술, 계획 등의 수단을 포괄하기 때문이다. 청소년지도방법이란 어휘를 살펴보더라도 청소년지도와 방법의 합성어로서 청소년지도가 핵심 요소이며 그것을 전략적으로 구체화하는 방법이라는 것을 의미한다. 즉, 청소년지도방법이란 "청소년지도의 다양한 영역 내에서 청소년지도의 이념과 목표를 실현하기 위해 채택되는 구체적인 도구, 기술, 계획" 등을 말한다(김영인, 김민, 2008, p. 14).

앞서 언급한 바와 같이, 일반적으로 청소년지도는 청소년의 긍정적인 성장과 발전을 위한 전문 지도인력의 다양한 지원과 조력 활동으로 규정한다. 따라서 청소년지도방법은 이러한 목표 달성을 위한 내용(능력)을 함양하기 위해 필요한 청소년과 참여자의 조직화, 다양한 활동 촉진에 필요한 기법, 매체운용 능력, 프로그램 기획 및 운영 능력 등을 포함하는 통합적인 개념이다(김진화, 2004).

이 같은 맥락에서 청소년 전문 지도인력은 청소년에 대한 이해는 물론이고 청소년 개인과 집단을 대상으로 의사소통 이론과 실제, 집단역동 및 조직, 경험학습 및 구성주의, 자기 주도적 학습과 동기에 대한 이론과 실제, 청소년지도방법의 환경조성과 매체운용 능력, 다양한 프로그램에 대한 전문적 기술과 역량을 갖추어야 한다(김영인, 2007). 청소년지도방법은 이와 같은 다양한 장면에서의 전문적인 역량 발휘 방법과 기술 등을 의미한다.

또 청소년지도의 내용에 따라 청소년지도방법은 광의적 의미에서 교수-학습 활동, 진로지도, 생활지도와 상담활동, 교정활동, 청소년에 대한 조언과 대화·만남, 기타 협의적 청소년지도의 내용과 영역을 포함한다. 즉, 포괄적 범주에서 청소년의 긍정적 성장과 발달에 도움을 주는 다양한 조력 활동 일체를 포함한다. 반면에 협의적 개념에서 청소년지도는 사회적으로 전문적인 자격을 인준받은 지도인력에 의한 실제 프로그램 단위에서의 실천적 개입을 의미한다. 이는 심성 계발, 리더십 계발, 사회성 계발, 자연체험 활동지도, 문화예술 활동지도, 교류활동 지도, 봉사활동 지도, 자치활동 지도, 여가활동 지도, 사이버 공간 활동지도 등에 관한 것으로, 각각의 활동을 효율적으로 전개할 수 있도록 하는 활용 가능한 전문적인 지도 기법과 기술, 지식 등을 의미한다(김영인, 김민, 2008, pp. 94-102).

2) 청소년지도방법의 유형

(1) 대상별 청소년지도방법

청소년지도방법은 대상 청소년과 어떤 형태로 만나 지도활동이 이루어지고 있느냐에 따라 달라진다. 지도대상인 청소년이 개인인지 집단인지에 따라 개인중심 청소년지도방법과 집단중심 청소년지도방법으로 나누어 살펴볼 수 있다. 사실 이런 구분은 대체로 청소년지도방법론 관련 선행 연구가 취하는 유형 분류 기준 중 하나다(김영인, 김민, 2008, pp. 138-148; 한국청소년개발원, 2004, pp. 179-225). 실제로 지도 활동의 대상 청소년이 개인이냐 집단이냐에 따라 청소년지도방법상 청소년지도자가 취해야 할 전략과 계획, 사용해야 할 매체와 도구, 기법과 기술은 확연히 다르다. 여기서는 각각의 세부적인 지도방법은 생략하고 개인과 집단에 따른 청소년지도방법의 유형만 분류한다(**표 7-2** 참조).

표 7-2 개인-집단 중심 청소년지도방법의 유형

구분	유형
개인중심 청소년지도방법	도제제도(apprenticeship), 컴퓨터보조학습(Computer Assisted Instruction: CAI), 원격교육(distance education), 상담(counseling), 직접 개별학습(코칭과 멘토링 등), 개인학습 프로젝트, 현장경험학습, 인턴십, 다중미디어학습 등
집단중심 청소년지도방법	강의형 기법, 토론기법(세미나, 심포지엄, 배심토론, 포럼, 소집단 분과토론), 브레인스토밍

한편 청소년지도방법은 대상 청소년이 어떤 특성을 갖고 있느냐에 따라서도 달라진다. 예컨대, 대상 청소년이 장애를 갖고 있는지, 가출청소년 · 범죄청소년처럼 비행과 일탈 청소년인지, 다문화 청소년인지에 따라 지도자가 취사선택하는 지도방법은 달라지기 때문이다. 하지만 이를 종합적으로 살펴본 선행 연구는 많지 않은 편이다. 다만 개별 연구를 통해 대상 청소년의 특성에 따른 지도방법의 개별성, 다양성, 특수성을 고려해야 한다.

장애청소년의 경우에는 보편적으로 청소년이 갖고 있는 장애 유형과 관련해 특수교육 차원의 전문성과 재활치료 차원의 전문성이 요구된다. 때때로 장애청소년을 대상으로 하는 지도 장면에는 여러 전문 인력이 협력관계를 유지하면서 팀 코칭(team coaching)을 해야 하는 경우도 있으므로 조정(coordination)과 연계 협력(networking)의 기술도 필요하다. 일반적으로 장애청소년의 특성에 대한 기본 이해와 함께 장애 유형별 전문적인 개입과 치료의 기술이 요구된다.

일탈과 비행 등의 문제청소년의 경우에는 포괄적으로 접근하는 방식과 문제의 유형에 따라 개별적이고 특수한 차원으로 접근하는 방식으로 구분된다. 정우식(1986)은 청소년문제 유형에 따른 처우 기법으로 문제해결 접근방법, 심리사회적 접근방법, 현실요법, 행동요법, 교류분석, 지역사회 중재 등을 논의한 바 있다.

개별적 사례 유형을 중심으로 살펴보면, 비행청소년 및 범죄청소년의 경우에는 예방적 차원에서 비행 발생원인 이론 및 학설에 따른 대응과 통제가 필요하고, 실제 처리의 차원에서는 경찰과 검찰, 법원 장면에서의 단계적 대응과 처리가 필요하다고 논의한 바 있다(이상현, 1997). 이 외에도 범죄 발생의 제 요인(개인적 · 가정적 · 교육적 · 사회적 요인)에 따른 예방과 조기개입 방법을 중시하거나(지광준, 1992), 범죄 유형에 따른 전문적 개입과 대응, 처리가 필요하다는 입장도 있다(윤덕중, 1988).

가출청소년의 경우에는 전통적으로 개인적 요인, 가정환경 요인, 학교 요인, 사회 요인, 복합적 요인 등을 종합적으로 고려하여 예방 및 처리 과정에서의 실제 개입을 중시한다(김향초, 2009; 안창규, 문선화, 전윤식, 1995). 최근에는 가출청소년의 다양한 동기와 유형에 초점을 맞추어 다양한 개입 방식에 대해 구안하고 있으며, 이에 따라 이들 청소년을 직간접적으로 지원 가능한 시스템 구축에도 관심을 두고 있다.

반면, 다문화 청소년의 경우에는 주로 총론적 수준에서 논의되고 있는 실정이고, 구체적인 예방 및 실제 상황에서의 개입 등의 지도방법에 대한 논의는 그리 많지 않은 편이다. 최근 들어 이들 개인의 심리사회적 특성, 가족적 특성, 또래집단 및 주요 타자와의 관계 특성을 밝히는 연구가 많아지면서 이에 기초한 구체적인 지도방법이 논의될 것으로 전망된다.

(2) 지도 내용에 따른 청소년지도방법

청소년지도방법은 또한 지도 내용에 따라 그 유형을 분류할 수 있다. 어떤 활동내용을 지도하느냐에 따라 그에 따른 전문적인 지도 기법과 기술, 지식 등이 요청되기 때문이다. 여기에는 이론적인 측면뿐만 아니라 프로그램 운영의 실제, 진행단계와 지도 기법, 각 활동 영역별 지도자의 자질 등 실제적인 측면까지 포함된다. 흔히 청소년활동의 내용은 다양하게 분류할 수 있는데, 여기서는 김영인과 김민

(2008)의 기준을 따라 광의적 차원에서의 지도 내용과 협의적 차원에서의 지도 내용으로 구분하여 제시한다(**표 7-3** 참조).

광의적 차원에서는 협의적 지도 내용의 각 유형을 포함하여 대표적으로 학교 장면에서 이루어지는 교수-학습 활동, 진로지도, 생활지도, 상담활동, 교정활동 등으로 구분하여 살펴볼 수 있다. 협의적 내용으로는 심성 계발, 리더십 계발, 사회성 계발, 자연체험 활동(캠핑, 자연생태 체험 등)지도, 문화예술 활동지도, 교류활동지도, 봉사활동 지도, 자치활동 지도, 여가활동 지도, 사이버 공간 활동지도 등으로 분류할 수 있다.

표 7-3 광의적-협의적 지도내용에 따른 청소년지도방법의 유형

구분	유형
광의적인 청소년지도내용	교수-학습활동, 진로지도, 생활지도, 상담활동, 교정활동, 협의적 지도내용의 각 유형 포함
협의적인 청소년지도내용	심성 계발, 리더십 계발, 사회성 계발, 자연체험 활동지도, 문화예술 활동지도, 교류활동 지도, 봉사활동 지도, 자치활동 지도, 여가활동 지도, 사이버 공간 활동지도 등

3. 청소년지도자

1) 청소년지도자의 개념

현행 「청소년 기본법」에 따르면, 청소년지도자란 "청소년지도사 및 청소년상담사와 청소년시설 · 단체 · 기관 등에서 청소년육성 및 지도업무에 종사하는 자"를 말한다. 이 정의에 따르면, 청소년지도사, 청소년상담사 외에도 청소년육성과 지도업무에 종사하는 자도 포함되어 청소년지도자의 범주는 포괄적인 편이다. 특히 청소년지도자가 활동하는 장면은 「청소년 기본법」에 따르면 청소년 활동, 복지, 보호를 포함하는 것이어서 더욱 그렇다. 또한 '종사하는 자'를 청소년지도자로 보기 때문에 전문성 확보 여부가 다소 모호하다. 이런 포괄적인 정의는 청소년 관련 활동을 하는 다양한 사람을 포함할 수 있는 장점이 있지만, 자칫 개념의 외연이 지나치게 확대되어 분석 도구로서 유용성을 상실할 수 있다(천정웅, 오해섭, 김정주, 김민, 2011, p. 164).

따라서 여기서는 청소년지도자를 일러 청소년지도를 담당하는 전문가로 포괄적으로 정의하되, 제한적으로 국가검정자격인 청소년지도사와 청소년상담사에 한정하고자 한다. 즉, 청소년지도자는 청소년이 덕 · 체 · 지를 겸비한 전인적인 인간으로 성장할 수 있도록 청소년시설, 청소년단체 등에서 청소년활동 프로그램을 중심으로 지속적이고 체계적인 안내와 지원 활동을 하는 전문가라는 포괄적 정의 안에서 그 유형을 살펴보고, 국가검정자격인 청소년지도사와 청소년상담사 중심으로 청소년지도자의 자격과 양성 체제를 살펴본다.

2) 청소년지도자의 유형

청소년지도자의 유형은 다양하다. 청소년지도사와 청소년상담사가 법제화를 통해 등장하기 전에는 당시 '청소년지도업무 종사자'라는 개념 아래 정부기관 지도자, 민간기관 지도자 등으로 구분되었다. 당시의 『청소년백서』(문화체육부, 1991)를 보면 전국에 걸쳐 청소년 선도 · 보호 · 육성 등 청소년지도업무에 종사하고 있는 지도자를 30여만 명으로 추산하였으며 그 유형은 **표 7-4**와 같다.

표 7-4 청소년지도업무종사 지도자 유형(1991)

구분	지도자 유형(주관부서)
정부기관 지도자	지방공무원(내무부소관), 소년경찰(내무부), 소년원교사(법무부), 감별관(법무부), 보호관찰관(법무부), 교도교사(교육부), 아동복지지도원(보건사회부), 부녀상담원(보건사회부), 4-H담당지도사(농촌진흥청)
민간기관 지도자	청소년단체지도자(각 부처), 청소년육성위원(체육청소년부), 청소년지도위원(법무부), 소년선도위원(법무부), 갱생보호위원(법무부), 보호위원(법무부), 종교지도위원(법무부), 경찰선도위원(내무부), 학교상담봉사자(교육부), 아동복지시설종사자(보건사회부), 아동위원(보건사회부)

자료: 문화체육부(1991)에서 수정 · 보완.

1991년 「청소년 기본법」 제정 전까지만 하더라도 주로 문제청소년의 지도와 선도라는 사후적 측면의 지도자 형태로 유형을 구분하였다. 이는 당시의 청소년지도 인력 및 청소년정책이 예방보다는 사후의 문제청소년에 대한 지도를 중시하고 있음을 보여 준다. 그러다가 문제보다는 예방이 중시되어야 한다는 청소년정책의 큰 변화 흐름에 따라 「청소년 기본법」에서 제시한 청소년활동 전개의 주체적 역할을 추진할 사람으로서 청소년지도사와 청소년상담사가 필요하게 되었다. 2002년 『청소년백서』(문화관광부, 2002)에서는 청소년지도인력을 담당 분야에 따라 구분하였는데(**표 7-5** 참조), 구체적으로는 지도 성격별, 지도 대상별, 담당업무별, 성능별, 참여 정도별, 자격 보유별로 나누어 살펴보고 있다(한국청소년개발원, 2003). 이 중 오늘날의 청소년지도사와 청소년상담사는 자격 보유 기준에 따라 교사와 사회복지사, 평생교육사 등과 대별되는 지도자로 분류되어 있다.

표 7-5 **청소년지도자의 유형별 분류(2002)**

구분	지도자 분류
지도성격별 (협의개념)	청소년지도자, 청소년일반지도자, 청소년자원지도자, 청소년상담지도자
지도대상별	학생청소년지도자, 근로청소년지도자, 농·어촌 청소년지도자, 장애청소년지도자, 비행청소년지도자, 복무청소년지도자, 무직·미진학청소년지도자
담당업무별	수련활동지도자, 각 고유영역별 고유 업무 담당지도자, 상담지도, 교정기능담당지도자, 청소년행정담당공무원
성능별	관리조정자, 활동지도자, 보조지도자
참여정도별	상근지도자, 비상근지도자
자격보유별	교사(교육부), 청소년지도사(문화관광부), 청소년상담사(문화관광부), 사회복지사(보건복지부), 평생교육사(교육부)

자료: 문화관광부(2002), pp. 317-318에서 수정.

최근에는 청소년지도자의 유형을 청소년지도사, 청소년상담사, 청소년일반지도자, 청소년자원지도자로 분류하고 있다(**표 7-6** 참조). 이 중 청소년지도사와 청소년상담사는 1~3급까지 급수에 따른 분류를 하며, 청소년일반지도자와 청소년자원지도자는 청소년시설·단체·관련기관 종사자로 분류하고 있다.

표 7-6 청소년지도자의 유형별 분류

유형	구분
청소년지도사	1급 청소년지도사 2급 청소년지도사 3급 청소년지도사
청소년상담사	1급 청소년상담사 2급 청소년상담사 3급 청소년상담사
청소년일반지도자 청소년자원지도자	청소년시설 · 단체 · 관련기관 종사자

3) 청소년지도사의 양성 현황과 실태

청소년지도사는 1, 2, 3급으로 구분되며, 청소년 관련분야의 경력과 기타 자격을 갖춘 자로서 자격검정에 합격하고 소정의 연수를 마쳐야 한다. 청소년지도사는 1993년부터 국가검정자격제도에 의해 양성되기 시작해 2018년까지 총 4만 9,846명이 배출되었다(여성가족부, 2018, p. 534). 이 중 1급 자격 소지자는 1,730명, 2급 자격 소지자는 3만 5,425명, 3급 자격 소지자는 1만 2,691명이다. 청소년지도사의 자격검정 응시자격의 기준은 **표 7-7**과 같다.

표 7-7 청소년지도사 등급별 자격검정 응시자격 기준

등급	응시자격 기준
1급 청소년지도사	2급 청소년지도사 자격 취득 후 청소년활동 등 청소년육성업무 종사경력이 3년 이상인 사람
2급 청소년지도사	1. 대학졸업(예정)자 또는 이와 같은 수준 이상의 학력이 있는 사람으로서 2급 청소년지도사 자격검정에 필요한 과목 모두를 전공과목으로 이수한 사람 2. 2006년 12월 31일 이전에 대학을 졸업하였거나 이와 같은 수준 이상의 학력을 취득한 사람으로서 별표 1의 2에 따른 과목을 이수한 사람 3. 대학원의 학위과정 수료(예정)자로서 2급 청소년지도사 자격검정에 필요한 과목 모두를 전공과목으로 이수한 사람 4. 2006년 12월 31일 이전에 대학원의 학위과정을 수료한 사람으로서 별표 1의 2의 규정에 따른 과목 중 필수영역 과목을 이수한 사람

	5. 대학 졸업 또는 이와 같은 수준 이상의 학력이 있다고 다른 법령에서 인정받은 후 청소년활동 등 청소년육성업무에 종사한 경력이 2년 이상인 사람 6. 전문대학 졸업 또는 이와 같은 수준 이상의 학력이 있다고 다른 법령에서 인정받은 후 청소년활동 등 청소년육성업무에 종사한 경력이 3년 이상인 사람 7. 3급 청소년지도사 자격 취득 후 청소년활동 등 청소년육성업무에 종사한 경력이 2년 이상인 사람 8. 고등학교 졸업 또는 이와 같은 수준 이상의 학력을 인정받은 후 청소년활동 등 청소년육성업무 종사경력이 8년 이상인 사람
3급 청소년지도사	1. 전문대학 졸업(예정)자 또는 이와 같은 수준 이상의 학력이 있는 사람으로서 3급 청소년지도사 자격검정에 필요한 과목 모두를 전공과목으로 이수한 사람 2. 2006년 12월 31일 이전에 전문대학을 졸업하였거나 이와 같은 수준 이상의 학력을 취득한 사람으로서 별표 1의 2에 따른 과목을 이수한 사람 3. 전문대학 졸업 또는 이와 같은 수준 이상의 학력이 있다고 다른 법령에서 인정받은 후 청소년활동 등 청소년육성업무에 종사한 경력이 2년 이상인 사람 3. 고등학교 졸업 또는 이와 같은 수준 이상의 학력이 있다고 다른 법령에서 인정받은 후 청소년활동 등 청소년육성업무에 종사한 경력이 3년 이상인 사람

청소년지도사의 구체적인 자격 획득을 위해 2, 3급은 객관식 필기시험과 면접, 1급은 주·객관식 필기시험에 합격하여야 한다. 자격검정의 합격 기준은 필기시험 매 과목 40점 이상, 전 과목 평균 60점 이상의 점수를 얻어야 한다. 2008년 1월부터는 2급 자격 기준 중 대학 졸업(예정)자 또는 이와 동등 이상의 학력이 있는 자로서 2급 청소년지도사 자격검정에 필요한 과목 모두를 전공과목으로 이수한 자, 3급 지도사의 경우 전문대학 졸업(예정)자 또는 이와 동등 이상의 학력이 있는 자로서 3급 청소년지도사 자격검정에 필요한 과목 모두를 전공과목으로 이수한 자는 해당 급수의 자격검정 필기시험을 면제해 주고 있다. 각 등급별 자격검정 과목과 방법은 **표 7-8**과 같다.

표 7-8 청소년지도사 자격검정 과목 및 방법

구분	검정과목	검정방법
1급	청소년연구방법론, 청소년 인권과 참여, 청소년정책론, 청소년기관운영, 청소년지도자론	주·객관식 필기시험

2급	청소년육성제도론, 청소년지도방법론, 청소년심리 및 상담, 청소년문화, 청소년활동, 청소년복지, 청소년프로그램 개발과 평가, 청소년문제와 보호	객관식 필기 시험	면접 (3급 청소년지도사 자격증 소지자는 면접시험 면제)
3급	청소년육성제도론, 청소년활동, 청소년심리 및 상담, 청소년문화, 청소년지도방법론, 청소년문제와 보호, 청소년프로그램 개발과 평가	객관식 필기 시험	면접

청소년지도사 양성을 위해 여성가족부 주관으로 자격검정(한국산업인력공단 위탁)을 실시하고, 자격검정에 합격한 자에게 한국청소년활동진흥원에서 연수를 실시한 후 자격증을 교부하고 있다. 한국산업인력공단에 위탁하기 전까지는 한국청소년정책연구원이 그 일을 맡아 수행하였다. 청소년지도사 자격검정 및 연수 체계도는 **그림 7-1**과 같다(여성가족부, 2018, p. 533).

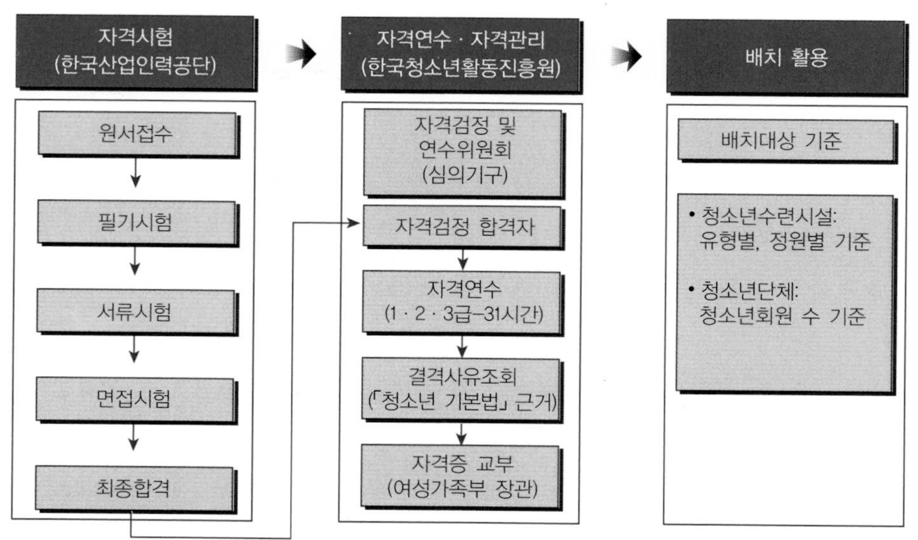

그림 7-1 **청소년지도사 자격검정 및 연수체계도**

참고: 여성가족부, 2018

현재 「청소년 기본법」에 따르면 청소년지도사의 배치 기준은 청소년 시설과 단체 등 유형에 따라 각기 다르다(**표 7-9** 참조).

표 7-9 청소년시설 · 단체의 청소년지도사 배치기준

<table>
<tr><th colspan="2">배치대상</th><th>배치기준</th></tr>
<tr><td rowspan="6">청소년 수련 시설</td><td>청소년수련관</td><td>• 1급 청소년지도사 1명, 2급 청소년지도사 1명, 3급 청소년지도사 2명 이상을 두되, 수용인원이 500명을 초과하는 경우에는 500명을 초과하는 250명당 1급, 2급 또는 3급 청소년지도사 중 1명 이상을 추가로 둔다.</td></tr>
<tr><td>청소년수련원</td><td>1) 2급 청소년지도사 및 3급 청소년지도사를 각각 1명 이상 두되, 수용정원이 500명을 초과하는 경우에는 1급 청소년지도사 1명 이상과 500명을 초과하는 250명당 1급, 2급 또는 3급 청소년지도사 중 1명 이상을 추가로 둔다.
2) 지방자치단체에서 폐교시설을 이용하여 설치한 시설로서 특정 계절에만 운영하는 시설의 경우에는 청소년지도사를 두지 않을 수 있다.</td></tr>
<tr><td>유스호스텔</td><td>• 청소년지도사를 1명 이상 두되, 숙박정원이 500명을 초과하는 경우에는 2급 청소년지도사 1명 이상을 추가로 둔다.</td></tr>
<tr><td>청소년야영장</td><td>1) 청소년지도사를 1명 이상 둔다. 다만, 설치운영자가 동일한 시 도 안에 다른 수련시설을 운영하면서 청소년야영장을 운영하는 경우로서 다른 수련시설에 청소년지도사를 둔 경우에는 그 청소년야영장에 청소년지도사를 별도로 두지 않을 수 있다.
2) 국가, 지방자치단체, 그 밖에 공공법인이 설치 · 운영하는 청소년야영장으로서 청소년수련거리의 실시 없이 이용편의만 제공하는 경우에는 청소년지도사를 두지 않을 수 있다.</td></tr>
<tr><td>청소년문화의집</td><td>• 청소년지도사 1명 이상 둔다.</td></tr>
<tr><td>청소년특화시설</td><td>• 2급 청소년지도사 및 3급 청소년지도사를 각각 1명 이상 둔다.</td></tr>
<tr><td colspan="2">청소년단체</td><td>• 청소년회원수가 2,000명 이하인 경우에는 1급 청소년지도사 또는 2급 청소년지도사 1명 이상을 두되, 청소년회원수가 2,000명을 초과하는 경우에는 그 초과하는 2,000명마다 1급 청소년지도사 또는 2급 청소년지도사 1명 이상을 추가로 두며, 청소년회원수가 10,000명 이상인 경우에는 청소년지도사의 5분의 1이상은 1급 청소년지도사로 두어야 한다.</td></tr>
</table>

출처: 여성가족부(2018).

현재 청소년육성업무에 종사하는 청소년지도사는「청소년 기본법」제24조의2에 근거해 역량강화 및 자질 향상을 위하여 2013년부터 보수교육을 의무적으로 받고 있다. 기존 20시간에서 15시간 이상으로 완화된 보수교육에는 청소년정책 및 권리

교육, 양성평등교육, 아동학대 신고 의무자 교육, 청소년활동과 안전, 직업윤리 등을 필수과목으로 운영하고 있다(여성가족부, 2018).

4) 청소년상담사의 양성 현황과 실태

청소년상담사 역시 1, 2, 3급으로 구분되며, 상담 관련 분야를 전공하고 상담실무경력이나 기타 자격을 갖춘 자로서 자격검정에 합격하고 100시간 이상의 연수를 마쳐야 한다. 청소년상담사는 2003년부터 양성되기 시작해 2018년까지 1급 619명, 2급 5,965명, 3급 1만 3,014명 등 총 1만 9,598명이 배출되었다(여성가족부, 2018, p. 540). 청소년상담사의 등급별 자격검정 응시자격 기준은 **표 7-10**과 같다.

표 7-10 청소년상담사 등급별 자격검정 응시자격 기준

등급	응시자격 기준
1급 청소년상담사	1. 대학원에서 청소년(지도)학 · 교육학 · 심리학 · 사회사업(복지)학 · 정신의학 · 아동(복지)학 분야 또는 그 밖의 여성가족부령으로 정하는 상담관련분야(이하 "상담관련분야"라 한다)를 전공하고 박사학위를 취득한 사람 2. 대학원에서 상담관련분야의 석사학위를 취득한 후 상담실무경력이 4년 이상인 사람 3. 2급 청소년상담사로서 상담실무경력이 3년 이상인 사람 4. 제1호 및 제2호에 규정된 사람과 같은 수준 이상의 자격이 있다고 여성가족부령으로 정하는 사람
2급 청소년상담사	1. 대학원에서 상담관련분야의 석사학위를 취득한 사람 2. 대학 또는 다른 법령에 따라 이와 동등한 학력을 인정받는 기관에서 상담관련분야 학사학위를 취득한 후 상담실무경력이 3년 이상인 사람 3. 3급 청소년상담사로서 상담실무경력이 2년 이상인 사람 4. 제1호부터 제3호까지에 규정된 사람과 같은 수준 이상의 자격이 있다고 여성가족부령으로 정하는 사람
3급 청소년상담사	1. 대학 및 「평생교육법」에 따른 학력이 인정되는 평생교육시설의 상담관련분야의 학사학위를 취득한 사람 2. 전문대학 또는 다른 법령에 따라 이와 동등한 학력을 인정받는 기관에서 상담관련분야 전문학사를 취득한 사람으로서 상담실무경력이 2년 이상인 사람 3. 대학 또는 다른 법령에 따라 이와 동등한 학력을 인정받는 기관에서 학사학위를 취득한 후 상담실무경력이 2년 이상인 사람

4. 전문대학 또는 다른 법령에 따라 이와 동등한 학력을 인정받는 기관에서 전문학사학위를 취득한 후 상담실무경력이 4년 이상인 사람
5. 고등학교를 졸업하고 상담실무경력이 5년 이상인 사람
6. 제1호부터 제4호까지에 규정된 사람과 같은 수준 이상의 자격이 있다고 여성가족부령으로 정하는 사람

출처: 「청소년 기본법 시행령」 제23조 제3항 별표 3.

청소년상담사의 자격검정은 각급별 모두 필기시험과 면접시험으로 구성되어 있다. 필기시험은 1급 5과목, 2급과 3급은 각각 6과목이다. 합격 기준은 청소년지도사와 마찬가지로 필기시험 매 과목 40점 이상, 전 과목 평균 60점 이상의 점수를 얻는 것이다. 필기시험 합격 후 면접시험을 볼 수 있으며 면접시험에 합격한 자에 한해 응시자격 기준에 해당하는지 여부를 확인하기 위해 서류심사를 실시하고, 이를 통과한 자를 자격검정 최종 합격자로 본다. 청소년상담사 등급별 자격검정과목과 방법은 **표 7-11**과 같다.

표 7-11 청소년상담사 자격검정 과목과 방법

등급	검정과목		검정방법	
	구분	과목		
1급 청소년상담사	필수	상담사교육 및 사례지도, 청소년관련법과 행정, 상담연구방법론의 실제	필기시험	면접시험
	선택	비행상담 · 성상담 · 약물상담 · 위기상담 중 2과목		
2급 청소년상담사	필수	청소년상담의 이론과 실제, 상담연구방법론의 기초 심리측정 평가의 활용, 이상심리	필기시험	면접시험
	선택	진로상담 · 집단상담 · 가족상담 · 학업상담 중 2과목		
3급 청소년상담사	필수	발달심리, 집단상담의 기초, 심리측정 및 평가, 상담이론, 학습이론	필기시험	면접시험
	선택	청소년이해론 · 청소년수련활동론 중 1과목		

출처: 「청소년 기본법 시행령」 제23조 제3항 별표 4.

청소년상담사의 경우, 여성가족부의 주관으로 한국청소년상담복지개발원과 한국산업인력공단에 위탁하여 자격검정을 실시하고, 자격검정에 합격한 자에 대하여는 실무 능력 향상을 위해 100시간의 의무연수를 실시하며, 청소년상담복지센터와 청소년쉼터 등 청소년복지시설에 배치 · 활용된다. 청소년상담사 양성 체계는 **그림 7-2**와 같다(여성가족부, 2018, p. 539). 청소년시설, 청소년단체 및 학교 등에서 청소년 상담업무에 종사하는 청소년상담사는 자질향상을 위하여 정기적으로 보수교육을 받아야 한다.

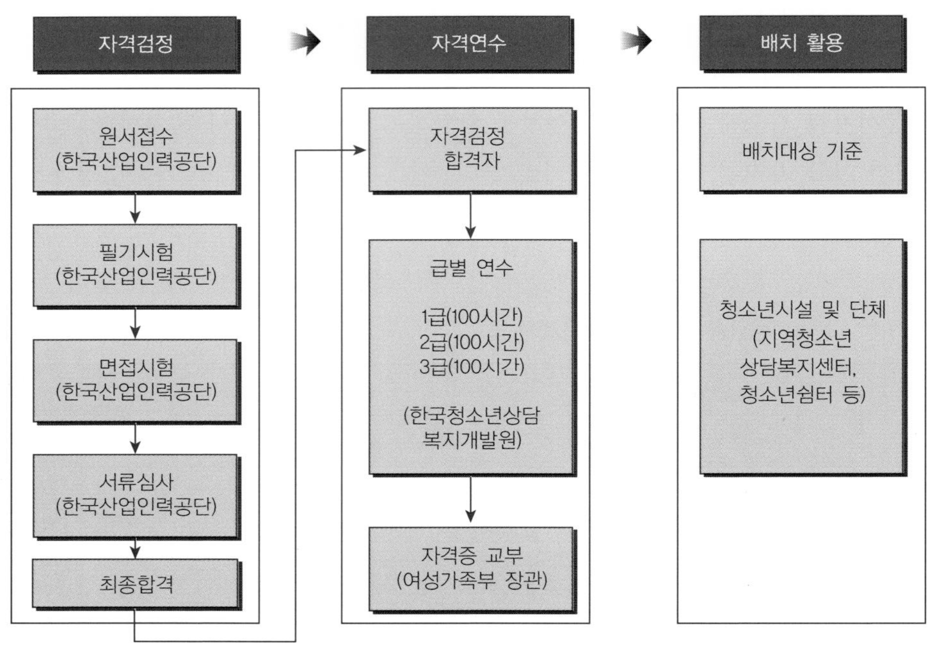

그림 7-2 청소년상담사 자격검정 및 연수체계도

참고: 여성가족부, 2017

청소년상담사 자격연수 과목은 청소년상담 관련 이론과 실제적 실무 중심으로 구성되어 있으며 각급별로 5과목으로 구성되어 있다. 자격연수형태는 급별 책무에 맞는 질적 교육을 위하여 이론, 세미나, 실습 등으로 구성되어 있다. 각급별 자격연수 과목은 **표 7-12**와 같다.

표 7-12 청소년상담사 자격연수 과목

등급	연수과목
1급 청소년상담사	청소년상담 수퍼비전, 청소년상담 프로그램 개발, 청소년 위기개입 II, 청소년문제 세미나, 청소년 관련 법과 정책
2급 청소년상담사	청소년상담과정과 기법, 지역사회상담, 부모상담, 청소년 위기개입 I, 청소년진로 · 학업상담
3급 청소년상담사	청소년 개인상담, 청소년 집단상담, 청소년 매체상담, 청소년 상담 현장론, 청소년 발달 문제

출처: 청소년상담사 자격검정 및 연수 등에 관한 고시 제13조 제1항 별표 5.

현재 「청소년 기본법」에 따르면 청소년상담사의 배치 기준은 **표 7-13**과 같다.

표 7-13 청소년상담사 배치기준

배치대상 청소년시설	배치기준
「청소년복지 지원법」 제29조에 따라 특별시 · 광역시 · 도 및 특별자치도에 설치된 청소년상담복지센터	청소년상담사 3명 이상을 둔다.
「청소년복지 지원법」 제29조에 따라 시 · 군 · 구에 설치된 청소년상담복지센터	청소년상담사 1명 이상을 둔다.
「청소년복지 지원법」 제31조 제1호부터 제3호까지의 규정에 따른 청소년복지시설	청소년상담사 1명 이상을 둔다.

생각해 봅시다

1. 광의적 의미와 협의적 의미의 두 차원에서 청소년지도의 개념을 정리해 본 후, 청소년지도 개념에서 나타나는 공통된 의미를 생각해 봅시다.

2. 오늘날 청소년을 바라보는 관점과 지도하는 이론틀 그리고 청소년에 대한 접근 방식에 시사하는 바가 큰 문제중심 접근법과 강점중심 접근법을 비교해 봅시다.

3. 청소년지도방법의 유형이 대상과 지도 내용에 따라 어떻게 나누어질 수 있는지 생각해 봅시다.

4. 청소년지도자의 개념을 살펴보고, 국가검정자격 청소년지도자인 청소년지도사와 청소년상담사를 중심으로 각 유형별 양성 과정은 어떠한지 생각해 봅시다.

✻ 참고문헌

김남선, 이옥분, 정일환, 주동범, 한상철(2001). 청소년교육론. 서울: 형설출판사.
김영인(2007). 청소년지도방법. 한국청소년정책연구원 편, 청소년학개론(pp. 215-240). 서울: 교육과학사.
김영인, 김민(2008). 청소년지도방법론. 서울: 한국방송통신대학교출판부.
김진화(2004). 청소년지도방법론의 이해. 한국청소년개발원 편, 청소년지도방법론(pp. 17-32). 서울: 교육과학사.
김향초(2009). 가출청소년의 이해와 상담. 서울: 학지사.
문용린(1997). 청소년지도의 의미와 중요성. 서울: 서원.
문화관광부(2002). 청소년백서. 서울: 문화관광부.
문화체육부(1991). 청소년백서. 서울: 문화체육부.
서울대학교 교육연구소 편(1998). 교육대백과사전. 서울: 하우동설.
안창규, 문선화, 전윤식(1995). 가출청소년과 학교관리체제. 서울: 집문당.
여성가족부(2018). 청소년백서. 서울: 여성가족부.
윤덕중(1988). 범죄와 소년비행학. 서울: 박영사.
이광호(2000). 국가 인적자원개발 관점에서 청소년육성의 새로운 방향 모색에 관한 연구. 한국청소년연구, 11(2), 107-128.
이광호(2003). 90년대 이후 한국사회의 청소년 존재혁신과 사회적 대응방식 변화에 관한 연구. 청소년학연구, 10(3), 331-350.
이상현(1997). 소년비행학. 서울: 박영사.
정우식(1986). 청소년문제, 그 실상과 대책. 서울: 삼성출판사.
조용하(1988). 청소년 교육의 동향. 서울: 교육과학사.
중앙청소년보호대책위원회(1965). 청소년백서. 서울: 중앙청소년보호대책위원회.
지광준(1992). 청소년범죄와 비행. 서울: 삼신각.
천정웅, 김민, 김진호, 박선영(2011). 차세대 청소년학총론. 경기: 양서원.
천정웅, 오해섭, 김정주, 김민(2011). 청소년활동론. 경기: 양서원.
한국청소년개발원(2003). 청소년수련활동론. 서울: 교육과학사.
한국청소년개발원 편(2004). 청소년지도방법론. 서울: 교육과학사.
한상철(2008). 청소년학: 청소년 이해와 지도(2판). 서울: 학지사.

제8장

청소년활동

청소년활동은 청소년을 대상으로 하는 활동으로서 그들의 인지 · 정의 · 행동 영역의 변화를 위해 행하는 일련의 행동이나 작용으로 정의된다. 이것은 학교교육이 지식 중심의 정적인 교과 활동에 초점을 맞춤으로써 학교 밖 공간을 통한 다양한 체험활동이 필요하다는 주장에 근거한다. 따라서 이 장에서는 청소년활동의 개념 및 특성, 청소년활동의 등장 과정과 최근 새롭게 대두된 청소년 핵심 역량과 청소년활동 간의 차이와 상관성에 대하여 살펴본다. 또한 청소년활동의 구성 체계인 활동 프로그램과 청소년시설 · 단체의 주요 내용 및 국가가 추진하는 청소년활동 정책의 현황을 살펴본다.

1. 청소년활동의 개념적 기초

1) 청소년활동의 개념과 특성

(1) 청소년활동의 개념

청소년활동의 발전은 사회 변화와 그 맥락을 같이한다. 현재를 살아가는 청소년은 지나친 학업 시간에 내몰리면서 스포츠를 비롯한 여가 활동의 체험 기회가 현저히 줄어들었다. 반면, 인터넷게임 및 TV 보기와 같은 정적인 활동에 많은 여가 시간을 할애한다. 동시에 아파트 및 연립주택 등과 같은 주거 공간이 확대되면서 과거와 같이 인간과 자연이 공존하며 살아가는 생활환경은 크게 축소되었다. 즉, 한 인간의 삶의 궤적을 생애 주기적 관점에서 조망할 때 다양한 체험활동과 이웃과 더불어 살아가는 삶의 기회가 과거보다 현저히 줄어든 것이다. 이처럼 청소년기에 체험활동을 접할 수 있는 기회의 감소는 그들의 성장과정에서 인성 및 창의성 등의 발달에 부정적 영향을 미칠 수 있다는 우려의 시각이 등장하면서 청소년활동에 대한 관심이 증가하였다.

먼저 사전적으로 '활동'이란 '몸을 움직여 행동함' '어떤 일의 성과를 거두기 위해 힘씀' '동물이나 식물이 생명 현상을 유지하기 위하여 행동이나 작용을 활발히 하는 것'으로 정의된다(이희승, 2003). 이러한 사전적 정의는 활동에 대한 본래적 의미만을 기술한 것으로, 청소년활동은 다분히 의도적이며 체계적으로 이루어지는 활동임을 고려할 때 다소 미흡한 정의라고 할 수 있다. 따라서 청소년활동은 '청소년을 대상으로 하는 활동으로서 청소년의 인지 · 정의 · 행동 영역을 변화시키기 위해 행하는 일련의 행동이나 작용'으로 정의하는 것이 타당하다. 물론 청소년활동의 목표나 과제는 청소년이 한 사회의 건강한 구성원으로 성장하는 것에 요구되는 다양한 발달과업과 관련되어야 한다.

또한 청소년활동에 대한 개념 정의는 「청소년 기본법」 및 「청소년활동 진흥법」에 잘 나타나 있다(**표 8-1** 참조). 이 정의는 다분히 정책적 성격을 갖는 것으로 활동 정책과 사업의 방향성을 제시하는 목적을 갖기에 학문적 정의와는 다소 거리가 있다.

표 8-1에서 보는 바와 같이 1991년 「청소년 기본법」이 제정되었을 때에는 청소년활동이 '청소년수련활동'이라는 명칭으로 사용되었다. 그런데 '수련(修練)'이 갖는 의미가 다분히 강제적이고 극기 훈련적인 이미지를 가지므로 청소년활동에 대한 대국민적 인식이 부정적으로 작용할 수 있다는 비판이 제기되면서, 2004년 「청소년 기본법」 개정 시 청소년활동으로 그 명칭을 변경하여 현재에 이른다. 이렇듯 청소년수련활동이 청소년활동으로 개칭되면서 그 개념적 의미도 다소 변화하였다.

먼저 '청소년수련활동'은 "청소년이 생활권 또는 자연권에서 심신수련 · 자질배

표 8-1 **청소년법에 나타난 청소년활동의 개념**

법령		청소년활동의 개념
「청소년 기본법」 제3조 제3호 (1991년)	정의	'청소년수련활동'이라 함은 청소년이 생활권 또는 자연권에서 심신수련 · 자질배양 · 취미개발 · 정서함양과 사회봉사로 배움을 실천하는 체험활동을 말한다.
	활동 영역 구분 (「청소년 기본법」 제11조 제1항)	청소년활동은 다음 각 호의 영역으로 구분한다. 1. 주로 학교 · 직장 · 복무처를 중심으로 이어지는 학업 · 근무 · 복무활동 영역을 고유활동 영역으로 한다. 2. 주로 생활권이나 자연권에서 심신단련 · 자질배양 · 취미개발 · 정서함양 · 사회봉사 등 배움을 실천하는 체험활동을 수련활동 영역으로 한다. 3. 주로 가정을 중심으로 이루어지는 자유활동 영역을 임의활동 영역으로 한다.
「청소년 기본법」 제3조 제3호 (2018년) 「청소년활동 진흥법」 제2조 제3호~ 제5호(2018년)	정의	'청소년활동'이란 청소년의 균형 있는 성장을 위하여 필요한 활동과 이러한 활동을 소재로 하는 수련활동 · 교류활동 · 문화활동 등 다양한 형태의 활동을 말한다.
	활동 영역 구분	청소년활동을 구성하는 하위 개념의 구체적 정의 • 청소년수련활동: 청소년이 청소년활동에 자발적으로 참여하여 청소년 시기에 필요한 기량과 품성을 함양하는 교육적 활동으로서 청소년지도자와 함께 청소년수련거리에 참여하여 배움을 실천하는 체험활동을 말한다. • 청소년교류활동: 청소년이 지역 간 · 남북 간 · 국가 간의 다양한 교류를 통하여 공동체의식 등을 함양하는 체험활동을 말한다. • 청소년문화활동: 청소년이 예술활동 · 스포츠활동 · 동아리활동 · 봉사활동 등을 통하여 문화적 감성과 더불어 살아가는 능력을 함양하는 체험활동을 말한다.

출처: 「청소년 기본법」(1991); 「청소년 기본법」(2018); 「청소년활동 진흥법」(2018).

양 · 취미개발 · 정서함양과 사회봉사로 배움을 실천하는 체험활동"으로 정의하였다(**표 8-1** 참조). 동시에 청소년수련활동 영역은 고유활동, 수련활동, 임의활동으로 구분하였다(**표 8-2** 참조).

표 8-2 청소년수련활동 영역 구분과 활동 요소

활동 요소 / 활동 영역	활동 장소	활동 내용	활동 특성
고유활동	학교, 직장, 복무처	학업, 근무, 복무	의무적, 구속적
수련활동	생활권, 자연권	심신단련 등의 체험활동	능동적, 조직적
임의활동	가정	자유활동	개별적, 자의적

출처: 한국청소년개발원(2006), p. 40.

이후 「청소년 기본법」은 '청소년활동'을 "청소년의 균형 있는 성장을 위하여 필요한 활동과 이러한 활동을 소재로 하는 수련활동 · 교류활동 · 문화활동 등 다양한 형태의 활동"으로 정의하였다. 즉, 청소년의 삶과 관련한 모든 영역에서 이루어지는 체험활동을 청소년활동으로 범주화하였다.

이상의 청소년활동에 대한 법적 개념은 몇 가지 특징이 있다. 첫째, 청소년수련활동은 2004년 이후 청소년활동의 하위 영역으로 개념화됨에 따라 청소년활동과 청소년수련활동의 본래적 개념의 차이가 무엇인가라는 것이다. 물론 청소년수련활동의 개념을 "청소년지도자와 함께 청소년수련거리에 참여하여 배움을 실천하는 체험활동"으로 정의하여 과거와의 차별화를 시도하였지만, 여전히 청소년활동과 청소년수련활동의 개념 차이가 모호하다. 둘째, 청소년활동의 영역을 수련활동, 교류활동, 문화활동 등으로 구분하여 이들을 소재로 하는 모든 활동이 청소년활동임을 밝히고 있다. 즉, 청소년이 학교와 지역사회를 비롯한 모든 일상생활 속에서 행하는 활동을 청소년활동으로 정의하여 청소년활동의 개념을 매우 넓게 포괄하였다. 이것은 청소년활동의 정책적 범위를 넓히려는 다분히 의도적인 시도이다. 셋째, 과거 청소년수련활동은 공간을 중심으로 활동 영역을 구분하였지만, 청소년활동은 소재에 초점을 둠으로써 활동을 정의하는 요소가 공간에서 소재로 변화하였다. 이 역시 청소년활동의 범위를 확장하려는 시도로 이해하는 것이 타당하다.

(2) 청소년활동의 특성

청소년활동은 자발적 참여를 전제로 하여 청소년의 인지 · 정의 · 행동 영역의 변화를 목적으로 하는 활동으로 학교 밖 공간인 청소년시설을 중심으로 청소년지

도자에 의하여 이루어지는 체험활동이다. 청소년활동은 다양한 특성을 갖지만 주로 목적성, 자율성, 조직성, 체험성, 모험성을 갖는데, 그 내용을 정리하면 다음과 같다(오치선 외, 2000, pp. 54-57; 한국청소년개발원, 2006, pp. 41-42).

첫째, 청소년활동은 목적적 활동이다. 청소년활동은 일회적인 사업적 · 행사적 활동이 아니라 심신수련, 자질배양, 취미개발, 정서함양, 사회봉사 등의 체험을 통해 청소년의 덕(德)과 체(體)를 함양하기 위한 구체적 목적이 내재된 활동이다. 모든 청소년활동은 지향하고자 하는 각각의 목적과 목표가 있으며, 청소년은 청소년활동을 통하여 자신이 성취하고자 하는 목적을 달성할 수 있다.

둘째, 청소년활동은 자율적 활동이다. 이것은 학교의 교육과정과 같이 의무적으로 행하는 활동이 아니라 청소년의 자발성에 기초한 선택적 · 참여적 활동임을 의미한다. 청소년은 청소년시설 · 단체 등에서 제공하는 프로그램을 살펴보고 자신의 욕구와 선호도에 기초하여 프로그램에 참여하게 된다. 그렇기에 청소년시설 · 단체는 기관의 입장에서 프로그램을 개발하기보다 청소년의 생활양식이나 욕구 등을 고려하여 프로그램을 개발하여야 한다.

셋째, 청소년활동은 조직적 활동이다. 청소년활동은 한 개인보다 소 · 중 · 대집단을 중심으로 이루어지는 활동으로 그 과정에서 타인과의 상호작용을 배우고 새로운 경험을 체험하는 조직적 활동이다. 또한 청소년활동은 단순히 활동 내용을 시간의 순서에 따라 배열하여 청소년에게 전달하는 것이 아니라, 청소년지도자의 철학, 목적 등이 내포된 프로그램을 참여 청소년에게 제공하는 체계적 활동이기도 하다.

넷째, 청소년활동은 체험적 활동이다. 청소년활동은 청소년이 체험해 보지 못한 새로운 경험을 직접 실천해 보는 활동이다. 청소년이 학교교육 속에서 지식을 습득하는 과정에 익숙해졌다면, 청소년활동은 청소년 스스로가 무엇인가를 직접 체험하는 역동적 체험활동이다.

다섯째, 청소년활동은 모험적 활동이다. 청소년활동은 청소년이 그동안 체험해 보지 못한 모험적이고 도전적인 프로그램을 제공한다. 또한 그 과정에서 청소년이 진취적인 사고를 배양할 수 있고, 어려운 문제에 직면했을 때 회피하기보다는 직접 부딪혀서 스스로가 해결할 수는 자신감을 갖게 한다.

2) 청소년활동과 청소년 핵심 역량

21세기는 기존의 산업사회와 구별되는 또 다른 변화의 시대다. 즉, 지식 · 정보화, 기술 혁신, 세계화 등으로 지칭되는 새로운 질서가 전개되는 시대다. 이러한 21세기 환경 변화의 핵심 요소는 주로 인간을 중심으로 하는 인적자원 개발의 결과로 얻어질 수 있는 것들이다. 청소년활동은 이러한 인적자원 개발을 위한 청소년 분야의 정책적 노력을 의미한다. 주로 다양한 영역의 소재를 중심으로 프로그램을 개발하여 청소년에게 제공함으로써 청소년의 성장을 지원하는 것에 초점을 두고 있다. 그러나 최근에는 미래사회에서 요구하는 인간의 발달 영역을 고려하여 청소년기에 반드시 구비하여야만 하는 필수 요소를 선정 · 체계화하기 위한 노력으로 '핵심 역량'이란 개념이 등장하였다. 혹자는 핵심 역량이 청소년활동과 유사하거나 그것을 대체할 수 있는 개념이라고 주장한다. 또 혹자는 청소년활동과 핵심 역량이 전혀 다른 차원의 개념이며 각기 다른 고유의 개념 특성을 갖는다고 주장한다. 따라서 여기서는 청소년 핵심 역량에 관한 내용을 살펴본다.

지식기반 사회의 도래와 과학기술의 발달은 기존 산업사회에서 요구하는 개인의 능력과는 다른 자질을 요구한다. 지식기반 사회에서 일상생활은 물론 사회생활과 직업생활을 성공적으로 수행하기 위해서는 읽고 쓰고 말하는 기초 능력뿐 아니라, 문제의 원인을 규명하고 비판적으로 사고하며 다른 사람을 설득하고 갈등을 해결하는 등의 역량(competency)이나 자질이 중시된다. 이와 함께 지식기반 사회에서는 기존에 존재하는 사실이나 지식에 대한 단순한 수용이나 암기보다 창의력과 같이 새로운 지식을 창출하고, 기존의 지식을 종합 · 분석하는 능력이 요구된다. 이러한 맥락에서 생애를 통해 개발해야 할 역량을 규명하고 그러한 역량을 향상시키기 위한 요소가 무엇인지를 밝히려는 노력이 국내외적으로 진행되어 왔다. 이러한 노력 중 주목할 만한 성과는 1997년부터 국제기구인 OECD에서 추진해 온 DeSeCo(Defining and Selecting Key Competencies) 프로젝트다(김기헌 외, 2008, p. 3).

DeSeCo 프로젝트는 핵심 역량을 한 개인이 일상생활을 영위할 때 중요하게 작용하는 요소로 한 개인의 성공적인 삶과 사회 순응 과정에 영향을 미치는 능력으로 정의한다(Rychen & Salganik, 2001). 개인적 수준에서는 일차적인 욕구 충족, 타인과의 관계 형성, 성취와 만족, 경제적 자원에 대한 접근, 고용과 정치 참여, 정보에 대한 접근 등을 들 수 있다. 사회적 수준에서는 평화와 안녕, 경제적 성취와 부, 사회 통합, 평등, 인간 권리, 환경 보존 등이 있다. 이러한 요소를 종합하여 DeSeCo 프로젝트는 '도구를 상호적으로 사용하기' '이질적인 집단과 상호작용하기' '자율적으로 행동하기'의 세 가지 핵심 역량을 제시하였다.

핵심 역량의 영역 체계에 관한 또 다른 시도는 미국의 EFF(Equipped for the Future) 프로젝트에서 찾아볼 수 있다. EFF 프로젝트는 의사소통 기술(communication skills), 의사결정 기술(decision-making skills), 대인관계 기술(interpersonal skills), 평생학습 기술(lifelong learning skills) 등을 제시하였다(김기헌, 장근영, 조광수, 박현준, 2010, p. 22).

한편, 국내에서도 미래사회에서 요구하는 다양한 핵심 역량 몇 가지를 제안하고 있다. 한국교육개발원은 생애 핵심 역량을 '생애 능력'으로 개념화하고 기초 문해력, 핵심 능력, 시민의식, 작업특수 능력의 네 가지를 핵심 역량으로 제시하였다(유현숙 외, 2002; 유현숙, 김태준, 이석채, 송선영, 2004).

그리고 김기헌 등(2008)은 청소년기 핵심 역량을 DeSeCo 프로젝트에서 제안하고 있는 세 가지 기본 범주에 기초하여 몇 가지 요소를 제시하고 있다. 그 이유는 국내외의 다양한 제안이 큰 틀에서 DeSeCo 프로젝트의 세 가지 범주로 수렴 가능하다는 판단에 따른 것이다. 김기헌 등(2008)은 청소년기 핵심 역량을 ① 지적 도구 활용, ② 사회적 상호작용, ③ 자율적 행동, ④ 사고력의 네 가지로 제시하였다(표 8-3 참조).

표 8-3 청소년기 핵심 역량의 하위 영역별 요소

영역	하위 요소
지적 도구 활용	• 언어, 상징, 문자를 상호적으로 사용하기 • 지식과 정보를 상호적으로 사용하기 • 기술을 상호적으로 사용하기
사회적 상호작용	• 관계지향성 • 사회적 협력(협동) • 갈등관리

자율적 행동	• 거시적 맥락 속에서 행동하기 • 목표 및 과제를 수립하고 실천하기 • 권리와 이익의 한계를 알고 요구하기
사고력	• 비판적 사고기술 • 비판적 사고성향

출처: 김기헌, 장근영 외(2010), p. 27.

이상에서 살펴본 바와 같이 청소년기 핵심 역량은 연구자에 따라 다소 견해를 달리한다. DeSeCo 프로젝트와 미국의 EFF 프로젝트는 주로 외국의 청소년을 대상으로 하여 핵심 역량을 도출한 것으로, 우리나라 청소년에게도 적합한 것인가라는 비판이 제기될 수 있다. 한국교육개발원에서 제시한 핵심 역량은 교육적 측면에 초점을 둔 것인 반면, 김기헌, 장근영 등(2010)이 주장하는 핵심 역량은 청소년활동의 등장배경과 유사한 성격과 목적을 갖고 있다.

2. 청소년활동의 등장과 접근 관점

1) 청소년활동의 등장 과정

우리 사회는 학교교육과 더불어 학교 밖 청소년활동이 청소년의 성장과정에 매우 중요한 영향을 미친다는 사회적 공감대를 이끌어 냄으로써 청소년활동을 활성화하기 위한 노력을 지속해 왔다. 1987년의 「청소년육성법」 제정, 1991년 「청소년기본법」 제정, 2004년의 「청소년활동 진흥법」 제정 등이 그러한 노력을 보여 준다. 그 결과로 과거 민간 차원에서 자율적이고 소규모로 진행되던 청소년활동이 법적 제도화를 이루게 되었다(박정배, 2010).

청소년활동은 초기에 청소년수련활동이란 용어로 사용되었는데, 당시 '수련(修練)'이라는 용어는 청소년지도자가 청소년에게, 교사가 학생에게 일정한 지위와 역할을 부여하면서 지도 · 교육하는 지시적 의미가 컸다. 즉, 수련은 청소년이 건강하게 심신을 단련하고 건강한 인격체를 갖추도록 지원하되 청소년 스스로가 그 능력을 배양하기보다는 주어진 틀 속에서 양성되는 수동적 의미가 강하였다. 따라서 초기의 청소년활동은 다양한 소재를 중심으로 이루어지는 프로그램이 부족하여 소집단보다 대규모 집단활동이 많았다.

청소년수련활동은 우리 역사 속에서도 찾아볼 수 있다. 고구려의 경당(扃堂)이나 신라의 화랑도(花郞徒)는 오늘날의 청소년활동과 유사한 목적과 내용으로 구성되었다. 고구려의 경당은 5세기 전반에 설치된 최초의 민간 청소년교육 기관으로서, 고구려의 미혼 자제들이 경서를 익히고 무예를 연마하는 수련활동 무대였다. 신라의 화랑도는 6세기 중엽에 이르러 국가가 설치 · 운영한 청소년단체로서, 주로 명산대천(名山大川)의 자연을 수련터전으로 하여 문 · 무 · 예의 조화로운 수련거리를 3년간 갈고닦는 교육기관이었다. 이것은 세계 어느 나라에서도 찾아보기 어려운 청소년수련활동의 전형적인 모델로 평가된다. 이후 고려와 조선 시대에는 서당, 향교, 서원, 태학, 국자감, 성균관 등 공사(公私)의 교육기관이 우리 청소년을 교육하는 기관으로 자리하였다(한국청소년개발원, 2006, pp. 104-105).

이후 청소년은 대학입시를 준비하는 '학생'으로서의 지위가 강조되면서, 한 인간으로서 갖는 많은 권리가 유예된 채 학교 공간에서 지식 중심의 학업에 내몰리게 되었다. 즉, 1970~1980년대에는 산업화 시대에 맞는 규격화된 국가적 인재를 양성하는 학교 시스템이 학교 밖 공간과 청소년활동이라는 선택적 · 자율적 활동의 태동을 제한하였다. 이후 학교교육도 창의 · 인성 교육을 강조하고, 학교 밖 공간이 청소년의 삶의 무대로 확장되기 시작하자 학교교육을 보완하는 논리로서의 청소년활동이 등장하였다.

2) 청소년활동의 접근 관점

청소년활동과 관련한 또 다른 이슈는 청소년을 보는 관점과 관련한 문제다. 이것은 청소년활동이 하나의 국가정책으로 자리 잡으면서 생겨난 것으로, 모든 정책은 분명한 정책 대상과 함께 명료하게 정의된 목표를 가지고 있어야 한다는 논리에 근거한다(송병국, 2008). 청소년활동에 접근하는 관점은 청소년을 어떻게 보는가에 따라 문제 중심적(problem-focused) 관점, 예방적(preventive) 관점, 청소년 개발적(youth development) 관점으로 구분해 볼 수 있다(김광웅 외, 2009, pp. 10-11).

첫째, 문제 중심적 관점은 청소년기를 사회적 지위나 역할의 관점에서 보기보다는 하나의 인간 발달적 시기로 보는 관점이다. 즉, 청소년기는 아동과 성인의 중간적 과도기로 성장과정에서 나타나는 불안, 반항, 정체성 혼란 등이 다양한 문제를 경험하도록 조장한다는 주장이다. 따라서 청소년활동은 성장과정에서 경험하는 다양한 문제로부터 청소년을 보호 · 선도 · 치료 · 회복하기 위한 관점에서 접근해야 한다고 본다.

둘째, 예방적 관점은 문제가 생기고 난 뒤에 해결하기보다는 처음 문제가 생기는 상황(요인)을 예방하는 것이 비용적인 측면에서도 더욱 효과적 · 효율적일 수 있다는 이해에서 비롯되었다. 청소년활동은 다양한 영역의 체험활동을 제공하여 자라나는 청소년이 부딪히게 될 문제, 비행, 위험 등으로부터 스스로를 지키기 위한 역량을 키우는 관점에서 접근해야 한다고 본다. 또한 청소년을 둘러싼 유해환경을 정화하기 위한 노력도 예방적 접근 관점에 해당한다.

셋째, 청소년 개발적 관점은 예방적 관점에서 더 나아가 문제가 발생하거나 위기 상황이 생기지 않도록 예방할 뿐 아니라, 긍정적 발달과 청소년의 건강 및 안녕(well-being)에 기여하는 조건을 적극적으로 주장한다. 청소년개발 옹호자들은 단순히 문제를 예방하는 것은 청소년을 성인으로 준비시키기 위해서 충분하지 않다고 본다. 이러한 청소년개발의 원리가 종래의 문제 중심적 접근의 한계를 극복하고 예방적 접근의 문제점까지도 지적하고 있는 점은 주목해 보아야 한다. 특히 Benard(2004)는 "문제 예방에 대한 가장 효과적, 효율적이며 나아가 보상적이며 즐거운 접근법은 건강한 청소년개발을 통하는 것"이라고 강조한다.

따라서 청소년활동 과정에서 청소년 선도 · 보호, 청소년육성, 청소년참여, 청소년인권, 청소년복지 등과 같은 용어는 청소년을 어떻게 이해하고 접근할 것인가와 밀접히 연관된 단서를 제공한다. 일반적으로 선도 · 보호 등은 사후 대책을 전제한 문제 중심적 접근 또는 문제 예방적 접근과 보다 밀접히 연관되어 있다. 반면, 청소년육성, 청소년참여, 청소년복지 등은 청소년개발의 관점을 제공한다. 청소년인권은 문제 예방적 관점이나 청소년 개발적 관점 모두와 관련되어 있다. 대체로 청소년활동은 이러한 사후 대처적, 문제 예방적, 개발적 관점과 목표가 모두 혼재 · 적용되어 있다.

3. 청소년활동의 구성 체계

청소년활동에 필요한 구성 체계로는 일반적으로 청소년, 활동 프로그램, 청소년 지도자 그리고 청소년수련관, 청소년수련원 및 청소년단체 등으로 대표되는 청소년활동터전이 있다. 청소년과 관련한 내용은 제1부와 제2부에서 충분히 다루었고, 청소년지도자와 관련한 내용 역시 제7장에서 다루었기에, 여기서는 활동 프로그램과 청소년활동터전에 대해서만 살펴본다.

1) 청소년활동 프로그램

(1) 청소년활동 프로그램이란

청소년활동 프로그램은 청소년시설·단체 등 청소년지도 현장에서 다양한 유형의 프로그램으로 운영되고 있다. 그러나 프로그램이란 용어는 일상생활에서 많이 사용되는 것만큼이나 그 정의가 다소 모호한 측면이 있다. 프로그램이라고 하면 흔히 어떤 행사 시 앞으로 진행될 내용을 순서대로 나열한 일정표나 연극, 영화, 음악회 등 각종 공연장에서 그 내용을 소개하거나 설명하기 위해 배포되는 작은 책자를 떠올리기도 한다(한국청소년개발원, 1995). 이러한 의미로 볼 때, 일반적으로 사용되는 프로그램이란 어떤 행사의 진행 과정을 시간 순서에 따라 구체적으로 나열한 진행 순서표나 사전 계획표라고 할 수 있다.

그러나 청소년활동 분야에서 사용하는 프로그램의 본래 개념은 그 이상의 포괄적 의미를 내포하고 있다. 즉, 프로그램은 하나의 활동이 이루어지는 총체적인 환경으로서 활동 내용, 활동 목표, 활동 대상, 실행 과정 및 방법, 장소, 시기, 홍보 활동, 평가 방법 등을 포함한다. 이것은 청소년활동이 좀 더 조직적인 체험적 경험으로서 청소년에게 제공되기 위해서는 단순히 활동 내용이나 순서만을 갖는 것이 아니라 일정한 활동을 구체적으로 실행하기 위해 필요한 경험의 총체를 내포해야 함을 의미한다. 또한 프로그램이란 용어는 교육 용어인 '교육과정(curriculum)'이나 '코스(course)'와 유사하지만 규범적이고 필수적인 성격을 띠고 있지 않다. 오히려 선택적이고 융통성이 강한 성격을 띠고 있다고 보는 것이 타당하다.

청소년활동 프로그램의 특성을 정리하면 다음과 같다(한국청소년개발원, 2005, pp. 17-18).

첫째, 청소년활동 프로그램은 미래 지향적 성격과 현실 지향적 성격을 동시에 지닌다. 즉, 청소년활동 현장에서 앞으로 전개될 행동을 미리 예측하여 이를 바탕으로 미래의 행동 방향을 사전에 수립하는 미래 지향성을 갖는다. 동시에 참여 청소년의 현재적 욕구와 특성에 따라 내용과 방법의 일부를 융통성 있게 수정·변경할 수 있는 현실 지향적 특성도 지닌다.

둘째, 청소년활동 프로그램은 청소년활동의 목적 및 목표를 달성하기 위한 수단적 성격을 지닌다. 프로그램은 그 자체가 목적이 아니라 청소년지도의 목적을 달성하기 위한 수단이다. 따라서 청소년지도자는 프로그램을 개발하거나 운영할 때 프로그램이 참여 청소년의 변화에 얼마만큼 영향을 미쳐 본래의 목적과 목표를 달성할 것인가를 항상 염두에 두어야 한다.

셋째, 청소년활동 프로그램은 기획과 평가 단계까지의 모든 과정을 포괄하는 통합적 의미를 지닌다. 즉, 활동 내용(지식, 정보, 대상, 원리 등)을 포함하는 것은 물론이고 활동의 목적, 목표, 대상, 장소, 시기, 홍보 등의 모든 과정이 유기적인 네트워크로 연결되는 하나의 시스템이다. 만약 어느 단계에서든지 맥락이 맞지 않거나 단락적 문제가 나타난다면 활동 프로그램은 결과적 효과성이 높지 못할 것이다.

넷째, 청소년활동 프로그램은 지도 결과보다는 지도 과정에 초점을 두고 있다. 이것은 청소년이 프로그램을 경험한 후 어떤 행동의 변화를 가져왔는가에 초점을 두기보다는 프로그램에 참여하는 동안 얼마나 의미 있고 만족스러운 체험을 하고 있는가에 초점을 두고 있음을 의미한다.

다섯째, 청소년활동 프로그램은 청소년시설·단체 등을 변화시키는 역할을 수행한다. 청소년기관은 국가의 청소년정책과 청소년의 문화적 성향, 생활양식 등을 파악하여 프로그램을 개발·운영할 때 적극 반영하여야 한다. 그 과정에서 청소년기관은 자연스럽게 변화와 적응의 과정을 경험하게 된다.

(2) 청소년활동 프로그램 개발·운영 절차

청소년활동 프로그램의 개발 절차는 연구자마다 그 주장이 조금씩 다를 수 있으나, 일반적으로 '기획-설계-실행-평가'의 네 단계로 구분된다. 여기에 **그림 8-1**에 제시한 바와 같이 설계 다음에 '마케팅(홍보)' 과정을 독립적인 단계로 추가하는 경우도 있다(김혁진, 2004; 전명기, 2006; 한국청소년개발원, 2005).

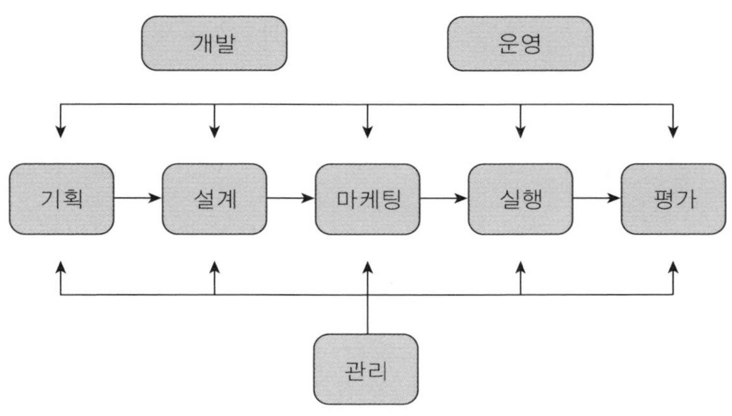

그림 8-1 청소년활동 프로그램 개발 절차도

① 기획 단계

기획 단계는 요구 분석, 의사결정을 통해 무엇을 할 것인가를 결정하는 단계다. 주요 과업으로 문제 인식, 요구 분석, 현황 조사, 자료 수집, 의견 수집 등이 있고, 계획에서 평가까지의 전반적이고 총괄적인 기본 계획을 기획안으로 작성한다. 기획은 계획의 과정이며, 기획의 결과물은 계획이 된다.

② 설계 단계

설계 단계는 기본 계획으로서의 기획안을 구체화한 상세 지침으로 무엇을 어떻게 할 것인가를 결정하는 단계다. 세부 활동 목표와 이를 위한 구체적인 내용과 방법을 설계안으로 작성하게 된다. 그러나 실제 현장에서 기획-설계 단계의 엄격한 구분이 어려운 경우가 많고 어떤 과업이 어느 단계에 해당하느냐도 실제 과정에서는 명확하지 않을 수 있다. 과제의 설정, 채택을 위한 기본 계획과 실행을 위한 세부 실천 계획 또는 상세 계획의 개념으로 구분하는 방법도 있다.

③ 마케팅 단계

마케팅 단계는 프로그램 설계 이후에 이루어지는 독립된 과정으로 보기도 하고 실행 과정의 한 부분으로 포함하기도 한다. 그러나 실제적인 적용 과정에서 마케팅 단계는 현장 적용을 위하여 개발된 상품인 '프로그램'을 수요자인 청소년에게 더욱 효과적으로 알려서 참여할 수 있도록 촉진하는 역할을 한다. 기업경영의 마케팅 기법은 단지 수익상품의 판매에만 적용되는 것이 아니며, 공공 서비스 분야에서도 프로그램의 질과 청소년 참여의 확대를 위해 그 중요성이 강조되고 있다.

④ 실행 단계

실행 단계는 계획을 현장에 적용하는 과정으로, 사전 준비 단계와 직접적인 체험 활동이 전개되는 과정을 포함한다.

그리고 실행이란 일반적으로 지도자 간의 협력적인 노력이 필요하고 요구된다는 점에서 조직 구성원 혹은 자원봉사자 및 참가자에 대한 적절한 역할 분담이 필요하다. 특히 실행 단계에서는 프로그램을 운영·지도하는 지도자의 전문성과 경험에 따라 실행 결과가 다르게 나타날 수 있으므로 청소년지도자의 전문성 제고 노력도 필요하다. 아울러 프로그램에 대한 청소년의 자발적 참여가 가능하고 또 촉진될 수 있도록 지도자의 면밀한 배려도 필요하다.

⑤ 평가 단계

평가 단계는 일반적으로 '기획-설계-실행'이라는 프로그램 개발 및 운영 과정의 마지막 단계로 간주되나 실제로는 프로그램 개발 및 운영 전 과정에 걸쳐 이루어진다. 따라서 기획 단계부터 평가의 내용, 방법, 절차, 도구, 일정을 결정하고 평가 자료 수집, 분석과 해석을 통해 프로그램 개발과 운영 과정 전체를 평가한다.

2) 청소년시설·단체

지난 20년간 청소년 분야에서 가장 괄목할 만한 성장을 이루어 온 영역이 바로 청소년시설과 단체 부문이다. 청소년시설은 「청소년육성법」과 「청소년 기본법」 그리고 '한국청소년기본계획'의 수립을 계기로 청소년수련관, 청소년수련원, 청소년문화의집 등이 대폭 증가함으로써 가장 비약적인 발전을 이룬 분야라고 할 수 있다. 청소년수련시설의 양적 확대는 청소년활동 기반을 한 단계 끌어올렸다고 할 수 있으나, 여전히 청소년시설의 지역적 편차, 초등학령기 청소년 중심의 이용률 등은 청소년활동 활성화를 위해서 해결해야 할 과제이다.

청소년단체의 역사는 한국 청소년활동의 출발점이라고 해도 과언이 아니다. 특히 청소년단체는 한국 근·현대사의 주요 장면마다 청소년을 위한 활동뿐만 아니라 사회 변화의 의미 있는 계기를 만들고 주체적인 역할을 수행하기도 하였다. 현재 청소년단체는 지식정보사회의 전개와 그에 따른 사회 변화에 걸맞은 청소년활동을 선도하기 위해 다양한 시도를 하고 있다.

(1) 청소년시설

청소년시설은 청소년수련시설과 청소년이용시설로 구분되는데, 주요 내용과 현황은 다음과 같다.

1 청소년수련시설

청소년수련시설은 수련활동에 필요한 여러 시설, 설비, 프로그램 등을 갖추고 청소년지도자의 지도하에 체계적이고 조직적인 수련활동을 실시하는 시설로 기능이나 수련활동 및 입지 여건 등에 따라 다양한 유형으로 구분된다. 과거에는 수련시설을 생활권 수련시설(청소년수련관, 청소년문화의집), 자연권 수련시설(청소년수련원, 청소년야영장), 유스호스텔로 구분하였다. 그러나 2005년부터는 청소년수련관, 청소년수련원, 청소년문화의집, 청소년특화시설, 청소년야영장, 유스호스텔로 구분하였다.

청소년수련시설을 더 자세히 살펴보면, '청소년수련관'은 다양한 수련활동을 실시할 수 있는 각종 시설 및 설비를 갖춘 종합수련시설을 의미한다. '청소년수련원'은 숙박 기능을 갖춘 생활관과 다양한 수련활동을 실시할 수 있는 각종 시설과 설비를 갖춘 종합수련시설을 말한다. '청소년문화의집'은 간단한 수련활동을 실시할 수 있는 시설 및 설비를 갖춘 정보·문화·예술 중심의 수련시설이고, '청소년특화시설'은 청소년의 직업 체험, 문화예술, 과학정보, 환경 등 특정 목적의 청소년활동을 전문적으로 실시할 수 있는 시설과 설비를 갖춘 수련시설이다. 그리고 '청소년야영장'은 야영에 적합한 시설 및 설비를 갖추고 수련활동 또는 야영 편의를 제공하는 수련시설이고, '유스호스텔'은 청소년의 숙박 체제에 적합한 시설·설비와 부대 · 편의시설을 갖추고 숙식 편의 제공, 여행 청소년의 활동 지원 등을 주된 기능으로 하는 시설이다(「청소년활동 진흥법」 제10조).

1992년 이전에는 수련시설이 150여 개에 불과하였지만 매년 지속적으로 증가하여 2018년 12월 기준 809개의 시설이 설치 · 운영되고 있다(**표 8-4** 참조).

표 8-4 **청소년수련시설 현황** (2018년 12월 기준)

시설유형	개소수	비율
청소년수련관	186	23%
청소년수련원	191	23.6%
청소년문화의집	263	32.5%
청소년야영장	41	5.1%
유스호스텔	117	14.5%
청소년특화시설	11	1.4%
합계	809	100%

② 청소년이용시설

청소년이용시설은 설치 목적의 범위 내에서 청소년활동 실시와 청소년의 건전한 이용 등을 위하여 제공되는 시설을 의미한다. 문화시설, 과학관, 체육시설 등이 대표적인 이용시설에 해당한다. 먼저 문화시설로는 청소년의 정서 함양을 위해 국가가 건립한 국립중앙극장, 국립중앙박물관, 국립현대미술관, 국립국악원, 국립민속박물관, 국립중앙도서관 등이 있다. 지역에는 박물관, 미술관, 도서관, 문예회관, 지방문화원 등의 시설이 있다. 과학관 중 대표적인 이용시설로는 국립중앙과학관과 국립서울과학관을 들 수 있다. 그리고 체육시설은 국민의 건전한 여가 선용과 생활체육활동을 증진하기 위한 생활체육시설과 전문 선수의 육성을 위한 전문체육시설 등이 있다(여성가족부, 2017, pp. 451-452).

(2) 청소년단체

청소년단체는 2018년 기준 약 1,100여 개가 설립 · 운영 중에 있다. 그렇지만 「청소년활동 진흥법」에 명시되어 있는 주요 청소년단체로는 한국청소년단체협의회와 한국청소년수련시설협회를 들 수 있다. 이 두 단체의 주요 내용을 살펴보면 다음과 같다.

1 한국청소년단체협의회

한국청소년단체협의회는 1960년대부터 청소년단체 활동이 활발히 추진되면서 청소년단체 간의 협력과 교류 지원을 목적으로 1965년도에 창립되었다. 이후 2005년도에 한국청소년단체협의회가 '특수법인화'되어 다양한 단체 활동을 추진 중에 있다.

한국청소년단체협의회는 2018년 기준 65개 회원 청소년단체가 가입되어 있으며, 260만여 명의 청소년 회원과 149만여 명의 청소년지도자 등 총 400만여 명이 소속되어 활동하고 있다. 회원단체 가입은「청소년 기본법」에 준하여 '청소년육성을 주된 목적으로 설립된 법인' 또는 '청소년활동, 청소년복지, 청소년보호를 주요 사업으로 하는 단체'가 신청을 하면 이사회의 승인을 거쳐 회원단체가 된다. 회원단체 중에는 8개의 지방청소년단체협의회가 가입되어 있는데, 특정 지역을 활동범위로 하는 청소년단체가 그 지역을 관할하는 시 · 도의 조례가 정하는 바에 따라 시 · 도지사의 인가를 받아 설립할 수 있다.

한국청소년단체협의회는 설립 목적에 따라 청소년단체 활성화를 위해 회원단체가 행하는 사업과 활동에 대한 협조 · 지원, 지방청소년단체협의회에 대한 협조 · 지원, 청소년지도자의 연수와 권익 증진, 청소년 관련 분야의 국제기구(WAY, AYC, UN Youth Unit, AUN, ASEF, EYF, IYC 등) 활동, 외국 청소년단체와의 교류 및 지원, 남북 청소년 및 해외교포 청소년과의 교류 · 지원, 청소년육성을 위한 홍보 및 실천운동, 청소년 관련 도서출판 및 정보 지원, 청소년활동에 관한 조사 · 연구 지원, 우수 청소년단체와 모범 청소년지도자 및 청소년의 포상, 국제청소년센터 및 청소년교류센터의 운영 및 관리, 그 밖에 청소년육성을 위하여 필요한 사업 등을 수행하고 있다(한국청소년단체협의회, 2018, pp. 29-48).

2 한국청소년수련시설협회

한국청소년수련시설협회는 전국의 공공 및 민간 청소년수련시설의 발전을 위한 지원, 청소년수련시설 간 연계 · 협력을 위한 협의와 조정, 청소년수련시설 운영 활성화 정책 제안 등을 위해 2002년도에 창립되었다. 이후「청소년활동 진흥법」(2004)에 의거해 2005년 2월에 특수법인으로 재출범하였고, 2018년 기준 348개 시설이 회원으로 가입하여 활동 중에 있다(http://www.youthnet.or.kr/2009/center/status.asp).

한국청소년수련시설협회의 주요 기능으로는 청소년활동 기반 확대 및 운영 활성화를 위한 지원 기구로서의 역할을 수행함으로써 청소년활동을 전반적으로 활성화하는 인큐베이팅 기능 강화, 청소년활동에 대한 범국민적 인식 제고를 위한 적극적인 홍보활동, 청소년활동 참여 극대화를 위한 지역사회 및 학교 등과의 연계사업 개발 · 운영 지원, 청소년활동을 통한 지역 문화 기반의 조성을 위해 다각적인 실천 방안 수립, 우수 마케팅 사례 발굴을 통한 청소년활동 활성화, 지역사회 내 청소년 수련시설, 청소년 유관기관, 청소년지도자 등과의 상호 연계 · 협력 체계의 구축을 통한 건전한 사회환경 조성, 청소년과 함께하는 지역 공동체 조성을 위한 지방협회의 구성 및 지역단위 청소년활동 지원 체제의 구축 등이 있다(http://www.youthnet.or.kr/2009/about/introduce.asp).

4. 청소년활동 정책의 현황과 과제

1) 청소년활동 정책 현황

(1) 청소년수련활동인증제

청소년수련활동인증제는「청소년활동 진흥법」에 따라 2006년도부터 시행된 제도다. 이 제도는 청소년수련활동이 청소년의 균형 있는 성장에 기여할 수 있도록 국가 및 지방자치단체 또는 개인, 법인, 단체 등이 실시하고자 하는 청소년수련활동을 인증하고, 인증된 수련활동에 참여한 청소년의 활동 기록을 유지 · 관리 · 제공하는 국가인증제도다.

청소년수련활동인증제의 특징은 다음과 같다.

① 맞춤형 참여: 청소년의 눈높이에 맞는 다양하고 재미있는 인증수련활동에 참

여할 수 있다.

② 안전과 전문성: 안전한 활동환경을 갖추고 전문성을 지닌 지도자와 함께한다.

③ 체계적 관리: 인증신청, 수시점검, 사후관리 등 인증수련활동의 시작부터 끝까지 꼼꼼하게 관리한다.

④ 경험의 활용: 인증수련활동 참여 후 여성가족부장관 명의 참여 기록확인서를 발급받을 수 있고 포트폴리오를 작성하여 관리할 수 있다.

인증수련활동은 기본형, 숙박형, 이동형, 학교단체 숙박형 등 4개의 활동 유형이 있다(**표 8-5** 참조).

표 8-5 인증수련활동 유형

활동유형	내용
기본형	전체 프로그램 운영 시간이 3시간 이상으로서, 실시한 날에 끝나거나 1일 1시간 이상의 각 회기로 숙박 없이 수일에 걸쳐 이루어지는 활동
숙박형	숙박에 적합한 장소에서 일정기간 숙박하며 이루어지는 활동
이동형	활동 내용에 따라 선정된 활동장을 이동하여 숙박하며 이루어지는 활동
학교단체 숙박형	학교장이 참가를 승인한 숙박형 활동 **개별단위프로그램: 학교단체 숙박형 활동을 구성하는 각각의 프로그램

그리고 수련활동의 인증 신청은 매월 상시적으로 신청 기관이나 지도자가 인증정보시스템을 통하여 신청할 수 있다. 이를 통하여 접수된 청소년수련활동은 1개 프로그램당 2명의 '청소년수련활동인증심사원'이 배정되어 20일 동안의 심사를 거쳐 '청소년수련활동인증위원회'가 최종 심의를 한다. 인증기준은 국내 청소년활동과 국제 청소년활동 영역으로 구분되어 있으며, 각 영역별 인증기준은 공통기준과 개별기준으로 나누었다. 공통기준은 활동 프로그램, 지도력, 활동환경 등 세 가지 영역, 개별기준은 숙박형과 이동형으로 구성되어 있으며 반드시 인증을 받아야 하는 프로그램과 학교단체 숙박형 활동은 특별기준을 추가로 적용한다(여성가족부, 2017, pp. 111-113).

국가가 인증한 청소년수련활동에 참여한 청소년의 활동 기록은 「청소년활동 진흥법」 및 동법 시행령에 의해 누계 관리되며, 주무부처 장관 명의의 인증서를 실시간 발급 받을 수 있다. 인증수련활동기록서에는 청소년의 활동 실적을 기록·관리함으로써 청소년이 자기계발과 상급학교 진학 및 대입 시, 취업 시에 필요한 자료를 확보하고 활용할 수 있도록 지원하고 있다. 또한 청소년이 참여한 활동의 개요와 활동 시간, 지도자의 평가가 함께 이루어지고 있다(여성가족부, 2017, pp. 111-113).

(2) 국제청소년성취포상제

국제청소년성취포상제(The Duke of Edinburgh's Award: 이하 '포상제')는 1956년 영국 엘리자베스(Elizabeth) 2세의 부군인 에딘버러(Edinburgh) 공작에 의해 시작되어 현재 131개국에서 운영되고 있다. 매년 80만 세계 청소년이 포상제에 참여한다. 포상제를 총괄하는 국제포상협회(International Award Association)에는 국가운영기관(National Award Authorities, 61개국)과 독립운영기관(Independent Operators, 70개국)이 속해 있으며, 유럽·지중해·아랍 지역, 아프리카 지역, 아시아·태평양 지역, 아메리카 지역의 사무국이 구성되어 운영되고 있다(http://www.koraward.or.kr).

포상제는 비경쟁성, 평등성, 균형성, 성취 지향성, 과정 중시성, 지속성 등의 열 가지 기본 이념을 바탕으로 활동이 이루어진다. 이러한 포상제의 이념은 참여 청소년이 자기 주도성과 도전정신을 통해 자신의 역량을 지속적으로 개발할 수 있는 습관을 가질 수 있게 한다. 포상제에 참여할 수 있는 청소년의 연령은 만 14~25세로, 만 25세 생일 전까지 포상활동을 마칠 수 있는 청소년이면 누구나 참여할 수 있다.

포상활동은 봉사, 자기개발, 신체단련, 탐험의 네 가지 활동이며, 주어진 최소 활동 기간을 충족해야 한다(**표 8-6** 참조). 금장 활동의 경우 네 가지 활동과 더불어 추가로 합숙 활동을 해야 한다. 포상 단계는 동장(6개월), 은장(6~12개월), 금장(12~18개월)으로, 네 가지 활동 영역 모두 포상활동별 최소 활동 기간을 충족하고 성취 목표를 달성해야 포상을 받을 수 있다(http://www.koraward.or.kr).

포상제는 포상 자체보다는 포상활동의 과정에 의미가 있기 때문에 포상 활동에서 도전에 대한 실패는 없다. 언제든지 다시 시작하여 도전한다면 포상을 받을 수 있다. 이 원칙에 따라 참여 청소년은 도전의 지속성을 유지하며 자신과의 약속을 지킬 수 있다.

표 8-6 포상 영역별 활동 기준

<table>
<tr><th>구분</th><th>봉사활동</th><th>자기개발</th><th>신체단련</th><th>탐험활동</th><th>합숙활동</th></tr>
<tr><td rowspan="2">금장
만 16세
이상</td><td>최소 12개월
48회(시간) 이상</td><td>최소 12개월
48회(시간) 이상</td><td>최소 12개월
48회(시간) 이상</td><td>3박 4일</td><td>4박 5일</td></tr>
<tr><td colspan="3">은장 포상 안 받은 경우,
세 가지 영역 중 한 가지 영역 선택해 6개월 추가 활동</td><td>예비탐험 3박 4일
1일 최소
야외활동 8시간</td><td>금장 단계에
한함</td></tr>
<tr><td rowspan="2">은장
만 15세
이상</td><td>최소 6개월
24회(시간) 이상</td><td>최소 6개월
24회(시간) 이상</td><td>최소 6개월
24회(시간) 이상</td><td>2박3일</td><td>-</td></tr>
<tr><td colspan="3">동장 포상 안 받은 경우,
세 가지 영역 중 한 가지 영역 선택해 6개월 추가 활동</td><td>예비탐험 2박 3일
1일 최소
야외활동 7시간</td><td>-</td></tr>
<tr><td rowspan="2">동장
만 14세
이상</td><td>최소 3개월
12회(시간) 이상</td><td>최소 3개월
12회(시간) 이상</td><td>최소 3개월
12회(시간) 이상</td><td>1박2일</td><td>-</td></tr>
<tr><td colspan="3">세 가지 영역 중 한 가지 영역 선택해 3개월 추가 활동</td><td>예비탐험 1박 2일
1일 최소
야외활동 6시간</td><td>-</td></tr>
<tr><td colspan="6">※ 활동 1회당 1시간이상 회당 7일 이상 간격</td></tr>
</table>

(3) 청소년자원봉사활동

청소년자원봉사활동은 1995년 대통령자문기구인 교육개혁위원회가 '5 · 31 교육개혁방안'을 제안함으로써 학생들로 하여금 입시 위주의 학교교육에서 탈피하여 다양한 체험활동 및 봉사활동을 할 수 있는 제도적 기틀을 마련하였다.

국가는 청소년자원봉사를 제도적으로 뒷받침하기 위해 1995년 5월 교육부 교육개혁위원회의 교육개혁방안에 청소년자원봉사활동을 인성교육과제로 포함하였다. 이를 계기로 당시 문화체육부 정책의 하나인 '바른청소년육성운동'의 일환으로 청소년자원봉사은행을 설치하고, 1996년 2월 청소년자원봉사센터 설치 · 운영 · 지원 계획을 시 · 도로 통보하였다. 이에 1996년 4월부터 1999년 3월까지 중앙 및 16개 시 · 도에 청소년자원봉사센터가 설치 · 운영되었다. 현재는 한국청소년활동진흥원에서 청소년자원봉사활동을 총괄하고 있다.

청소년자원봉사활동은 일손돕기활동, 위문활동, 캠페인활동, 자선구호활동, 지도활동, 환경 · 시설 보존활동, 지역사회 개발활동, 기타활동 등으로 유형화할 수 있으나 정형화된 것은 아니다(**표 8-7** 참조). 현재 국가는 청소년자원봉사 포털사이트(http//www.youth.go.kr)를 개발하여, 청소년자원봉사활동뿐만 아니라 청소년국제교류, 자유학기제 연계 체험활동 등 타 청소년 활동 정보와의 연계도 강화하였다. 또한 청소년자원봉사의 안전한 봉사활동 환경보장과 자발적 봉사참여 촉진을 위해 2016년부터 자원봉사 상해보험 지원을 시작하였으며, 2017년에는 관계부처 통합상해보험 실시를 통해, 상해보험 혜택인원을 확대하고 있다(여성가족부, 2017, pp. 125-126).

표 8-7 **청소년자원봉사활동 유형 및 내용**

유형	내용
일손돕기활동	일손이 모자라는 복지시설, 공공기관, 병원, 농어촌 등을 찾아 실질적인 도움을 주기 위한 활동(복지시설 일손돕기, 공공시설 일손돕기, 병원 일손돕기, 농어촌 일손돕기, 학교 내 일손돕기 등)
위문활동	외롭고 힘들게 살아가는 사람들을 위로 · 위문하는 활동(고아원 위문, 양로원 위문, 장애인 위문, 병약자 위문, 부대 위문 등)
캠페인활동	잘 모르거나 잘못 알고 있는 사람들을 계도하고 계몽하기 위한 활동(공공질서 확립 캠페인, 교통안전 캠페인, 학교 주변 정화 캠페인, 환경보전 캠페인 등)
자선구호활동	병자, 노약자, 빈민, 고아, 난민 등을 구제하기 위한 활동(재해 구호, 불우 이웃 돕기, 국제협력과 난민구호 등)
지도활동	학생이나 일반인에게 교과, 운동, 문화, 레크리에이션 등을 지도하는 활동(동급생 지도, 하급생 지도, 사회복지 · 아동 지도, 교통안전 지도 등)
환경 · 시설 보존활동	자연환경과 동식물을 보호하고, 주변 환경이나 시설을 깨끗하게 유지 · 보호하기 위한 활동(깨끗한 환경 만들기, 자연보호, 문화재보호 등)
지역사회 개발활동	청소년이 살아가는 지역사회의 다양한 환경을 변화 · 개선하거나 청소년에게 유익한 환경을 개발하는 활동(교통환경 개선, 유해환경 정화, 여가 · 문화 환경 조성 등)
기타활동	위 일곱 가지의 큰 영역으로 분류하기 어려운 봉사활동

출처: http://www.dovol.net/index.html

2) 청소년활동 정책의 과제

우리 청소년이 살아갈 미래사회는 현재보다 진일보한 과학 문명의 발달로 생활의 편리성이 향상될 것이나 감시의 사회화는 더욱 가속화될 것이다. 즉, 개인의 자율성 신장과 더불어 인간 세계의 비인간화 경향이 더욱 심화될 것으로 전망된다. 이러한 측면에서 청소년활동 정책의 필요성과 중요성이 더욱 강조될 것으로 예상할 수 있으나 반드시 그렇지만은 않다. 아파트 거주 문화는 청소년의 놀이 공간을 축소하였고, 컴퓨터 혹은 인터넷의 발달은 청소년의 놀이 문화를 비롯한 가치, 규범, 습관 등과 같은 전반적인 청소년의 생활세계에 많은 변화를 주었다. 그러나 청소년은 이러한 변화를 불편해하기보다 순응하고 일부는 더욱 선도해 가는 모습을 보인다. 즉, 미래에 다가올 다양한 변화에 대하여 우리 청소년은 현재처럼 순응해 나갈 가능성이 높다. 이것은 그들을 대상으로 하는 청소년활동 정책이 더 험난한 문제에 직면할 것이라는 추정을 가능하게 한다. 따라서 미래의 청소년활동 정책은 선언적 또는 포괄적이기보다는 청소년 개개인의 특성에 맞춘 맞춤형 활동정책으로 나아가야만 청소년의 호응을 얻을 수 있을 것이다.

미래사회에서 청소년활동 정책이 갖는 의미는 현재보다 더욱 중요할 것이다. 국가는 청소년활동과 관련한 법령의 제·개정을 통하여 필요 예산을 확보하고 그에 따른 활동정책을 개발하여 관련 사업을 전개해 나갈 것이기 때문이다. 물론 국가의 공공성과 시민사회의 자율성이라는 두 권력이 청소년활동 정책을 어떻게 조망하고 관여할 것인가에 따라 청소년에 대하여 청소년활동 정책이 갖는 영향력은 다르게 나타날 것이다. 그러나 미래사회가 복지국가로 점차 이행할 것임을 고려하면, 국가는 무엇보다도 공공 사회지출 예산을 확대해 나갈 것이고 그 분배는 정부가 담당할 것이기에 청소년활동 관련법령을 비롯한 활동정책의 영향력이 사회 구성원에게 미치는 정도는 더욱 커질 것으로 보인다. 즉, 청소년활동 관련법령을 비롯한 활동정책이 청소년에게 미치는 영향력은 더욱 확대될 것이다.

미래사회를 대비한 몇 가지 과제를 살펴보면 다음과 같다.

- 미래사회의 변화 정향을 정확히 판단하여 청소년과 청소년을 둘러싼 환경 변화를 예측하고 그에 따른 청소년활동 관련법령의 정비와 함께 활동정책을 개

발해야 한다.

- 청소년의 생활세계는 현재보다도 오프라인에서 온라인 중심으로 이동할 가능성이 높다. 이에 따른 새로운 청소년활동 정책을 개발해야 한다.
- 청소년활동 정책의 방향은 국가 또는 민족적 범위를 넘어서 청소년이 세계화 시대의 역량을 개발하기 위한 차원으로 확대되어야 한다. 즉, 미래의 청소년활동 정책은 세계적 동향과 맥락을 같이하는 수준에서 마련해야 한다.
- 청소년활동 정책의 집행이 현재와 같이 관계 공무원 및 청소년 종사자 집단에 의해 추진되는 것이 아니라 일반 자원봉사자의 참여가 확대될 것으로 보이므로 그에 따른 지원 정책을 마련해야 한다.

생각해 봅시다

1. 청소년활동의 개념과 등장 과정, 그리고 청소년을 바라보는 세 가지 관점에 대하여 생각해 봅시다.

2. 청소년활동의 구성 체계 중 활동 프로그램, 청소년시설 · 단체의 주요 내용에 대하여 생각해 봅시다.

3. 청소년수련활동인증제를 실시하게 된 배경과 인증 절차에 대하여 생각해 봅시다.

4. 국제청소년성취포상제의 도입 배경과 포상 단계별 최소 활동 기간에 대하여 생각해 봅시다.

❋ 참고문헌

권일남, 김태균, 최진이, 이상경(2012). 청소년활동론. 서울: 학지사.

권일남, 정철상, 김진호, 김영철(2003). 청소년활동지도론. 서울: 학지사.

김광웅, 이종원, 천정웅, 이용교, 길은배, 전명기, 정효진(2009). 한국 청소년정책 20년사: 한국 청소년정책의 성과와 전망. 서울: 한국청소년정책연구원.

김기헌, 김지연, 장근영, 소경희, 김진화, 강영배(2008). 청소년 생애핵심역량 개발 및 추진방안 연구 Ⅰ: 총괄보고서. 서울: 한국청소년정책연구원.

김기헌, 맹영임, 장근영, 구정화, 강영배, 조문흠(2010). 청소년 생애핵심역량 개발 및 추진방안 연구Ⅱ: 총괄보고서. 서울: 한국청소년정책연구원.

김기헌, 장근영, 조광수, 박현준(2010). 청소년 핵심역량 개발 및 추진방안 연구 Ⅲ: 총괄보고서. 서울: 한국청소년정책연구원.

김혁진(2004). 프로그램 기획 및 평가. 2004년도 2급 청소년지도사 자격연수(pp. 109-125). 충남: 문화관광부, 국립중앙청소년수련원.

문화관광부(2004a). 청소년기본법. 서울: 문화관광부.

문화관광부(2004b). 청소년활동진흥법. 서울: 문화관광부.

박정배(2010). 청소년활동몰입 관련요인에 대한 구조분석. 순천향대학교 대학원 박사학위논문.

송병국(2008). 청소년정책의 이념과 발전과제. 윤철경, 김영지, 김기헌, 오성배 공편, 신정부 청소년정책 발전방향과 과제(pp. 29-50). 서울: 한국청소년정책연구원.

여성가족부(2017). 2017 청소년백서. 서울: 여성가족부.

여성가족부(2013). 청소년활동진흥법. 서울: 여성가족부.

오치선, 조영승, 곽형식, 김성수 외(2000). 청소년지도방법론. 서울: 학지사.

유현숙, 김안나, 김태준, 김남희, 이만희, 장수명(2002). 국가수준 생애능력 표준설정 및 학습체제 질관리 연구(Ⅰ). 서울: 한국교육개발원.

유현숙, 김태준, 이석채, 송선영(2004). 국가수준 생애능력 표준설정 및 학습체제 질관리 연구(Ⅲ). 서울: 한국교육개발원.

이희승(2003). 국어대사전. 서울: 민중서림.

전명기(2006). 프로그램의 기획과 실제. 2006 2급 청소년지도사 자격연수(pp. 39-55). 충남: 국가청소년위원회, 국립중앙청소년수련원.

천정웅, 이용교, 김혜원(2009). 청소년발달 · 역량개발 · 청소년복지. 경기: 교육과학사.

체육청소년부(1991). 청소년기본법. 서울: 체육청소년부.

한국청소년개발원(1995). 청소년지도론. 서울: 서원.

한국청소년개발원(2005). 청소년 프로그램개발 및 평가론. 경기: 교육과학사.

한국청소년개발원(2006). 청소년수련활동론. 경기: 교육과학사.

한국청소년단체협의회(2018). 한국청소년단체총람. 서울: 한국청소년단체협의회.

Benard, B. (2004). *Resiliency: What we have learned*. San Francisco, CA: WestEd.

Rychen, D. S., & Salganik, L. H. (Eds.). (2001). *Defining and selecting key competencies*.

Cambridge: Hogrefe & Huber Publishers.

국제청소년성취포상제 http://www.koraward.or.kr

법제처 http://www.moleg.go.kr

청소년자원봉사 http://www.dovol.net

한국청소년단체협의회 http://www.ncyok.or.kr

한국청소년수련시설협회 http://www.youthnet.or.kr

제9장 청소년상담

청소년상담은 청소년문제의 해결과 잠재력 개발에 목적을 둔 전문적인 활동이다. 상담의 치료적 접근 모델과 성장촉진적 접근 모델에 따라서 청소년상담의 목표와 내용이 다른데, 이 장에서는 대표적인 상담 이론인 정신분석상담 이론, 인지행동상담 이론, 인간중심상담 이론을 통해서 청소년기 부적응 문제의 원인과 해결방법을 제시한다. 청소년 내담자는 상담에 대한 요구와 발달 특성상 성인 내담자와 다르며 이러한 특징이 청소년상담 현장에서 어떻게 고려되어야 하는지와 어떠한 청소년상담 기관에서 어떠한 상담 서비스를 제공하는지에 대해서 살펴보기로 한다.

1. 청소년상담의 의미

1) 상담과 청소년상담

(1) 상담이란

상담(counseling)이란 용어는 일상적으로 자주 쓰인다. 일상적이지만 심도 있는 대화를 통해 위로를 받거나 문제해결을 위한 도움을 받을 때 이러한 대화를 상담이라고 말하기도 한다. 예를 들어, 친구와 고민을 털어놓는 대화를 하는 경우, 교사와 학교생활에서 겪는 어려움에 대해 대화를 하는 경우를 말한다. 그러나 상담은 상담자의 자격과 제공되는 도움의 내용에서 이러한 일상적인 대화와 구별된다.

상담의 일반적인 의미는 도움을 받는 사람과 도움을 주는 사람이 대화를 나누는 조력적인 면담을 말한다(김춘경, 이수연, 최웅용, 2006, p. 17). 상담이 주는 도움의 내용은 도움을 받고자 하는 사람이 갖고 있는 문제에 대한 해결뿐 아니라 더 좋은 성장을 도모하는 것까지 포함한다. 또한 상담은 도움을 받는 사람뿐 아니라 도움을 주는 사람의 성장과 치유에도 효과가 있다.

전문가의 전문 상담에 대한 정의를 살펴보면 상담이 일상적인 대화 혹은 면담과 어떻게 구별되는지 알 수 있다. 이장호(2005)는 "도움이 필요한 사람이 전문적 훈련을 받은 사람과의 대면관계에서 생활 과제의 해결과 사고, 행동 및 감정 측면의 인간적 성장을 위해 노력하는 학습 과정"이라고 정의하였다. 이 정의에 따르면 상담자의 자격과 상담을 통해 제공되는 도움의 내용이 일상적인 대화나 면담과 어떻게 다른지 잘 알 수 있다. 상담자는 일상적인 대인관계를 통해 만나게 되는 친구 혹은 교사가 아니라 '전문적인 훈련을 받은 사람'이다. 상담을 통해 받는 도움의 내용은 '생활 과제의 해결과 사고, 행동 및 감정에서의 인간적인 성장'이다.

이동렬과 박성희(2000)에 따르면, 상담이란 "내담자와 상담자가 일대일의 개인적이고 전문적인 인간관계를 맺음으로써 내담자가 자신의 문제를 해결한다든지 환경에 보다 유능하게 대처할 수 있는 새로운 행동을 익히는 체계적인 활동"이다. 여기서도 앞서 제시한 정의와 유사하게 상담의 정의에 '전문적인 인간관계'를 포함함으로써 상담자의 전문성을 말하고 있다. 또한 상담을 통해 받게 되는 도움의 내용이 '내담자의 문제해결과 환경에 대처하는 행동을 익히는 것'임을 포함한다.

이와 같이 상담이 일상적인 대화나 면담과 다른 점은 전문적이고 체계적인 훈련을 받은 상담자와의 만남이라는 것이고, 그 만남을 통해 제공되는 도움이 상식적이거나 일시적인 수준의 충고나 조언이 아니라 문제해결을 위한 사고, 행동, 감정의 새로운 변화라는 것이다. 내담자는 전문 상담자와의 만남을 통해서 자신의 문제를 분석하고 해결해 나가며, 문제의 해결에 그치지 않고 계속 성장해 나갈 수 있는 과정을 밟게 된다.

따라서 상담은 한 번의 만남으로 문제해결을 하는 도깨비 방망이가 아니라 상담자와 내담자가 지속적으로 만나서 함께 노력해 가는 과정이다. 앞서 제시했듯이 상담에 대해 이장호(2005)는 "노력하는 학습 과정"이라고 하였고, 이동렬과 박성희(2000)는 "새로운 행동을 익히는 체계적인 활동"이라고 하였다. 그러므로 상담의 지속 기간을 살펴보면 간혹 한두 번의 대화로 정보를 제공받거나 이를 통해 문제해결이 될 수도 있으나 대부분의 경우 바람직한 결과를 얻기 위해서는 적어도 수 주일 및 수개월 동안의 단기상담이나 때로는 문제의 깊이에 따라서 수개월 이상이나 수년 동안의 장기상담이 이루어지기도 한다(박경애, 김혜원, 주영아, 2010, p. 13).

이상에서 살펴본 내용을 중심으로 상담의 핵심 개념은 다음과 같이 세 가지로 정리할 수 있다(한국청소년개발원, 2004; 황응연, 1993). 첫째, 상담에는 내담자, 상담자, 이들 간의 관계라는 세 가지 구성 요소가 있다. 특히 내담자와 상담자의 관계는 일상적인 대인관계와 달리 전문 상담자와의 전문적인 관계다.

둘째, 상담의 목표는 문제의 해결과 인간적인 성장에 있다. 즉, 상담의 목표는 단순히 정보를 얻거나 일시적으로 마음에 위안을 얻는 정도가 아니라 내담자가 생활에서 부딪히게 되는 문제를 구체적으로 해결하고 생각, 감정, 행동의 변화를 통해서 더 발전된 사고방식이나 행동방식을 형성하는 데 있다. 따라서 이러한 목표 달성을 위해서는 전문가에 의한 체계적인 노력이 필요하다.

셋째, 상담의 성과는 한두 번의 만남보다는 여러 번의 만남을 포함하는 일련의 과정 속에서 이루어진다. 전문가는 이러한 변화 과정을 학습 과정, 새로운 행동을 익히는 체계적인 활동이라고 표현하였다.

(2) 청소년상담이란

청소년상담은 대부분의 청소년이 사회에 잘 적응하고 잠재력을 최대한 발휘할 수 있도록 도와주기 위한 전문적인 활동이다(이성진, 1996). 구체적으로 청소년상담의 의미를 상담의 목적, 대상, 방법 면에서 살펴보자(이형득, 1994). 첫째, 청소년상담의 목적은 심리치료와 문제해결뿐 아니라 문제 예방과 잠재력 발달을 포함한다. 치료를 목적으로 하는 부적응 청소년을 대상으로 문제를 해결해 주는 데 그치지 않고 대다수의 일반청소년의 정상적인 발달과 성장을 도와줌으로써 잠재력을 개발하고 전인적인 발달을 도모하는 것을 목적으로 한다.

둘째, 청소년상담의 대상은 청소년 개인뿐 아니라 청소년을 둘러싼 환경을 포함한다. 청소년을 둘러싼 환경은 청소년이 소속되어 있는 조직, 기관, 지역사회를 포함한다. 일반적으로 상담의 대상이라고 하면 문제를 보이는 개인으로 생각할 수 있으나 환경도 포함한다. 인간의 발달에 영향을 주는 환경을 설명하는 이론에 따르면 가족, 친구, 학교, 지역사회, 국가를 포함하는 환경은 행동발달에 큰 영향을 준다(Bronfenbrenner, 1979). 그러므로 환경을 다룰 수 없다면 개인이 갖고 있는 부적응의 문제를 해결하기 어렵다. 특히 청소년기는 환경의 영향을 민감하게 받는 시기이므로 더욱 그러하다. 따라서 청소년상담의 주요 과제는 청소년이 속해 있는 가족, 학교를 비롯한 조직이나 지역사회의 분위기를 청소년 발달에 도움이 되는 방향으로 변화시키는 것이다.

셋째, 청소년상담의 방법은 직접적이고 전문적인 대면상담의 방법뿐 아니라 인터넷을 활용한 사이버상담 그리고 TV, 책자, 학습 자료를 활용하는 교육과 자문 활동을 통한 간접적인 상담방법 등을 포함한다. 청소년 개인뿐 아니라 청소년의 발달에 직간접적으로 영향을 주는 집단이나 기관을 변화시키기 위해서 이러한 다양한 방법이 활용되고 있다.

이와 같이 청소년상담의 목적, 대상, 방법을 토대로 청소년상담의 의미를 정의하면, 청소년상담이란 청소년과 청소년을 둘러싼 사람이나 환경을 대상으로 하여 직접 대면상담이나 매체를 통한 교육 및 자문 활동을 통해 청소년의 문제를 해결하거나 발달을 촉진하고 나아가 잠재력 향상을 도와주는 전문적인 활동이라고 할 수 있다.

2) 청소년상담의 영역

(1) 청소년상담의 접근 모델

상담의 접근 모델은 목적과 방향, 상담자의 역할 등을 제시한다. 청소년상담의 접근 모델은 크게 치료적 접근 모델과 성장촉진적 접근 모델로 나눌 수 있다. 이러한 이론적 접근 모델에 따라서 상담의 목표와 내용이 다르다.

1 치료적 접근 모델

의학적 모델 혹은 결핍 모델이라고도 하는 치료적 접근 모델은 질병의 치료에 중점을 두는 상담 모델이다. 성인을 대상으로 한 전통적 상담은 질병 모델에 기초하여 정신적 질병의 예방과 치료에 중점을 두었다. 이 모델에 입각한 상담 목표는 병을 치료하는 것이다. 질병과 부적응의 원인은 주로 개인 내적 요인에 있다고 보아 내담자의 통찰을 통해서 스스로 성격을 재구성하거나 자아개념을 변화시킴으로써 문제의 원인을 제거하고 정신적 질병을 치료하고자 하므로 장기간의 노력이 필요하다(구본용, 2002; 이형득, 1994).

치료적 접근 모델의 특성은 다음의 몇 가지로 요약할 수 있다(구본용, 2002; 이형득, 1994). 첫째, 내담자를 치료의 대상자인 환자 혹은 부적응자로 본다. 둘째, 부적응 문제의 원인은 개인 안에 있다고 본다. 셋째, 상담의 목표는 병을 치료하는 것이다. 넷째, 상담자와 내담자가 일대일 대면상담을 한다. 따라서 치료적 접근 모델에 입각한 상담은 문제를 갖고 있는 극소수를 대상으로 하며 그중에서도 상담실을 찾아오는 사람에게만 도움을 주게 되므로 공동체의 대다수를 차지하는 정상적인 구성원의 관심을 거의 받지 못하고 있다.

이러한 치료적 접근 모델에 대해서 제기되고 있는 비판점은 다음과 같다. 첫째, 치료적 접근 모델에 근거한 상담은 문제를 갖고 있는 소수의 사람에게만 도움을 주게 되어 대다수의 정상적인 사람에게는 불필요한 활동으로 비판을 받고 있다. 둘째, 문제 발생의 원인이 개인 내적 요인에만 있는 것이 아니라 개인과 환경의 상호작용에 의해서 발생되기도 하고 해결되기도 하기 때문에 상담의 대상을 문제를 갖고 있는 개인에만 국한해서는 안 된다는 비판을 받고 있다. 셋째, 질병과 부적응의 문제를 해결했다고 해서 자동적으로 긍정적인 발달로 연결되는 것이 아니기 때문에 긍정적인 발달을 촉진하고 잠재력을 발휘하도록 도와주는 상담 모델의 필요성이 제기되었다.

2 성장촉진적 접근 모델

성장촉진적 접근 모델은 치료적 접근 모델이 갖고 있는 단점을 해결하기 위한 시도로 개발되었다. 상담의 접근 모델은 내담자의 개인적 특성이나 내담자가 살고 있는 사회문화적 특성에 따라 달라야 한다. 청소년상담은 치료적 접근 모델과 성장촉진적 접근 모델을 모두 취하고 있으나, 청소년기의 발달과업을 비롯하여 성인기나 아동기와 다른 독특한 발달 특성 때문에 성장촉진적 접근 모델에 입각한 상담을 더욱 지향하고 있다. 이 모델은 문제를 갖고 있는 극소수를 대상으로 하되 상담실을 찾아오는 사람에게만 도움을 주는 치료적 접근 모델과 달리 좀 더 많은 사람에게 도움을 줄 수 있는 적극적인 상담 모델로, 발달적 접근 모델과 생태학적 접근 모델로 세분할 수 있다(이형득, 1994).

① 발달적 접근 모델

발달적 접근 모델에 의한 상담은 개인의 발달과업 성취를 위해 적극적으로 도움을 주는 전문적인 활동이다. 치료적 접근 모델 상담처럼 상담자가 상담실을 찾는 소수의 환자에게만 도움을 주는 소극적인 활동이 아니다. 청소년기의 주요 발달과업은 성정체감을 비롯한 자아정체감을 확립하는 것, 학습방법을 익히는 것, 성숙한 대인관계를 맺는 능력, 진로 준비를 위한 능력을 습득하는 것 등을 포함한다(구본용, 2002). 그러므로 발달적 접근 모델에 입각한 상담 활동은 대다수를 대상으로 그들의 전인적인 발달을 위해 발달과업을 해결해 나가는 과정을 도와줌으로써 문제를 예방하고 성장 · 발달을 촉진해 나갈 수 있도록 돕는 교육 및 상담 활동이다(이형득, 1994).

발달적 접근 모델에 입각한 청소년상담은 청소년이 있는 곳을 찾아다니면서 적극적으로 문제를 예방하고 지도하는 방향으로 이루어진다. 이러한 적극적 개입을 위해서는 다양한 인적자원이 필요하기 때문에 소수의 상담 전문가가 다수의 청소년을 상대로 직접적인 도움을 주기는 사실상 불가능하다. 이러한 문제를 해결하기 위해서 상담의 준전문가를 최대한 활용할 수 있는 상담 체제 구축의 필요성이 제기되고 있으며(구본용, 2002), 직접적인 개인면담뿐 아니라 집단교육이나 자문, 대중매체의 이용 등 다양한 간접적 상담을 활용하는 방안이 모색되고 있다.

발달적 접근 모델에 입각한 청소년상담자는 청소년의 발달 특성을 고려한 다양한 상담 전략을 활용한다. 청소년상담자는 문제청소년을 직접 상담할 뿐 아니라 그들의 발달에 영향을 주는 사람에게 상담 전문가로서 자문을 하거나 준전문가를 훈련함으로써 그들이 청소년을 직접 면담하거나 지도하게 한다(이형득, 1994). 또한 청소년의 잠재력과 가치관 성장, 발달과업의 성취를 돕기 위한 다양한 집단상담 활동, 세미나, 워크숍 등 활동 지향적 프로그램을 실시한다(구본용, 2002; 이형득, 1994).

② 생태학적 접근 모델

생태학적 접근 모델에 입각한 청소년상담의 대상은 청소년 개인뿐 아니라 개인을 둘러싼 환경과 인간관계망을 포함한다. 생태학적 이론에 따르면 개인 내적 요인만 다루어서는 발달을 촉진하거나 문제를 해결하기 어렵다(Bronfenbrenner, 1979). 인간은 자신을 둘러싸고 있는 관계, 조직, 사회를 포함하는 환경과 상호작용을 하면서 발달해 나가는 존재이기 때문이다.

앞서 설명한 치료적 접근 모델은 인간의 부적응이나 정신질환을 정신 역동이나 성격 등 개인의 내적 요인에 집중함으로써 치료하고자 하나 대다수 사람의 정신건강을 증진하는 데 크게 도움을 주지 못한 것으로 평가되었다(구본용, 2002; 이형득, 1994). 이러한 평가를 받는 주요 원인 중의 하나는 치료적 접근 모델에서는 개인의 행동에 영향을 주는 환경에 대해 개입할 때 소극적인 태도를 취하기 때문이다. 이 때문에 상담실에서 개인의 부적응 문제를 치료하였다고 해도 부적응 문제를 일으키는 원인이 된 환경 속으로 다시 돌아왔을 때 부적응의 문제가 재발되는 일이 발생한다.

이러한 문제에 대한 인식을 토대로 환경을 개인의 발달에 도움이 되는 방향으로 개선하는 데 상담의 초점을 두는 생태학적 접근 모델이 발달하였다. 이 모델에서는 개인이 환경에 적응하도록 노력할 뿐 아니라 환경을 개인의 성장을 촉진하는 방향으로 개선하는 데 더욱 노력한다(이형득, 1994). 따라서 생태학적 접근 모델의 관점에서 상담은 청소년의 발달에 영향을 주는 부모, 교사, 친구, 지역사회, 대중매체 등 환경적 · 생태학적 맥락에 개입하는 것을 청소년 개인을 상담하는 것 이상으로 중요하게 생각한다. 생태학적 접근 모델의 관점에서 상담방법은 청소년을 대상으로 한 상담 활동은 물론이고 청소년에게 가장 밀접하게 영향을 주고받는 부모와 교사를 대상으로 한 교육 프로그램의 운영이나 청소년의 성장에 도움을 줄 수 있는 지역사회 자원인사의 개발 및 활용, 그리고 청소년에게 도움이 되는 정책 마련에 직간접적으로 관여하는 방법 등을 포함한다(구본용, 2002).

(2) 청소년상담의 개입 영역

치료적 접근 모델과 성장촉진적 접근 모델에 입각한 청소년상담의 개입 영역은 치료, 문제해결, 예방, 발달 촉진 및 잠재력 개발로 분류할 수 있다(박성수, 1997). 각 내용을 구체적으로 살펴보자. 첫째, 청소년상담의 치료 영역이라 함은 청소년이 경험하는 발달상의 심각한 부적응 문제다. 예를 들어, 성격장애, 불안증, 우울증, 강박증, 거식증 등의 정서적 부적응 문제, 약물남용, 품행장애, 비행과 같은 행동장애 등을 포함한다.

둘째, 청소년이 일상생활에서 접하게 되는 문제를 해결하는 것은 부적응을 치료하는 것 이상으로 청소년상담의 주요 개입 영역이다. 청소년이 주로 당면하게 되는 문제는 학습 관련 문제, 진로 관련 문제, 친구관계나 이성교제 관련 문제, 또는 부모나 교사와의 관계에서 발생되는 문제 등이다(구본용, 2002).

청소년이 상담을 통해 도움을 받고자 하는 것이 무엇인지 조사한 결과에 따르면 그들은 일상생활이나 발달과정에서 경험하는 다양한 문제를 해결할 수 있는 구체적인 방안을 원한다(이혜성, 구본용, 유성경, 2000). 즉, 문제해결을 위해 필요한 정보를 얻기 원하고, 당면 문제를 해결하는 방법을 배우고 싶어 하며, 공부하는 방법, 친구 사귀는 방법, 진로 선택의 기술을 배우고 싶어 한다. 또한 상담을 통해 객관적인 충고나 조언을 듣기 원한다. 따라서 이러한 요구를 충족하는 것을 청소년상담의 주요 영역으로 다루어야 한다. 그리고 이러한 도움을 주면서 일방적으로 가르치는 방식이 아니라 상담자가 청소년 내담자를 동등한 인격적인 존재로 동등하게 대우하고 서로 부족한 심리적 바람을 채워 주는 상호 협력적 관계를 유지한 상태에서 문제해결에 접근할 때 상담의 효과가 있다(김홍순, 김청송, 2011).

셋째, 청소년상담을 통해 청소년기에 당면하게 되는 발달과업을 잘 해결할 수 있도록 도움을 줌으로써 문제 발생을 예방할 수 있다(구본용, 2002). 주로 예방교육 프로그램의 형식으로 다수의 청소년을 대상으로 한 집단상담을 제공하게 되는데 스트레스 관리, 의사결정 훈련, 갈등 관리, 분노 조절, 성교육 프로그램 등을 예로 들 수 있다(구본용, 2002).

마지막으로, 청소년상담의 주요 개입 영역으로 발달 촉진과 잠재력 개발을 들 수 있다. 사실상 청소년상담에서 발달 촉진과 잠재력 개발은 치료 목적보다 더욱 중요한 목적이다. 청소년의 강점이나 잠재력이라 하면 악조건 속에서도 자신을 보호하고 긍정적인 발달을 해 나갈 수 있는 탄력성(resilience), 몰입 능력, 대처 능력, 자기효능감, 창의성, 삶의 만족도, 자아존중감, 도전정신 등 긍정심리학(positive psychology)에서 중요시하는 개념을 예로 들 수 있다. 청소년상담은 문제나 결핍 상황을 제거하는 데만 초점을 두는 것이 아니라 건강한 인간을 길러 내는 데 초점을 두기 때문이다(구본용, 2002). 상담을 통해서 청소년이 갖고 있는 강점이나 잠재력을 발견하고 그것을 긍정적으로 수용하고 활용하게 함으로써 긍정적인 발달을 도모한다.

(3) 청소년상담의 대상

청소년상담의 대상은 청소년과 주변 환경을 포함한다. 청소년상담의 대상이 되는 청소년은 부적응 문제를 보이거나 보일 가능성이 있는 청소년에서부터 일반청소년 그리고 소수의 탁월한 능력을 보이는 청소년에 이르기까지 다양하다. 이들을 네 유형으로 분류하면 다음과 같다. 첫째, 치료적 상담을 요하는 청소년으로서 정서적 · 행동적 부적응의 문제를 보이는 청소년이다. 정서적 부적응 문제의 예로는 성격장애, 불안증, 우울증, 강박증, 거식증 등을 들 수 있다. 행동적 부적응 문제로는 약물남용, 품행장애, 비행, 가출, 공격적 혹은 충동적 행동 등을 예로 들 수 있다.

둘째, 부적응 문제를 보일 가능성이 있는 청소년으로서 위기청소년을 말하는데, 현재는 부적응 문제를 보이지 않지만 앞으로 그럴 가능성이 있는 청소년이다. 위기청소년이란 가정이나 학교 등 기본적인 사회안전망에서 이탈했거나 이탈할 가능성이 있으며 정서적 · 행동적 문제를 보이거나 보일 가능성이 있는 청소년을 의미한다(오경자, 배주미, 양재원, 2009). 예를 들어, 부모가 폭력을 행사하는 가정이나 성인의 보호 없이 방치된 가정 혹은 빈곤가정에서 생활하는 청소년, 가출청소년, 학교를 무단결석하는 청소년 등을 예로 들 수 있다. 이러한 위기청소년을 대상으로 할 때는 주로 치료적 상담보다는 예방적 상담이 필요하다.

셋째, 일반청소년으로서 이들에게는 성장촉진적 접근 모델에 입각한 상담이 효과적이다. 이들 청소년을 대상으로 한 청소년상담은 보통의 청소년이 갖고 있는 일상의 관심사를 교육적으로 의미 있게 다루어 줌으로써 그들의 잠재력을 향상하고 긍정적인 발달을 촉진한다. 또한 아동기에서 청소년기 혹은 청소년기에서 성인기로 이행하는 발달의 전환기에 겪게 되는 생리적 · 인지적 · 정서적 · 사회적 변화와 스트레스에 대처하고 성숙된 삶을 살 수 있도록 도움을 주는 데 상담의 목표를 둔다.

넷째, 탁월한 능력을 보이는 청소년도 청소년상담의 대상이다. 앞서 청소년상담이라 하면 부적응 청소년을 치료하는 것에서부터 일반청소년의 발달을 촉진하는 것을 포함한다고 하였다. 그러나 여기서 더 나아가 앞으로의 청소년상담은 탁월한 능력을 갖고 있는 청소년의 탁월성을 성취하는 과정을 적극적으로 지원하는 분야를 포함해야 한다(박성수, 1997).

청소년상담의 대상이 되는 환경은 청소년과 직접적인 영향을 주고받는 사람이나 조직, 기관뿐 아니라 간접적인 영향을 주고받는 지역사회 공동체, 정책 등을 포함한다. 청소년의 성장과 발달에 영향을 주는 부모, 교사, 또래, 가족, 학교, 지역사회, 대중매체, 국가의 정책 등은 청소년문제와 관련한주요 요인이기 때문에 청소년문제를 더욱 효과적으로 해결하고 재발을 방지하기 위해서는 청소년 개인뿐 아니라 청소년 발달에 영향을 주는 이러한 다양한 환경적 요인에 대한 체계적인 개입이 필요하다.

청소년을 둘러싼 환경적 요인에 대한 상담적 개입의 예로는 부모와 교사를 위한 교육 프로그램을 운영하거나 그들을 대상으로 조언이나 자문의 역할을 담당하는 것, 청소년의 성장에 도움을 줄 수 있는 지역사회의 인사를 발굴하여 지원하고 운영하는 것, 청소년의 성장에 도움이 되는 정책 수립 과정에 직접 참여하거나 캠페인 또는 대중교육, 정책 입안자와의 협력 활동을 통해 간접적으로 영향력을 행사하는 것을 들 수 있다(구본용, 2002).

2. 청소년상담 이론

상담 이론은 이론이 갖고 있는 인간관과 부적응의 원인을 보는 관점에 따라서 다양하다. 상담자가 어떤 이론적 배경을 갖고 있는가에 따라서 그들이 개입하는 청소년상담의 목표나 과정 그리고 방법이 다르다. 여기서는 대표적인 상담 이론인 정신분석상담 이론, 인지행동상담 이론, 인간중심상담 이론에 대해 살펴보기로 한다.

1) 정신분석상담 이론

정신분석상담 이론은 오스트리아의 정신과 의사인 Freud에 의해 제시되고 발달되었다. 정신분석상담 이론에 입각한 인간관은 부정적이며, 인간의 성격은 주로 유아기 동안의 욕구 충족이나 좌절과 관련된 경험에 의해 형성되며 부적응 문제의 원인은 유아기의 욕구 좌절 경험과 관련한다고 본다.

(1) 인간관

정신분석상담 이론에서는 인간을 비합리적이고 결정론적인 존재로 본다. 비합리적이란 말은 인간이 이성적이고 논리적인 존재가 아니라 비이성적이며 무의식적이고 본능적인 욕구에 영향을 받는 존재라는 것이다. 또한 결정론적 존재라는 의미는 인간의 현재 행동이나 성격은 타고난 본능적인 성적 충동, 무의식, 유아기적 충동이나 욕구 좌절 경험에 의해 결정된다는 말이다. 유아기 때 본능적 욕구에 대한 심각한 좌절 경험은 무의식 속에 억압되어 있다가 성인이 된 후에라도 감당하기 힘든 스트레스를 경험하는 상황이 되면 부적응 문제를 일으키는 원인이 된다.

무의식이란 인간의 정신 구조를 이루는 세 요소 중의 하나다. Freud는 인간의 정신 구조가 의식(consciousness), 무의식(unconsciousness), 전의식(preconsciousness)으로 구성되어 있다고 설명하였다. 의식은 현재 지각하고 생각하고 느끼고 기억할 수 있는 내용을 포함하며, 무의식은 기억할 수 없거나 기억하고 싶지 않은 상처받은 경험, 성적이거나 공격적인 욕구를 포함한다. 전의식은 기억하지 못하지만 단서나 실마리를 주면 쉽게 떠오르는 내용을 포함한다. 평소에는 의식하고 있지 않다가 질문을 받으면 상황을 떠올릴 수 있는 내용이 전의식에 자리 잡고 있다.

이러한 세 가지 정신 구조 중에는 평소 인식할 수 없는 무의식이 인간의 행동이나 성격 형성에 가장 많은 영향을 미친다. 어린 시절의 고통스러운 경험, 부끄럽고 용납될 수 없는 욕구와 갈등은 무의식 속에 남아 있으면서 개인의 행동에 영향을 미친다(정순례, 양미진, 손재환, 2010, p. 121). 단지 이러한 고통스러운 경험, 욕구, 갈등은 불안을 야기하기 때문에 잠시 기억되지 않을 뿐이다. 따라서 정신분석상담 이론의 관점에서는 청소년을 이성적이고 합리적인 행동을 하는 존재가 아니라 비합리적이고 자신도 인식하지 못하는 충동적인 힘에 따라 행동하는 존재로 본다.

(2) 부적응 행동의 원인

정신분석상담 이론에 따르면, 정신적 부적응의 문제는 유아기의 욕구 좌절 경험에서 비롯한다. 욕구 좌절 경험은 기억하고 싶지 않기 때문에 무의식 속에 억압해 두게 되는데, 이를 억압하는 의식의 힘이 약해질 때 정신적 부적응 행동이 나타나게 된다. 이러한 정신적 부적응 과정을 이해하기 위해서는 성격발달단계와 성격의 구조 그리고 방어기제에 대해서 살펴보아야 한다.

1 성격발달단계

Freud에 따르면 인간은 본능적인 성적 욕구를 갖고 태어나는데, 이러한 욕구의 원천인 성적 에너지가 성격을 발달시킨다. Freud는 성적 에너지를 리비도(libido)라고 명명하였다. 연령이 증가함에 따라서 리비도가 신체의 특정 부위에 집중되며 그 부위와 연관된 성적 욕구가 생기게 된다. 이러한 성적 욕구를 성공적으로 충족하면 긍정적인 성격이 발달하고, 성적 욕구 충족에 실패하면 부정적인 성격이 발달하거나 심하게는 정신적 부적응 문제가 발생하게 된다.

Freud는 리비도가 집중되는 신체 부위를 중심으로 성격발달단계를 5단계로 분류하였다. 태어나서 청소년기에 이르는 시기를 5단계로 분류하여 구순기(oral stage), 항문기(anal stage), 남근기(phallic stage), 잠복기(latent stage), 성기기(genital stage)라고 명명하였다. 이들 5단계 중에서 태어나서 유아기까지에 해당하는 구순기, 항문기, 남근기의 욕구 좌절 경험이 이후에 발생하게 되는 정신적 부적응 문제의 주요 원인이 된다.

구순기는 출생 후 18개월까지의 기간으로 리비도가 신체 중 입 주위에 집중되는 시기며, 욕구 충족을 위한 주요 경험은 주로 수유 경험과 관련되어 있다. 항문기는 18개월에서 3세 정도까지를 이르는데, 성적 에너지가 항문 주위에 집중되는 시기로 배변훈련 경험이 성격 형성에 중요한 영향을 미친다. 남근기는 3세에서 4, 5세까지에 해당하며 리비도가 성기 부위로 집중되는 시기다. 이 시기의 유아는 신체 구조에 대한 남녀 차이를 발견하게 되고, 이성 부모에게 인정과 사랑을 받고자 하는 욕구가 강해진다. 이러한 과정에서 동성 부모에 대한 적대감이나 열등감을 느끼게 되는데 이를 극복하기 위해서 동성 부모를 모방하고 도덕성을 발달시킨다. 청소년기나 성인기에 나타나는 정신적 부적응 문제의 원인은 주로 이들 세 단계의 욕구 좌절 경험과 관련되어 있다.

Freud가 제시한 성격발달단계의 4단계인 잠복기는 6, 7세 이후에서 사춘기가 시작되기 전 시기로 주로 초등학교 연령에 해당한다. 이 시기에는 리비도가 이전 시기처럼 입, 항문, 성기 등 특정 신체 부위에 집중되지 않기 때문에 잠복기로 명명하였다. 잠복기의 아동은 특정 신체 부위와 연관된 성적 욕구를 충족하는 데 거의 관심이 없고, 사회적 관습과 기대에 부응하는 태도를 익히는 데 관심이 집중된다. 남근기에 가진 부모에 대한 관심이나 애정에 대한 욕구는 또래집단을 향하게 되고, 타인의 인정을 받고자 충동을 조절하는 등 사회적 가치와 기술을 습득해 나간다. 잠복기 아동이 경험하는 정신적 부적응은 타인에게서 이러한 사회적 인정을 받지 못할 때 열등감의 형태로 발생하기도 하고, 이전의 단계에서 충족하지 못한 욕구로 인해 발생하기도 한다.

성격발달단계의 5단계인 성기기는 사춘기에서 시작되어 성인기까지 지속된다. 사춘기가 되면 잠복기에 잠재되어 있던 성적인 욕구가 증가하고 이러한 성적 욕구가 다시 성기로 집중된다. 성기로 집중된 성적 욕구를 이성 부모에게서 사랑과 인정을 받음으로써 충족할 수 있었던 남근기와는 달리, 성기기에는 이성과의 접촉을 통해 충족하고자 한다. 그래서 이 시기에는 이성과의 교제를 통한 성행동을 하게 된다. 그러므로 성기기에 경험하는 정신적 부적응의 원인은 이성을 향한 성적 욕구를 자유롭게 표현하거나 충족할 수 없는 상황과 관련된다.

이와 같이 성격은 5단계를 거쳐서 발달하며, 각 단계에서 나타나는 본능적이고 성적인 욕구를 적절하게 충족하지 못할 때 불안해지고 부적응적인 성격이나 행동 문제가 발생하게 된다.

2 성격의 구조

정신분석 이론에 따르면 성격은 세 요소로 구성되어 있다. 생물학적 요소인 원초아(id), 심리적 요소인 자아(ego), 사회적 요소인 초자아(superego)가 그것인데, 이들 세 요소 간의 갈등이 통제할 수 있는 수준을 넘어서면 불안을 경험하고, 더 심하면 정신적 부적응 증상을 나타내게 된다. 성격을 구성하는 이들 세 요소는 앞서 살펴본 성격발달단계의 과정에서 발달하게 된다.

원초아는 본능적 욕구로 구성된 성격의 한 부분이다. 원초아가 지배하는 성격은 비논리적이며 즉각적으로 욕구를 충족하고자 행동한다. 성격발달단계의 첫 단계인 구순기의 성격 특성이 주로 원초아로 구성되어 있다. 자아는 원초아가 현실에 적응하는 과정에서 발달하는데 현실 상황을 인식하고 논리적으로 사고하는 성격의 한 부분이다. 자아는 원초아의 충동적이고 본능적인 욕구를 지연하고 조절하는 기능을 한다. 초자아는 도덕적이며, 욕구나 현실이 아닌 이상을 추구하는 성격의 한 부분이다. 남근기에 이성 부모에 대한 애정을 받고자 하는 욕구를 충족하기 위해서 동성 부모의 행동을 모방하고 동일시하는 과정에서 초자아가 발달한다.

이처럼 원초아, 자아, 초자아가 우리의 성격을 구성하는데 이들의 각기 다른 특성 때문에 갈등하며, 성격의 세 구조가 서로 균형을 이루는 사람이 건강한 성격을 가진 사람이다(박경애 외, 2010, p. 146). 원초아는 본능적 욕구를 즉각적으로 충족하려고 하고, 초자아는 양심에 근거하여 도덕적 이상을 추구하려고 한다. 따라서 원초아와 초자아는 서로 대립하며 갈등하는데, 이때 현실적이고 논리적인 사고와 행동을 하는 자아는 원초아의 욕구를 충족하면서 초자아의 이상을 실현하는 방법을 찾고 원초아와 초자아 간의 갈등을 중재하려고 노력한다. 이러한 성격의 세 요소 간의 갈등이 인간의 통제를 넘어설 때 불안을 느끼게 되며, 이때 자아는 불안을 극복하기 위해서 방어기제를 작동하게 된다.

3 방어기제

방어기제(defense mechanism)는 직면하기 어려운 고통스러운 불안, 갈등, 좌절, 그리고 용납하기 어려운 충동이나 욕구에 대해 자아가 무의식적으로 대처하는 심리적 보호기제다. 방어기제는 현실을 부정하거나 왜곡하며 무의식 수준에서 작동하기 때문에(김춘경 외, 2006, p. 63), 불안이나 갈등을 직접적으로 해결하는 것이 아니라 일시적으로 벗어나도록 도와준다. 따라서 방어기제를 사용하는 것은 심리적 긴장을 해소하는 데 도움이 되지만, 그것이 현실을 회피하는 습관으로 굳어지면 정신적 부적응의 문제로 진행될 수 있다.

방어기제의 종류는 다양하며, 구체적인 내용은 다음과 같다(박경애 외, 2010; 정순례 외, 2010).

- 억압: 고통스럽고 위협적인 생각이나 욕구를 의식하지 못하도록 막는 것
- 부인: 고통을 주는 현실을 부정함으로써 불쾌한 현실로부터 자기를 보호하는 것
- 환상: 백일몽을 통해 좌절된 욕구를 충족하는 것
- 보상: 약점을 들키지 않기 위해서 장점을 과잉 강조하는 것
- 반동형성: 위협적이거나 부도덕적인 욕망이 표출되는 것을 막기 위해 자신의 욕망과 정반대되는 태도나 행동을 의식적으로 취하는 것
- 투사: 자신의 부정적인 행동이나 욕망을 다른 사람 탓으로 돌리거나 다른 사람의 것으로 떠넘기는 것
- 합리화: 자신의 실망스러운 행동에 대한 핑계를 찾아 자신이나 남으로부터 책망받는 것을 피하는 것
- 승화: 공격적이거나 성적인 욕구를 사회적으로 인정받는 행동이나 활동으로 표출하는 것
- 퇴행: 스트레스나 좌절 정도가 심할 때 이전 어린 시절의 발달 수준으로 퇴보하는 행동을 하는 것
- 동일시: 실패감과 수치심으로부터 자신을 보호하기 위해서 권위자, 유명인, 출세한 친구 등 주요 타인의 행동을 닮아 가는 것
- 치환: 충동이나 분노를 불러일으킨 원래 대상에게 표현할 수 없을 때 좀 더 안전한 대상을 찾아 해소하는 것

Anna Freud는 청소년기에 증가하는 성적 긴장에 적응하기 위해 주로 사용되는 방어기제로 금욕주의와 주지화를 제시하였다(김춘경 외, 2006, p. 37). 금욕주의란 사춘기에 급격히 증가하는 성욕에 대한 두려움과 이를 통제하려는 방어기제에서 비롯한 자기부정 행동으로 성적 욕구와 관련된 행동이나 활동에 참여하기를 거절하는 행동을 말한다. 주지화는 감정적인 혼란 상태에서 자신을 분리하여 보호하려는 방어기제로, 성적 갈등에서 벗어나기 위해 철학적 · 도덕적 · 정치적 문제에 관한 지적 토론이나 관념적인 서적을 읽는 데 몰두하거나 예술적 관심에 집중하는 등의 행동을 말한다.

(3) 상담 과정과 기법

정신분석상담 이론에서는 청소년기 혹은 성인기에 겪게 되는 심리적 부적응의 문제는 과거 유아기의 부정적 욕구 좌절 경험에서 비롯하기 때문에 과거에 무의식 속에 억압해 놓은 갈등, 욕구, 상처가 현재 어떤 모습으로 나를 힘들게 하고 있는지를 깨닫게 함으로써 치료가 된다고 본다. 즉, 무의식 속에 억압되어 있던 부정적인 경험을 의식의 영역으로 끌어내어 나의 성격 구조를 수정하고 자아를 강화하여 무의식 속에 억압되어 있는 본능이 현재의 나의 행동에 영향을 주지 않도록 하는 것이다.

심리적 부적응의 문제를 경험하고 있는 내담자의 무의식에 억압되어 있는 충동, 갈등, 감정 등을 의식의 영역으로 끌어내는 데 사용되는 주요 기법으로는 자유연상, 꿈의 분석, 해석이 있다. 이들 기법은 무의식을 의식화하여 무의식 속의 어떠한 부정적인 경험이 현재 심리적 부적응 문제에 영향을 주는지, 그리고 이러한 부정적인 경험을 어떻게 인식하고 다루어야 하는지 통찰하게 함으로써 문제를 해결하도록 돕는다.

[1] 자유연상

자유연상은 정신분석상담의 가장 핵심 기법으로서 이완된 편안한 상태에서 마음에 떠오르는 생각, 감정, 기억을 있는 그대로 말하게 하는 것이다. 이러한 과정에서 무의식에 억압되어 있는 내용이 드러나는데, 상담자는 자유연상을 통해서 드러난 내담자의 무의식 속의 내용을 통해 내담자의 증상이 어떠한 무의식적 억압과 관련되어 있는지 발견하게 된다(이장호, 정남운, 조성호, 2005, p. 82).

[2] 꿈의 분석

무의식 속에 억압되어 있는 내용은 자유연상 과정 외에 꿈의 내용을 통해서도 알 수 있다. 꿈을 꾸는 동안은 무의식을 억압하고 있는 의식의 힘이 약해져 있기 때문에 깨어 있을 때보다 무의식에 억압되어 있는 욕구와 본능이 쉽게 떠오르므로 꿈의 내용은 무의식적 자료를 풍부하게 포함하고 있다고 본다. 따라서 정신분석 상담자는 이러한 꿈의 내용을 해석함으로써 내담자가 현재 경험하고 있는 부적응 증상의 원인이 되는 무의식적 억압이 무엇인지 발견할 수 있다.

③ 해석

해석은 자유연상을 통해서 드러난 기억, 혹은 꿈의 내용이 내포하고 있는 의미를 상담자가 내담자에게 설명하고 가르치는 것이다. 이러한 해석을 통해 내담자는 무의식적으로 억압되어 있던 자신의 욕구를 발견하고 이해하게 되며, 이러한 과정을 통해 부적응 문제가 치료된다. 해석을 하기 위해서는 상담자의 전문성과 연륜이 필요한데, 상담자는 내담자의 부적응 문제와 관련되어 있는 과거 경험뿐 아니라 내담자의 성격을 고려하여 해석을 해야 한다.

2) 인지행동상담 이론

인지행동상담 이론은 하나의 이론을 지칭하는 것이 아니라 인간관과 부적응 문제의 원인 혹은 치료 과정에 대한 내용이 유사한 여러 개의 이론을 포함한다. 이러한 인지행동상담 이론은 각각 명칭은 다양하지만 이론적 가정이나 상담 기법 면에서 다음과 같은 공통점을 갖는다(Corey, 2009, p. 275). 첫째, 문제해결을 위해서 내담자와 상담자의 협력관계를 중요시한다. 둘째, 심리적 부적응의 문제는 잘못된 사고에서 비롯한다는 전제를 가진다. 셋째, 내담자의 정서적 · 행동적 변화를 위해서 사고방식을 바꾸는 데 초점을 맞춘다. 넷째, 상담의 기법이 교육적이며 단기상담을 지향한다. 다섯째, 내담자에게 과제를 수행하게 하는 등 자신의 문제해결을 위해서 내담자가 적극적인 역할을 수행하게 한다. 인지행동상담 이론 중에는 Ellis의 합리적 정서행동치료(Rational Emotive Behavior Therapy: REBT)와 Beck의 인지치료(Cognitive Therapy: CT)를 대표적으로 꼽을 수 있다. 여기서는 이 두 이론을 중심으로 인지행동상담 이론이 가지고 있는 인간관, 부적응 행동의 원인, 상담 과정과 기법에 대해서 살펴보고자 한다.

(1) 인간관

인지행동상담 이론에서는 인간의 인지, 감정, 행동 중에 인지가 삶의 내용을 결정짓는 가장 중요한 요인이라고 본다. 즉, 인간이 어떻게 생각하는가에 따라서 감정이나 행동이 영향을 받는다고 보는데 이러한 입장을 인지적 결정론이라고 한다(이장호 외, 2005, p. 115). 인간의 감정이나 행동이 생각하는 방식과 내용에 따라서 결정된다고 보는 인지적 결정론은 인지행동상담 이론의 인간관을 잘 요약하고 있다.

인지행동상담 이론에 따르면, 인간은 합리적이고 올바른 사고와 비합리적이고 올바르지 못한 사고를 모두 할 수 있는 존재다(Corey, 2009, p. 276). 또한 인간은 자기를 보호하고 신중하게 생각하며 다른 사람과 소통하고 사랑하고 성장함으로써 자기실현을 하고자 하는 성향을 가진다. 동시에 자책하거나 생각하는 것을 싫어하며 타고난 잠재력을 실현하려 하지 않는 성향을 갖고 있다. 그럼에도 인지행동상담 이론에서는 인간이 자신의 사고, 감정, 행동을 스스로 바꿀 수 있는 능력을 가진 존재라고 본다(Corey, 2009, p. 278).

(2) 부적응 행동의 원인

인지행동상담 이론에서는 인간의 잘못된 생각이 부적응 행동 혹은 부적응 정서의 원인이 된다고 본다. 이러한 잘못된 생각을 합리적 정서행동치료에서는 비합리적 신념, 인지치료에서는 역기능적 인지 도식이라고 하였다. 각 이론의 입장에서 부적응 행동이나 정서의 원인이 되는 잘못된 사고 체계를 어떻게 설명하는지 구체적으로 살펴보자.

1 비합리적 신념

Ellis의 합리적 정서행동치료(REBT)에 따르면, 사람들이 정서적 문제를 겪는 이유는 부정적인 환경이나 사건 자체 때문이 아니라 그것을 지각하고 받아들이는 사고방식이 잘못되었기 때문이다. 예를 들어, 부모의 비난 때문에 우울한 자녀가 있다면 그 우울한 기분은 부모가 비난한 사건 자체 때문이 아니라 부모의 비난에 대한 자녀의 잘못된 생각 때문이라는 것이다. 즉, '나는 항상 부모에게 칭찬받아야 한다'는 잘못된 생각 때문이라는 것이다.

이러한 잘못된 생각을 Ellis는 비합리적 신념(irrational belief)이라고 명명하였다. 인지행동상담 이론에서 말하는 비합리적 신념은 도덕적으로 불건전하거나 비논리적인 신념이 아니라 융통성이 없거나 현실성이 없는 신념을 말하는데, 그 내용은 다음과 같다(Corey, 2009, p. 277). 첫째, 나는 항상 잘해야 하고 내가 잘한 일 때문에 다른 사람에게서 인정을 받아야 한다. 그렇지 않으면 나는 쓸모없는 존재다.

둘째, 다른 사람은 내가 원하는 대로 항상 나를 사려 깊고 공정하고 친절하게 대해야 한다. 그렇지 않으면 그들은 나쁜 사람이며 비난받고 처벌받아 마땅하다. 셋째, 내가 원하는 것은 항상 내가 원할 때에 가져야 하며 내가 원하지 않는 것은 피해야 한다. 내가 원하는 것을 가질 수 없다면 그것은 비참한 일이고 참을 수 없는 일이다. 이러한 융통성이 없고 비현실적인 신념은 정서적으로 부적응적인 문제를 야기한다.

[2] 역기능적 인지 도식

Beck의 인지치료(CT)에 따르면, 사람들이 경험하는 심리적인 부적응 문제는 스트레스를 주는 사건을 경험했을 때 자동적으로 떠오르는 부정적인 생각 때문에 발생한다. Beck은 우울증 환자를 연구하여 인지치료를 개발하였는데, 우울증 환자는 부정적인 사건을 부정적으로 해석하는 역기능적인 인지 도식을 가지고 있다고 하였다. 인지 도식이란 세상을 이해하는 사고의 틀 혹은 관점이라고 말할 수 있다.

우울증 환자가 갖고 있는 역기능적인 인지 도식은 다음과 같은 세 가지 내용을 포함한다(이장호 외, 2005, p. 129).

① 자기에 대한 비관적 생각
② 앞날에 대한 염세주의적 생각
③ 세상에 대한 부정적 생각

이 세 가지를 인지삼제(cognitive triad)라고 명명하였는데, 이러한 역기능적인 인지 도식을 갖고 있는 사람이 부정적인 사건을 경험했을 때 우울증이 발병할 수 있다고 보았다. 이러한 역기능적 인지 도식을 가지고 있으면 인지적 오류를 범하게 되며, 이러한 인지적인 오류는 별다른 노력 없이 자동적으로 발생한다. 따라서 인지적 오류를 부정적 자동적 사고라고도 부른다. 인지적 오류는 잘못된 생각으로 이끄는 체계적인 오류인데, 이러한 오류를 자주 범하게 되면 심리적 부적응을 경험한다.

Beck이 제시한 인지적 오류의 대표적인 예로는 선택적 추상화, 과잉일반화, 이분법적 사고를 들 수 있다(노안영, 2005, pp. 366-368; 이장호 외, 2005, pp. 133-134).

선택적 추상화란 사건의 전체 맥락 중에서 중요 부분을 간과하고 일부 세부 사항만을 기초로 결론을 내리는 사고를 말한다. 주로 자신의 우울한 생각을 정당화하거나 지지하는 세부적인 근거에만 선택적으로 집중한다. 과잉일반화란 단일 사건에 기초한 극단적인 생각을 그것과 유사하지 않은 사건에 부적절하게 적용하는 인지적 오류로, 한두 번의 실패에도 '나는 항상 실패하는 실패자'라고 생각하는 경우를 예로 들 수 있다. 이분법적 사고는 흑백논리로 사고하고 해석하며 경험을 극단적으로 범주화하는 인지적 오류다. 이러한 극단적인 사고는 중립적인 상태를 인정하지 않음으로 인해 자신의 상태를 항상 불완전한 것으로 평가하게 되는 심리 상태를 불러일으킨다.

(3) 상담 과정과 기법

인지행동상담 이론에 따르면, 인간은 자신의 행위를 평가할 뿐 아니라 그 행위를 근거로 자신을 평가하는 성향을 가지고 있는데 부정적인 행위에 대한 평가가 그 행위에 그치지 않고 자기 자신에 대한 평가로 확대될 경우 정서적 · 행동적 부적응 문제를 경험하게 된다(Corey, 2009, p. 279). 따라서 인지행동상담 이론에서는 행동에 대한 평가가 자신에 대한 평가로 확대되지 않도록 하며 자신의 행동의 결과가 실패이거나 부정적이었을지라도 자신을 수용하는 태도를 갖게 하는 데 치료의 목적을 둔다.

인지행동상담 이론은 무의식에 대한 인식과 통찰을 통해 부적응을 치료하는 정신분석상담 이론과 달리 의식적 수준에서 생각의 방식과 내용을 변화시키는 데 중점을 두기 때문에 상담자의 역할이 지시적이고 교육적이다. 그래서 내담자에게 과제를 준다거나 다양한 인지적 · 행동적 전략을 사용하여 부정적인 사고방식을 내담자가 발견하고 수정하도록 하는 데 상담의 목표를 둔다.

앞서 말한 바와 같이 인지행동상담 이론의 대표 학자인 Ellis는 사건이나 행위에 대한 비합리적 사고가 부적응적인 정서나 행동의 원인이 되기 때문에 비합리적 사고를 합리적으로 변화시키면 부적응적 정서와 행동을 바람직한 방향으로 변화시킬 수 있다고 한다. Beck도 우울증과 같은 심리장애는 역기능적인 사고방식에 의해 발생하기 때문에 이러한 역기능적인 사고방식을 변화시키면 우울증을 치료할 수 있다고 본다.

1 ABCDEF 모델

Ellis는 그의 합리적 정서행동치료 이론에서 인간의 부적응 문제를 일으키는 비합리적 신념을 합리적 신념으로 수정하는 일련의 과정을 6개 단계로 구성된 모델로 보여 주었다. 각 단계를 지칭하는 용어의 첫 글자를 따서 ABCDEF 모델이라고 명명하였는데(Corey, 2009, p. 279), 이는 **그림 9-1**과 같다.

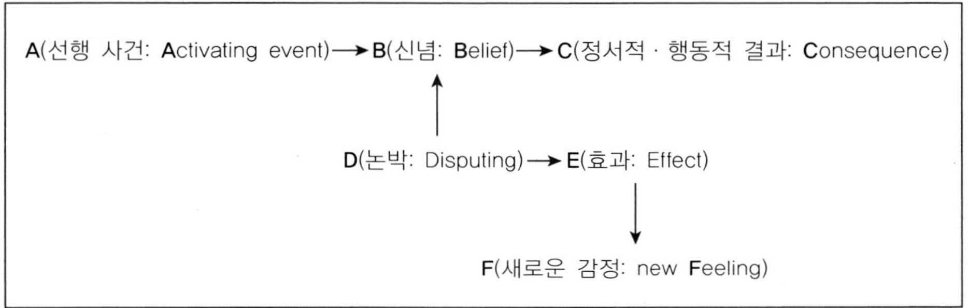

그림 9-1 합리적 정서행동치료 과정: ABCDEF 모델

이 그림에서 볼 수 있듯이, A는 선행 사건(activating event), 문제가 되는 장면 혹은 행동을 말한다. B는 문제에 대한 내담자의 신념(belief)을 말한다. C는 A에 대한 개인의 정서적 · 행동적 결과(behavioral and emotional consequences) 혹은 반응을 말한다. 이 반응은 건강한 반응일 수도 있고 부적응적인 반응일 수도 있다. 그런데 이러한 C의 원인은 A가 아닌 B라고 본다. 즉, A를 바라보는 신념이 합리적이냐 비합리적이냐에 따라서 C가 건강한 반응일 수도 있고 부적응적인 반응일 수도 있다. 합리적 정서행동치료 이론의 관점을 가진 상담자는 이러한 문제를 해결하기 위해서 내담자가 가지고 있는 비합리적 신념에 대해 논박(dispute)을 한다.

친구들의 비난 때문에 우울 증상을 보이는 청소년의 경우를 **그림 9-1**에 제시된 모델에 적용해 보면, 친구들의 비난은 A이고 우울 증상은 C다. 이 청소년의 우울 증상의 직접적인 원인은 친구들의 비난(A) 자체가 아니라 A를 바라보는 B, 즉 이 청소년이 가지고 있는 비합리적인 신념이다. 예를 들어, '친구들은 내가 원하는 대로 항상 나를 사려 깊고 공정하고 친절하게 대해야 한다. 그렇지 않으면 그들은 나쁜 사람이며 비난받고 처벌받아 마땅하다.' 혹은 '친구들의 비난을 받는 나는 실패한 인간이다.'와 같은 비합리적 신념일 수 있다. 이러한 인간은 자신의 부정적인 생각대로 느끼고 행동하게 된다.

합리적 정서행동치료 이론의 상담자는 내담자의 이러한 부정적인 신념을 수정하기 위해 내담자로 하여금 현재 느끼는 부정적인 감정과 연관된 부정적인 신념이 무엇인지 발견하게 하고 그 신념을 긍정적이고 합리적인 신념으로 바꿀 수 있게 질문하고 토론하는 과정을 거치게 된다. 이러한 과정이 **그림 9-1**에 제시된 논박(D)의 과정이다. 이러한 논박의 과정을 통해 친구들의 비난에 대한 비합리적인 신념 때문에 우울 증상을 보이던 청소년은 비합리적 신념을 합리적 신념으로 바꾸게 된다. 예를 들어, '친구들의 비난을 받더라도 나는 실패한 인간이 아니다.' '살다 보면 남에게 비난을 받을 수도 있다.' '나를 우울하게 만든 것은 친구들의 비난이 아니라 친구들의 비난에 대한 내 생각이다.'와 같은 현실적이고 합리적인 신념으로 바꾸게 된다.

이와 같이 생각의 변화가 생기면 우울 증상과 같은 부정적인 정서 반응이 완화되는 효과(E)가 나타난다. 즉, 효과(E)는 비합리적 신념에 대한 논박의 결과로 비합리적 신념이 합리적 신념으로 바뀐 상태를 말한다. 그리고 **그림 9-1**에 제시된 마지막 단계인 새로운 감정(F)은 논박을 통해 바뀐 효과적인 합리적 신념에서 비롯된 새로운 감정(F)이나 행동을 나타낸다(노안영, 2005, p. 352).

2 인지치료 과정

인지치료 상담자는 합리적 정서행동치료 상담자와 마찬가지로 정서적 · 행동적 부적응 문제를 해결하는 가장 직접적인 방법이 역기능적인 인지 도식과 인지적 오류를 수정하는 것이라고 본다(Corey, 2009, p. 289). 상담자는 내담자와의 대화와 해석의 과정을 통해서 내담자가 자신의 잘못된 사고방식, 즉 역기능적 인지 도식과 인지적 오류를 발견하게 한다. 그리고 자신의 잘못된 사고방식이 감정과 행동에 영향을 준다는 것을 깨닫게 한다.

이러한 과정은 상담자와 내담자의 대화를 통해서 이루어지는데, 내담자가 자신의 부적응적인 감정과 행동의 원인이 되는 역기능적인 인지 도식과 인지적 오류를 발견하고 깨닫게 하기 위해 상담자는 내담자에게 부정적인 생각이 현재의 감정과 행동에 어떠한 영향을 주는지에 대해 끊임없이 질문한다. 내담자는 상담자의 질문에 답함으로써 자신의 인지적 오류를 발견하게 되고, 이러한 과정에 익숙해지면 내담자 자신의 역기능적 사고를 발견할 수 있는 질문을 스스로 할 수 있게 된다. 이와 같이 자신의 생각에 대해 모니터할 수 있는 훈련이 되면 감정과 행동은 생각과 연결되어 있다는 통찰을 얻게 되고, 부정적인 감정이나 행동을 하게 되면 그것과 연결된 부정적인 인지 도식이 무엇인지를 탐색하고 부적응적인 문제를 스스로 해결할 수 있게 된다.

이러한 인지치료 과정은 정서적 · 행동적 부적응의 문제를 해결하기 위해서 내담자의 사고방식을 바꾸는 데 초점을 둔다는 점에서 합리적 정서행동치료 과정과 유사하다. 그러나 합리적 정서행동치료가 상담자의 직접적인 지시나 논박 등을 통한 적극적인 개입을 강조하는 반면에 인지치료는 상담자의 질문 제시와 같은 간접적인 개입을 통해 내담자가 스스로 잘못된 생각을 찾도록 한다는 점에서 차이가 있다(Corey, 2009, p. 290).

3) 인간중심상담 이론

인간중심상담 이론은 인본주의 심리학의 주요 개념을 기초로 발전된 이론이다. 인본주의 심리학의 대표 학자이자 인간중심상담 이론의 창시자인 Rogers는 가장 영향력 있는 심리상담자로 평가받고 있다. Rogers는 인간에 대한 기본적인 신뢰를 강조한다. 인간은 자기 자신을 이해하고 상담자의 직접적인 개입 없이 자신의 문제를 해결할 수 있는 잠재력을 갖고 있다고 본다. 상담자와 내담자가 신뢰성 있는 관계를 형성한다면 내담자는 타고난 선한 경향성을 발휘해서 문제를 스스로 해결할 수 있다는 것이다. 따라서 내담자의 문제를 해결하기 위해서 인간중심상담 이론에서 가장 중요하게 생각하는 것은 상담자와 내담자 간에 인간적이면서 치료적인 관계를 형성하는 것이다(김춘경 외, 2006, p. 69).

Rogers의 인간중심상담 이론이라는 명칭은 세 차례의 변화 과정을 통해 결정되었다. 1940년대 초에 Rogers는 지시적이고 해석적인 기존의 상담방법과 구분하기 위해서 자신의 상담 이론을 '비지시적 상담 이론'이라고 하였다. 1950년대 초에는 '비지시적'이라는 의미보다는 내담자 중심임을 더욱 강조하기 위해서 '내담자중심상담 이론'이라고 하였다. 1980년대에 와서 Rogers는 상담적 접근의 대상을 내담자에게 국한하는 것이 아니라 모든 인간으로 확장하고 세계의 평화를 추구한다는 의미에서 그의 이론을 '인간중심상담 이론'이라고 명명하였다(Corey, 2009, p. 167). 여기서는 인간중심상담 이론의 인간관, 부적응 행동에 대한 관점, 상담 과정과 기법에 대해서 살펴보고자 한다.

(1) 인간관

인간중심상담 이론의 인간관은 긍정적이다. 인간은 신뢰할 수 있는 존재로 자신을 이해하고 조절할 수 있고 건설적으로 변화하며 효과적이고 생산적인 삶을 살 수 있는 능력을 가진 존재다. 상담자가 내담자의 이러한 잠재력을 끌어내는 역할만 할 수 있으면 내담자 스스로 자신의 문제를 해결할 수 있다고 본다. 이를 위해서 상담자는 내담자를 진실한 마음으로 지지하고 보호하며 조건 없이 이해해 주는 것이 중요하다.

인간중심상담 이론은 상담자의 역할을 세 가지로 설명한다. 첫째, 진실성, 둘째, 무조건적인 긍정적 존중, 셋째, 공감적 이해다. 상담자가 내담자를 진솔하게 대하고 조건 없이 존중하며 내담자의 생각, 감정, 행동을 내담자의 관점에서 정확하게 공감해 줄 수 있을 때, 내담자는 상담자에 대해 방어적이지 않고 자신을 개방하게 되어 결과적으로 자신의 문제를 해결할 수 있게 된다. 이와 같이 인간은 타인에게 존중받는 상황에서 자신의 잠재력을 실현하고 목표를 달성할 수 있는 경향성을 타고났기 때문이다. 이를 실현경향성(actualizing tendency)이라고 한다(이장호 외, 2005, p. 89). 실현경향성은 인간이 갖고 있는 기본 성향으로서 가치를 실현하고 스스로 결정하며 완전을 추구하는 경향성을 말한다. 실현경향성은 심리적·행동적 문제를 스스로 치료하는 힘의 원천이다. 실현경향성 때문에 인간은 부적응을 스스로 치료하고 심리적 건강을 회복할 수 있다. 그러므로 인간중심상담 이론에서는 내담자의 부적응 문제에 대한 일차적인 책임이 내담자 자신에게 있다고 본다. 그런데 부적응 문제를 스스로 해결하는 실현경향성은 서로 존중하고 아끼는 인간관계 안에서 발휘되기 때문에 인간적인 관계를 갖지 못하면 실현경향성을 타고났다 해도 부적응의 문제를 스스로 해결할 수 없다. 그렇기에 내담자의 문제를 해결하기 위해서는 상담자의 해석이나 상담 기법이 중요한 것이 아니라 내담자가 타고난 실현경향성을 발휘해서 문제를 스스로 해결할 수 있도록 지지적이고 안정된 인간관계를 제공하는 것이 중요하다고 본다.

(2) 부적응 행동의 원인

인간의 잠재력을 중요시하는 인간중심상담 이론에서는 심리적 부적응 행동의 원인이 타고난 잠재력을 실현할 수 있는 인간적 존중을 받지 못하기 때문이라고 본다. 다시 말해서 타고난 잠재력을 발휘하지 못하고 외부로부터 강요되는 가치관이나 조건에 맞추어 살려고 하는 과정에서 심리적 문제가 발생한다고 본다. 이러한 과정에 대해서 인간이 근본적으로 타고난 욕구가 무엇이며 그 욕구의 실현 과정에서 어떠한 불일치를 경험할 때 부적응 문제가 나타나는지에 대해 구체적으로 살펴보기로 하자.

① 실현경향성과 가치 조건

인간은 자신에 대해 긍정적인 생각을 갖고자 하는 욕구를 가진다. 그런데 이러한 욕구는 타인에게서 긍정적인 존중을 받을 때 충족할 수 있다. 타인과 애정적인 관계를 갖지 못하거나 타인에게서 긍정적인 존중을 받지 못할 때 이러한 존중 욕구를 충족할 수 없기 때문에 타인에게서 존중받기 위해 타인이 부여한 가치 조건을 받아들이고 내면화하게 된다. 그 과정에서 타인이 부여한 가치 조건이 타고난 잠재력을 발견하고 실현해 나가는 방향으로 작용할 때는 건강한 발달을 하게 되지만 그렇지 않을 때는 자신의 잠재력을 왜곡하거나 부정하게 되고, 그 결과 심리적 부적응 문제가 발생할 수 있다(이장호 외, 2005, p. 95).

② 실현경향성과 현실 경험

부적응 문제는 인간의 타고난 실현경향성과 외부에서 부여하는 가치 조건이 일치하지 않을 때 발생하지만 현실 경험과 일치하지 않을 때도 발생한다(Corey, 2009, p. 172). 예를 들어, 의사가 되고자 하는 목표를 갖고 있는데 학교 성적이 잘 나오지 않을 때는 스트레스를 받게 되고, 지속되는 스트레스는 심리적 부적응을 유발한다.

(3) 상담 과정과 기법

인간중심상담 이론은 다른 상담 이론과 달리 내담자의 문제행동에 초점을 맞추는 것이 아니라 내담자에게 초점을 맞춘다. 즉, 상담의 목적이 내담자의 문제를 직접적으로 해결하는 데 있는 것이 아니고 내담자가 자신의 문제를 스스로 해결할 수 있도록 도와주는 데 있다. 이를 위해 상담자가 내담자에게 온정적이고 안정적인 관계의 대상이 되어 주는 것을 중요하게 본다. 상담자와 내담자의 인간적인 관계 안에서 내담자는 자신의 문제를 스스로 명확하게 인식하고 목표를 설정해서 해결을 위해 노력할 수 있기 때문이다. 따라서 인간중심상담 이론은 정신분석상담 이론에서처럼 내담자의 문제행동에 대한 심층적인 해석이나 인지행동상담 이론에서처럼 상담 기법을 중요하게 생각하지 않는다. 인간중심상담 이론에서는 인간의 성장을 도와주는 인간적이고 온정적인 관계를 제공하면 내담자가 자신의 문제를 스스로 해결하고 성장할 수 있다고 본다.

인간중심상담 이론에서 강조하는 치료적인 상담관계 형성을 위한 상담자의 역할은 크게 세 가지로 요약할 수 있는데, 그것은 내담자에 대한 상담자의 진실성, 무조건적인 긍정적 존중, 공감적 이해다. 각 내용에 대해 구체적으로 살펴보자.

[1] 진실성

상담자는 내담자를 진실하게 대해야 한다. 진실하다는 말은 거짓이 없다는 것인데 구체적으로 상담자의 생각과 행동이 일치한다는 뜻이다. 상담자가 내담자에 대해 갖고 있는 감정, 생각, 태도, 반응을 내담자에게 개방적으로 솔직하게 표현하는 것이 상담자의 진실성이다. 상담자가 내담자를 진실하게 대할 때 내담자도 자기 자신에 대해 개방적이고 진실해질 수 있다.

[2] 무조건적인 긍정적 존중

상담자는 내담자를 한 인간으로서 무조건적 긍정적으로 존중한다. 무조건적이란 말은 인간을 존중하면서 어떤 조건을 달지 않는 것을 의미한다. 즉, 내담자가 '이러이러한 생각이나 행동을 할 때에만 존중한다'는 의미가 아니라 내담자의 있는 모습 그대로 존중한다는 의미다. 그렇다고 해서 내담자가 어떤 생각이나 행동을 해도 무조건적으로 수용하겠다는 의미는 아니다. 조건을 달지 않은 존중을 한다는 것을 말한다. 상담자가 내담자에게 이러한 존중을 할 때, 내담자는 자신의 실현경향성을 찾을 수 있고 스스로 부적응 문제를 치료할 수 있는 힘을 갖게 된다.

3 공감적 이해

상담자는 내담자를 공감적으로 이해한다. 공감적으로 이해한다는 말은 경험이나 감정을 민감하고 정확하게 이해하는 것을 말한다. 상담자가 내담자를 공감적으로 이해해 줄 때 여러 가지 치료적인 효과를 얻을 수 있다(Corey, 2009, p. 175). 첫째, 내담자가 자신의 생각이나 경험에 대해서 주의 깊게 생각할 수 있다. 둘째, 이를 통해 내담자가 자신의 과거 행동이나 경험을 새로운 시각에서 바라볼 수 있다. 셋째, 이러한 시각의 변화를 통해서 내담자는 자신과 타인 그리고 환경에 대한 부정적 또는 왜곡된 생각을 바꿀 수 있다. 넷째, 이와 같은 생각의 변화를 통해 내담자는 자신의 삶에 대한 판단이나 결정을 하고 실천을 할 때 자신감을 갖게 된다.

상담자가 어떤 상담 이론적 관점을 가지고 있는가에 따라서 청소년상담의 방법은 다르지만, 인간중심상담 이론에서 제시한 상담 기법의 주요 요소인 상담자의 진실성, 내담자에 대한 무조건적인 긍정적 존중, 그리고 내담자의 경험이나 감정에 대한 공감적 이해는 모든 상담자가 가져야 할 기본 철학이자 태도로 중요하게 여겨지고 있다. 특히 청소년기의 자기중심적 사고의 특성상 청소년 내담자가 성인 상담자에 대해 갖는 저항적인 감정은 상담 장면에서 문제해결에 장애가 되고 있는데, 상담자의 공감적 이해는 청소년 내담자의 성인 상담자에 대한 저항감을 극복하게 하는 데 중요한 기능을 한다.

3. 청소년상담 현장

1) 청소년상담 현장의 요구

청소년이 상담실을 방문할 때는 현재 고통받고 있는 심리적 부적응에 대한 심오한 통찰을 얻거나 자신을 변화시키기 위해 참을성과 인내를 갖고 오는 것이 아니다. 일반적으로 청소년이 상담받기를 원하는 목적은 어려운 의사결정을 하는 데 필요한 충고나 조언을 얻거나, 당면 문제의 해결을 위해 필요한 지도를 받거나, 심리적 · 정서적 고통에서 벗어나기 위한 직접적인 도움을 받기 위한 것이기 때문에 내담자의 통찰을 중요시하는 치료적 접근 모델에 입각한 성인 대상의 전통적인 상담방법은 청소년에게 효과적으로 기능하지 못한다는 견해가 많다(구본용, 2002).

앞서 청소년상담의 개입 대상과 영역 부분에서 서술한 바와 같이 청소년상담 현장에서 상담의 효과를 거두기 위해서는 성인 내담자와 다른 청소년 내담자의 요구와 발달적 특성을 고려해야 한다. 이를 위해서 구본용(2002)은 청소년상담 현장에서 청소년 내담자의 어떠한 요구와 발달적 특성을 어떻게 고려해야 하는지 다음과 같이 설명하였다.

첫째, 청소년기에 직면하는 발달과업을 해결하도록 도와줌으로써 문제행동을 예방하고 성장과 발달을 촉진한다. 청소년기의 발달과업은 신체적 변화로 인한 불안감의 극복, 성정체성의 확립, 자아정체감의 확립, 대인관계 기술의 습득, 논리적이고 창의적인 사고의 개발, 새롭게 요구되는 역할이나 주위 사람의 기대에의 적응 등을 말한다. 이러한 발달과업은 특히 청소년기에 해결해야 할 것으로, 그 해결에서 문제가 생기면 일탈행동으로 진행되기 쉽다.

둘째, 청소년이 일상생활에서 당면하는 구체적인 문제를 해결하는 데 전문적으로 조력할 수 있어야 한다. 학습 활동, 진로 설계, 또래관계, 이성교제 등 청소년이 호소하는 문제해결에 적극적으로 직접적인 도움을 제공해야 한다.

셋째, 청소년이 잠재력을 발휘할 수 있도록 도움을 제공한다. 문제를 해결한다고 해서 청소년의 유능성이 쉽게 발달하는 것이 아니므로 청소년에게 내재된 가능성을 찾아 실현할 수 있도록 도와야 한다.

넷째, 청소년 개인을 대상으로 한 상담을 통해서 개인적 문제를 해결한다 해도 문제에 영향을 주는 가족, 학교, 지역사회와 대중매체 등의 환경이 여전히 존재하는 한 그 개인적 문제는 재발할 가능성이 크다. 그러므로 청소년문제를 더욱 효과적으로 해결하고 그 효과가 지속되도록 하기 위해서는 이러한 다양한 환경적 요인이 청소년의 성장과 발달을 위협하는 것이 아니라 촉진하는 방향으로 변화하도록 노력해야 한다. 왜냐하면 청소년기의 발달이 환경의 영향을 민감하게 받을 뿐 아니라 청소년문제 또한 이러한 환경이 복합적으로 연결되어 영향을 주기 때문이다(Steinberg, 2011).

이상에서 살펴본 바와 같이, 청소년상담은 청소년 내담자의 요구에 민감하게 반응하는 것이라야 한다. 아울러 성인 내담자와 달리 청소년 내담자는 상담에 대한 동기가 낮기 때문에 청소년 내담자의 상담 동기를 높이기 위한 노력이 있어야 한다. 상담실을 찾게 되는 청소년은 자신의 의도와는 달리 대부분 부모의 강권이나 교사의 권유 혹은 법적 명령 등에 의해 상담에 참여하기 때문에 상담을 받고자 하는 동기가 낮다(이규미, 2008). 내담자가 상담에 임하는 동기 수준은 상담의 목표를 정하고 변화를 위한 시도를 하는 원동력이 되어 상담의 효과에 큰 영향을 주기 때문에 청소년 내담자의 상담 동기를 강화하는 것은 청소년상담에서 중요하게 다루어져야 할 부분이다.

2) 청소년상담사

청소년상담사는 청소년과 청소년 관련인 그리고 청소년 관련 기관을 대상으로 상담 업무를 한다. 청소년상담사는 다음과 같은 기관에서 근무한다. 국가차원의 청소년상담 관련 기관인 한국청소년상담복지개발원, 시 · 도 및 시 · 군 · 구 청소년상담복지센터, 초 · 중 · 고 · 대학의 학생상담소, 청소년수련관, 사회복지관, 청소년쉼터, 청소년 관련 복지시설, 경찰청이나 법무부 등 청소년업무 지원부서, 사설 청소년상담실, 아동 · 청소년 대상 병원, 일반 청소년 관련 사업체, 근로청소년 관련 사업체 등이다(여성가족부, 2017, p. 482). 청소년상담사 자격은 상담 관련 분야를 전공하고 상담 실무 경력이나 기타 자격을 갖춘 경우에 자격검정에 합격하고 소정의 연수를 마친 자에게 부여하는 국가자격으로 1급에서 3급까지 분류된다. 청소년상담사 등급별 자격검정 응시자격 기준, 자격검정 과목 및 청소년상담사 양성 체계는 제7장을 참조하길 바란다.

3) 청소년상담 관련 주요 기관과 서비스 내용

「청소년복지 지원법」에 근거하여 청소년상담 현장에서는 한국청소년상담복지개발원을 중심으로 광역자치단체와 기초자치단체에 다양한 상담 서비스를 제공하는 기관이 설치 · 운영되고 있다. 한국청소년상담복지개발원은 청소년상담 서비스를 제공하는 중추적 국책기관으로 청소년상담사를 배출하고 재교육을 담당하는 업무를 수행하고 있다. 또한 시 · 도 및 시 · 군 · 구 청소년상담복지센터에서는 직접적

상담 업무와 함께 위기청소년을 통합적으로 지원하는 프로그램인 CYS-Net의 원활한 수행을 위한 지원 업무도 수행하고 있다(여성가족부, 2017).

(1) 한국청소년상담복지개발원

한국청소년상담복지개발원(Korea Youth Counseling & Welfare Institute : KYCI)은 「청소년복지 지원법」 제22조에 의해 설립된 여성가족부 산하 공공기관으로 청소년상담 서비스를 제공하는 중추적 기관이다(여성가족부, 2017). 이 기관이 수행하는 대표적인 주요 상담 관련 업무 중 하나는 청소년상담사 국가자격제도를 시행하는 것이다. 자격제도 수행을 통해서 청소년상담사 1, 2, 3급으로 구성된 청소년상담 전문 인력을 배출하고 있으며, 현장에서 상담 업무를 수행하고 있는 청소년상담사를 대상으로 전문 영역별 직무연수나 보수교육도 실행하고 있다. 아울러 시 · 도 및 시 · 군 · 구 청소년상담복지센터 및 상담기관 간의 유기적 협력관계를 유지할 수 있도록 노력하고 있다. 또한 상담 인력 배출 업무와 관련하여 또래상담지도자 양성 교육을 지속적으로 수행하고 있으며 청소년동반자의 전문성 향상을 위해 직무 연수를 지원하고 있다. 청소년동반자에 대해서는 청소년상담 사업 서비스 부분에서 구체적으로 설명하기로 한다.

한국청소년상담복지개발원에서 수행하고 있는 대표적인 전문상담 사업으로는 직접적인 상담 서비스 제공이 있다. 지자체가 설치 · 운영하는 청소년상담복지센터를 중심으로 지역사회 위기청소년 통합지원체계(CYS-Net) 관계자 회의, 지도 · 지원 등을 실시하고, 종합정보망을 운영하고 있으며, 사회적 이슈가 되는 청소년문제들을 분석 · 연구함으로써 문제해결과 예방에 도움을 주고 있다. 이를 위해 청소년상담복지 정책에 대한 중장기적 연구를 수행하고, 다양하고 심각해진 청소년문제를 해결하고 예방하기 위한 맞춤형 프로그램을 개발하여 전국 청소년 유관 기관에 보급 · 운영하는 등 청소년 상담기법의 연구 및 상담 자료의 제작 · 보급에 주력하고 있다(여성가족부, 2017, p. 505).

학교 밖 청소년, 인터넷과다사용 청소년, 심리적 부적응 청소년들을 위한 상담사업을 진행하고 있다. 학교 밖 청소년들에게 자립의지를 심어 주고, 학교복귀나 취업을 지원한다. 또한 인터넷 · 스마트폰을 과다하게 사용하여 건강한 생활이 어려운 청소년들을 위해서는 전국 청소년상담복지센터와 연계하여 인터넷치유캠프(11

박 12일, 중 · 고생 대상)와 가족치유캠프(2박 3일, 초등생 및 보호자 대상)를 실시하고 있다. 국립청소년인터넷 드림마을을 위탁 운영하여 인터넷 · 스마트폰 중독 예방 · 해소사업도 수행하고 있다. 심리적 부적응 청소년들을 위해서는 상담 · 치료, 대안교육, 자립지원 등의 장 · 단기과정을 수행하고 있으며 청소년들이 쉽게 접근하고 이용할 수 있도록 개인상담 · 집단상담 · 심리검사 등의 전문상담과 사이버상담 등 청소년상담 사업을 운영하고 있다(여성가족부, 2017, p. 505).

이러한 사업들의 운영 실적을 상담 서비스 이용 건수를 통해서 살펴보면, 2016년 현재, 한국청소년상담복지개발원의 개인상담 및 집단상담, 심리검사, 전화상담의 이용건수는 4,209건이었는데 이중, 대면상담(개인, 집단 등)은 2,873건이었으며, 매체상담(전화상담)은 총 1,336건이었다. 문제의 유형별 상담 건수를 살펴보면, 개인상담의 경우 대인관계문제가 29.9%, 정신건강문제가 20.9%와 가족관계문제가 19.7%로 나타났다(여성가족부, 2017, p. 195).

(2) 시 · 도 및 시 · 군 · 구 청소년상담복지센터

시 · 도 청소년상담복지센터는 2012년 8월 2일 전부개정 시행된 「청소년복지지원법」 제29조에 근거하여 2016년 기준 206개 기초자치단체에 설치 · 운영되고 있다(여성가족부, 2017, p. 197). 시 · 도 청소년상담복지센터는 광역자치단체의 청소년상담전문기관으로서 지역의 시 · 군 · 구 청소년상담복지센터와 연계하여 청소년 상담을 위한 여러 가지 사업을 실행하고 있다. 사업의 내용은 'Help Call 청소년전화 1388' 운영, 지역사회청소년통합지원체계(CYS-Net) 운영, 찾아가는 상담전문가인 청소년동반자 운영, 긴급구조 및 일시보호사업, 청소년 인터넷중독 예방 · 해소사업, 심리상담 및 놀이치료, 또래상담사업, 학부모상담자원봉사회 운영, 청소년상담관련 심리교육, 지도자 양성, 학부모의 청소년문제에 대한 정보제공과 자문 등을 포함한다(여성가족부, 2017, p. 196).

(3) 청소년상담 관련 대표적 사업

[1] 지역사회 청소년통합지원체계(CYS-Net)

지역사회 청소년통합지원체계(Community Youth Safety-Net: CYS-Net)는 사회

안전망을 통해서 지역사회 내 위기청소년에게 통합적인 지원을 제공하는 지원 체계다. 위기청소년이란 가정이나 학교 등 기본적인 사회안전망에서 이탈했거나 이탈할 가능성이 있으며 정서적 · 행동적인 문제를 보이는 청소년을 의미한다(오경자 외, 2009). CYS-Net은 지역사회 청소년 관련 기관 간의 네트워킹을 통한 통합지원 체계를 구축하여 학업중단, 가출, 인터넷중독 등 위기청소년에 대한 전화상담, 구조, 보호, 치료, 자립, 학습 등 맞춤형 서비스를 원스톱(one-stop)으로 제공함으로써 위기청소년의 건강한 성장과 삶의 역량 강화에 목적을 두고 운영되고 있다(여성가족부, 2017, p. 202).

CYS-Net을 통해 제공되는 서비스에 대한 통계 자료에 따르면 2016년 기준 상담 및 정서적 지원 관련 서비스가 58.7%로 가장 많았고, 다음으로 여가 및 문화 활동 지원 17.2%, 기초생활 및 경제적 지원이 15.2%, 교육 및 학업 지원이 4.6%, 사회적 보호지원이 3.5%, 의료지원이 0.4%, 자활지원이 0.4%, 법률자문 및 권리 구제지원이 0.1% 순이었다(여성가족부, 2017, p. 203).

2 Help Call 청소년전화 1388

Help Call 청소년전화 1388은 청소년은 물론 일반 국민은 누구나 청소년을 위하여 이용하는 전화로 청소년상담, 긴급구조, 자원봉사 및 수련활동 정보 제공, 인터넷중독 치료 등 청소년 관련 모든 문제에 대해서 연중무휴 24시간 원스톱 서비스 제공을 목적으로 운영되고 있다. Help Call 청소년전화의 이용률은 급증하고 있는데 2005년 하루 200건이 되지 않았으나 2016년 현재는 1,100여 건으로 늘어났다(여성가족부, 2017, p. 205).

Help Call 청소년전화를 통해 호소하는 문제의 유형별 이용 건수에 대한 조사 결과에 따르면 가장 많은 빈도가 정보를 얻기 위한 목적이었으며, 다음으로는 대인관계문제, 학업과 진로 문제, 정신건강 문제, 가족관계 문제, 일탈과 비행 문제, 성격문제, 컴퓨터와 인터넷 사용 관련 문제, 성 문제 순이었다(여성가족부, 2017, p. 206).

3 청소년동반자(YC) 프로그램

정서적 · 행동적 문제를 보이는 위기청소년은 상담을 비롯한 공적 서비스를 자발적으로 이용하기 꺼리는 경향이 있다. 청소년동반자(Youth Companion: YC) 프로그램은 이러한 위기청소년을 대상으로 청소년상담 전문가가 위기청소년과 지속적인 관계를 형성하여 상담, 심리적 지지, 자활적 지지, 학습 및 진로 지도, 문화 체험 등을 제공하는 치료적 개입 프로그램이다(여성가족부, 2017, p. 207). 청소년동반자 프로그램은 2005년 후반기에 국가청소년위원회에서 서울을 비롯한 5개 지역에서 시범 시행하여 현재까지 활발하게 운영되고 있다. 그 현황을 살펴보면 2008년에 청소년동반자 수가 470명이고 수혜 청소년 수가 14,510명이었던 것이 2016년 현재는 청소년동반자 수가 1,066명이고 수혜 청소년 수가 35,710명이다(여성가족부, 2017, p. 207).

청소년동반자 프로그램의 핵심 특징은 다섯 가지로 요약할 수 있다(오경자, 이기학, 지승희, 2005). 첫째, 위기청소년이 경험하는 문제의 원인은 개인적 요인보다는 가족, 학교, 지역사회의 상호작용적 요인에 있다. 둘째, 위기청소년의 문제를 해결하기 위해서는 각 청소년의 특성과 요구에 맞춘 개인 맞춤형 서비스를 해야 한다. 셋째, 공적 서비스를 이용하기 어려운 위기청소년을 위해서는 그들의 생활환경으로 직접 찾아가는 서비스를 제공해야 한다. 넷째, 가정, 학교 등 위기청소년의 생활환경에서의 문제점을 직접 변화시키려는 접근을 해야 한다. 다섯째, 개입 효과에 대한 지속적인 평가와 이를 기초로 한 개입 전략의 정교화 작업을 해야 한다.

청소년동반자 프로그램과 일반상담 프로그램을 비교한 연구 사례를 통해 청소년동반자 프로그램의 효과를 살펴볼 수 있다. 오경자 등(2009)은 청소년동반자 프로그램 참여 청소년과 일반상담 수혜 청소년의 문제행동 정도와 서비스에 대한 만족도를 분석하였다. 두 집단 모두 프로그램 개입 전에 비해 개입 후 문제행동에서 행동 문제가 호전되었으며, 행동 문제의 개선이나 서비스 만족도에서 청소년동반자 프로그램이나 일반상담 프로그램이 차이를 보이지 않았다. 이는 청소년동반자 프로그램이 기존의 일반상담과 대등한 수준의 상담 효과를 보임을 시사하는 것이다.

4 인터넷 · 스마트폰 과의존 청소년을 위한 종합적인 대응체계

인터넷 · 스마트폰 과의존 청소년을 위해서는 진단과 발굴, 상담과 치료, 병원 연계, 치유특화프로그램 실시, 그리고 사후관리까지 종합적인 대응체계를 가동하여 이들이 건강하게 성장할 수 있도록 노력하고 있다. 이를 위해서 여성가족부, 교육부, 청소년상담복지개발원, 청소년상담복지센터, 국립청소년인터넷드림마을, 정신건강증진센터, 치료협력병원 등이 서비스의 각 단계를 주관하거나 서로 협력하고 있다(여성가족부, 2017).

진단과 발굴의 단계에서는 청소년들을 대상으로 진단 조사를 통해서 위험사용자군과 주의사용자군을 선별하여 위험사용자군에게는 개인상담과 병원치료를 연계하고 치료비를 지원하며 주의사용자군에게는 인터넷과 스마트폰 사용 조절 능력을 향상시키기 위한 개인상담과 집단상담을 실시한다(여성가족부, 2017).

또한 위험사용자군에게는 여성가족부, 청소년상담복지개발원, 청소년상담복지센터, 국립청소년인터넷드림마을에서 실시하는 치유특화프로그램을 실시한다. 치유특화프로그램으로는 중 · 고생을 대상으로 11박 12일간 실시하는 인터넷치유캠프, 초등생을 대상으로 2박 3일간 일시하는 가족치유캠프, 여자청소년을 대상으로 한 스마트폰치유캠프 등이 있다. 인터넷치유캠프와 가족치유캠프에서는 인터넷 스마트폰 위험사용자군 청소년과 그 가족을 대상으로 전문 상담사의 맞춤형 개별상담과 집단상담, 임상심리 전문가의 중독 원인 진단 및 평가, 수련활동 전문가의 수련 및 대안 활동 등을 결합한 전문적이고 종합적인 치료 서비스를 제공한다. 또한 2014년에 설립된 인터넷 · 스마트폰 과의존 청소년을 대상으로 한 상설치유기관인 국립청소년인터넷드림마을에서는 1주 · 2주 · 3주 · 4주 과정의 치유 프로그램을 연중 운영하고 있으며, 개인 · 집단상담, 가족상담 및 대안활동, 관계증진활동 등을 통해 참가 청소년들의 인터넷 · 스마트폰 과의존을 치료하기 위한 다양한 프로그램을 진행하고 있다(여성가족부, 2017).

5 또래상담

또래상담은 또래상담자를 통해서 청소년들의 학교폭력 문제를 해결하려는 시도이다. 또래상담은 일정시간 이상의 상담훈련을 받은 청소년이 어려움을 겪고 있는 친구를 조력하는 상담활동으로, 또래상담 동아리를 통해 서로 돕고 배려하는 문화를 형성하는 청소년 자치활동이다(여성가족부, 2017, p. 209). 또래상담자는 학교 내에서 따돌림, 학교폭력 등 어려움을 겪는 친구를 발견하고, 문제해결을 위한 조력활동이 가능하도록 훈련받는다(여성가족부, 2017, p. 209). 이러한 노력을 통해서 또래상담은 학교폭력 피해 청소년들과 함께 생활하는 또래상담자의 활동을 통해 학교폭력을 조기에 발견하고 대처할 수 있으며 특히 교사나 부모가 보지 못하는 사각지대에서 발생하는 학교폭력을 발견하고 피해를 사전에 예방할 수 있는 프로그램으로 평가받고 있다.

또래상담교육 프로그램은 12시간 과정의 교육 프로그램인 기본교육과 기본교육을 이수한 또래상담자를 대상으로 학교폭력예방을 위한 또래상담자의 역할에 초점을 맞추어 8시간 운영되는 심화교육으로 구성되어 있다(여성가족부, 2017). 이러한 또래상담 교육을 이수한 또래상담자 청소년들이 상담자로서의 전문성을 갖추기는 어렵지만 또래상담자 스스로가 학교폭력에 대한 인식의 변화를 경험하게 되고 이를 통해서 피해 친구들을 돕는 적극적이고 구체적인 행동을 할 수 있게 됨으로써 학교폭력의 문제를 해결하는데 기여한다.

또래상담자가 배치된 학급과 배치되지 않은 학급을 비교함으로써 또래상담의 효과를 분석한 자료에 의하면 학생들의 교우관계, 학교적응, 학교생활 만족도가 또래상담자가 배치된 학급에서는 학년초에 82%에서 학년말에 84%로 향상된 반면, 미배치 학급에서는 학년초에 82%에서 학년말에 82%로 변화가 없었다(여성가족부, 2017, p. 212). 1994년에 한국청소년상담복지개발원에서 또래상담프로그램을 개발하여 시·도 및 시·군·구 청소년상담복지센터를 중심으로 또래상담자 교육을 시작하였고 전국 초중고등학교로 확대되어 2016년 현재 전국 7,700여 초·중·고등학교가 또래상담운영학교로 지정되어 또래상담지도교사와 또래상담자를 양성하고 있다(여성가족부, 2017, p. 208).

생각해 봅시다

1. 상담의 목적, 대상, 방법에서 청소년상담의 의미를 생각해 봅시다.

2. 청소년상담 모델은 치료적 접근 모델과 성장촉진적 접근 모델로 분류할 수 있습니다. 이 두 가지 접근 모델을 비교함으로써 청소년상담의 특성을 생각해 봅시다.

3. 정신분석상담 이론, 인지행동상담 이론, 인간중심상담 이론에서 청소년기 부적응 문제를 해결하는 상담 과정이 어떻게 다른지 생각해 봅시다.

4. 청소년 내담자의 요구와 발달 특성을 고려하여 어떠한 서비스를 제공해야 하는지 생각해 봅시다.

✱ 참고문헌

구본용(2002). 청소년 상담 모형의 정립과 발전과제. 제9회 청소년상담학 세미나 자료집.

김춘경, 이수연, 최웅용(2006). 청소년상담. 서울: 학지사.

김홍순, 김청송(2011). 청소년 상담에서 내담자의 상담에 대한 기대. 상담자의 자기개방 및 상담협력 간의 관계. 청소년학연구, 18(7), 235-255.

노성덕, 배영태, 김호정, 김태성(2011). 지역사회청소년통합지원체계(CYS-Net) 발전방안 연구: 청소년상담지원센터 정착을 중심으로. 서울: 한국청소년상담원.

노안영(2005). 상담심리학의 이론과 실제. 서울: 학지사.

박경애, 김혜원, 주영아(2010). 청소년 심리 및 상담. 경기: 공동체.

박성수(1997). 21세기 청소년상담모형의 발달. 청소년상담연구, 5(1), 7-38.

여성가족부(2017). 2017 청소년백서. 서울: 여성가족부.

오경자, 배주미, 양재원(2009). 위기청소년에 대한 다중체계치료적 접근: 청소년동반자 프로그램의 개입효과성 연구. 청소년상담연구, 17(1), 1-17.

오경자, 이기학, 지승희(2005). 청소년동반자 활동 매뉴얼. 서울: 청소년위원회.

이규미(2008). 청소년상담 동기강화프로그램의 구성 및 효과에 관한 연구. 청소년상담연구, 16(1), 119-137.

이동렬, 박성희(2000). 상담과 심리치료. 서울: 교육과학사.

이성진(1996). 청소년상담 발전의 방향과 과제. 제3회 청소년상담학 세미나 자료집.

이장호(2005). 상담심리학. 서울: 박영사.

이장호, 정남운, 조성호(2005). 상담심리학의 기초. 서울: 학지사.

이형득(1994). 청소년상담을 위한 상담학의 과제와 전망. 청소년상담연구, 2, 1-18.

이혜성, 구본용, 유성경(2000). 청소년상담실 및 청소년 상담유관시설의 연계체제 구축방안. 서울: 문화체육관광부.

정순례, 양미진, 손재환(2010). 청소년상담 이론과 실제. 서울: 북카페.

정옥분(2010). 청소년발달의 이해. 서울: 학지사.

한국청소년개발원(2004). 청소년상담론. 서울: 교육과학사.

한국청소년상담복지개발원(2012). 2012 청소년 인터넷중독 예방 및 해소사업 최종평가 워크숍 안내 자료집. 서울: 한국청소년상담복지개발원.

한국청소년상담원(2011). Help Call 청소년전화 1388 매뉴얼. 서울: 한국청소년상담원.

황응연(1993). 청소년상담의 성격과 학문적 과제. 청소년상담연구, 1(1), 3-17.

Bronfenbrenner, U. (1979). *The ecology of human development*. Cambridge: Harvard University Press.

Corey, G. (2009). *Theory and practice of counseling and psychotherapy* (6th ed.). Belmont, CA: Brooks/Cole.

Steinberg, L. (2011). *Adolescence*. New York: McGraw-Hill.

제4부

청소년 지원

제10장
청소년 법과 행정

현대국가는 법률주의 행정의 원리에 따라 운영되므로 청소년을 포함한 모든 사회 구성원에게 법과 행정은 중요한 사항이다. 법령과 행정이 불가분의 일원론적 관계에 있다고 보는 시각도 이러한 현상을 반영한 것이다. 우리 사회에서 청소년 계층은 청소년법이 정한 규정 속에서 권리, 의무, 배려와 금지 등이 다양하게 나타난다. 따라서 이 장에서는 청소년법의 범주와 특성을 비롯하여 「청소년 기본법」「청소년활동 진흥법」「청소년복지 지원법」「청소년 보호법」「아동 · 청소년의 성보호에 관한 법률」 등의 입법 취지와 주요 내용을 살펴본다. 또한 중앙정부와 지방자치단체로 연결되는 우리나라 청소년행정 전달 체계에 대해서도 살펴본다.

1. 청소년과 법의 이해

현대국가는 법치행정 또는 법률주의 행정의 원리에 따른다. 청소년도 국민의 일부를 형성하는 집단이므로 「헌법」을 위시한 각종 법률과 명령, 시행규칙 등의 적용을 받는다. 다만 청소년은 신체 · 심리 · 정서적으로 발달단계에 있으며 사회적 약자라는 시각에 근거하여 일반성인과 구별된 법률상 특별한 관심과 보호, 특혜 또는 지위비행과 같이 특별한 제약과 금지를 받는 것이 일반적이다. 이러한 문제를 다루기 위하여 여기서는 청소년법의 법원과 기능, 청소년법의 체계, 청소년의 법적 지위와 연령 등을 살펴본다.

1) 청소년법의 법원(法源)과 기능

청소년법(관계법)이란 청소년을 직접 대상으로 하거나 청소년의 권리, 의무, 보호, 복지와 관련한 조항을 포함하는 모든 법령과 규칙을 지칭한다. 과거에는 '청소년법'이란 용어보다는 '청소년관계법'이란 용어를 주로 사용하였다. 즉, 청소년의 삶과 관련한 일체의 법 모두를 포함하는 개념으로서의 '청소년관계법'이란 용어를 사용하였다. 이 용어에 기초한 법률의 범위는 너무 광의적이어서 그 범위에 대한 논쟁과 혼란이 있었다. 예로, 「청소년 기본법」을 포함하여 「민법」 「형법」 「근로기준법」 「아동복지법」 「한부모가족지원법」 「소년법」 「초 · 중등교육법」 등이 모두 청소년관계법의 범주에 속한다고 할 수 있다. 『대한민국 현행 법령집』을 보면 청소년관계법의 범주로 볼 수 있는 법령은 총 145개가 넘어 법률 간의 상호 중첩, 상호 모순 등의 문제가 나타나고 있는 것으로 평가된다(강병연, 황수주, 2011, p. 229).

현시점에서 청소년법과 청소년관계법이란 용어를 구분하여 사용해야 하는 이유는 어떤 용어를 사용하는가에 따라 법원의 정의가 다르게 나타나기 때문이다. 일반적으로 청소년법(관계법)의 법원이라 함은 청소년에 관한 실정법의 범위를 어떻게 설정할 것인가와 관련한 문제다. 협의적 개념으로는 청소년 연령을 주요 입법 대상으로 하여 제정된 법령이다. 광의적 개념으로는 입법 대상 중 일부가 청소년이거나 청소년의 건전 육성 내용이 일부 포함된 법령을 말한다(한국청소년개발원, 1994, p. 16). 즉, 협의적 개념은 청소년법으로, 광의적 개념은 청소년관계법으로 그 용어를 정의하는 것이 타당하다.

따라서 청소년법이란 청소년의 삶과 관련한 법 조항을 전문으로 하는 법률만을 지칭하는 개념이다. 모든 법규는 그 법의 제1조를 '목적'으로 두어 당해 법규의 입법 취지를 표현하고 있다. 각 법규의 제1조를 살펴봄으로써 청소년법인지 청소년관계법인지를 구분할 수 있다. 이러한 구분법에 의한 청소년법으로는 「청소년 기본법」 「청소년활동 진흥법」 「청소년복지 지원법」 「청소년 보호법」 「아동 · 청소년의 성보호에 관한 법률」「학교 밖 청소년 지원에 관한 법률」이 있다.

이러한 청소년법은 다음의 기능을 갖는다.

첫째, 청소년의 건전 육성, 보호, 복지, 권익 증진, 가정 · 학교 · 사회 · 국가의 책임과 의무를 명시하는 기능을 갖는다. 모든 청소년법은 제1조(목적)에 명시되어 있는 법 제정의 취지에 따라 이후의 조항에서는 청소년의 삶의 질 향상과 개선을 위한 다양한 이념, 각종 사업, 청소년기관의 설치 · 운영, 재원 마련 등의 내용을 규정함으로써 청소년 행정과 정책의 지표적 기능을 갖는다.

둘째, 청소년의 법적 지위를 정의하는 기능을 갖는다. 각 법률의 입법 취지에 따라 청소년의 연령 구분, 권리와 의무, 또는 가정 · 학교 · 사회 · 국가의 책임과 의무가 다르게 나타나고 있다. 예로, 「청소년 기본법」「청소년활동 진흥법」「청소년복지 지원법」은 청소년 연령을 9~24세로 정의하고 있으나, 「청소년 보호법」「아동 · 청소년의 성보호에 관한 법률」은 만 19세 미만자로 정의하고 있다(「청소년 기본법」 제3조 제1호, 「청소년복지 지원법」 제2조 제1호, 「청소년 보호법」 제2조 제1호, 「아동 · 청소년의 성보호에 관한 법률」 제2조 제1호).

셋째, 청소년의 신체, 정신, 정서, 사회적 특수성 등을 고려하여 일반 성인과 구분되는 법적 배려와 혜택의 범위를 설정하는 기능을 수행한다. 「청소년 보호법」은 만 19세 미만자의 유해환경으로부터의 보호를 강조하여 그들에 대한 유해약물 판매(술, 담배 등), 유해업소 출입(노래방, 단란주점 등), 유해매체물 유통(비디오 및 게임물 등) 등을 하는 성인에 대한 책임을 묻고 있다(「청소년 보호법」 제2조).

넷째, 청소년육성을 위한 청소년시설 · 단체의 설립 · 운영, 청소년지도자 양성 및 지원, 청소년 재원 조성 등을 규정하는 기능을 갖는다. 이에 2018년 기준 전국에 809개소의 청소년수련시설이 건립 · 운영 중에 있으며, 2017년 기준 45,973명의 청소년지도사가 양성되었다(여성가족부, 2017, p. 480).

다섯째, 청소년육성 정책의 총괄과 연계 · 조정 기능을 수행한다. 「청소년 기본법」 제2장(청소년육성정책의 총괄 · 조정)은 여성가족부에 관계기관의 공무원 등으로 구성되는 '청소년정책위원회'를 설치 · 운영하도록 명시하고 있다. 협의회는 5년마다 청소년육성에 관한 기본계획의 수립, 정부부처별로 산발적으로 운영되고 있는 청소년정책에 관한 심의 · 조정을 하여 청소년정책이 효율적이고 효과적으로 운영되도록 하고 있다.

2) 청소년법의 체계

과거 청소년법의 체계를 논의하면서 청소년관계법이라는 광의적 개념을 사용할 때에는 「헌법」 제32조 제5항의 "…연소자의 근로는 특별한 보호를 받는다."는 조항에 따라 여성과 소년의 근로보호를 명시한 「근로기준법」(「근로기준법」 제5장), 선거권 연령을 19세 이상으로 정한 「공직선거법」(「공직선거법」 제15조 제2항), 아동의 보호·지원을 규정한 「아동복지법」 등을 모두 다루었다. 그러나 앞서 살펴본 바와 같이 청소년법으로 그 범위를 제한함으로써 법 체계는 「헌법」과 청소년법 그리고 기타의 청소년관계법으로 제한하여 살펴볼 수 있다.

먼저 청소년법의 법원은 우리나라의 법 체계상 최상위에 있는 「헌법」 제34조(사회보장 등) 제4항이다. 「헌법」은 "국가는 노인과 청소년의 복지향상을 위한 정책을 실시할 의무를 진다."고 하여 청소년 계층에 대한 복리(福利) 규정을 특별히 명시하고 있다. 「헌법」에 의하여 위임된 청소년정책의 구체적 실현을 위하여 최초로 제정된 청소년법이 「청소년육성법」(1987)이다. 동법은 청소년육성이란 개념을 법률적 용어로 처음 사용함과 동시에 청소년을 9~24세로 규정한 법률이다. 동법은 미진하였던 청소년수련활동의 필수 요소인 청소년지도자 양성 및 지원, 청소년단체 육성, 수련거리 개발, 청소년육성기금의 조성 등과 관련한 내용을 전면적으로 개정·보완 후 「청소년기본법」(1991)으로 개칭되어 현재에 이른다(김광웅 외, 2009, p. 126).

다음으로 「청소년 기본법」과 「청소년활동 진흥법」 「청소년복지 지원법」 등 청소년법 간의 체계 논쟁이다. 「청소년 기본법」과 기타 청소년법 간의 체계 논쟁에서 「청소년 기본법」을 특별법으로 볼 것인지, 아니면 「헌법」의 이념을 구현하는 하위 법령으로서 모든 법률을 동일하게 보는 일반법으로 볼 것인지 하는 논쟁이다. 특별법과 일반법을 구별하는 이유는 법의 적용에서 동일한 사항이 일반법과 특별법 모두에 명시되어 있는 경우에 특별법이 일반법에 우선하여 적용된다는 점 때문이다.

「청소년 기본법」 제4조는 "이 법은 청소년육성에 관하여 다른 법률에 우선하여 적용한다. 청소년육성에 관한 법률을 제정하거나 개정하는 때에는 이 법에 부합되도록 하여야 한다."고 명시하고 있다. 「청소년 기본법」을 「청소년 보호법」 등 기타 청소년법에 대한 특별법으로 보아야 한다는 주장은 청소년법의 제·개정에서 「청소년 기본법」이 기본 이념을 제공하는 법령임을 강조한 것이다. 즉, 「청소년 보호법」 등이 「청소년 기본법」에 배치되는 규정을 갖는 경우 직간접적인 개폐 효력을 갖는 것으로 보는 것이다. 그러나 「청소년 기본법」은 「헌법」하의 법령으로서 청소년법을 제정하거나 개정할 때에는 「청소년 기본법」이 갖는 법 이념의 범위 내에서 이루어져야 한다는 의미로 받아들이는 일반법적 주장이 타당하다.

3) 청소년의 법적 지위와 연령

청소년의 법적 지위가 갖는 중요한 의미는 국민의 한 사람이지만 청소년계층이 갖는 권리, 의무를 비롯한 배려, 혜택 등이 다르게 나타나기 때문이다. 이에 따라 청소년은 '육성 대상으로서의 지위' '보호 대상으로서의 지위' '자격제한 대상으로서의 지위'의 세 가지로 나누어 살펴볼 수 있다(한국청소년개발원, 1994, pp. 7-9; 한국청소년정책연구원, 2007, pp. 307-308).

첫째, 청소년이 육성 대상으로서 갖는 법적 지위는 청소년은 미래의 주역일 뿐만 아니라 '오늘 우리 사회의 중요한 구성원인 독립된 인격체'로 존중되어 자율과 참여의 기회를 갖는 능동적 삶의 주체적 존재로 보는 시각이다. 청소년의 균형 있는 성장을 위하여 필요한 청소년활동 환경을 적극 조성하여 청소년의 역량을 강화해야 한다는 의미다.

둘째, 청소년이 보호 대상으로서 갖는 법적 지위는 청소년은 관련 법률에 따라 경제 · 사회 · 신체 · 심리적 피해 가능성뿐 아니라 유해환경으로부터 보호받는 지위에 있다는 의미다. 즉, 가정, 사회, 국가는 청소년을 둘러싼 모든 생활환경과 여건을 조성할 책임과 의무를 갖는다는 시각이다.

셋째, 청소년이 자격제한 대상으로서 갖는 법적 지위는 청소년은 법 규정에 의하여 일정한 권리와 행사 제약을 받는다는 것이다. 청소년 역시 국민의 한 사람이지만 청소년기에 행하는 술, 담배 등을 지위비행으로 규정하여 제한하는 것이 대표적 예다.

또한 청소년은 각 법률이 정하는 명칭과 연령에 따라 그 권리와 의무 등이 다르게 나타난다(표 10-1 참조). 「영화 및 비디오물의 진흥에 관한 법률」과 「게임산업진흥에 관한 법률」은 청소년을 만 18세 미만의 자로 규정하고 있다. 이에 따라 PC방의 청소년 이용은 야간 10시 이후에 금지된다. 영화 관련 등급 역시 12세 이상 관람가,

표 10-1 청소년의 법적 명칭과 연령

법령	명칭	연령 범위
「청소년 기본법」「청소년활동 진흥법」「청소년복지 지원법」	청소년	9~24세
「청소년 보호법」「아동·청소년의 성 보호에 관한 법률」	청소년	19세 미만(단, 19세가 되는 해의 1월 1일을 맞이한 사람은 제외)
「형법」	형사미성년자	14세 미만
「민법」	미성년자	19세 미만
「공직선거법」	선거권자	19세 이상
「근로기준법」	소년	15세 이상~18세 미만
「소년법」	소년	14세 이상~19세 미만

출처: http://law.go.kr

15세 이상 관람가, 청소년 관람불가 등의 등급으로 규제된다(「영화 및 비디오물의 진흥에 관한 법률」 제2조 제18호, 제29조 제2항, 「게임산업진흥에 관한 법률」 제2조 제10호).

이 외에도 「공직선거법」에서는 선거권을 만 19세 이상으로 규정하고 있으며, 「소년법」에서는 만 19세 미만(범죄행위), 「근로기준법」에서는 15세 미만(채용금지), 「형법」에서는 14세 미만(처벌금지), 「민법」에서는 만 19세 미만(미성년자) 등으로 규정하고 있다.

이상과 같이 각 법규의 적용 대상과 명칭이 다른 것은 입법정책의 혼돈으로 인한 것이 아니라 각 법규가 추구하는 입법 취지가 다른 데서 연유한다. 그렇지만 청소년의 법적 명칭과 연령 범위가 다름에 따라 법을 준수하는 국민의 입장, 특히 청소년의 입장에서는 많은 혼돈과 이해의 어려움이 있는 것이 사실이다.

2. 청소년법의 입법 취지와 주요 내용

한국 청소년정책은 1987년에 제정된 「청소년육성법」으로부터 시작하여 1991년 「청소년 기본법」 제정을 계기로 획기적 발전을 이루었다. 물론 그 이전에 「미성년자보호법」(1961), 「아동복리법」(1961) 등과 같이 아동을 비롯한 문제·비행청소년

대상의 보호·선도에 초점을 두었던 관련 법령이 있었다. 혹자는 한국 청소년정책의 출발을 앞의 두 법령으로 보기도 하지만, 직접적인 청소년 관련 법령으로 보기에는 다소 무리가 있다는 시각도 있다. 따라서 여기서는 한국 청소년정책의 근간이 되는 「청소년 기본법」「청소년활동 진흥법」「청소년복지 지원법」「청소년 보호법」「아동·청소년의 성보호에 관한 법률」을 중심으로 살펴본다.

1) 「청소년 기본법」

(1) 제정 의의와 연혁

「청소년 기본법」은 정부 수립 이래 처음으로 수립된 한국청소년기본계획(1991)을 효과적으로 추진할 수 있는 법적 뒷받침을 마련하기 위해 기존의 「청소년육성법」을 전면 개정·보완하여 제정한 법령이다. 제정 취지는 청소년이 지식 편중의 교육 풍토 아래 나약해져 가는 상황을 개선하여 덕·체·지의 균형 있는 성장이 가능하도록 하기 위한 청소년수련활동의 여건과 환경을 조성해 줌으로써 건전하고 유능한 후계 세대로 자라게 하는 데 있다(한국청소년개발원, 1994, p. 34).

동법은 청소년육성·보호를 위한 미래 지향적 정책 방향 제시 및 추진의 기틀을 마련하였다는 점에서 큰 의의를 찾을 수 있다. 특히 청소년수련활동의 의미와 내용을 명백히 규정함으로써 「헌법」 제31조의 '교육받을 권리' 중 수련권이 「청소년 기본권」으로 확정되었다. 그리고 청소년복지에 관한 범주와 내용을 정함으로써 「헌법」 제34조 제4항의 '청소년복지 향상권'이 어느 정도 구현되었다는 평가를 받는다(조영승, 2003). 「청소년 기본법」은 1991년 제정 이래 현재까지 수차례의 부분 또는 전부 개정이 있었다.

(2) 주요 내용

현행 「청소년 기본법」은 제1장(총칙), 제2장(청소년육성정책의 총괄·조정), 제3장(삭제), 제4장(청소년시설), 제5장(청소년지도자), 제6장(청소년단체), 제7장(청소년활동 및 복지 등), 제8장(청소년육성기금), 제9장(보칙), 제10장(벌칙) 등 총 10장 66조로 구성되어 있다. 여기서 주목할 점은 2004년 2월 9일 이전의 「청소년 기본법」을 전부 개정하여 일부 내용이 「청소년활동 진흥법」「청소년복지 지원법」의 제정으로 이어졌다는 점이다. 이처럼 동법을 전부 개정한 이유는 다음과 같다. 첫째, 청소년활동에 관한 규정이 수련활동에 치우쳐 있어서 국가적 지원의 범위를 지나치게 제한하고 있다. 둘째, 청소년복지 서비스에 대해서는 몇 개의 추상적 규정만을 두고 있어서 실효성이 전혀 없다. 셋째, 유익한 환경의 조성에는 무관심하면서 유해환경의 몇 가지 종류에 대해서는 청소년보호라는 이름으로 행정기구를 달리함으로써 업무의 혼선이 심각하다(김광웅 외, 2009, p. 129). 동법의 주요 내용을 살펴보면 다음과 같다.

1 기본 이념 및 용어 정의

「청소년 기본법」은 기본 이념으로 ① 청소년의 참여보장, ② 청소년의 창의성과 자율성에 기초한 능동적 삶의 실현, ③ 청소년의 성장여건과 사회환경의 개선, ④ 민주·복지·통일조국에 대비하는 청소년의 자질향상 등을 설정하고 있다(「청소년 기본법」 제2조 제2항). 특히 「청소년 기본법」은 용어 정의를 통하여 '청소년'이라 함은 "9세 이상 24세 이하의 자를 말하고, 다른 법률에서 청소년에 대한 적용을 달리할 필요가 있는 경우에는 따로 그 연령을 정할 수 있음"(「청소년 기본법」 제3조 제1호)을 명시하여 「청소년 보호법」(19세 미만), 「근로기준법」(18세 미만), 「소년법」(19세 미만) 등 여타 청소년 관련 법령에서 청소년의 연령을 다르게 정의할 수 있는 여지를 두고 있다.

동법은 '청소년육성'의 개념을 "청소년활동을 지원하고 청소년의 복지를 증진하며 근로청소년을 보호하는 한편, 사회여건과 환경을 청소년에게 유익하도록 개선하고 청소년을 보호하여 청소년에 대한 교육을 보완함으로써 청소년의 균형 있는 성장을 돕는 것을 말한다."고 정의하고 있다(「청소년 기본법」 제3조 제2호). 청소년육성의 개념을 청소년활동, 청소년복지, 청소년보호로 정비하고, 과거의 '교육과 상호 보완'을 '교육을 보완'으로 개정하여 청소년활동 영역이 학교교육 등 여러 가지 교육 형태 중의 하나임을 명시하였다.

이 외에도 청소년의 권리 및 책임과 가정, 사회, 국가 및 지방자치단체의 청소년에 대한 책임을 정하여 청소년육성 정책이 효과적·효율적으로 시행될 수 있는 추진 기반을 제시하고 있다.

2 청소년육성 정책의 총괄 · 조정 및 청소년특별회의

「청소년 기본법」은 청소년육성 정책에 관한 관계기관 간의 심의 · 조정과 상호 협력을 위하여 여성가족부에 관계기관의 공무원 등으로 구성되는 '청소년정책위원회'를 두도록 명시하고 있다. 협의회는 청소년정책이 교육부, 고용노동부, 문화체육관광부 등의 정부부처에서 산발적으로 시행됨에 따라 정책적 효율성이 떨어진다는 그간의 문제점을 고려한 것이다. 한편, 지방자치단체는 청소년육성에 관한 주요 시책을 심의하기 위하여 시 · 군 · 구 이상의 행정단위에 '지방청소년육성위원회' 설치를 명시하고 있다(「청소년 기본법」 제11조).

동법은 국가가 범정부적 차원의 청소년육성 정책 과제의 설정 · 추진 및 점검을 위하여 청소년 분야의 전문가와 청소년이 참여하는 '청소년특별회의'를 매년 개최하여야 함을 정하고 있다(「청소년 기본법」 제12조). 청소년특별회의는 2005년부터 매년 개최되어 청소년의 삶과 관련한 의제를 선정한 후 대통령에게 건의하는 등 청소년참여 정책의 주요 성과로 평가된다.

3 청소년지도자 및 청소년육성전담공무원

청소년지도자는 일반적으로 국가자격인 청소년지도사와 청소년상담사로 구분된다. 두 자격 모두 국가가 시행하는 자격검정에 합격하고 연수기관에서 실시하는 연수과정을 이수한 자에게 자격증을 부여한다. 청소년지도사 자격검정 과목 및 방법에 대한 자세한 내용은 제7장에 제시하였다.

청소년지도사 자격검정은 필기시험에서 매 과목 100점을 만점으로 하여 매 과목 40점 이상, 전 과목 평균 60점 이상 득점한 자를 합격자로 한다. 단, 청소년 관련 학과에서 2급 자격검정 과목을 이수한 자는 객관식 필기시험을 면제받고 면접시험만 응시하는 무시험검정제도가 도입되어 실시되고 있다(「청소년 기본법」 시행령 제20조, 「청소년 기본법」 시행규칙 제5조).

그리고 「청소년 기본법」은 청소년지도사 및 청소년상담사 자격증을 소지한 자가 시 · 도 및 시 · 군 · 구를 비롯한 읍 · 면 · 동 이상의 자치단체에서 청소년육성과 관련한 업무를 전담하는 '청소년육성전담공무원제도'를 명시하고 있다(「청소년 기본법」 제25조). 이 제도는 청소년정책의 효율적 집행을 위한 조치로 일부 지자체에서는 지자체 장의 관심이나 예산 확보 여부에 따라 별정직 공무원으로 임용하는 형태로 운영되고 있다.

④ 청소년육성기금

동법은 청소년육성에 필요한 재원을 확보하기 위하여 '청소년육성기금' 설치를 명시하고 있다. 청소년육성기금은 ① 정부의 출연금, ② 「국민체육진흥법」 및 경륜·경정법에 의한 출연금, ③ 개인·법인 또는 단체가 출연하는 금전·물품 그 밖의 재산, ④ 기금의 운용으로 생기는 수익금, ⑤ 그 밖에 대통령령이 정하는 수입금 등으로 조성된다(「청소년 기본법」 제53조, 제54조).

시·도지사 역시 관할구역 안의 청소년활동 지원 등 청소년육성을 위한 사업 지원에 필요한 재원을 확보하기 위하여 지방청소년육성기금을 설치할 수 있도록 하고 있다(「청소년 기본법」 제56조).

2) 「청소년활동 진흥법」

(1) 제정 의의 및 연혁

「청소년활동 진흥법」은 다양한 청소년활동을 적극적으로 진흥하기 위하여 필요한 사항을 정함을 목적으로 한다(「청소년활동 진흥법」 제1조). 과거의 「청소년 기본법」은 수련활동과 관련한 내용에 편중되어 있다는 비판이 있었다. 이에 동법은 청소년활동과 관련한 내용만을 선별·확대하여 제정되었다. 주요 내용은 청소년의 정책 참여를 보장하기 위한 청소년운영위원회 설치, 수련활동을 진흥시키기 위한 청소년수련활동인증제 도입, 청소년육성을 위한 주요 사업 추진 기구인 한국청소년활동진흥원 설립 등이다.

이 법은 2004년 2월 9일 법률 제7163호로 제정되었으며, 전문 8장 72조와 부칙으로 구성되어 있다. 제1장 총칙, 제2장 청소년활동의 보장, 제3장 청소년활동시설, 제4장 청소년수련활동의 지원, 제5장 청소년교류활동의 지원, 제6장 청소년문화활동의 지원, 제7장 보칙, 제8장 벌칙에 관한 규정을 담고 있다.

(2) 주요 내용

「청소년활동 진흥법」은 미래사회의 주역이 될 청소년이 수련활동을 비롯한 문화

활동, 교류활동 등 다양한 활동을 통하여 자신의 기량과 품성을 함양하고 꿈과 희망을 마음껏 펼칠 수 있도록 하기 위한 제도적 기반을 마련하였다. 「청소년 기본법」 중 청소년활동시설, 수련활동, 교류활동, 문화활동에 관한 부분을 별도로 범주화하여 새로이 제정한 법률이다. 주요 내용은 다음과 같다.

1 용어 정의 및 청소년참여 보장

청소년활동과 관련한 다양한 용어를 정의하고 있다. 먼저 청소년활동의 개념은 「청소년 기본법」에 명시되어 있는 "청소년의 균형 있는 성장을 위하여 필요한 활동과 이러한 활동을 소재로 하는 수련활동 · 교류활동 · 문화활동 등 다양한 형태의 활동을 말한다."고 정의하였다(「청소년 기본법」 제3조 제3호). 청소년활동을 구성하는 하위 개념의 구체적 정의를 살펴보면 다음과 같다(「청소년활동 진흥법」 제2조 제3호~제5호).

- 청소년수련활동: 청소년이 청소년활동에 자발적으로 참여하여 청소년 시기에 필요한 기량과 품성을 함양하는 교육적 활동으로서 청소년지도자와 함께 청소년수련거리에 참여하여 배움을 실천하는 체험활동을 말한다.
- 청소년교류활동: 청소년이 지역 간 · 남북 간 · 국가 간의 다양한 교류를 통하여 공동체의식 등을 함양하는 체험활동을 말한다.
- 청소년문화활동: 청소년이 예술활동 · 스포츠활동 · 동아리활동 · 봉사활동 등을 통하여 문화적 감성과 더불어 살아가는 능력을 함양하는 체험활동을 말한다.

이러한 청소년활동의 개념에 비추어 볼 때, 청소년이 가정, 학교, 지역사회를 비롯한 삶의 공간에서 행하는 모든 활동이 청소년활동에 해당한다고 할 수 있다.

또한 청소년수련시설을 설치 · 운영하는 개인, 법인, 단체 및 위탁운영단체는 청소년활동을 활성화하고 청소년의 참여를 보장하기 위하여 청소년으로 구성되는 '청소년운영위원회'를 설치 · 운영해야 한다. 수련시설 운영단체의 대표자는 청소년운영위원회의 의견을 수련시설 운영에 반영하여야 한다(「청소년활동 진흥법」 제4조). 2017년 기준 305개의 시설에 청소년운영위원회가 설치 · 운영되고 있다(여성가족부, 2017, p. 89).

2 한국청소년활동진흥원 설치 · 운영

청소년활동을 활성화하는 데 필요한 각종 정책사업 · 청소년활동 프로그램, 청소년지도자 등의 정책 시행과 지원을 위하여 '한국청소년활동진흥원'을 설치 · 운영하고 있다(「청소년활동 진흥법」 제6조). 현재 한국청소년활동진흥원은 사무처, 국립중앙청소년수련원, 국립평창청소년수련원, 국립청소년우주센터의, 국립청소년농생명센터, 국립청소년해양센터 등 1사무처 5수련원의 조직을 갖고 있다(http://www.kywa.or.kr).

또한 동법 제7조는 특별시 · 광역시 · 도 · 특별자치도 및 시 · 군 · 구에는 해당 지역의 청소년활동을 진흥하기 위하여 '지방청소년활동진흥센터'를 설치 · 운영할 수 있도록 명시하고 있다. 2018년 기준 17개 시 · 도에 '지방청소년활동진흥센터'가 운영 중에 있다.

3 청소년활동시설

청소년활동시설은 청소년수련시설과 청소년이용시설로 구분된다. 먼저 청소년수련시설로는 청소년수련관, 청소년수련원, 청소년문화의집, 청소년특화시설, 청소년야영장, 유스호스텔이 있다(「청소년활동 진흥법」 제10조).

- 청소년수련관: 다양한 수련거리를 실시할 수 있는 각종 시설 및 설비를 갖춘 종합수련시설
- 청소년수련원: 숙박 기능을 갖춘 생활관과 다양한 수련거리를 실시할 수 있는 각종 시설과 설비를 갖춘 종합수련시설
- 청소년문화의집: 간단한 수련활동을 실시할 수 있는 시설 및 설비를 갖춘 정보 · 문화 · 예술 중심의 수련시설
- 청소년특화시설: 청소년의 직업체험, 문화예술, 과학정보, 환경 등 특정 목적의 청소년활동을 전문적으로 실시할 수 있는 시설과 설비를 갖춘 수련시설
- 청소년야영장: 야영에 적합한 시설 및 설비를 갖추고 수련거리 또는 야영 편의를 제공하는 수련시설

• 유스호스텔: 청소년의 숙박 및 체재에 적합한 시설 · 설비와 부대 · 편익시설을 갖추고 숙식 편의 제공, 여행 청소년의 활동 지원 등을 주된 기능으로 하는 시설

시 · 도지사 및 시장 · 군수 · 구청장은 청소년수련관 및 청소년문화의집 등을 의무적으로 1개소 이상 설치 · 운영하도록 하며, 개인 · 법인 또는 단체는 시장 · 군수 · 구청장의 허가를 받아 수련시설을 설치 · 운영할 수 있다(「청소년활동 진흥법」 제11조).

청소년이용시설은 수련시설이 아닌 시설로서 그 설치 목적의 범위에서 청소년활동의 실시와 청소년의 건전한 이용 등에 제공할 수 있는 시설을 말한다(「청소년활동 진흥법」 제10조). 도서관, 박물관 등이 청소년이용시설에 해당한다.

4 청소년수련활동인증제도

국가는 수련활동이 청소년의 균형 있는 성장에 기여할 수 있도록 그 내용과 수준을 향상하기 위하여 '청소년수련활동인증제도'를 운영하여야 한다(「청소년활동 진흥법」 제35조). '청소년수련활동인증제도'는 기본형 활동, 숙박형 활동, 이동형 활동, 학교단체 숙박형 활동으로 구분된다.

또한 청소년수련활동 프로그램 인증을 위하여 '청소년수련활동인증위원회'를 한국청소년활동진흥원에 설치 · 운영하고 있다. 한국청소년활동진흥원은 인증을 받은 수련활동에 참여한 청소년의 활동 기록을 유지 · 관리하고 청소년이 요청할 경우에는 이를 제공하여야 한다(「청소년활동 진흥법」 제35조, 「청소년활동 진흥법 시행령」 제20조).

이 외에도 청소년수련시설의 운영대표자는 시설에 대하여 정기 및 수시 안전 점검을 실시하도록 하며, 그 종사자에 대하여 연 1회 이상 수련시설의 운영 · 안전 · 위생 등에 관한 교육을 실시하도록 하고 있다(「청소년활동 진흥법」 제18조). 또한 국가 및 지방자치단체는 다양한 영역에서 청소년의 문화활동이 활성화될 수 있도록 하고, 전통 문화가 청소년의 문화활동에 구현될 수 있도록 필요한 시책을 수립 · 시행하도록 하고 있다(동법 제60조, 제62조).

3)「청소년복지 지원법」

(1) 제정 의의 및 연혁

청소년복지는 가정이나 사회로부터 소외되었거나 적응하지 못하는 청소년뿐 아니라 모든 청소년의 삶의 질 향상과 최적의 성장 및 발달에 목적을 두어야 한다.「청소년복지 지원법」은「헌법」제34조 제4항의 "국가는 노인과 청소년의 복지 향상을 위한 정책을 실시할 의무를 진다."는 조항에 근거하여 2004년 2월 9일에 제정되었다.

지금까지의 청소년복지는 아동복지의 연장 선상이나 단순히 청소년문제의 해결이라는 소극적·보완적 관점에서 다루어져, 청소년기에 필요한 자립·자활의 기회 제공과 관련한 내용이 간과된 경향이 있었다. 이에 청소년 개개인이 인간적으로 존중되고 사회의 한 구성원으로서 생활할 수 있는 복지 향상권을 인정하면서 국가 전체의 제도적 개념에서 청소년복지를 지원하기 위한 필요성이 대두되었다.「청소년복지 지원법」은 가출·학업중퇴·비행·저소득계층 청소년 등 특별한 보호가 필요한 청소년에 대하여 직업 능력을 강화함으로써 자립·자활할 수 있는 복지 서비스 내용을 중심으로 제정되었다. 나아가 이 법은 국가 및 지방자치단체는 모든 일반청소년에 대한 건강·안전의 보장 그리고 경제적 자립 지원 등의 복지 서비스를 제공해 주어야 한다는 것을 명시하였다(조성연 외, 2008, p. 96).

(2) 주요 내용

「청소년복지 지원법」은「청소년 기본법」제49조의 청소년복지 증진에 관한 사항을 정함을 목적으로 하여(「청소년복지 지원법」제1조), 전문 10장 45개 조항과 부칙으로 구성되어 있다. 본문은 제1장 총칙, 제2장 청소년의 우대, 제3장 청소년의 건강보장, 제4장 지역사회 청소년통합지원체계 등, 제5장 위기청소년 지원, 제6장 교육적 선도, 제7장 청소년복지지원기관, 제8장 청소년복지시설, 제9장 보칙, 제10장 벌칙의 10개 장으로 구성되어 있다. 주요 내용을 살펴보면 다음과 같다.

1 용어 정의 및 청소년 우대

「청소년 기본법」제3조 제4항은 청소년복지를 "청소년이 정상적인 삶을 영위할 수 있는 기본 여건을 조성하고 조화롭게 성장·발달할 수 있도록 제공되는 사회적 · 경제적 지원"으로 정의하고 있다. 이러한 법률적 정의는 청소년복지의 대상이 취약 · 위기청소년뿐만 아니라 일반청소년까지도 포함한다는 것을 시사한다. 또한 복지에서 청소년의 주체성을 강조한 것으로 청소년의 기본 요구의 충족과 건강한 성장 · 발달의 촉진은 물론, 청소년이 현재 사회 구성원의 한 사람으로서 주체적인 삶을 영위하도록 지원해야 한다는 것을 의미한다.

다만 「청소년 기본법」 제49조(청소년복지의 향상) 제2항은 "정신적 · 신체적 · 경제적 · 사회적으로 특별한 지원을 필요로 하는 청소년에 대하여 우선적으로 배려하여야 한다."고 명시하여 일반청소년 대상의 복지도 중요하지만 위기청소년 대상의 복지 지원이 더욱 시급한 과제임을 강조한다. 「청소년복지 지원법」은 '위기청소년'을 "가정 문제가 있거나 학업 수행 또는 사회 적응에 어려움을 겪는 등 조화롭고 건강한 성장과 생활에 필요한 여건을 갖추지 못한 청소년을 말한다."고 정의한다(「청소년복지 지원법」 제2조 제4호).

동법은 국가 또는 지방자치단체가 운영하는 수송시설 · 문화시설 · 여가시설 등을 청소년이 이용하는 경우 그 이용료를 면제하거나 할인할 수 있도록 하고 있다. 또한 국가 및 지방자치단체는 "① 국가 또는 지방자치단체의 재정적 보조를 받는 자, ② 관계 법령에 따라 세제상의 혜택을 받는 자, ③ 국가 또는 지방자치단체로부터 위탁을 받아 업무를 수행하는 자"가 청소년이 이용하는 시설을 운영하는 경우 청소년에게 그 시설의 이용료를 할인하여 주도록 권고할 수 있다. 이때 이용료를 면제받거나 할인받으려는 청소년은 시설의 관리자에게 주민등록증, 학생증, 청소년증 등 나이를 확인할 수 있는 증표 또는 자료를 제시하여야 한다(「청소년복지 지원법」 제3조). 청소년증은 9세 이상 18세 이하의 청소년에게 특별자치도지사 또는 시장 · 군수 · 구청장이 발급할 수 있다(「청소년복지 지원법」 제4조).

[2] 지역사회 청소년통합지원체계

지방자치단체의 장은 관할구역의 위기청소년을 조기에 발견하여 보호하고, 청소년복지 및 청소년보호를 효율적으로 수행하기 위하여 지방자치단체, 공공기관, 청소년단체 등이 협력하여 업무를 수행하는 '지역사회 청소년통합지원체계(CYS-Net)'를 구축 · 운영하여야 한다(「청소년복지 지원법」 제9조). 지역사회 청소년통합지원체계는 위기청소년에 대한 전화상담, 구조, 보호, 치료, 자립, 학습 등의 서비스를 제공한다.

또한 국가 및 지방자치단체는 모든 청소년이 필요한 사항에 관하여 전문가의 상담을 받을 수 있도록 하여야 한다. 이를 위해 청소년 관련 모든 문제에 대해 365일 24시간 원스톱 서비스를 할 수 있는 Help Call 1388 청소년전화를 운영하고 있다(「청소년복지 지원법」 제12조; 여성가족부, 2017, p. 205).

[3] 청소년가출 및 학업중단청소년 지원

국가 또는 지방자치단체의 장은 청소년의 가출을 예방하고 가출한 청소년의 가정 · 사회 복귀를 돕기 위하여 '청소년쉼터'를 설치 · 운영하여야 한다. 동시에 학업중단청소년이 학업에 복귀하고 자립할 수 있도록 지원하여야 한다(「청소년복지 지원법」 제16조). 이를 위한 청소년복지시설은 다음과 같다(「청소년복지 지원법」 제31조).

- 청소년쉼터: 가출청소년에 대하여 가정 · 학교 · 사회로 복귀하여 생활할 수 있도록 일정 기간 보호하면서 상담 · 주거 · 학업 · 자립 등을 지원하는 시설
- 청소년자립지원관: 일정 기간 청소년쉼터의 지원을 받았는데도 가정 · 학교 · 사회로 복귀하여 생활할 수 없는 청소년에게 자립하여 생활할 수 있는 능력과 여건을 갖추도록 지원하는 시설
- 청소년치료재활센터: 학습 · 정서 · 행동상의 장애를 가진 청소년을 대상으로 정상적인 성장과 생활을 할 수 있도록 해당 청소년에게 적합한 치료 · 교육 및 재활을 종합적으로 지원하는 거주형 시설
- 청소년회복지원시설: 감호 위탁 처분을 받은 청소년에 대하여 보호자를 대신하여 그 청소년을 보호할 수 있는 자가 상담 · 주거 · 학업 · 자립 등 서비스를 제공하는 시설

[4] 청소년복지지원기관

국가는 청소년 상담 및 복지와 관련한 정책 연구, 사업의 개발 및 운영 · 지원, 전문 인력의 양성 및 교육 등의 업무를 추진하기 위하여 중앙에 '한국청소년상담복지개발원'을 운영하고 있다. 또한 시 · 군 · 구 이상의 행정단위에는 청소년에 대한 상담, 긴급구조, 자활, 의료 지원 등의 업무를 수행하기 위하여 '청소년상담복지센터'

를 설치 · 운영하도록 하고 있다.

이 외에도 국가 및 지방자치단체, 청소년의 보호자 등은 청소년의 건강 증진과 체력 향상을 위해 최선의 노력을 기울여야 한다는 것을 명시하고 있다(「청소년복지 지원법」 제5조). 또한 국가 및 지방자치단체는 청소년 본인 또는 청소년의 보호자나 학교장의 신청에 의하여 해당 청소년에 대해 교육적 선도를 실시할 수 있음을 규정하고, 교육적 선도를 실시하는 경우에는 반드시 청소년의 동의가 필요함을 규정하고 있다(「청소년복지 지원법」 제19조).

4) 「청소년 보호법」

(1) 제정 의의 및 연혁

「청소년 보호법」은 음란 · 폭력성의 청소년유해매체물과 유해약물 등의 청소년에 대한 유통과 유해업소의 청소년 출입 등을 규제함으로써 성장과정에 있는 청소년을 유해한 사회환경으로부터 보호 · 구제하기 위한 목적으로 제정되었다(「청소년 보호법」 제1조).

1990년대 들어 급격한 사회 구조의 변화에 따라 청소년의 성장에 미치는 가정과 학교의 영향력은 축소되었으나 사회환경의 영향력은 상대적으로 증가하였다. 특히 핵가족화 경향에 따른 가족 유대 약화, 학력중심주의로 인한 입시 위주 교육 풍토의 만연 등이 복합적으로 작용하여 많은 청소년이 유해환경에 노출되었다. 이에 정부는 1997년 3월 7일 우리 사회에서 청소년 유해환경을 근절하기 위한 「청소년 보호법」을 제정하여 현재에 이른다.

(2) 주요 내용

「청소년 보호법」은 전문 8장 64개 조항과 부칙으로 구성되어 있다. 제1장 총칙, 제2장 청소년유해매체물의 결정 및 유통 규제, 제3장 청소년의 인터넷게임 중독 예방, 제4장 청소년유해약물 등, 청소년유해행위 및 청소년유해업소 등의 규제, 제5장 청소년보호 사업의 추진, 제6장 청소년보호위원회, 제7장 보칙, 제8장 벌칙, 부칙으로 구성되어 있다. 주요 내용을 살펴보면 다음과 같다.

1 용어 정의

우선 관련 용어에 대한 정의를 살펴보면 다음과 같다.

- 청소년: 만 19세 미만인 사람을 말한다. 다만 만 19세가 되는 해의 1월 1일을 맞이한 사람은 제외한다(「청소년 보호법」 제2조 제1호).
- 청소년유해매체물: 청소년보호위원회가 청소년에게 유해한 것으로 결정하거나 확인하여 여성가족부장관이 고시한 매체물과 각 심의기관이 청소년에게 유해한 것으로 심의하거나 확인하여 여성가족부장관이 고시한 매체물을 말한다(「청소년 보호법」 제2조 제3호).
- 청소년유해약물: 청소년에게 유해한 것으로 인정되는 주류, 담배, 마약류, 환각물질을 말한다. 그 밖에 중추신경에 작용하여 습관성, 중독성, 내성 등을 유발하여 인체에 유해하게 작용할 수 있는 약물 등 청소년의 사용을 제한하지 아니하면 청소년의 심신을 심각하게 손상시킬 우려가 있는 약물 등도 포함된다(「청소년 보호법」 제2조 제4호).
- 청소년유해물건: ① 청소년에게 음란한 행위를 조장하는 성기구 등 청소년의 사용을 제한하지 아니하면 청소년의 심신을 심각하게 손상시킬 우려가 있는 성 관련 물건으로서 대통령령으로 정하는 기준에 따라 청소년보호위원회가 결정하고 여성가족부장관이 고시한 것. ② 청소년에게 음란성 · 포악성 · 잔인성 · 사행성 등을 조장하는 완구류 등 청소년의 사용을 제한하지 아니하면 청소년의 심신을 심각하게 손상시킬 우려가 있는 물건으로서 대통령령으로 정하는 기준에 따라 청소년보호위원회가 결정하고 여성가족부장관이 고시한 것(「청소년 보호법」 제2조 제4호).
- 청소년유해업소: 청소년의 출입과 고용이 청소년에게 유해한 것으로 인정되는 업소(「청소년 보호법」 제2조 제5호).

이러한 용어 정의 중 청소년을 만 19세 미만자로 정한 것은 고등학교 졸업 후 대학에 진학하였거나 취업한 자 등은 사회 통념상 성인으로 간주하기 때문이다. 그들이 자유롭게 사회활동을 할 수 있도록 하기 위하여 청소년의 연령을 만 19세 미만으로 하되, 만 19세 미만이라도 당해 연도 중에 만 19세가 되는 자는 청소년에서 제외하였다.

또한 청소년유해업소는 '청소년 출입 · 고용금지업소'와 '청소년고용금지업소'로 구분된다. 먼저 청소년 출입 · 고용금지업소는 사행행위영업, 비디오물감상실업 · 제한관람가비디오물소극장업 및 복합영상물제공업, 무도학원업 및 무도장업, 노래연습장업 등이 해당된다. 청소년고용금지업소는 청소년게임제공업 및 인터넷컴퓨터게임시설제공업, 숙박업, 목욕장업, 이용업, 비디오물소극장업, 만화대여업 등이 해당된다(「청소년 보호법」 제2조 제5호).

2 청소년유해매체물의 심의 기준(「청소년 보호법」 제9조)

청소년보호위원회와 각 심의기관은 다음 중 어느 하나에 해당하는 경우에는 청소년유해매체물로 결정하여야 한다.

- 청소년에게 성적인 욕구를 자극하는 선정적인 것이거나 음란한 것
- 청소년에게 포악성이나 범죄의 충동을 일으킬 수 있는 것
- 성폭력을 포함한 각종 형태의 폭력 행위와 약물의 남용을 자극하거나 미화하는 것
- 도박과 사행심을 조장하는 등 청소년의 건전한 생활을 현저히 해칠 우려가 있는 것
- 청소년의 건전한 인격과 시민의식의 형성을 저해(沮害)하는 반사회적 · 비윤리적인 것
- 그 밖에 청소년의 정신적 · 신체적 건강에 명백히 해를 끼칠 우려가 있는 것

단, 청소년유해매체물 여부를 심의할 때에는 사회의 일반적인 통념에 따르며 그 매체물이 가지고 있는 문학적 · 예술적 · 교육적 · 의학적 · 과학적 측면과 그 매체물의 특성을 함께 고려하여야 한다.

3 방송시간 및 광고선전 제한

청소년유해매체물을 방송하지 못하는 시간은 평일의 경우 오전 7시부터 오전 9시까지와 오후 1시부터 오후 10시까지로 한다. 토요일과 공휴일 및 초등학교 ·

중학교 · 고등학교의 방학 기간에는 오전 7시부터 오후 10시까지로 한다. 다만 방송법에 따른 방송 중 시청자와의 계약에 의하여 채널별로 대가를 받고 제공하는 방송의 경우에는 오후 6시부터 오후 10시까지로 한다(「청소년 보호법 시행령」 제19조).

청소년유해매체물은 청소년 출입 · 고용금지업소 외의 업소, 일반인이 통행하는 장소 등에는 공공연하게 설치 · 부착 또는 배포할 수 없다. 동시에 상업적 광고 선전물을 청소년의 접근을 제한하는 기능이 없는 컴퓨터 통신을 통하여 설치 · 부착 또는 배포해서도 안 된다(「청소년 보호법」 제19조).

④ 심야시간대의 인터넷게임 제공시간 제한(「청소년 보호법」 제3장)

이 제도는 청소년의 인터넷게임 중독을 예방하기 위해 마련된 제도다. 일명 신데렐라법(Shutdown제)이라고도 한다. 2011년 5월 19일 도입된 「청소년 보호법」 개정안에 따라 신설된 조항(제26조)으로, 계도 기간을 거쳐 2012년부터 단속을 실시하였다. 인터넷게임의 제공자는 16세 미만의 청소년에게 오전 0시부터 오전 6시까지 인터넷게임을 제공할 수 없다. 여성가족부장관은 문화체육관광부장관과 협의하여 심야시간대 인터넷게임의 제공시간 제한 대상 게임물의 범위가 적절한지를 2년마다 평가하여 개선해야 한다. 2013년 기준 인터넷을 이용하는 PC 온라인 게임과 CD를 통해 접속하는 PC 패키지 게임에 우선 적용되었으나, 스마트폰이나 태블릿 PC를 통한 모바일 게임의 경우에는 적용 대상에서 제외되었다.

이 외에도 청소년유해매체물로부터 청소년을 보호하기 위하여 청소년유해매체물을 판매 · 대여 · 배포하거나 시청 · 관람 · 이용에 제공하고자 하는 자는 그 상대방의 연령을 확인하도록 하고, 청소년유해업소에서의 청소년 고용을 사전에 차단하기 위하여 청소년유해업소의 업주는 종업원 고용 시 연령을 확인해야 한다(「청소년 보호법」 제16조, 제29조). 또한 「청소년 보호법」 위반 행위를 적극적으로 유발하거나 연령을 속이는 등 그 원인을 제공한 일탈청소년 중 선도 · 보호조치가 필요한 청소년에 대하여는 관할경찰서장 · 소속학교장 · 보호자 등에게 그 사실을 통보하도록 하여 효과적인 선도 · 보호조치가 이루어질 수 있도록 해야 한다(「청소년 보호법」 제50조).

5) 「아동 · 청소년의 성보호에 관한 법률」

(1) 제정 의의 및 연혁

「아동 · 청소년의 성보호에 관한 법률」(이하 「아동 · 청소년성보호법」)은 청소년의 성을 사는 행위 및 성폭력 행위를 하는 자들을 강력하게 처벌하여 청소년을 보호 · 구제하기 위한 목적으로 제정되었다(「아동 · 청소년성보호법」 제1조). 「아동 · 청소년성보호법」은 몇 단계의 발전 과정을 거쳐 왔다. 먼저 성매매를 규제하기 위하여 1961년에 「윤락행위방지법」이 제정되었으나, 2004년에 「성매매알선 등 행위의 처벌에 관한 법률」과 「성매매방지 및 피해자보호 등에 관한 법률」로 대체되었다. 또한 성폭력을 규제하기 위하여 1994년에 「성폭력범죄의 처벌 및 피해자보호 등에 관한 법률」이 제정되었다. 그러나 이들 법률은 성매매와 성폭력 전반에 관한 사항을 다루고 있고, 특별히 청소년의 성보호만을 위하여 제정된 것은 아니었다. 이에 2000년 2월 3일에 「아동 · 청소년성보호법」이 제정되어 현재에 이른다(김광웅 외, 2009, p. 136).

(2) 주요 내용

「아동 · 청소년성보호법」은 전문 7장 67개 조항과 부칙으로 구성되어 있다. 제1장 총칙, 제2장 아동 · 청소년대상 성범죄의 처벌과 절차에 관한 특례, 제3장 아동 · 청소년대상 성범죄의 신고 · 응급조치와 지원, 제4장 아동 · 청소년의 선도보호 등, 제5장 성범죄로 유죄판결이 확정된 자의 신상정보 공개와 취업제한 등, 제6장 보호관찰, 제7장 벌칙, 부칙으로 구성되어 있다. 주요 내용을 살펴보면 다음과 같다(「아동 · 청소년성보호법」, 2018).

첫째, '아동 · 청소년'이란 19세 미만의 자를 말한다. 다만 19세에 도달하는 연도의 1월 1일을 맞이한 자는 제외한다.

둘째, 청소년 본인, 청소년을 알선한 자 또는 청소년을 실질적으로 보호 · 감독하는 자에게 금품 기타 재산상 이익이나 직무 · 편의 제공 등 대가를 제공하거나 이를 약속하고 성교 행위 또는 유사 성교 행위를 하는 청소년의 성을 사는 행위를 한 자를 처벌한다.

셋째, 폭행 · 채무 · 고용관계 등을 이용하여 청소년의 성을 사는 행위의 상대방이 되도록 강요한 자와 청소년의 성을 사는 행위를 알선하거나 장소 · 자금 · 토지 · 건물 등을 제공한 자를 처벌한다.

넷째, 청소년이 등장하는 청소년이용음란물을 제작 · 수입 · 수출한 자, 영리를 목적으로 판매 · 대여 · 배포하거나 공연히 전시 또는 상영한 자 및 청소년이용음란물 제작자에게 청소년을 알선한 자 등을 처벌한다.

다섯째, 청소년에 대하여 강간, 강제추행 등 성폭력을 가하거나 위계 또는 위력으로 청소년을 간음 또는 추행한 자를 가중 처벌한다.

여섯째, 성범죄자 중 관련 법령이 정하는 바에 해당하는 자는 신상 정보를 공개해야 한다. 성범죄자 신상 정보 공개제도의 주요 내용은 다음과 같다. 2010년 1월 1일부터 실시된 신상정보 공개제도의 공개대상자 결정은 법원이 하게 된다. 법원은 아동과 성인 대상 성범죄 사건의 판결과 동시에 공개정보를 등록기간 동안 정보통신망을 이용하여 공개하도록 하는 명령(이하 "공개 명령"이라고 한다)을 선고하여야 한다. 공개대상자는 ① 아동 · 청소년 대상 성폭력범죄를 저지른 자, ② 「성폭력범죄의 처벌 등에 관한 특례법」 제2조 제1항 제3호 · 제4호, 같은 조 제2항(제1항 제3호 · 제4호에 한정한다), 제3조부터 제15조까지의 범죄를 저지른 자, ③ 13세 미만의 아동 · 청소년을 대상으로 아동 · 청소년 대상 성범죄를 저지른 자로서 13세 미만의 아동 · 청소년을 대상으로 아동 · 청소년 대상 성범죄를 다시 범할 위험성이 있다고 인정되는 자, ④ 제1호 또는 제2호의 죄를 범하였으나 「형법」 제10조 제1항에 따라 처벌할 수 없는 자로서 제1호 또는 제2호의 죄를 다시 범할 위험성이 있다고 인정되는 자, 다만, 피고인이 아동 · 청소년인 경우, 그 밖에 신상정보를 공개하여서는 아니 될 특별한 사정이 있다고 판단하는 경우에는 공개하지 않는다. 공개기간은 징역 · 금고 3년 초과의 경우 10년, 징역 · 금고 3년 이하의 경우 5년이다. 아동과 성인 대상 성범죄로 공개명령을 받은 자가 교정시설 등에 수용된 기간은 공개기간에서 제외된다(여성가족부, 2017, pp. 291-292).

일곱째, 성범죄자 신상 정보 등록 내용 및 절차는 다음과 같다. 법원은 아동 · 청소년 대상 성범죄로 유죄판결을 선고한 경우에는 대상자에게 신상 정보 등록 대상자가 된다는 사실과 등록 정보를 제출하라는 내용을 고지하여야 한다. 유죄판결이 확정되어 법원으로부터 관련 사실을 통보받은 자는 40일 이내에 신상 정보를 주소지 관할 경찰서장에게 제출하여야 한다. 다만 등록 대상자가 교정시설에 수용된 경우에는 교정시설의 장에게 신상 정보를 제출할 수 있다. 등록 대상자가 제출해야 하는 신상 정보는 성명, 주민등록번호, 주소 및 실제 거주지, 직업 및 직장 등의 소재지, 신체 정보(키와 체중), 사진(등록일 기준으로 6개월 이내에 촬영된 것), 소유 차량의 등록번호다. 주소나 직장, 소유 차량 등이 바뀐 경우에는 30일 이내에 바뀐 정보를 관할경찰서에 제출하여 변경 등록하여야 하며 사진은 1년마다 새로 촬영한 사진을 제출하여야 한다. 관할 경찰서장은 매년 1회 등록 정보의 변경 여부를 확인하여야 하며, 등록 대상자가 정당한 사유 없이 제출 정보 또는 변경 정보를 제출하지 아니하거나 거짓 정보를 제출할 때에는 형사처벌을 받게 되고, 1년 이하의 징역 또는 500만 원 이하의 벌금에 처할 수 있다(여성가족부, 2017, p. 293).

3. 청소년행정

청소년행정은 중앙정부와 지방정부의 역할을 모두 포괄하고, 정부가 직접 하는 일과 정부와 민간이 협력하는 일을 포괄하지만, 여기서는 청소년행정을 중앙정부와 지방자치단체의 업무를 중심으로 살펴본다.

1) 청소년행정의 개념과 특성

(1) 청소년행정의 개념

청소년행정의 개념은 청소년정책이라는 용어와 종종 혼용하는 경우가 있다. 먼저 청소년행정의 개념을 정의하기 위해서 '행정'이 갖는 의미를 살펴보면 다음과 같다. 행정은 영어로 'administration' 혹은 'public administration'이다. 사전적 의미로는 '정부의 정책과 계획을 실행하는 데 관련한 국가 통치 작용'으로 정의된다. 근대적 의미의 행정은 종종 정부의 정책 결정까지도 포함하지만, 일반적으로 현대적 행정은 정부 기능의 계획 · 조직 · 관리 · 조정 · 통제 단계까지를 의미한다. 즉, 행정은 모든 정부 체제가 갖고 있는 공통된 분야라고 할 수 있는데, 이는 모든 국가가 국가정책의 목표를 달성하기 위해 기구가 필요하기 때문이다. 따라서 청소년행정은 '정부의 청소년정책과 계획을 실행하는 데 관련한 국가 통치 작용'으로 정의하는 것이 타당하다.

반면, 정책의 사전적 의미는 '정치적 목적을 실현하기 위한 방책'이다. 그중 국가 정책은 '국가의 목표를 추구하기 위하여 정부가 직접 계획을 세워 달성하고자 하는 일'을 의미한다. 흔히 중 · 장기 계획을 세우고 이를 뒷받침하기 위하여 법령을 제정하거나 개정하는 방식으로 나타난다. 따라서 청소년정책은 "국가가 청소년에 관한 목표를 추구하기 위하여 정부가 직접 계획을 세워 달성하고자 하는 일"이라고 볼 수 있다(김광웅 외, 2009, p. 56).

국가가 청소년에 관한 목표를 추구하기 위해서 계획을 세우는 것은 청소년정책이고 이러한 계획을 실행하기 위한 국가 통치 작용은 청소년행정이기에 청소년정책과 청소년행정의 개념은 상호 밀접한 관련성을 갖는다. 이 때문에 간혹 청소년정책과 청소년행정을 혼용하기도 한다.

(2) 청소년행정의 특성

청소년행정은 청소년이라는 대상에 초점을 맞춘 국가 행위로 매우 포괄적 특성을 갖는다. 교육행정, 복지행정 등은 특정 전문 분야에 대한 행정 행위를 말하지만, 청소년행정은 청소년이 그들의 삶의 궤적에서 경험하는 교육, 복지, 보호, 활동 등의 모든 분야를 아우르는 행정 행위다. 이러한 청소년행정의 특성을 정리하면 다음과 같다(강병연, 황수주, 2011, pp. 190-191; 한국청소년개발원, 1994, pp. 251-253 참조).

첫째, 청소년행정은 청소년을 위한 행정이다. 청소년행정의 이념이나 목적은 청소년의 욕구나 필요를 충족하여 그들이 다양한 역량을 갖춰 건강한 시민으로 성장하는 것에 일익을 담당해야 한다. 즉, 청소년의 자아 역량, 신체건강 역량, 리더십 역량, 대인관계 역량, 문제해결 역량, 갈등조절 역량 등을 습득하거나 강화하는 것에 청소년행정의 초점을 두어야 한다.

둘째, 청소년행정은 청소년을 대상으로 하는 행정이다. 문제는 청소년이 발달단계상 아동과 성인기의 과도기적 존재로 사회심리학적인 특성을 갖고 있는 집단이라는 점이다. 청소년은 진학 · 직업을 위해 학업에 충실하면서도 일탈 행위와 비행 접촉의 가능성이 있으며, 기성세대와 세대 갈등을 경험하는 계층이다. 따라서 그들의 건전한 성장을 지원하는 행정을 구현하기 위해서는 교육행정, 보호행정, 문화행정 등 청소년의 삶과 관련한 모든 영역의 행정이 포함된다.

셋째, 청소년행정은 그 대상의 다양성으로 인해 탄력성과 비정형성을 갖는다. 이러한 특성은 청소년 집단의 다양성에 기인한다. 청소년은 일반청소년, 위기청소년, 다문화 청소년, 근로청소년, 학생청소년, 비행청소년, 범법청소년 등으로 유형화할 수 있다. 이러한 유형 구분에 따른 행정적 지원과 집행의 방법, 담당 전문 인력과 기관 등이 모두 다르다. 그러나 다양한 요인이 복합적으로 융합되어 청소년문제로 나타나는 현상을 한 분야의 전문 행정만으로는 다각적으로 지원하기 어렵기에 청소년행정은 탄력성과 비정형성이 필요하다.

넷째, 청소년행정은 높은 수준의 전문성이 필요하다. 청소년의 발달 특성이나 사회적 위치, 청소년이 경험하는 다양한 문화 현상 등을 전문적으로 이해하고 있는 전문가 집단과 조직의 관여가 필요하다. 즉, 청소년행정의 능률과 효과를 극대화하기 위해서는 행정담당 인력의 전문성과 청소년지도 현장에 대한 실무 경험이 겸비되어야 한다.

이 외에도 청소년행정은 다양한 정부부처가 청소년 관련 행정을 담당하고 있으므로 부처 간의 협력성이 요구되며, 시민사회의 적극적 참여를 이끌어 내기 위해서는 청소년행정의 공개성도 요구된다.

2) 청소년행정의 역사

청소년행정의 역사를 시대 구분하는 것은 그 기준에 상당한 근거가 있어야 할 뿐 아니라 사회적 동의가 필요하기에 어려운 작업이다. 여기서는 〈표 10-2〉에 제시한 바와 같이 청소년행정을 5기로 구분하여 살펴본다.

표 10-2 청소년행정의 시기 구분 및 주요 내용

청소년행정의 시기 구분	주요 내용
1기: 전사(前史, 해방 이후~1986)	「근로기준법」「아동복리법」
2기: 태동(1987~1990)	「청소년육성법」 청소년헌장 제정, 청소년국 설치
3기: 성장(1991~2008)	「청소년 기본법」「청소년 보호법」「청소년성보호법」, 청소년헌장 개정, 「청소년활동 진흥법」, 「청소년복지 지원법」, 국가청소년위원회

4기: 통합(2008~2010)	아동 · 청소년행정의 통합
5기: 도전(2010~현재)	여성가족부로 청소년행정 조직 이관

출처: 김광웅 외(2009), pp. 59-95; 조영승(2003); 김두현(1999); 이광호(2012) 참조.

(1) 청소년행정 제1기

제1기는 1945년 해방 이후부터 「청소년육성법」이 제정되기 이전인 1986년까지다. 이 시기는 1961년 「아동복리법」의 제정을 전후로 하여 청소년행정이 질적인 측면에서 변화하였지만 독자적인 정체성은 갖지 못한 시기라는 평가를 받는다. 이 시기는 청소년행정보다는 아동복지로 다루어지거나 청소년보호의 관점에서 다루어졌다는 점에서 1987년 「청소년육성법」이 제정된 이후 시기와 구별된다.

(2) 청소년행정 제2기

제2기는 「청소년육성법」이 제정된 1987년부터 체육부에 청소년국이 설치(1988)되고 '청소년헌장'이 제정된 1990년까지다. 「청소년육성법」은 청소년의 인격 형성을 도모하고 청소년의 보호 · 육성 · 선도 및 지원에 관한 사업을 효율적으로 추진하기 위한 목적에서 제정되었다. 「청소년육성법」의 제정을 계기로 청소년행정이 독자적 발전을 이룩할 수 있는 계기가 마련되었다. 청소년행정을 체계적으로 구현하기 위하여 체육부에 청소년국을 설치함으로써 중앙정부에 국단위의 청소년정책 전담부서를 갖게 되었다. 청소년국의 설치는 시 · 도에 청소년과의 설치로 이어져 중앙정부와 지방정부 간의 청소년정책 전달 체계를 확보하는 계기가 되었다. 또한 국제사회에서 일었던 청소년의 권리와 책임에 대한 논의를 받아들여 1990년에 '청소년헌장'이 제정 · 선포되었다.

(3) 청소년행정 제3기

제3기는 「청소년 기본법」이 제정된 1991년부터 '국가청소년위원회'가 운영되었던 2008년까지다. 1991년에는 우리나라 10년간의 독자적 청소년정책 발전 계획을 담은 '한국청소년기본계획'이 수립되었다. 동 계획은 기존의 문제 청소년을 중심으로 하는 대책 위주의 청소년정책이 일반 청소년정책으로 확대되는 계기를 제공하였다. 그 효과적 추진을 위하여 기존의 「청소년육성법」을 수정 · 보완하여 「청소년

기본법」을 제정하였다. 또한 이 시기에는 '청소년보호위원회'가 문화체육부 소속에서 국무총리실로 이관되었다. 문화관광부 '청소년국'을 중심으로 한 청소년육성 행정과 국무총리 소속의 '청소년보호위원회'를 중심으로 한 청소년보호 행정이 이원화되어 운영되었던 시기다. 이후 2005년 '청소년국'과 '청소년보호위원회'가 통합되어 그 명칭이 '국가청소년위원회'로 변경되었다. 청소년육성과 청소년보호 행정이 통합되면서 위기청소년 대상의 보호와 복지가 강조되었다.

(4) 청소년행정 제4기

제4기는 2008년 2월부터 아동 · 청소년행정 조직이 통합 · 운영된 2010년 2월까지다. 이 시기에는 여성가족부의 영유아보육정책, 가족정책, 국가청소년위원회의 청소년정책, 보건복지부의 아동정책이 정부의 대부처주의에 의해서 '보건복지가족부 아동청소년(가족)정책실'로 통합된 시기다. 아동 · 청소년행정 조직이 하나로 통합됨에 따라 수십 년간 분리되었던 아동 · 청소년정책을 통합하기 위한 정부의 시도가 있었다. 아동과 청소년의 발달을 생애 주기적 측면에서 바라보고 지원해야 한다는 논리가 등장했으나 정책의 통합은 무산되었다.

(5) 청소년행정 제5기

제5기는 2010년 2월부터 현재에 이른다. 청소년행정 기구가 보건복지가족부에서 여성가족부 청소년가족정책실 청소년정책관으로 이관된 시기다. 보건복지가족부에서 여성가족부로 청소년행정 조직이 이관될 때는 청소년정책이 인력이나 예산면에서 가장 큰 비중을 차지하였으나 점차 그 비중이 줄어들고 있다. 또한 여성가족부는 여성정책, 청소년정책, 가족정책 등 3개 정책을 수립 · 시행하는 정부조직임에도 부처 명칭에 '청소년'이 누락되어 청소년정책이 상대적으로 위축된 시기다. 향후 청소년정책이 여성과 가족이라는 정책 파트너를 만나 어떻게 융합되는가에 따라 새로운 청소년정책의 위상이 전개될 것이다.

3) 청소년행정 조직

(1) 청소년행정 중앙정부 조직

중앙정부는 '여성가족부 청소년가족정책실'에 청소년정책관을 설치 · 운영하고 있다. 청소년정책관은 청소년정책과, 청소년활동진흥과, 청소년활동안전과, 청소년자립지원과, 학교밖청소년지원과, 청소년보호환경과 등 6과 체제로 운영된다.

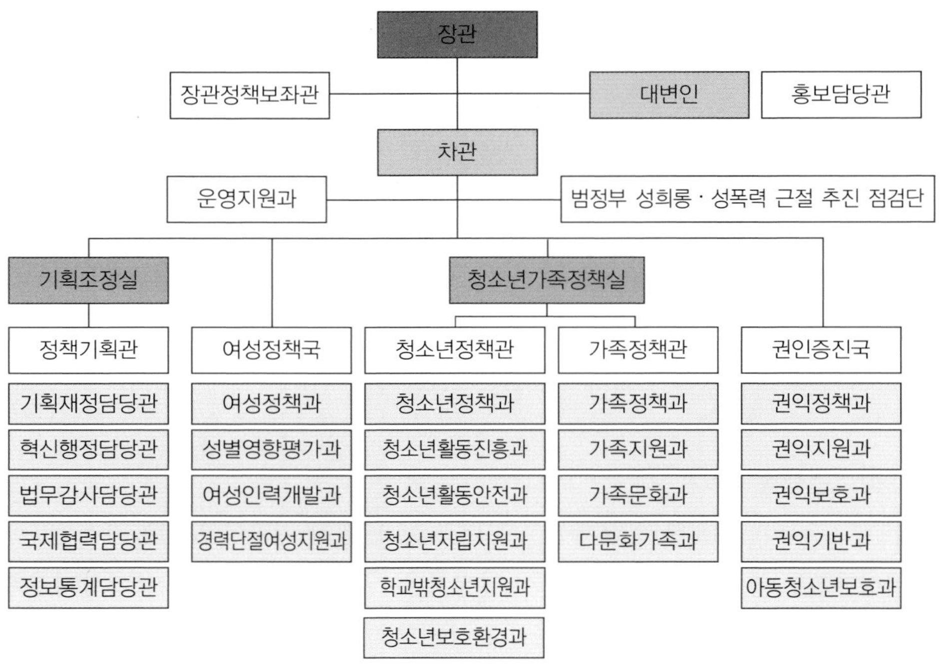

그림 10-1 여성가족부 조직도

출처: http://www.mogef.go.kr/mi/osg/mi_osg_s001.do(2018)

'청소년정책과'는 청소년정책에 관한 중장기 기본계획의 수립 및 조정, 중앙부처 및 지방자치단체 청소년정책의 협의 · 조정 총괄, 청소년정책 관련 법령의 관리 · 운영 등의 업무를 담당한다. '청소년활동진흥과'는 청소년 활동진흥, 역량개발 및 국제교류에 관한 계획의 수립 · 시행, 지방청소년활동진흥센터의 설치 · 운영 지원, 청소년 프로그램 · 사업의 개발 · 보급 및 평가, 청소년의 수련활동 및 문화 · 예술 체험 활성화에 관한 사항, 청소년 축제, 동아리, 자원봉사 활성화에 관한 사항, 청소년 활동정보 제공 · 지원, 청소년지도사의 자격검정 · 연수 및 활동 지원 등의 업무를 담당한다. '청소년활동안전과'는 청소년수련활동 안전에 관한 정책의 총괄 및 계획의 수립 · 시행, 숙박형 청소년수련활동 및 비숙박형 청소년수련활동 계획의 신고업무관리, 온라인 종합정보제공 시스템 구축 · 운영, 청소년수련활동 인증제도의 운영 · 관리에 관한 사항, 청소년수련활동 이행 실태 점검 및 안전관리에 관한 사항 등의 업무를 담당한다. '청소년자립지원과'는 청소년복지에 관한 정책의 총괄 및 계획의 수립 · 시행, 청소년복지 관련 법령의 관리 · 운영, 청소년복지서비스의 조사 · 연구 및 통계에 관한 사항, 청소년복지시설의 운영 · 지원 및 청소년복지 · 지원업무 종사자의 교육 · 훈련, 한국청소년상담복지개발원의 지도 · 감독 등의 업무를 담당한다. '학교밖청소년지원과'는 학교 밖 청소년에 관한 정책의 총괄 및 계획의 수립 · 시행, 학교 밖 청소년 관련 법령의 관리 · 운영 및 제도개선에 관한 사항, 학교 밖 청소년에 대한 사회적 편견과 차별 예방 및 사회적 인식 개선에 관한 사항, 학교 밖 청소년 지원 프로그램의 개발 및 지원에 관한 사항 등의 업무를 담당한다. '청소년보호환경과'는 청소년보호에 관한 계획의 수립 · 시행, 청소년보호위원회 운영에 관한 사항, 매체물 · 업소 · 약물 · 물건 등의 청소년 유해성 심의 · 결정 등에 관한 사항, 청소년 유해환경에 대한 점검, 단속, 규제 및 개선 활동 지원에 관한 사항, 인터넷중독 등 매체의 역기능 피해의 예방 · 치료 및 재활 지원 등의 업무를 담당한다(http://www.mogef.go.kr/mi/osg/mi_osg_s001.do).

(2) 청소년행정 지방자치단체 조직

지방 청소년행정 조직은 여성가족부의 청소년가족정책실로부터 행정안전부 산하의 시 · 도 및 시 · 군 · 구를 거쳐 읍 · 면 · 동으로 이어지는 전달 체계를 갖는다. 그러나 지방으로 갈수록 청소년행정과 기타 행정 간의 구분은 사실상 모호하다. 즉, 중앙 행정부처 중 어떤 부서가 청소년행정을 기획했다 할지라도 시 · 도에서는 행정안전부의 감독을 받는 사회복지국이나 가족여성정책국, 시 · 군 · 구의 경우에는 사회복지과나 가족여성과, 읍 · 면 · 동에서는 사회담당공무원으로 일원화된다. 이러한 청소년행정 체계를 도식화하면 **그림 10-2**와 같다.

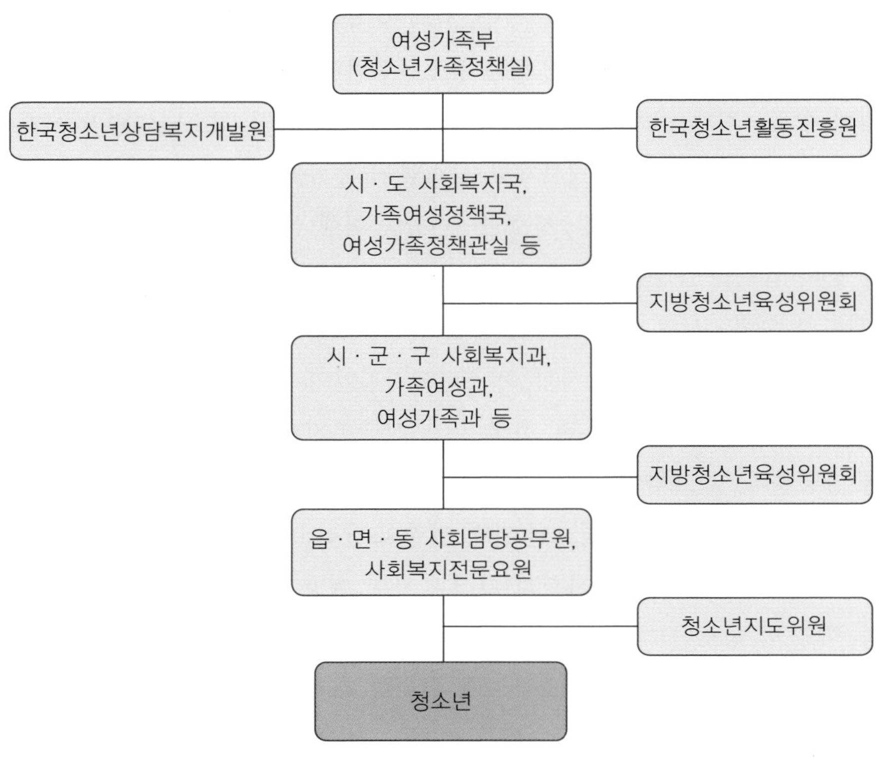

그림 10-2 **지방 청소년행정 조직도**

광역자치단체의 시 · 도 사회복지국은 지방청소년육성위원회의 운영에 관한 업무를 담당하면서 지방 청소년 업무를 총괄 · 조정한다. 중앙과 지방은 청소년 업무 연계 추진 체계를 구축하고 있다. 시 · 군 · 구의 가족여성과는 청소년정책의 서비스 대상자인 청소년에게 직접 서비스를 제공하는 역할과 청소년 관련 시설에 대한 지원 업무를 수행한다. 지방 청소년행정 조직은 청소년정책을 전담하는 부서 명칭의 잦은 변경과 담당공무원의 빈번한 인사 이동으로 정책 수립과 집행의 일관성 · 연속성이 결여된다는 비판이 있다.

생각해 봅시다

1. 청소년법과 청소년관계법의 차이에 대하여 생각해 봅시다.

2. 각 법률이 정하고 있는 청소년의 법적 지위(권리, 의무, 배려 등)에 대하여 생각해 봅시다.

3. 「청소년 기본법」「청소년활동 진흥법」「청소년복지 지원법」「청소년 보호법」「아동 · 청소년의 성보호에 관한 법률」의 주요 내용에 대하여 생각해 봅시다.

4. 청소년행정과 청소년정책의 차이점에 대하여 생각해 봅시다.

✱ 참고문헌

강병연, 황수주(2011). 청소년육성제도론. 경기: 양서원.

고용노동부(2013). 근로기준법. 서울: 고용노동부.

국가청소년위원회(2005). 청소년성보호법. 서울: 국가청소년위원회.

국가청소년위원회(2007). 청소년성보호법. 서울: 국가청소년위원회.

김광웅, 이종원, 천정웅, 이용교, 길은배, 전명기, 정효진(2009). 한국 청소년정책 20년사: 한국 청소년정책의 성과와 전망. 서울: 한국청소년정책연구원.

김두현(1999). 문화체육과 청소년정책. 서울: 삼원문화사.

문화관광부(2004a). 청소년기본법. 서울: 문화관광부.

문화관광부(2004b). 청소년복지지원법. 서울: 문화관광부.

문화관광부(2004c). 청소년활동진흥법. 서울: 문화관광부.

문화체육관광부(2013a). 게임산업진흥에 관한 법률. 서울: 문화체육관광부.

문화체육관광부(2013b). 영화 및 비디오물의 진흥에 관한 법률. 서울: 문화체육관광부.

문화체육부(1995). 청소년기본법. 서울: 문화체육부.

문화체육부(1997). 청소년보호법. 서울: 문화체육부.

법무부(2018). 소년법. 서울: 법무부.

법제처(1961a). 미성년자보호법. 서울: 법제처.

법제처(1961b). 아동복리법. 서울: 법제처.

법제처(2018a). 민법. 서울: 법제처.
법제처(2018b). 헌법. 서울: 법제처.
법제처(2018c). 형법. 서울: 법제처.
보건복지부(2018). 아동복지법. 서울: 보건복지부.
여성가족부(2017). 2012 청소년백서. 서울: 여성가족부.
여성가족부(2018a). 청소년기본법 시행규칙. 서울: 여성가족부.
여성가족부(2018b). 청소년기본법 시행령 [별표 2]. 서울: 여성가족부.
여성가족부(2018c). 청소년활동진흥법 시행령. 서울: 여성가족부.
여성가족부(2018d). 아동 · 청소년의 성보호에 관한 법률. 서울: 여성가족부.
여성가족부(2018e). 청소년기본법. 서울: 여성가족부.
여성가족부(2018f). 청소년보호법. 서울: 여성가족부.
여성가족부(2018g). 청소년복지지원법. 서울: 여성가족부.
여성가족부(2018h). 청소년활동진흥법. 서울: 여성가족부.
이광호(2012). 새로운 청소년육성제도 및 정책론. 서울: 창지사.
조성연, 유진이, 박은미, 정철상, 도미향, 길은배, 김민정(2008). 청소년복지론. 서울: 창지사.
조영승(2003). 우리나라 청소년정책의 역사적 변천. 청소년문화포럼, 7, 15-28.
중앙선거관리위원회(2013). 공직선거법. 서울: 중앙선거관리위원회.
청소년보호위원회(2000). 청소년성보호법. 서울: 청소년보호위원회.
청소년보호위원회(2001). 청소년보호법. 서울: 청소년보호위원회.
체육부(1987). 청소년육성법. 서울: 체육부.
체육청소년부(1991). 청소년기본법. 서울: 체육청소년부.
한국청소년개발원(1994). 청소년관계 법과 행정. 서울: 인간과 복지.
한국청소년개발원(2005). 청소년보호정책 실태와 발전방안. 서울: 한국청소년개발원.
한국청소년개발원(2006). 청소년육성제도론. 서울: 한국청소년개발원.
한국청소년정책연구원(2007). 청소년 성보호관련 법제체계 정비방안 연구. 서울: 한국청소년정책연구원.

국가법령정보센터 http://law.go.kr
법제처 http://www.moleg.go.kr
여성가족부 http://www.mogef.go.kr
한국청소년활동진흥원 http://www.kywa.or.kr

제11장
청소년복지

우리나라의 「헌법」 제34조 제4항은 "국가는 노인과 청소년의 복지향상을 위한 정책을 실시할 의무를 진다."고 명기하여 청소년복지의 필요성과 당위성을 지적하고 있다. 이와 함께 1980년대의 산업화와 더불어 청소년문제가 사회적 이슈가 되면서 정부는 청소년에 대한 사회적 책임을 인식하기 시작하였다. 그리하여 정부는 「청소년 기본법」을 제정하여 동법 제3조 제4항에 "'청소년복지'라 함은 청소년이 정상적인 삶을 영위할 수 있는 기본적인 여건을 조성하고 조화롭게 성장 · 발달할 수 있도록 제공되는 사회적 · 경제적 지원을 말한다."고 명기하고 있고, 제49조 제4항은 청소년복지 증진에 관한 사항을 명기하였다. 또한 국가는 위기청소년에 대한 복지를 지원하기 위한 정책의 필요성을 인식함에 따라 이를 위한 근거로 「청소년복지 지원법」을 제정하였다. 청소년복지는 국가 차원에서 정책적으로 다루어지고 있으나 여전히 이에 대한 합의된 개념을 찾기 어렵고 그 내용이나 범위도 매우 넓다. 따라서 이 장에서는 우리나라에서 실시하고 있는 청소년복지의 개념과 특성 및 국가 차원의 청소년복지 정책과 관련 사업에 대해 살펴보고자 한다.

1. 청소년복지의 필요성 및 개념

1) 청소년복지의 필요성

2019년 현재 우리나라 총 인구 중 9~24세의 청소년 인구가 차지하는 비중은 17.0%이고, 성비도 불균형하여 2019년 현재 남자 52.3% 대 여자 47.8%이다. 청소년 인구는 1960년 31.8%에 비해 현저하게 감소하였다. 이러한 추세라면 2030년에는 12.6%, 2060년에는 10.4%로 감소할 전망이다.

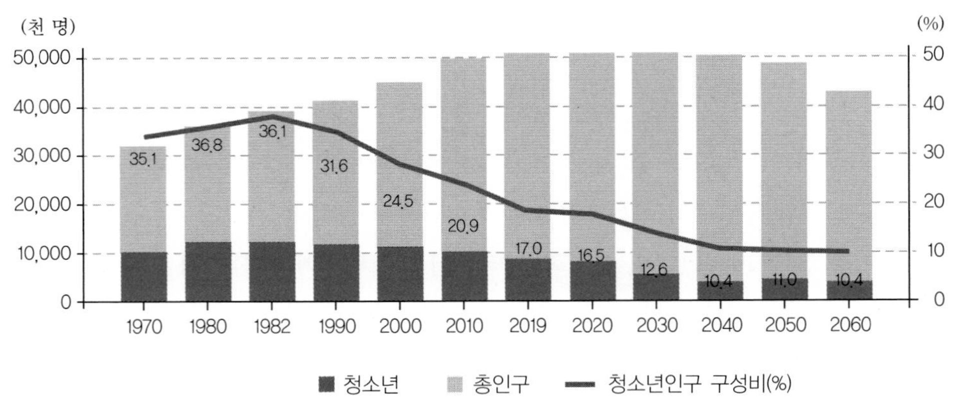

그림 11-1 청소년(9~24세) 인구 추이

출처: 통계청, 여성가족부(2019. 5. 1.), p. 5.

청소년 인구는 해마다 감소하고 있는데 청소년문제가 다양해지면서 청소년의 행복이나 삶의 질 수준이 저하되고 있다. 즉, 청소년의 스트레스 인지율과 우울감 경험률은 과거에 비해 낮아지고 있으나 여전히 높은 수준을 유지하고 있고, 청소년 자살로 인한 사망도 높은 수준을 유지하고 있으며, 인터넷이나 약물 등의 중독으로 인한 문제도 사회문제가 되고 있다. 그뿐만 아니라 청소년의 주관적 행복감 수준도 OECD 회원국 중 가장 낮은 수준이다.

표 11-1 OECD 국가의 영역별 행복지수 비교

순위	주관적 행복		가족과 친구관계		물질적 행복		보건과 안전		교육		행동과 생활양식	
1	스페인	118	이탈리아	121	핀란드	120	스웨덴	115	폴란드	121	**대한민국**	**130**
2	스위스	113	네덜란드	117	덴마크	114	핀란드	113	네덜란드	119	네덜란드	111
3	오스트리아	113	노르웨이	111	**대한민국**	112	**대한민국**	113	**대한민국**	114	아일랜드	111
4	덴마크	109	스위스	109	독일	110	아이슬란드	111	벨기에	109	덴마크	105
5	네덜란드	109	포르투갈	109	스웨덴	108	일본	109	독일	108	스위스	105
6	아일랜드	108	덴마크	107	오스트리아	107	노르웨이	107	체코	108	포르투갈	104
7	스웨덴	107	아일랜드	1015	체코	107	네덜란드	106	아일랜드	104	캐나다	102
8	노르웨이	106	**대한민국**	**105**	네덜란드	102	아일랜드	106	캐나다	104	독일	100
9	이탈리아	105	스페인	101	이탈리아	99	독일	104	노르웨이	103	오스트리아	100
10	그리스	105	스웨덴	101	폴란드	99	프랑스	104	핀란드	102	벨기에	98
11	독일	104	아이슬란드	100	스페인	97	체코	103	포르투갈	102	폴란드	97
12	아이슬란드	99	독일	99	헝가리	96	스위스	103	덴마크	101	스페인	97
13	핀란드	96	핀란드	98	프랑스	96	덴마크	102	호주	101	영국	97
14	영국	96	헝가리	97	벨기에	95	영국	101	아이슬란드	98	핀란드	96
15	프랑스	94	벨기에	97	영국	94	스페인	99	스웨덴	97	프랑스	93
16	포르투갈	94	오스트리아	94	포르투갈	93	캐나다	99	헝가리	97	이탈리아	91
17	폴란드	92	그리스	93	호주	93	이탈리아	98	뉴질랜드	97	체코	88
18	헝가리	89	프랑스	92	아일랜드	91	호주	98	스위스	96	그리스	88
19	벨기에	89	폴란드	92	그리스	85	그리스	98	프랑스	95	헝가리	87
20	캐나다	88	영국	87	미국	81	벨기에	97	미국	94	-	-
21	체코	85	캐나다	84	-	-	폴란드	95	스페인	91	-	-
22	**대한민국**	**82**	체코	81	-	-	헝가리	92	그리스	88	-	-
23	-	-	-	-	-	-	포르투갈	87	오스트리아	85	-	-
24	-	-	-	-	-	-	뉴질랜드	83	영국	84	-	-
25	-	-	-	-	-	-	오스트리아	80	이탈리아	81	-	-
26	-	-	-	-	-	-	미국	76	-	-	-	-

주: 숫자는 평균 100점, 표준편차 10을 기준으로 한 표준점수를 뜻함

출처: 염유식, 김경미, 이승원(2016), p. 11.

청소년은 가정, 학교, 지역사회와 같은 미시체계 속에서 생활하며 거시체계인 사회환경의 영향을 받기 때문에 청소년복지는 사회의 복지정책과 밀접한 관계가 있다. 무엇보다 스트레스 인지율이 37.2%(6장의 **그림 6-1** 참조)로 높은 편이고, 부모관계와 친구관계 및 공부 등으로 인한 스트레스 경험 비율도 높으므로 청소년을 위한 복지정책은 종합적인 차원에서 수립·실시되어야 한다. 따라서 청소년복지 관련 정책이나 프로그램은 단순히 최저 생활을 보장해 주기 위한 것이 아니라 일반 청소년과 위기청소년 모두 건강하고 문화적인 삶을 영위할 수 있도록 다차원이고 예방적인 차원에서 이루어져야 한다. 이를 위해 청소년의 법적 지위 향상, 청소년 기본정책의 수립 및 시행, 청소년문제에 대처하는 전문 프로그램과 서비스의 개발 및 실시, 청소년에 대한 사회적 인식 변화와 그에 따른 청소년의 사회 참여 등을 중심으로 청소년의 시대적·사회적·심리적 요구에 적합한 최적의 청소년복지가 이루어져야 할 것이다.

2) 청소년복지의 개념

청소년복지는 학자마다 다양하게 정의한다. 청소년의 전반적인 안녕에 초점을 두어 김성이(1994, p. 6)는 청소년복지란 가정이나 사회로부터 버려지거나 적응하지 못하는 청소년뿐만 아니라 모든 청소년의 안녕에 관심을 가지는 것이라고 정의하였다. 그러나 일반적으로 청소년복지는 활동, 사회복지 서비스나 과정, 정책적 차원 등의 측면에서 정의된다.

첫째, 활동적 측면에서 노혁(2002, p. 49)은 청소년복지란 청소년의 올바른 성장과 발달을 목표로 청소년에게 일정한 사회적 역할과 책임을 부여하는 동시에, 현재의 삶의 질을 재고할 수 있는 환경을 조성하도록 청소년과 성인의 공동 참여와 노력을 통해 청소년의 능력을 향상시키고 다양한 삶의 기회를 마련해 주는 제 복지 활동이라고 정의하였다.

둘째, 사회복지 서비스에 초점을 맞춰 김경준 외(2005, p. 18)는 청소년복지란 청소년문제의 해결과 예방, 청소년의 사회적 기능 수행의 활성화와 참여, 생활의 질적 향상 등에 직접 관심이 있는 사회복지 서비스나 과정을 포함하는 것이라고 정의하였다.

셋째, 사회 정책과 제도에 초점을 맞춰 홍봉선과 남미애(2006, p. 50)는 청소년복지란 청소년의 기본적 욕구의 충족과 건강한 성장 · 발달의 촉진 및 청소년을 둘러싼 환경이 청소년의 성장을 돕기 위해 최적의 기능을 발휘할 수 있도록 가정, 사회를 통해 청소년에게 직 · 간접적으로 제공하는 모든 사회 정책과 관련 제도 및 전문적 활동이라고 정의하였다.

청소년복지에 대한 이러한 다양한 관점을 종합하여 배규한 외(2010, pp. 328-329)는 청소년복지란 청소년의 욕구 충족과 문제해결을 위한 프로그램과 서비스를 제공하는 것이며, 평등과 보장 및 사회구조에의 적응을 강조하면서 이의 제도화를 추구하는 것이라고 정의하였다.

2. 청소년복지 실천 분야

현재 청소년 관련 업무는 여성가족부가 주관하여 운영하고 있으나 청소년복지와 관련한 정책과 사업은 교육부와 보건복지부 및 관련부처가 공조하여 다차원적으로 실시하고 있다.

1) 지역사회 청소년통합지원체계(CYS-Net)

현재 가출이나 학업중단, 가정 해체 등 위기 상황에 있는 고위험 청소년과 위기를 그대로 두면 위기가 발현될 수 있는 잠재 위험군에 속하는 위기 청소년이 증가하고 있다. 위기청소년(youth at risk)은 학교 · 가정생활에 어려움이 있어 미래사회에 온전히 참여하기 힘들 것 같아 사회적 돌봄이 필요한 청소년을 말한다. 또한 청소년의 스트레스 인지율과 각종 매체 및 약물 등과 관련한 중독률도 증가하고 있어 이와 관련된 위기청소년을 내버려 둘 경우 사회비용이 기하급수적으로 증가하게 될 수 있다. 따라서 위기청소년에 대한 지역사회의 지원 체계를 강화하는 정부 차원의 대책 마련이 필요하다.

지역사회 청소년통합지원체계(Community Youth Safety Network: CYS-Net)는 2005년 4월 국가청소년위원회가 출범하면서 '위기청소년 사회안전망 구축'을 주요 정책 과제로 추진하면서 비롯되었다. 이는 청소년을 효과적으로 돕기 위해 지역사회 내의 활용 가능한 자원을 모두 연계하여 실질적 도움이 필요한 위기청소년에게 즉각적이고 적절한 서비스를 제공하는 원스톱(one-stop) 서비스 체계이다. CYS-Net은 지역사회 내 청소년 관련 기관 간의 네트워킹을 통한 통합지원체계 구축과 위기청소년에 대한 전화상담, 구조, 보호, 치료, 자립, 학습 등의 서비스 제공을 통해 사회안전망을 튼튼히 함으로써 위기청소년의 건강한 성장과 삶의 역량을 강화하고자 하는 것이다(여성가족부, 2017, p. 203). 그러므로 CYS-Net은 청소년의 친구관계, 학업, 가족, 진로 결정에서 경제적 문제, 적응, 가출, 비행, 폭력, 약물, 성 문제에 이르기까지 성장과정에서 겪는 다양한 어려움을 적극적으로 지원해 준다. 이를 위해 CYS-Net은 상담 및 정서적 지원, 여가 및 문화 활동 지원, 기초생활 및 경제적 지원, 교육 및 학업 지원, 사회적 보호 지원, 의료 지원, 자활 지원, 법률자문 및 권리 구제 지원 등의 다양한 서비스를 제공하고 있다.

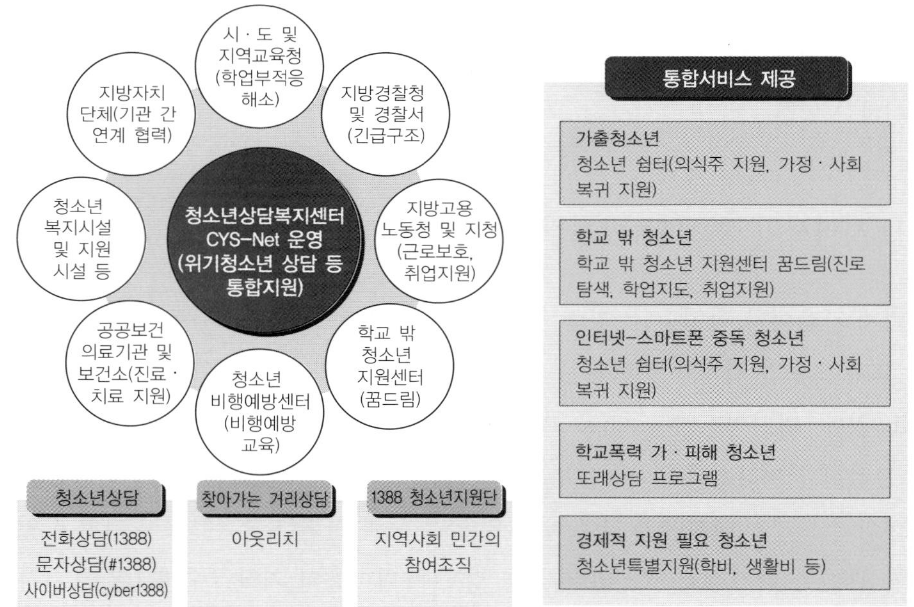

그림 11-2 지역사회 청소년통합지원체계(CYS-Net) 서비스 체제

출처: 여성가족부(2017), p. 202.

CYS-Net은 2016년 현재 전국 16개 시 · 도 및 206개 시 · 군 · 구 청소년상담복지센터를 중심으로 맞춤형 서비스를 제공 · 연계하고 있다. CYS-Net은 청소년동반자 프로그램, 학업중단 등 위기청소년에 대한 학습클리닉, 해밀프로그램 및 필수 연계기관을 지정함으로써 연계망을 강화하고, 민간 청소년 관련 자원을 활용한 1388 청소년지원단을 구성하여 운영하고 있다. 1388 청소년지원단은 민간사회안전망의 역할을 담당하며 CYS-Net의 민 · 관 협력체계를 만들어나가는 기능을 수행한다.

2) 교육복지우선지원사업

교육복지우선지원사업은 도시 저소득지역의 교육환경개선을 주 내용으로 하는 '도시 저소득지역 교육복지 종합대책 수립계획'에 따라 2003년부터 학교가 중심이 되어 지역사회와 연계하여 통합적인 지원 체제를 구축하여 운영하고 있다. 이는 교육의 기회, 과정, 결과에서 불리한 환경에 처해 있는 아동과 청소년의 어려움을 최대한 극복할 수 있도록 지원해 주어 자주적인 시민으로 성장할 수 있도록 도와주고자 교육복지투자우선지역사업이란 이름으로 시작하였다. 이 사업은 2003년 서울과 부산에서 시범사업을 실시한 후 전국적으로 확대되었다.

교육복지우선지원사업은 저소득층 영유아 및 학생 청소년의 평등한 출발을 통해 실질적으로 교육 기회를 보장하는 국가 차원의 지원사업이다. 이는 저소득층의 교육, 문화, 복지 수준을 총체적으로 재고하기 위해 학교가 중심이 되고 지역사회가 지원하는 지역사회 교육공동체 구축사업이다(공계순, 박현선, 오승환, 이상균, 이현주, 2013, p. 206). 이 사업은 특별교부금을 재원으로 시작하였으나 2010년 12월 보통교부금으로 재원을 전환하면서 명칭도 '교육복지우선지원사업'으로 바꾸었다. 그에 따라 초기 지역(zone)을 중심으로 사업학교를 선정하다가 취약집단 학생이 밀집한 학교로 지정 기준을 전환하여 개별 학교에서도 지역사회와 연계한 사업을 할 수 있게 되었다. 교육복지우선지원사업은 지역사회와의 긴밀한 협조 체제를 구축하는 것을 우선으로 하는 사업이기 때문에 교육부와 각급 학교가 소속되어 있는 시 · 도 교육청과 교육지원청 및 사업 대상 학교 간의 긴밀한 협조 체제를 통해 이루어진다. 이를 위해 교육부는 국가 차원의 교육복지정책의 추진 방향과 방안을 제시하고, 시 · 도 교육청은 사업 예산의 확보와 지원, 사업 대상 학교의 선정, 교육지원청과 학교 수준의 사업 점검 및 평가, 사업의 추진계획 수립, 학교와 교육지원청의 연수계획 수립 등의 역할을 하며, 교육지원청은 단위학교의 사업 계획 심의, 학교 간 사업 조정, 학교 사업에 대한 모니터링과 컨설팅 실시, 자체 사업 등을 진행한다.

이 사업을 추진하기 위해 대부분의 사업학교에는 교육복지위원회와 전담부서 및 각종 협의회(기관장 협의회, 실무자 협의회, 학생 지원을 위한 관계자 협의회)를 두어야 하며, 대상 학생을 위한 교육복지실을 설치하도록 권고하고 있다(**그림 11-3** 참조). 교육복지위원회는 학교장, 교육복지 전담 부장교사, 교육복지사, 각 부서 부장교사, 학년부장, 행정실장 등 학교의 교육 활동을 대표하는 교직원으로 구성하여 학교의 교육복지사업 현안을 공유하고 사업에 관해 의사결정하는 협의체다(류방란, 2011, pp. 34-35). 전담부서는 민간 전문인력으로 직접 프로그램을 계획하고

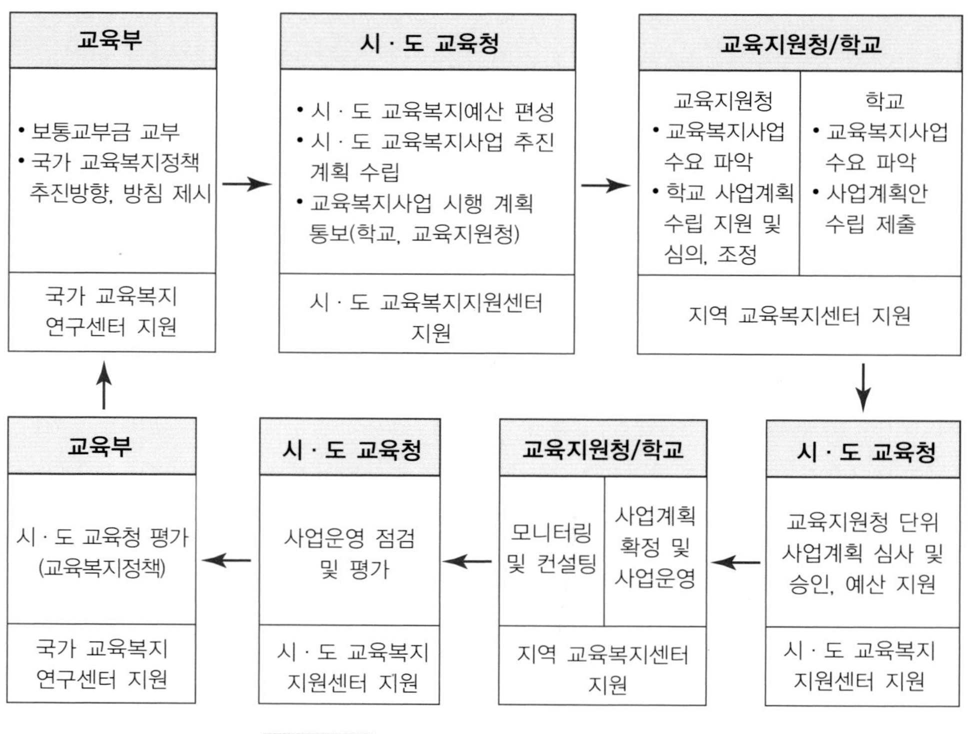

그림 11-3 교육복지우선지원사업 추진 체계

출처: 류방란(2011), p. 68.

운영하는 교육복지사(구 지역사회교육전문가)를 두어 대상 학생에게 각급 학교의 상황에 적합한 맞춤형 통합지원과 학교 내의 다른 부서와 상호 연계하는 역할과 사업의 실무를 담당한다. 시 · 도 교육청에는 프로젝트 조정자(Project Coordinator: PC)를 둔다. 프로젝트 조정자는 시 · 도 교육청 수준에서 사업의 일관성과 연속성을 기하면서 교육지원청을 지원하기 위한 지방자치단체와 지역사회 기관과의 연계 협력 및 대응투자 유도, 컨설팅 및 평가 계획 수립 지원, 모니터링, 교육복지 담당자 회의와 지역사회 내 각종 협의회 참석을 통해 각급 학교의 교육복지 담당자와의 긴밀한 협조 체제 유지 등 프로그램의 원활한 시행을 위해 다차원적인 도움을 제공한다.

교육복지우선지원사업의 대상은 국민기초생활수급자 학생을 최우선으로 선발하고, 이후 우선지원 학생 및 담임교사 추천으로 학생을 선발하여 프로그램을 진행한다. 우선지원 학생은 법정 한부모가족, 법정 차상위계층, 특수학생, 새터민가족, 다문화가족(국제결혼가족, 외국인근로자 가족), 조손가족 등에서 선발한다. 이 사업은 학습, 문화 · 체험, 심리 · 정서, 복지, 기타 지원 영역에 대해 지역사회 특성에 적합한 다양한 프로그램을 개발하여 실시한다.

3) 드림스타트

드림스타트(Dream Start)는 가족 해체, 사회 양극화 등에 따른 다양한 사회문제가 빈곤계층의 아동에게 영향을 미치고, 이러한 빈곤아동은 다음 세대로 대물림되는 빈곤의 장기화 또는 영속화를 심화시키는 경향이 있다는 점에 착안하여 정부 차원에서 계획한 사업이다. 이 사업은 사전 예방적 통합 서비스로서 아동과 가족에 초점을 둔 통합지원체계이다. 드림스타트 사업의 목표는 빈곤계층의 건강 · 영양 및 모성 건강 증진, 학대 · 방임아동의 보호와 포괄적 돌봄 서비스 제공, 빈곤아동의 학습능력 증진과 인지 발달 지원을 통해 모든 아동에게 공평한 출발 기회를 보장해 주어 빈곤의 대물림을 차단함으로써 빈곤 아동을 건강하고 행복한 사회 구성원으로 성장시켜 인적 자본을 축적하여 향후 사회비용의 절감 효과를 기대하는데 있다.

드림스타트 사업은 빈곤아동의 전인적 발달을 지원해 주기 위하여 저소득 밀집 지역에 거주하는 0세(임산부)부터 12세(초등학교 6학년)의 취약계층 아동과 가족을 대상으로 한다. 이 사업은 2007년 희망스타트라는 이름으로 시범사업 후 그 효과가 입증되어 2008년에 드림스타트로 사업명을 변경하여 본격적으로 실시하고 있다. 2016년 현재 이 사업은 보건복지부가 총괄하고 드림스타트 사업지원단에서 사업을 지원하는데 2012년부터 (재)한국보육진흥원이 사업단으로 선정되어 서비스를 제공하고 있으며, 229개의 모든 시 · 군 · 구에서 실시하고 있다.

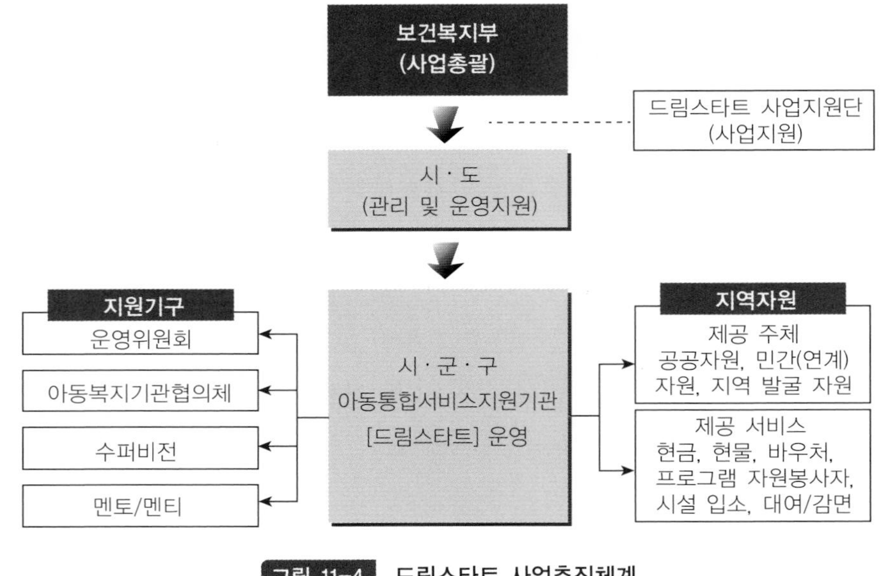

그림 11-4 드림스타트 사업추진체계

출처: 여성가족부(2017), p. 176.

드림스타드 사업은 지역사회 복지자원 네트워킹을 통해 취약계층 아동의 전반적인 삶의 다양한 욕구에 적합한 보건 · 복지 · 교육 · 문화 등을 종합적으로 지원하고자 개인별 · 가구별 욕구조사와 사례관리를 통해 아동에게는 건강 · 복지 · 보육 등의 맞춤형 통합서비스를 제공하고, 부모에게는 양육 부담 완화, 바람직한 양육기술, 직업훈련 · 고용촉진 서비스 등을 지원해 준다. 이러한 서비스를 효과적으로 제공하기 위하여 지방자치단체는 드림스타트 수행기구를 만들어 3인의 전담공무원과 4~7인의 아동 통합서비스 전문요원(아동통합사례관리사/보건, 복지, 보육 전문가)을 배치하여 공공전달체계를 통해 공공과 민간이 공동으로 통합서비스를 제공한다.

표 11-2 드림스타트 서비스 유형 및 서비스별 프로그램

서비스 영역	서비스 내용
신체 · 건강	• 건강검진 및 예방(신체 및 건강검진, 예방접종, 치과검진 및 관련 교육, 건강교육, 클리닉, 응급처치 및 영양관련 교육 등) • 건강관리(질병관련 치료지원 등)
인지 · 언어	• 기초학습(기초학력검사, 기초학력 배양, 독서지도, 경제교육 등) • 학습지원(교구재활용학습, 공부방, 도서관 운영, 보충학습, 예체능, 학습지 지원 등)
정서 · 행동	• 사회정서(사회성 발달, 정서 발달, 아동권리교육, 아동학대 예방, 성폭력 예방, 다문화관련 교육, 진로지도 등) • 심리행동(심리상담 및 치료, 인터넷중독 상담 및 치료) • 보호(돌봄기관 연계, 야간 보호 및 교육 등) • 문화체험
가족지원	• 부모교육(상담 및 교육, 자녀 발달, 양육, 자조모임 등) • 양육 지원(다문화가정 지원, 취미, 여가, 안전 및 건강 지원 등) 및 산전산후관리 등

출처: 여성가족부(2017), p. 175.

드림스타트 사업은 가정방문에 의한 예방적, 통합적, 맞춤형 사례관리를 통해 체계적인 서비스를 제공하고 있다(**그림 11-5** 참조). 즉, 문제의 조기 발견과 개입을 통

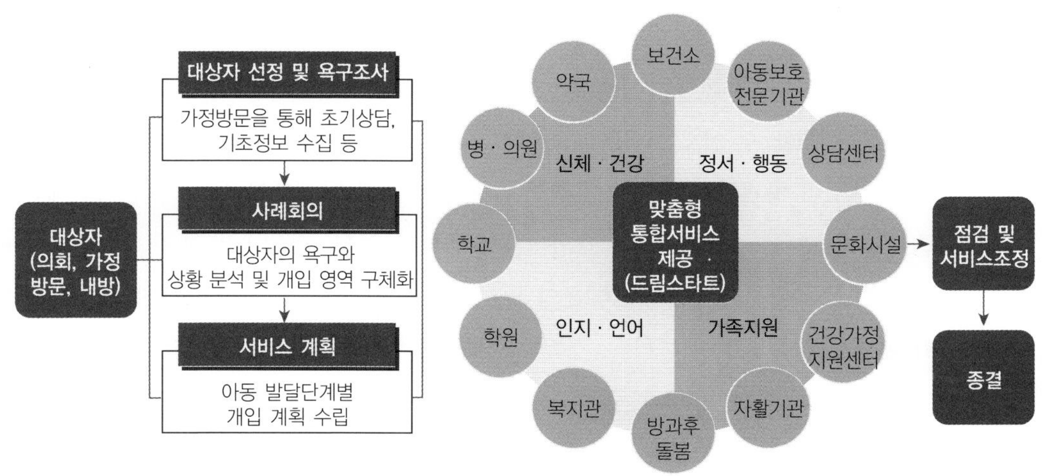

그림 11-5 드림스타트 사례관리 절차 및 지역자원 연계도

출처: 여성가족부(2017), p. 180.

한 예방과 보호의 예방적 사례관리, 서비스(신체 · 건강, 인지 · 언어, 정서 · 행동, 가족지원)의 통합과 민간과 공공의 전달체계의 통합 및 방법론(개별실천, 집단실천, 가족실천, 지역사회실천)의 통합에 의한 통합적 사례관리, 아동 및 가족별 개별화된 서비스를 제공하는 맞춤형 사례관리를 제공한다.

4) 청소년 방과후아카데미

맞벌이 부부의 증가로 홀로 방치되는 청소년이 증가하고 있고, 이혼 등으로 인한 가정 해체의 가속화로 청소년의 생활환경이 점차 열악해져 가고 있다. 그뿐만 아니라 저소득층은 사교육비 부담으로 생활에 어려움이 가중되고 있으며, 방과 후 공적 시설과 서비스 등의 인프라 구축이 미비하여 여성의 경제활동을 활성화하는 데도 어려움이 있다. 이러한 어려움에 직면한 청소년의 방과 후 활동을 지원하는 정책이 필요해짐에 따라 정부 차원에서는 초등학교 4학년부터 중학교 3학년을 대상으로 청소년의 방과 후 활동을 지원하기 위한 청소년 방과후아카데미를 신설하였다.

청소년 방과후아카데미는 청소년의 방과 후 삶의 질 향상과 지역사회의 공적 서비스 확대라는 비전을 가지고 정책을 수립하였다. 그에 따라 이는 중앙정부와 지방자치단체, 학교와 가정 · 지역사회가 연계하여 공교육을 보완하는 방과 후 활동을 통한 공적 서비스 기능을 강화하고, 방과 후 홀로 시간을 보내는 저소득층의 맞벌이가족, 한부모가족 등 취약계층 청소년에게 학습능력 배양, 체험 활동 제공, 급식, 건강관리, 상담 등 종합적인 학습 · 복지 · 보호서비스를 제공함으로써 청소년이 건강하게 성장할 수 있도록 지원하는 데 목적이 있다(여성가족부, 2017, p. 167). 그리하여 청소년 방과후아카데미는 취약계층 청소년에게 다양한 복지서비스를 제공해 줌으로써 교육 · 문화적 격차 보완, 진취적 기상 함양, 사교육비 절감, 여성의 경제활동 참여 촉진 및 범죄 · 비행에의 노출을 예방하여 계층 간 격차 완화를 통해 사회 통합을 실현하고자 한다.

청소년 방과후아카데미는 2005년에 시범사업을 실시한 후 그 효과성이 입증되어 2006년에 사업을 확대하면서 여성가족부와 지방자치단체가 각각 50%씩 출연하여 운영(서울시는 국비 30%, 지방자치단체 70%)하고 있다. 한국청소년활동진흥원이 사업 주체로서 청소년수련관, 청소년문화의집, 청소년단체시설 등의 청소년수련시설에 전용공간을 마련하여 다양한 활동을 제공하고 있다. 청소년 방과후아카데미는 기본 공통과정인 학습지원, 다양한 전문적 체험 활동을 제공하는 문화지원, 학부모와 강사간담회 등을 지원하는 특별지원, 급식이나 일반생활 관리, 상담 등의 생활지원의 4개 영역과 각 기관에서 자체적으로 진행하는 재량활동과정 등의 세부 내용을 가지고 토요일과 방학을 포함하여 연중 운영한다.

청소년 방과후아카데미는 지역 특성에 적합한 유형별 · 수준별 과정으로 일반형, 지원형, 혼합형의 형태로 운영한다. 일반형은 맞벌이가정의 자녀를 중점 대상으로 수익자 부담이며, 지원형은 가정 형편이 어려운 청소년을 중점 대상으로 보살핌, 비행 노출 예방 등의 기능을 강화하고자 교재비와 준비물 등을 제외하고 전액 무료이며, 혼합형은 유료참가 청소년과 무료참가 청소년이 혼합되는 형태이다. 청소년 방과후아카데미의 운영 형태는 대부분(99%) 지원형이다. 2017년 현재 다문화 청소년 대상 1개, 장애청소년 대상 7개를 포함하여 전국에 250개소를 운영하고 있다.

5) 학교 밖 청소년 지원사업(두드림 · 해밀사업)

가출, 학업중단, 비행, 요보호, 시설 퇴소, 빈곤 등의 다양한 이유로 스스로 진로를 찾고 직업을 구하는 데 어려움이 있는 청소년이 증가하고 있다. 이로 인해 청년 실업과 근로빈곤층이 증가하여 학력이 단절된 청소년에게는 학업을 지속할 수 있고, 자립에 어려움이 있는 청소년에게는 체계적인 자립준비가 이루어질 수 있는 여건을 마련해 줄 필요성이 대두되었다. 이를 위해 정부는 2007년부터 취약계층 청소년을 대상으로 자립 동기 강화, 기초적인 자립 기술 습득을 목적으로 체험 중심적 자립지원프로그램인 두드림(Do Dream)과 2009년부터 검정고시 지원 및 학습클리닉프로그램 등을 통해 학업으로 복귀를 지원하는 프로그램(해밀)을 운영하고 있다. 또한 정부는 2014년 5월 28일에 「학교 밖 청소년 지원에 관한 법률」을 제정하여 2015년 5월 29일 동법이 시행됨에 따라 '학교 밖 청소년 발굴 · 지원 강화 대책'을 마련하고, 전국에 202개의 학교 밖 청소년 지원센터(청소년 지원센터 꿈드림: 꿈드림센터)를 지정 · 설치하였다. 2017년부터 학교 밖 청소년 전문직업훈련기관인 내일이룸학교(구 취업사관학교)도 운영하고 있다(여성가족부, 2017, pp. 154-155).

학교 밖 청소년 지원사업은 9세 이상 24세 이하 청소년을 서비스 대상으로 한다. 이 중 초·중학교 및 이와 동일한 과정을 교육하는 학교에 입학 후 3개월 이상 결석하거나 취학의무를 유예한 청소년, 고등학교 및 이와 동일한 과정을 교육하는 학교에서 제적·퇴학처분을 받거나 자퇴한 청소년, 또는 상급학교에 진학하지 않은 청소년이 주 대상이며, 학교 밖 청소년 발생 예방을 위해 필요한 경우 잠재적 학교 밖 청소년도 포함한다(「학교 밖 청소년 지원에 관한 법률」 제2조). 이를 위해 꿈드림센터에서는 학교, 경찰서 등의 CYS-Net 연계기관과 같은 다양한 채널을 통해 학교 밖 청소년을 발굴하고 있다.

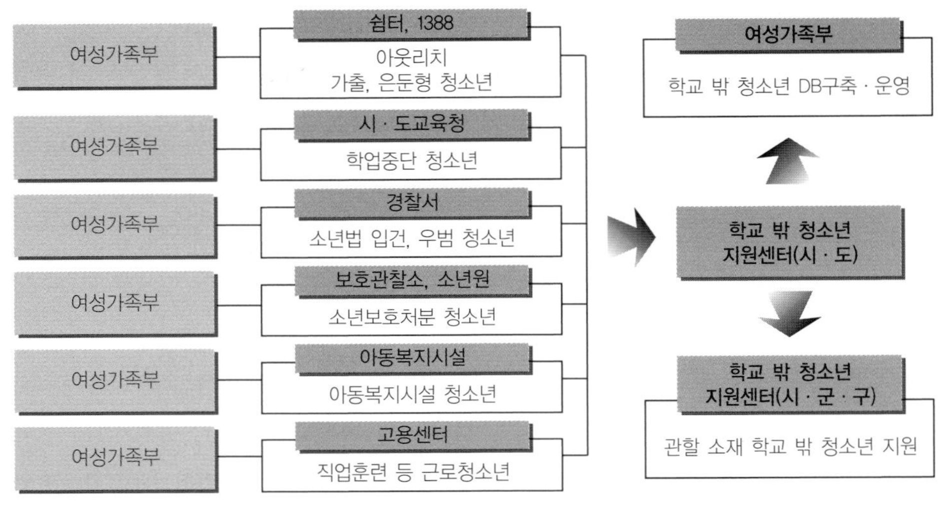

그림 11-6 **학교 밖 청소년 발굴체계**

출처: 여성가족부(2017), p. 156.

학교 밖 청소년 지원센터인 꿈드림센터는 2007년 두드림존이라는 명칭으로 시작하여 현재 상담지원, 교육지원, 직업체험 및 취업지원, 자립지원, 건강검진 등의 서비스를 제공한다. 꿈드림센터는 학업형 청소년을 위해 학습동아리, 멘토링, 검정고시, 대학입시설명회 등 학력취득 및 상급학교 진학지원 등의 서비스를 제공하고, 직업형 청소년을 위해 직업체험이나 진로교육활동, 직장 체험 등의 활동을 통해 진로를 설정할 수 있는 서비스를 제공하며, 내일이룸학교에 연계하거나 고용노동부 직업훈련프로그램에 연계하여 취업을 지원한다. 또한 꿈드림센터는 자립이 필요한

청소년에게는 자립준비에 필요한 서비스를 제공하고, 건강검진사업을 새로 도입하여 학교 밖 청소년의 건강관리 체계도 마련하여 관련 서비스를 제공한다(여성가족부, 2017, p. 157).

6) 디딤씨앗통장(아동발달지원계좌) 사업

저소득층 아동의 사회 진출 시 학자금, 취업, 창업, 주거 마련 등에 소요되는 초기비용 마련을 위한 자산 형성의 적극적이고 장기적인 지원 필요성이 대두됨에 따라 정부는 2007년 4월부터 빈곤의 대물림을 방지하고 건전한 사회인 육성을 위해 아동발달지원계좌(Child Development Account: CDA)를 추진하였다. 이후 국민들에게 친근감 있게 다가가기 위하여 2009년 1월부터 '디딤씨앗통장'으로 명칭을 변경하였다.

디딤씨앗통장은 아동이 새 희망과 큰 꿈을 실현하는 데 디딤이 되는 종잣돈(seed money)을 의미한다. 디딤씨앗통장은 민・관이 협력하는 새로운 아동복지사업으로 추진하되 정부와 지방자치단체가 사업 주체가 되어 0세부터 18세 미만의 요보호 아동(시설보호, 가정위탁, 새싹가정, 공동생활가정, 단기 이용시설을 제외한 장애인생활시설)에게 시설을 떠나 독립해야 할 청소년들에게 경제적으로 자립할 수 있도록 최소한의 도움을 주고자 마련한 제도다. 디딤씨앗통장의 목표는 아동에게 보다 나은 사회 출발 여건을 제공하기 위한 자산 형성과 경제교육을 지원하는 데 있다.

디딤씨앗통장은 가정 회복 및 정부의 가정보호 확대정책으로 중도에 가정으로 복귀하는 아동도 희망할 경우 계속 적립이 가능하며 정부매칭 지원금도 계속 지원받을 수 있다. 정부(지방자치단체)의 매칭 지원은 17세까지지만 본인의 적립계좌는 24세까지 지속적으로 저축할 수 있다. 이는 아동에 대한 사회투자로 아동(보호자, 후원자)이 매월 일정 금액을 저축하면 국가(지방자치단체)에서도 2017년부터 최대 4만 원 이내에서 같은 금액을 적립해 준다. 2011년부터 기초생활수급자 가정의 아동이 지원대상에 포함되어 아동이 12세 혹은 13세가 되는 해에 신규가입이 가능하고, 18세 미만까지 지원을 받을 수 있다.

요보호 아동은 디딤씨앗통장을 통해 최대 18년간 지원을 받을 수 있다. 아동이 후원자의 지원을 받아 월 4만 원 이내의 기본적립금을 적립하면 정부(지방자치단체)

에서도 18세에 달할 때까지 같은 액수로 매칭 지원하고, 청소년이 18세 이후 사회 진출 시 학자금, 기술습득 비용, 취업훈련 비용, 창업비용, 의료비와 결혼 및 주거 마련 비용 등으로 자립자금을 사용할 수 있다.

7) 가출청소년 지원(청소년쉼터)

가족 간의 갈등과 가족 해체가 빈번해짐에 따라 청소년가출이 증가하고 있다. 청소년가출은 청소년 개인의 건강을 해칠 뿐만 아니라 경제적 어려움 등으로 범죄와 비행 등의 사회적 부작용을 유발할 수 있고, 학업을 지속하기 어려운 상황으로 이어져 미래의 건강하고 안정된 삶을 유지하기 어렵게 한다. 최근 청소년가출의 연령이 낮아지고 있고, 6개월 이상의 장기 가출과 반복적 가출이 늘어나고 있다. 이에 가출한 청소년의 보호·상담·예방과 가정 복귀와 사회 적응을 도와 청소년의 건강한 성장을 도모하기 위한 장소가 필요해 지면서 정부에서는 관련 법에 따라 청소년쉼터를 만들어 운영하고 있다.

청소년쉼터는 「청소년 기본법」에 따라 1992년 서울YMCA에 최초로 설치, 운영하였으며, 2004년 「청소년복지 지원법」이 제정됨에 따라 법적인 설치 근거를 마련하였고, 2012년 청소년쉼터의 신고제를 도입하여 이를 운영하고자 하는 경우에는 관할 지방자치단체에 신고하도록 하였다. 초기 청소년쉼터는 한 가지 유형이었으나 가출청소년의 상황 및 요구 수준을 고려하여 지원 서비스 내용을 차별화할 필요성이 제기되면서 2004년에 일시쉼터(드롭인센터)를, 2005년부터는 중장기쉼터를 설치하여 운영하기 시작하였다.

청소년쉼터는 9~24세 가출청소년의 일시적인 생활 지원과 상담, 자립역량 강화, 고충 처리, 문화 활동 프로그램 기회 제공 등을 통해 가출청소년의 가정·사회로의 복귀를 지원한다. 또한 청소년쉼터는 전문적이고 차별화된 지원 서비스를 제공하기 위하여 일시, 단기 및 중·장기 쉼터로 특성화하여 설치, 운영하고 있다. 이는 가출청소년의 일시 보호 및 숙식 제공, 상담 및 수련활동, 학업 및 직업훈련 지원 활동, 가출 예방을 위한 거리 아웃리치(상담) 활동, CYS-Net과의 연계 협력 강화, Help Call 청소년전화 1388과 청소년상담지원센터와의 연계를 통한 상담 및 선도·보호 서비스 등의 역할을 한다(「청소년복지 지원법 시행령」 제13조 제1항). 가출 등 위기 청소년의 조기 발견과 개입, 가정 및 사회 복귀를 위한 청소년쉼터는 지방자치단체 경상보조비로 지원된다. 청소년쉼터의 운영 주체는 국가 또는 지방자치단체나 지역 실정 및 여건 등에 따라 주로 청소년단체(「청소년복지 지원법」 제49조의2)에 위탁하여 운영하는 경우가 많다. 2017년 현재 청소년쉼터는 123개소가 설치·운영되고 있으며, 일시, 단기, 중장기 쉼터의 세 가지 유형이 있는데 단기 및 중장기쉼터는 성별을 분리하여 운영하는 것을 원칙으로 한다(**표 11-3** 참조). 청소년쉼터는 전문적이고 체계적인 서비스를 제공하기 위해 유형별로 서비스 표준 매뉴얼을 제작하여 활용하고 있다. 또한 2011년부터 일시쉼터에 가출청소년에 대한 전문적·체계적 접근과 개입을 위해 아웃리치 전담인력을 배치하고, 야간보호기능을 강화하였다(여성가족부, 2017, pp. 160-161).

표 11-3 청소년쉼터의 종류 및 기능

구분	일시쉼터(30개소)	단기쉼터(53개소)	중장기쉼터(40개소)
기간	24시간 이내 일시보호 (최장 7일까지 연장 가능)	3개월 이내 단기보호 (최장 9개월까지 연장 가능)	3년 이내 중장기보호 (필요시 1년 단위 연장 가능)
이용 대상	일반청소년, 거리생활청소년	가출청소년	자립의지가 있는 가출청소년
기능	• 위기개입상담, 진로지도, 적성검사 등 상담서비스 제공 • 가출청소년 구조·발견, 청소년쉼터와 연결 • 먹거리, 음료수 등 기본적인 서비스 제공 등	• 가출청소년문제해결을 위한 상담·치료 서비스 및 예방활동 전개 • 의식주 및 의료 등 보호서비스 제공 • 가정 및 사회복귀를 위한 가출청소년 분류, 연계·의뢰 서비스 제공 등	• 가정복귀가 어렵거나 특별히 보호가 필요한 위기청소년을 대상으로 전환형, 가족형, 자립형, 치료형 등 특화된 서비스 제공
위치	이동형(차량), 고정형(청소년 유동지역)	주요 도심별	주택가
지향점	가출예방, 조기발견, 초기개입	보호, 가정 및 사회복귀	자립지원

출처: 여성가족부(2017), p. 161.

청소년쉼터는 가출청소년에 대한 사후관리로서 직업훈련 프로그램 제공, 취업연계 지원 등을 통한 가출청소년의 사회적응력 향상 및 지방 청소년상담센터, 직업훈련기관, 대안학교 등과의 연계를 적극적으로 모색한다. 뿐만 아니라 청소년쉼터는 서비스가 필요한 청소년이 손쉽게 접근할 수 있도록 꾸준히 홍보하여 청소년쉼터의 인지도 향상 및 이용률 제고를 위한 홍보 활동도 강화하고 있다.

8) 기타 청소년 관련 프로그램

(1) 청소년동반자(YC) 프로그램

위기청소년은 자신의 문제를 상담하고자 하는 동기가 낮아 공공서비스의 이용을 꺼리는 경향이 있다. 그리하여 청소년상담 전문가가 위기청소년의 문제를 해결하고, 위기요인을 개선하여 위기청소년의 건강하고 성공적인 삶을 지원하고자 2005년 국가청소년위원회에서 '청소년동반자(Youth Companions: YC) 프로그램'을 도입하였다. 이 프로그램은 위기청소년에게 상담뿐만 아니라 심리 · 정서적 지지, 자활 지원, 학습 · 진로 지도, 문화체험 등과 같은 활동을 제공해 준다. 이러한 활동을 통해 청소년동반자 프로그램은 현장 중심 지역사회 자원을 개발하고 연계함으로써 청소년동반자가 위기청소년과 유기적인 관계를 형성함으로써 그들의 삶을 지원해 준다.

청소년동반자 프로그램은 2005년 4개 시 · 도(서울, 경기, 광주, 경남)에서 시범 운영한 후 2008년 16개 시 · 도로 확대하여 운영한 후, 2016년 현재 1,066명의 청소년동반자가 전국 청소년상담복지센터에서 위기청소년을 위한 상담 등의 다양한 활동을 실시하고 있다.

(2) Help Call 청소년전화 1388

Help Call 청소년전화 1388은 지역사회 청소년통합지원체계(CYS-Net)의 관문으로서 청소년뿐만 아니라 학부모, 교사 등 누구나 청소년을 위한 내용이면 언제든 이용할 수 있다. Help Call 청소년전화 1388은 기존의 청소년 긴급전화 1388, 가출청소년 상담전화 1588-0924, 한국청소년상담복지개발원의 상담전화 및 청소년상담지원센터의 상담전화 등을 1388로 통합하여 2005년 9월 1일부터 가동하고 있다.

이는 대인관계, 학업진로, 정신건강 등의 청소년 상담, 긴급구조, 자원봉사 및 수련활동 정보제공, 인터넷중독 치료, 법률제공 등 청소년이 호소하는 모든 문제에 대해 365일 24시간 원스톱 서비스의 제공을 목적으로 한다. Help Call 청소년전화 1388은 사이버와 모바일 상담 등 상담 채널을 다양화하여 운영하고 있으며, 2016년 현재 16개 시·도 및 206개 시·군·구 청소년상담복지센터 등 전국 222개 센터에서 운영하고 있다.

생각해 봅시다

1. 청소년 인구 감소와 관련하여 우리나라 청소년의 낮은 주관적 행복감에 따른 청소년복지의 개선 방안에 대해 생각해 봅시다.

2. 청소년복지 활동과 관련하여 지역사회와의 유기적 협력체제 구축 방안에 대해 생각해 봅시다.

3. 학교 밖 청소년과 가출청소년의 자립기반 구축을 위한 중앙정부와 지방자치단체의 역할과 유기적 협력체제 방안의 모색에 대해 생각해 봅시다.

✱ 참고문헌

공계순, 박현선, 오승환, 이상균, 이현주(2013). 아동복지론(4판). 서울: 학지사.

김경준, 최인재, 조홍식, 이용교, 이상균, 정익중 외(2005). 청소년복지정책 현황과 개선방안 연구(한국청소년개발원 연구보고서 05-R08). 서울: 한국청소년개발원.

김성이(1994). 청소년복지의 개념과 의의. 한국청소년개발원 편, 청소년복지론. 서울: 인간과 복지.

노혁(2002). 청소년복지론. 서울: 대학출판사.

류방란(2011). 교육복지우선지원사업 발전 방향. 한국교육개발원 워크샵: 2011년 교육복지

우선지원사업 발전 방안. 서울: 한국교육개발원.

배규한, 김민, 김영인, 김진호, 김호영, 문성호 외(2010). 청소년학개론. 경기: 교육과학사.

여성가족부(2017). 2017 청소년백서. 서울: 여성가족부.

염유식, 김경미, 이승원(2016). 2016 제8차 한국 어린이 · 청소년 행복지수: 국제비교연구 조사 결과 보고서. 서울: 한국방정환재단.

통계청, 여성가족부 보도자료(2019. 5. 1.). 2019 청소년 통계. 대전: 통계청/서울: 여성가족부.

홍봉선, 남미애(2006). 청소년복지론. 경기: 양서원.

제12장

청소년 인권

인권과 권리라는 용어는 다소 차이가 있지만 일반적으로 동의어로 사용된다. 인권은 자연법 사상에 기초하여 천부성과 보편성을 가지며, 이러한 속성은 청소년 계층에게도 적용된다. 특히 청소년이 갖는 인권의 범주로는 보호권을 중심으로 하는 소극적 자유권, 선택권과 참여권을 핵심으로 하는 적극적 자유권, 모든 영역에서 동등한 대우를 받을 평등권, 결핍에서 벗어나기 위한 복지권이 있다. 이러한 청소년의 권리는 가정, 학교, 지역사회에서 보장되어야 하나, 청소년의 실제 삶 속에서는 그렇지 않은 것이 현실이다. 우리 사회에 깊게 뿌리내린 유교사상과 관습 등이 청소년의 인권을 제한하는 논리로 작용하는 것이 일반적 현상이다. 따라서 여기서는 인권의 개념, 유형을 비롯한 가정, 학교, 사회 공간 속에서의 인권 실태를 살펴본다.

1. 인권의 이해

1) 인권의 개념과 속성

(1) 인권과 권리란

일반적으로 인권(人權)과 권리(權利)라는 용어는 동의어로 사용된다. 엄밀한 의미에서 인권이란 '사람이 개인 또는 사회의 구성원으로서 마땅히 누리고 행사하는 기본적인 자유와 권리'를 뜻한다. 그리고 권리란 "특별한 이익을 누릴 수 있는 법률상의 힘"을 의미한다(이희승, 1998). 즉, 인권은 인간(人間)이면 누구나 차별 없이 동등하게 권리를 갖는다는 의미며, 권리는 책임과 의무를 다했을 때 「헌법」을 비롯한 제 법령이 보장하는 권리를 갖게 된다는 의미다. 인권은 생득적으로 갖는 것이며, 권리는 후천적으로 갖는 것이다. 이렇듯 사전적 개념에 기초하면 인권과 권리라는 용어는 다소 차이가 있지만, 광의적 차원에서는 동의어로 사용된다.

'인권'과 '권리'의 의미를 비교해 살펴보면 다음과 같다(정회욱, 길은배, 김정래, 2000, p. 15).

첫째, '인권'은 다의적으로 쓰이는 말로, 인간이 지니는 총체적 권리라는 의미다. 반면, 권리는 선거권, 학교폭력으로부터의 보호권 등과 같이 특정 영역에 대한 권리를 의미한다. 인권이 권리보다 포괄적 의미로 사용되고 있음을 알 수 있다.

둘째, '인권'이라는 말은 '인간답게 살아갈 권리'라는 규범적 의미를 갖는다. 즉, 인권의 의미 속에는 한 인간이 사회생활을 하면서 인간답게 살아야 하는 구속(拘束)과 준거(準據)의 규범성이 내포되어 있다.

셋째, '인권'은 '인간의 권리'를 총칭하는 말이지만, 이 말은 기존의 제도와 질서에 의하여 인권이 침해당한 상황을 전제하는 경우가 많아 저항적 의미로 사용되기도 한다. 반면, '권리'는 '인권'처럼 저항적 의미도 없고, 모든 상황에 보편적으로 채택될 수 있는 용어다.

넷째, 최근 들어 동물이나 환경 문제에 대한 관심이 늘어나면서 동물도 인간과 같이 모종의 권리를 갖는다는 의식이 형성되었다. 이러한 측면에서 '인권'은 '동물권(animal rights)'과 대비되는 개념이다.

(2) 인권의 속성

인권은 그 종류를 막론하고 인간 존엄성(human dignity)의 사상을 전제로 한다. 인간의 존엄성이란 인간이 그 생존과 기본적 자유에서 중심적 주체가 된다는 것을 의미한다. 인권은 인간의 존엄성에서 나온 것이기 때문에 반드시 국가나 실정법에 의하여 부여되거나 보장받는 것이 아니라 생득적이고 절대적인 권리다. 따라서 인간 존엄성은 모든 인권보장의 기초이자 출발점이다. 각 국가의 「헌법」을 포함하여 실정법이나 각종 문헌에 나타난 모든 권리는 인간의 존엄성을 실현하기 위한 것이라고 볼 수 있다.

인간 존엄성은 윤리적 차원에서 보면 모든 가치 판단의 원천이 되지만, 법적 차원에서 보면 초국가적 자연법 사상의 밑바탕이 된다. 자연법 사상이란 인간이 태어날 때부터 갖는 생득적 권리를 의미하며, ① 초국가성, ② 절대성, ③ 불가침성, ④ 불가양도성의 특징을 갖는다. 초국가성이란 어느 나라든지 동일한 성격의 인권 개념이 적용되며, 절대성이란 상대적으로 그 의미가 변화하지 않는다는 것을 의미한다. 또한 불가침성이란 어떤 누구에 의해서도 인권이 침해될 수 없으며, 불가양도성이란 부모를 비롯한 그 누구에게도 한 인간이 갖는 인권을 양도할 수 없다는 의미다.

따라서 인권은 천부성(天賦性)과 보편성(普遍性)을 기초로 형성된다. 천부성이란 인권이 인간의 선천적인 권리라는 의미다. 누가 그것을 일컬어 권리라고 말하기 이전에 이미 권리로 존재하는 것이 인권이라는 주장이다. 현실의 법과는 무관한 자연권적인 성격을 띠는 권리다. 그렇기 때문에 타인에게 양도하거나 함부로 포기할 수도 없는 권리라는 의미에서 불가양도성의 권리라고도 한다. 인권은 우선순위나 가치의 차이가 있을 수 없고, 국가와 개인에 따라 서로 다를 수 없다. 즉, 천부성의 측면에서는 청소년도 성인과 차별 없이 동등한 인권을 보장받아야 한다. 그러나 보편성을 말할 때는 청소년이 발달과정에서 겪는 여러 가지 문제를 고려하여 특수성이라는 개념을 적용하기도 한다.

보편성(universality)이란 권리의 속성이 보편적이기 때문에 누구나 예외 없이 향유할 수 있다는 것이며, 이러한 맥락에서 청소년의 경우도 예외가 아니라는 뜻이다. 그러나 앞에서 언급한 바와 같이 청소년이라는 사회적 약자의 지위를 고려하여 특수성이라는 개념이 등장하기도 한다. 그러므로 우리는 청소년이 누리는 권리의 두 가지 속성, 즉 보편성과 특수성을 살펴보아야 한다. 먼저 보편성 논쟁은 미성년자인 청소년도 성인과 똑같은 권리를 누릴 자격을 가지고 있다는 의미를 뒷받침하는 논거를 제공해 준다. 이와는 반대로 특수성이란 청소년만이 지니는 특수한 상황 일체를 지칭하는 것으로, 청소년이 향유하는 권리의 특수성을 뒷받침해 준다. 이를테면 집안 여건이 넉넉지 못한 청소년의 무료 급식 문제, 특수 청소년에 대한 특별한 관심과 지원, 무상의무교육의 확대 등은 모두 청소년의 특수성에 기인하는 것이다.

2) 인권의 유형

(1) 일반권과 특정권

일반권(一般權, general rights)은 모든 사람이 차별 없이 누릴 수 있는 권리를 지칭한다. 반면, 특정권(特定權, special rights)은 특정한 개인과의 계약이나 거래 또는 인간관계에 의하여 성립하는 권리다(김정래, 1998, pp. 11-22). 일반권이 주로 자연법 사상에서 나온 보편적 권리라면, 특정권은 특정한 관계가 성립 · 유지되어야 발생하는 권리다. 청소년의 권리 문제에서 일반권은 청소년이 향유 · 행사하는 권리의 대부분과 관련된다. 즉, 모든 청소년은 경제적 이유, 신체적 이유, 성적 등의 이유로 어떠한 차별 없이 문화를 향유하고 각종의 권리를 행사할 수 있는 일반권을 갖는다.

특정권은 고용주와 피고용인, 의사와 환자, 아내와 남편, 교사와 청소년의 관계에서 나타나는 권리다. 이러한 사례 중에서 특정권을 교사-청소년의 관계로 설명하면 다음과 같다. 학생-교사의 관계는 학교교육 상황 속의 교수-학습 관계에서 일차적으로 성립한다. 이때 청소년은 '교육받을 권리'를 갖게 되고, 교사는 청소년에게 특정한 교육 내용을 가르치는 일련의 과정에서 모종의 힘을 행사한다. 이러한 상황을 흔히 채권-채무의 관계에서 성립하는 상관관계로 인식할 수 있다. 즉, 청소년이 교육받을 권리에 대하여 교사는 '교육할 권리'를 갖는다고 보는 견해다. 이 견해에 따르면, 청소년의 '교육받을 권리'를 '학습권'으로 보고 교사의 '교육할 권리'는 '교육권'이라고 규정한다면 양자는 채권-채무와 같은 상관관계가 성립된다(정회욱 외, 2000, pp. 19-20).

그렇다면 교사와 청소년 간에 발생하는 특정권으로는 어느 것이 있는가? 우선 교사가 갖는 특정권이란 청소년이 보편적 권리로서 갖는 교육받을 권리에 대하여 성립하는 것이 아니라, 교사의 자격에 따른 교과를 가르치고 청소년의 행동을 지도하는 데서 발생하는 '권한'과 관련이 있다. 만약 한 교사가 영어교사라면 그 교사는 영어 교과를 지도할 권한을 갖기 때문에 담당교과와 관련한 문제에 한해서 교사의 특정권이 성립한다. 청소년이 갖는 특정권은 교육받을 권리에서 부수하는 문제로서, 교육받을 권리 자체와 관련한 것이 아니라 교육받는 과정에서 관련인(교사, 교장, 학교 당국 등)과의 관계에서 나타난다.

(2) 실정권과 도덕권

실정권(實定權, positive rights)과 도덕권(道德權, moral rights)의 구분은 권리의 근거가 실정법에 보장되어 있는가에 따른 구분이다. 실정법에 특정한 권리가 보장되어 있으면 실정권이며, 그렇지 않은 경우는 도덕권에 속한다. 법과 도덕을 비교해 보면 법이 도덕에 비하여 타율적 강제력을 갖는다. 반면, 도덕은 법에 비하여 타율적 강제력을 갖지는 않지만 법보다는 더 근원적인 규범으로 본다. 이것은 대부분의 사회 구성원이 실정법에 명문화되어 있는 각종의 규제를 의식하여 생활하기보다 도덕권적 관습에 의하여 각자의 삶을 살아가기 때문이다.

실정권은 제3세계 국가에 사는 사람들의 권리를 설명하는 데에 적합하다. 많은 저개발 국가는 자국민의 최저 생계를 보장하는 것조차 힘겨워한다. 이들 국가의 실정법에는 사회 · 경제 · 문화적 권리가 보장되어 있지 않다. 그렇다고 그 국가들에 거주하는 사람들의 생존권, 교육권 등이 존재하지 않는다고 볼 수는 없다. 이 경우 그들의 권리는 일반적으로 도덕권으로 보장되는데, 보다 안정적 권리보장을 위해서는 실정권에 입각한 각종의 법규 제정이 필요하다(정회욱 외, 2000, pp. 20-21).

이처럼 권리를 실정권과 도덕권으로 구분할 때 주목해야 할 점은 청소년의 권리와 관련한 제반 문제가 주로 관계 법령이나 규칙 등을 통하여 보장된다는 현실이다. 즉, 청소년 권리의 문제를 실정권의 차원에서 논의하고 동시에 이 차원에서 해결책을 모색하려 한다는 점이다. 그러나 우리가 주목해야 할 점은 법 이전에 도덕규범을 강조하는 바와 같이 명문화된 규범을 통하여 권리를 논의하는 데에는 권리의 보편적이고 천부적인 속성을 간과할 가능성이 있다는 점이다. 이를테면 청소년의 생활과 행위를 규율하는 제 규정은 과연 청소년이 청소년 신분이기에 가지는 제약 이전에 인간으로서 누려야 할 자유와 권리를 제한하는 정당한 근거가 있는가를 살펴보아야 한다는 점이다. 이와 같은 문제는 청소년이 실제 생활에서 당면하는 구체적인 문제로서 체벌 금지, 두발 · 복장의 자유, 교과 선택권 등의 제 문제와도 관련이 있다.

(3) 고전적 권리

고전적 권리는 개인의 자유의식이 싹트면서 성립한 권리로서, 주로 시민계급 형성 과정에서 생겨난 권리를 지칭한다. 고전적 권리는 현대적 권리에 비하여 인권 침해를 예방한다는 의미를 지닌다. 다음은 고전적 권리를 설명한 것이다(김혜숙, 김정래, 고전, 1999, pp. 15-16).

① 자유권: 개인이 타인에게서 부당한 간섭이나 방해 등을 받지 않을 소극적 자유를 포함하여 인신 구속 등에서 적법한 절차를 밟을 것과 거주 이전, 주거, 언론, 집회, 사상, 양심, 종교, 학문의 자유에 관한 권리를 포함한다.
② 평등권: 법 앞의 평등을 포함하여 성별, 신체적 조건, 사회적 지위, 재산 등에 의하여 부당하게 차별받지 않을 권리 등을 포함한다. 선거권도 평등권에 속하지만, 보통선거가 인류 최초로 실현된 것은 20세기에 들어서부터다.
③ 재산권: 시민계급의 형성과 맞물려 제기된 권리로서 사유재산의 보호를 골자로 하여 부당하게 징세당하지 않을 권리 등을 포함한다.
④ 생존권: 17~18세기에 형성된 신흥 시민계급이 요구한 생존에 관한 권리로서 신체의 생존과 관련한 권리를 지칭한다.

고전적 권리는 재산권의 보호를 비롯한 생존, 자유, 행복 추구 등의 천부적 권리를 강조함으로써 인권의식의 초석을 마련하였다는 점에서 의의가 있다. 즉, 고전적 권리는 인류 권리 인식의 뿌리를 내리는 초석을 마련하였으며, 이후 현대적 권리의 생성 과정에 영향을 주었다.

(4) 현대적 권리

현대적 권리는 고전적 권리가 미치지 못하는 영역인 사회 · 경제 · 문화적 권리를 포함하는 권리로 복지권이 대표적 예다. 현대적 권리의 내용을 살펴보면 다음과 같다(김혜숙 외, 1999, pp. 16-20; 정회욱 외, 2000, pp. 24-27).

1 적극적 자유권

적극적 자유권이 반드시 현대적 권리에 속한다고 볼 수 있는 근거는 없다. 적극적 자유권은 고전적 권리에 속한다고 볼 수도 있기 때문이다. 그렇지만 이를 현대적 권리의 측면에서 다루고자 하는 이유는 적극적 자유권(참여권 등)이 여러 가지 형태의 현대적 권리와 맞물려 있기 때문이다. 권리의 주체로서 한 인간이 사회생활을 영위하는 과정에서 인간답게 살기 위해서는 선택을 자유롭게 할 수 있고, 그에 합당한 일체의 일(행사, 단체 가입 등)에 참여할 수 있어야 한다. 따라서 인간답게 살기 위한 적극적 자유권과 참여권이 현대적 권리로 요구된다.

2 복지권

복지권은 인간이 신체적 · 물리적 · 심리적 결핍에서 벗어나야 한다는 당위성에서 정당화되는 권리다. 흔히 많은 사람은 복지권이 사회주의 정치이념이나 사회주의 정강정책에 의하여 지지되는 것으로 생각하기 쉬우나 반드시 그런 것은 아니다. 이를테면 질병, 무지, 기아 등은 인간이 반드시 벗어나야 할 결핍의 상태이기 때문에 인간이면 누구나 이러한 상태에서 벗어나야 한다는 당위성을 갖는다. 이러한 당위성은 앞서 언급한 권리의 전제인 '인간 존엄성'에 의하여 뒷받침된다. 복지권은 인간이면 누구나 수혜 받을 수 있는 보편적인 권리다.

3 교육받을 권리

교육받을 권리(학습권)는 일차적으로 '세계인권선언'과 몇몇 중요한 '국제권리협약'에 의하여 보장된 기초교육의 무상의무교육을 의미한다. 우리나라도 이러한 교육권에 기초하여 중학교까지의 의무교육을 실시하고 있다.

④ 제3세대 권리

제3세대 권리는 평화, 환경, 노동 단결과 같이 권리에 대한 인식이 개인에 머무는 것이 아니라 연대를 통하여 실현되는 권리를 지칭한다. 이 권리는 권리의 수혜자인 개인이 권리를 행사하면서 한계를 가지기 때문에 그 권리의 행사와 실현은 연대를 통해서만 가능하다고 본다.

2. 청소년 권리의 유형과 특성

1) 청소년 권리의 유형

청소년이 갖는 권리의 유형은 앞서 살펴본 일반적 성격의 권리와 다른 차원을 갖는다. 고전적 권리나 현대적 권리는 주로 사회 구성원 모두를 대상으로 한다. 그러나 청소년은 발달적 특성에 기초한 제 삶의 유형이 성인과 다른 측면이 있으므로 「청소년 보호법」「아동 · 청소년의 성보호에 관한 법률」「근로기준법」「아동복지법」 등은 청소년층의 권리보호를 위하여 특별한 규정을 두고 있다. 따라서 여기서는 청소년이라는 특수한 사회적 지위에 기초한 권리의 유형을 살펴본다(김혜숙 외, 1999; 정회욱 외, 2000).

(1) 청소년의 소극적 자유권

일차적으로 소극적 자유권은 타인에게서 침해받지 않을 권리를 의미한다. 이 권리가 존중되어야 하는 이유는 소극적 자유권이 모든 권리의 향유와 행사의 초석이 되기 때문이다. 여기에 해당하는 사례로는 또래 청소년에게서 폭력을 당하는 일, 주변인에게서 폭력을 당하는 일, 체벌 등의 문제를 들 수 있다. 폭력은 신체적 폭력뿐만 아니라 언어 · 심리적 폭력 등 일체의 폭력 형태를 포함한다. 물론 소극적 자유권의 침해 문제는 학교 상황에만 국한된 것이 아니다. 방임과 학대는 학교에 입학하기 이전인 유아기 때부터 일어나며, 성폭력은 많은 경우가 학교 밖에서 자행되고 있다. 이 외에도 교육적 상황을 벗어난 침해 사례는 많다. 이를테면 부모의 이혼과 같은 가정의 해체로 인하여 아동 및 청소년의 자유권, 생존권 및 복지권이 침해당하고 있는 사례 등이다.

(2) 청소년의 적극적 자유권

청소년의 소극적 자유권이 보호와 관련한 권리라면, 적극적 자유권은 청소년이 능동적으로 행사하는 권리다. 능동적 권리란 청소년 스스로가 선택하고 계획한 현재와 미래의 삶에서 요구되는 일체의 것을 자율적으로 판단하여 영위하는 권리뿐만 아니라 그러한 삶을 계획할 권리 등을 총칭한다. 대표적인 사례로 적극적인 행동의 자유, 학문의 자유, 의사표현의 자유, 집회 및 결사의 자유, 두발과 복장의 자유 등이 있다.

(3) 청소년의 평등권

청소년이 향유 · 행사하는 평등권은 「헌법」이나 기타 권리 문서에 보장된 범주와 마찬가지로 폭넓게 적용할 수 있는 권리다. 청소년의 평등권에는 부모의 사회경제적 지위에 따른 차별을 받지 않을 권리, 교육상 동등한 대우를 받을 권리, 동등한 공교육을 받을 권리, 동등한 교육의 기회에 접근할 권리, 성으로 인한 차별을 받지 않을 권리, 신체적 사유로 인한 차별을 받지 않을 권리, 학업 부진으로 인해 교육 기회를 박탈당하지 않을 권리 등 매우 포괄적인 내용을 포함한다.

(4) 청소년의 복지권

'복지'가 기본 생계를 유지할 수 없는 결핍에서의 해방을 의미하는 한, 복지권은 이러한 결핍에서 벗어날 수 있는 권리를 의미한다. 청소년의 복지권 사례로는 생활보호 대상 청소년의 문제, 결식아동의 문제, 소년소녀가장의 문제 등이 있다. 물론 여기에는 보편적 권리로서 무상의무교육의 형태로 기본적 교육을 받을 권리도 해당된다.

2) 청소년 인권의 국제 기준

청소년 인권보장을 위한 국제 기준은 청소년 인권에 대한 최초의 국제 문서인 '아동권리에 관한 제네바선언(1924)' 'UN아동권리선언(1959)' 등이 있다. 그러나 최근 청소년 인권의 국제 기준으로 가장 많이 사용되고 있는 것은 1989년에 제정한 'UN아동권리협약(이하 협약)'이다(천정웅, 김영지, 김경호, 2000, pp. 73-119). 이 협약은 1989년 11월 20일 UN총회에서 만장일치로 채택되어 한국(1991년 가입)과 북한을 포함한 세계 193개국이 비준하였다. 협약은 18세 미만 아동의 생명권, 의사표시권, 고문 및 형벌 금지, 불법 해외 이송 및 성적 학대 금지 등 각종 '아동기본권'의 보장을 규정하고 있다. 협약 가입국은 이를 위해 최대한의 입법 · 사법 · 행정적 조치를 취하도록 의무화하고 있다. 또한 협약이 정한 의무에 따라 가입국 정부는 가입 뒤 2년 안에 그리고 5년마다 아동 인권 상황에 대한 국가보고서를 제출해야 한다. UN아동권리위원회는 그 국가보고서를 심의해 아동 인권 보장의 장애 요인을 분석하고 그 대안을 해당국 정부와 함께 모색한다(천정웅 외, 2000, pp. 96-125).

특히 협약은 아동을 단순한 보호 대상이 아닌 존엄성과 권리를 지닌 주체로 보고 생존권, 발달권, 보호권, 참여권을 기본 권리로 명시하였다. 이 네 가지 권리를 요약하면 다음과 같다(이종원, 장근영, 김형주, 2007, pp. 13-20).

① 생존권: 생명을 유지하며 최상의 건강과 의료 혜택을 받을 권리
② 보호권: 차별대우로부터 보호받고 학대와 방임으로부터 보호받을 권리(고아와 난민 아동의 보호 포함)
③ 발달권: 정규교육과 비정규교육을 포함한 모든 종류의 교육을 받을 권리와 아동이 신체적 · 정서적 · 도덕적 · 사회적으로 성장하는 데 필요한 평균 수준의 생활을 누릴 권리
④ 참여권: 아동이 자신과 관련한 모든 일에 대해 자신의 의사를 자유롭게 표현할 수 있는 권리

협약의 54개 조항을 네 가지 범주의 권리로 영역화하면 **표 12-1**과 같다. 일부 조항은 권리 유형에서 중첩되기도 하지만 대체로 보호권에 관한 내용이 가장 많고, 그다음은 발달권, 참여권, 생존권 등의 순이다. 그러나 관련 조항이 적다고 해서 그 권리가 중요하지 않다는 것은 아니다. 생존권 조항은 2개 항에 불과하지만 그것이 확보될 때만이 보호권, 발달권, 참여권이 의미가 있기 때문에 가장 중요한 조항 중의 하나라고 할 수 있다.

표 12-1 UN아동권리협약의 권리별 해당 조항

해당 조항	권리 유형
생존권	생명의 존중, 생존과 발달을 확보할 권리(제6조), 건강과 의료에 대한 권리(제24조)
보호권	차별과 관련된 협약(제2조 비차별, 제7조 성명과 국적, 제23조 장애아동, 제30조 원주민 아동), 착취와 학대에 관련된 협약(제10조 가족의 재결합, 제11조 불법 해외 이송과 미귀환, 제16조 사생활, 제19조 학대와 방임으로부터의 보호, 제20조 가족이 없는 아동의 보호, 제21조 입양, 제25조 정기적인 심사, 제32조 아동노동자, 제33조 약물 · 학대, 제34조 성적 착취, 제35조 아동의 매매 · 유괴, 제36조 기타 모든 형태의 착취, 제37조 고문과 자유의 박탈, 제39조 재활혜택, 제40조 미성년자법), 위기상황과 응급상황에 관련된 협약(제10조 가족의 재결합, 제22조 난민아동, 제25조 정기적인 심사, 제38조 전쟁, 제39조 재활혜택)
발달권	아동의 의견(제12조), 표현의 자유(제13조), 결사의 자유(제15조), 정보와 자료(제17조), 교육(제28조, 제29조), 놀이와 오락활동(제31조), 문화활동의 참여(제31조), 사상, 양심 및 종교의 자유(제14조), 개인의 발달(제5조, 제6조, 제13조, 제14조, 제15조), 정체성(제6조, 제7조), 건강과 신체적 발달(제24조), 표현의 권리(제12조, 제13조), 가족(제9조, 제10조, 제11조)
참여권	적당한 정보에 접근할 권리(제17조), 부모의 제1차적 양육책임과 이에 대한 국가의 원조(제18조), 아동권리협약과 관련된 정보에 접근할 권리(제42조)

출처: 길은배, 김영지, 이용교(2001), p. 24.

3. 청소년 생활 영역과 인권

1) 청소년 생활 영역의 인권 실태

(1) 가정과 청소년 인권

가정에서 청소년의 인권이 쉽게 침해받을 수 있는 것은 가부장 문화와 깊은 관계가 있다. 가정에는 가장이 있고 나머지 가족은 가장에게 복종해야 한다는 가부장적 질서가 최근 들어 많이 퇴색하였지만, 아직도 자녀는 부모에게 복종해야 한다는 문화가 일부 존재한다. 가부장 문화는 성차별적 의식을 갖기에 부모는 자녀의 성별에 따라 양육과 처우를 달리할 수 있다고 본다. 한 가정 1자녀 세대가 급증하면서 가정 내에서의 성차별 문화는 많이 줄어들었지만, 부모가 자녀를 키울 때 성별에 따라 다른 처우를 하는 경향이 여전히 존재한다. 남성과 여성이 신체적 · 심리적으로 다르기에 각 성별의 특징을 고려하여 양육 방식을 달리하는 것은 타당하지만, 자칫 딸보다 아들에게 더 많은 교육 기회를 준다거나 아들에게 더 많은 기대감을 갖는 것은 당사자인 자녀에게 차별로 인식될 수 있다.

또한 가부장 문화는 가족 내에서 출생 순위에 따른 차별을 강조하기도 한다. 자녀가 많은 전통사회에서는 맏이, 중간, 막내 등이 중요한 신분이었지만, 최근에는 출생 자녀 수가 줄어들었음에도 가정 내에서 출생 순위에 따른 자녀에 대한 부모의 차별적인 양육과 처우는 감수성이 예민한 자녀에게 차별로 인식될 수 있다.

최근 청소년에 대한 인권이 강조되면서 가정 내에서의 부모에 의한 자녀의 인권 침해 사례가 줄어든 것이 사실이지만 일상생활 속에서 그러한 인권 의식이 자리 잡기 까지는 시간이 필요할 것으로 보인다. 자녀의 인권을 중요하게 인식하는 부모도 '찬물도 위아래가 있다.'는 전통적 관습으로부터 쉽게 벗어날 수 없기 때문이다. 장유유서는 민주주의 사회에서 극복해야 할 습관이기도 하지만 장유유서를 존중하는 생활 문화가 미풍양속으로 인정되고 있는 것도 현실이다.

가정 내에서 질서를 유지하면서도 자녀의 생각과 문화를 존중하는 가정생활 양식을 만들어 가는 것은 우리 시대의 과제다. 청소년도 자신의 생각과 권리만을 주장할 것이 아니라 어린 시절부터 가부장적 생활문화에 익숙해진 부모 세대를 이해하면서 부모-자녀세대 간 조화를 이루려는 노력이 필요하다(길은배, 이미리, 임영식, 이용교, 2005, pp. 26-27).

(2) 학교와 청소년 인권

지난 수년 동안 중 · 고등학생이 중심이 된 청소년 인권 운동의 핵심 쟁점은 체벌 반대, 0교시 폐지, 두발 자유화, 선거권 연령(현행 만 19세) 18세로 하향 조정 등으로 선거권 연령 조정을 제외한 모두가 학교와 관련한 사항이었다. 학교와 관련한 청소년 인권 운동은 '무엇을 해 달라'는 적극적인 요구라기보다는 '무엇을 하지 말아 달라'는 소극적인 요구 운동이었다. 체벌 금지는 '체벌을 하지 말라', 0교시 폐지는 '이른 아침에 학교 등교를 강요하지 말라', 그리고 두발 자유는 '머리를 깎지 말라'는 운동이었다.

이처럼 청소년이 학교나 교사에게 '하지 말아 달라'고 요청한 내용은 대체로 신체적 자유 및 표현의 자유와 관련한 것이다. 'UN아동권리협약'이 청소년 권리의 영역을 생존권, 보호권, 발달권, 참여권 등으로 구분할 때, 청소년의 요구는 주로 보호권이나 참여권과 관련된 사항이다.

이러한 현상은 성인인 교사와 청소년인 학생 간의 인권에 대한 인식 차이에서 비롯된다. 교사는 군사부일체(君師父一體)를 훈육권의 중요한 준거로 삼고 있다. 그런데 어린 시절부터 민주시민 교육을 받은 청소년은 나라의 주인은 '군(君)'이 아닌 국민이고, 학교에서는 교사에 의해서 자신의 권리가 규제당하고 있다고 인식한다. 교사는 회초리를 아껴서는 안 된다는 교육관으로 학생을 가르치려 하고, 학생은 회초리로 때리는 것이 신체의 자유를 침해한다고 인식한다(길은배 외, 2005, pp. 32-33).

또한 학교에서 학생과 교사 간에 나타나는 인권 의식의 괴리는 법과 제도의 차이로 이어지기도 한다. '서울시학생인권조례'에 나타난 체벌금지 조항을 둘러싼 우리 사회의 찬반 논쟁이 그러한 예다. 또한 각급 학교의 '학교생활 규정'은 학생들의 자치 활동을 교육적인 이유로 규제할 수 있도록 하고 있으며, 학교에서 일반적으로 통용되는 '용의 규정'은 학생의 표현의 자유를 침해할 소지가 있다.

청소년이 주장하는 인권의 쟁점은 단순히 보호받을 권리나 표현의 자유에 한정되지 않고, 학생회 활동의 자유와 학생회의 법제화, 학생 대표의 학교운영위원회 참여, 선거권 연령의 인하 등과 같이 청소년의 참여권 확대를 요구한다. 청소년의 보호권을 강조하는 입장에는 학교나 교사도 공감하나 청소년의 참여권 확대에는 소극적 입장을 보이는 경향이 있다. 이 점이 향후 청소년의 인권을 증진하는 과정에서 중요한 쟁점이 될 것이다. 'UN아동권리협약' 등은 당사국이 아동의 최선의 이익을 존중할 것을 강조하고, 아동도 자신의 삶에 중요한 영향력을 미치는 결정에 직접 참여할 권리를 보장하고 있다. 그러나 아직도 성인 세대는 청소년을 대신하여 자신이 그들의 권리를 결정할 수 있다고 인식한다.

(3) 지역사회와 청소년 인권

청소년이 가정과 학교에서 직면하는 인권 상황은 지역사회 속에서도 반복되고 있다. 이러한 현상은 아직도 장유유서의 풍습이 우리사회의 중요한 사회질서로 기능하고 있고, 과거보다 지역사회 속에서 청소년의 위상이 높아졌다고 하지만 여전히 청소년의 발언권이 낮기 때문이다. 청소년은 적극적으로 자신의 의사를 표현하고 자신의 삶의 중요한 결정에 직접 참여하길 희망하고 있다. 청소년의 참여권을 보장하는 것은 어른의 참여권을 축소시키는 것이 아니라 본래 청소년의 몫을 좀 더 합리적으로 보장하여 어른과 함께 의사결정을 하려는 것으로 인식해야 한다.

2005년 「공직선거법」은 선거권의 하한 연령을 20세에서 19세로 낮추었으나(「공직선거법」 제15조 제2항), 청소년은 18세로의 하향 조정을 주장한다. 더불어 선거권뿐만 아니라 공직에 피선될 수 있는 피선거권의 연령을 25세에서 19세로 낮추는 방안과 모든 학교의 '학교운영위원회'에 학생 대표가 참여하고, 지방자치단체의 청소년과 관련한 정책의 수립 · 시행 과정에도 청소년의 의사가 대폭 수렴 · 반영되도록 요구하고 있다. 이러한 현상은 가정, 학교와 더불어 지역사회 속에서 청소년의 권리가 여전히 제한되고 있음을 보여 준다.

2) 청소년 권리 제한의 논리와 실태

(1) 권위적 간섭주의에 의한 권리 제한

[1] 권위적 간섭주의의 의미

권위적 간섭주의는 'paternalism'의 번역어다. 영한사전을 찾아보면 '가부장적 간섭주의'라고 소개되어 있다. 'paternalism'의 어간인 'pater-'가 '아버지'를 가리키는 말이므로 '가부장적'이라는 수식어가 붙는 것은 말의 축어적(逐語的) 의미에 충실한 번역일 수 있다. 그러나 윤리학적 논의나 정치 이론에서는 paternalism은 단지 아버지의 간섭보다는 한 개인의 자유를 제한 · 침해하는 타인의 간섭 모두를 지칭하는 말로 사용한다. 여기서 타인은 간섭당하는 사람보다 권위를 많이 지닌 사람을 의미한다. 따라서 이 말은 "권위를 가진 사람에 의하여 행해지는 간섭주의"로 보는 것이 타당하다(정회욱 외, 2000, p. 43).

[2] 권위적 간섭주의와 의무교육과정

권위적 간섭주의를 정당화하는 것은 대부분 교사, 부모 또는 후견인에 의하여 청소년, 아동, 자녀의 이익을 도모할 수 있다는 이유에서다. 그러나 권위적 간섭주의가 과연 정당화될 수 있는가는 재고해 볼 필요가 있다.

청소년의 이익을 추구한다는 것은 자신이 하고 싶은 것을 할 수 있도록 청소년에게 어떠한 제한이나 제재가 없는 자율성을 보장해 주는 것이다. 여기서 자율성이란 청소년 자신이 추구하는 흥미·욕구 등에 기초하여 '하고 싶은 것을 성취하는 것'의 과정에 일체의 간섭, 제약, 제재가 없다는 것을 의미한다. '하고 싶은 일을 성취하는 것'의 의미를 좀 더 자세히 살펴보기 위해서는 인간이 참여하는 활동의 성격이 무엇인가를 검토하여야 한다(김혜숙 외, 1999, p. 52).

White(1973)는 청소년이 의무적으로 배워야 하는 활동의 성격을 밝히기 위해 인간이 참여하는 활동을 두 가지로 나누어 분석하고 있다. 첫째는 인간이 참여해 보지 않으면 그 의미를 알 수 없는 활동이다. 둘째는 참여해 보지 않아도 그 의미를 알 수 있는 활동이다. 즉, 청소년이 의무적으로 배워야 하는 교육 내용은 전자의 활동에 해당한다. White의 주장은 교육 내용의 측면에서 청소년이 의무적으로 배워야 할 내용을 규정하고 있음을 알 수 있다. 그러나 이렇게 규정된 의무교육 내용이 청소년의 삶에 정작 이익이 되는지는 의문이다. 다시 말하자면, 그것이 청소년이 하고 싶은 것을 정말로 할 수 있게 보장하는가에 대한 의문이다.

이 문제는 청소년이 학교교육을 통하여 의무적으로 배워야 할 내용과 청소년의 활동에 대한 자유로운 선택 간의 갈등 문제로 이해할 수 있다. 전자는 청소년의 복지권적 교육권으로, 그리고 후자는 청소년의 자유권적 의미에서 선택권(또는 저항권)으로 간주할 수 있다. 여기서 전자가 복지권적 의미라는 것은 청소년이 '무지'라는 '결핍 상태에서의 해방'을 의미하는 것이며, 후자가 자유권적이라는 것은 적극적인 의미에서 본 '행복추구권'을 의미한다. 양자 간의 갈등 내지 대립을 해소하기 위한 명확한 방법이 있는 것은 아니지만, 청소년의 복리(well-being)를 고려해서 교육과정을 유연하게 운영하는 방법을 고려하여야 한다.

(2) 학교생활에서의 권리 제한

청소년의 학교생활은 많은 제약을 받게 됨으로써 그만큼 학생 청소년의 자유권은 제한된다. 이러한 제한 논리의 중심에는 학생 청소년의 자유권을 제한할 수 있다는 '재학관계의 성질'과 '친권이양설'이 있다(한국청소년개발원, 2004, pp. 147-149).

재학관계의 성질이란 학생이 학교에 입학하면 해당 학교의 교칙을 준수해야 하는 '재학관계'가 암묵적으로 발생하므로 학생들의 권리를 제한할 수 있다는 주장이다. 즉, 학교교칙이 정한 두발 제한, 복장 제한, 0교시 등을 의무적으로 준수해야 한다는 논리다. 또 다른 근거인 '친권이양설'은 학생이 학교에 입학하게 되면 보호자는 해당 학교에 '교육권'과 '통제권'을 위임하는 것이므로 교사에 의한 체벌, 일기장 검독, 휴대전화 수거 등이 가능하다고 보는 주장이다.

그러나 '재학관계'의 권리 제한이 부당한 이유는 현행 우리나라의 입학제도는 개인의 학교 선택권이 없이 임의로 학교를 배정하고 있어 이를 일괄 적용하는 것은 개인의 선택적 자유를 침해하는 것이기 때문이다. 물론 특목고처럼 학생들이 학교를 선택하여 입학하는 경우에는 '재학관계'가 성립할 수 있다. 또한 '친권이양설'에 의한 권리 제한의 불합리성은 아무리 부모라 하더라도 자녀의 인권을 자유자재로 이양할 수 없기 때문이다. 학생들은 자녀이기 이전에 「헌법」의 적용을 받는 한 주체이므로 그 누구도 학생의 권리를 이양할 수 없다.

(3) 사회생활에서의 권리 제한

청소년의 권리는 여러 사회생활 속에서 제한되고 있다. 대표적인 경우가 유언 능력, 부모 이혼 시 자녀의 의사 표명 권리, 선거권 연령 등이다. 이들 권리의 제한은 주로 실정법에 근거한다.

먼저 우리나라 「민법」은 만 17세에 이르지 못한 자는 미성년자로 규정하여 유언 능력이 없음을 명시하고 있다(「민법」 제1061조). 또한 만 13세에 이르지 못한 자는 부모 이혼 시 친권자나 양육권자를 선택할 법적 권리가 주어지지 않고 있다(「민법」 제836조의2 및 제837조).

그리고 「공직선거법」은 선거권 연령을 만 19세에 이른 자로 규정하고 있다(「공직선거법」 제15조 제2항). 이것은 학령기에 있는 청소년의 학업을 보장하고, 「민법」이 19세 미만자를 무능력자로 규정함에 따라 이루어진 조치다.

그러나 최근 '국가인권위원회'는 선거권 연령과 관련하여 고등학생에게 선거권을 주는 것이 그들의 대입 준비 등을 고려할 때 바람직하지 않다는 주장에 대해서는 "선거권 연령의 하향이 곧 교육적 부작용을 불러온다고 단정하기 어렵고 선거 관련 정보를 얻고 투표하는 데 필요한 시간이 학업에 지장을 줄 만큼 많다고 보기도 어렵다."고 반박했다. 특히 '인권위원회'는 혼인 적령(18세), 운전면허(18세), 주민등록 발급(17세) 등 기타 연령 규정과 비교해 19세 이상인 자에 대해서만 독자적인 인지 능력이나 판단 능력을 인정할 수 있다고 보기는 어렵다고 강조했다. 선거권 연령과 관련한 국제적 추세는 90% 이상이 선거 연령 하한을 18세 이하로 설정하고 있다. 현재 OECD 34개 회원국 중 일본(20세 이상)과 우리나라를 제외한 32개국이 18세 이하로 선거권 연령을 정하고 있다(황유진, 2013. 2. 26).

4. 청소년 인권 개선의 과제

최근 우리 사회에서 청소년의 인권 문제가 사회적 이슈로 부각한 것은 어느 정도 성공하였다. 선거권 연령 하향 문제를 비롯하여 두발 자유화에 대한 요구, 체벌 반대, 0교시 폐지, 학교 내에서의 종교 자유화 선언 등의 사건을 통하여 그러한 성과를 확인할 수 있다. 그러나 문제는 앞의 청소년 인권 쟁점 중에서 선거권 연령을 제외한 모든 사항은 주로 학교와 관련한 것이라는 점이다. 청소년의 일상생활 영역에는 반드시 학교를 중심으로 한 공간만이 존재하는 것이 아니다. 가정과 지역사회 영역에서의 청소년 삶 또한 커다란 비중으로 존재한다. 특히 우리 사회가 빠른 산업화의 성장기를 거치면서 학교를 중심으로 한 학생의 삶이 아니라 가정과 지역사회에서의 삶을 포괄하는 청소년으로 그 지위가 변화하면서 청소년을 둘러싼 모든 환경에서의 인권 문제가 중요해졌다. 그러나 청소년의 인권과 관련한 쟁점 사항이 학교생활 영역에 편중된 것은 청소년의 대부분을 구성하고 있는 학생으로서의 신분이 주로 학교와 관련한 인권 문제를 쟁점화하였거나, 학업과 관련한 인권 침해가 그만큼 심각하다는 방증일 것이다.

가정생활에서 자녀가 경험하는 인권 문제 역시 매우 중요하다. 아무리 자녀에 대한 부모와 가정의 교육적 기능이 약화되었다고는 하나, 자녀가 일차적으로 시민으로서의 사회화 과정을 학습 · 경험하는 장소가 가정이기 때문이다. 부모에게서 학습을 받고 가족 구성원 간 상호작용을 하는 과정에서 형성되는 인권의식은 비록 그것이 인권교육의 명제를 갖고 있지는 않더라도 온전한 사회 구성원으로서의 지위와 역할을 완성해 가는 과정에 매우 주요한 기제로 작용한다. 그렇지만 청소년의 인권 침해 문제를 중심에 놓고 가정을 바라보면 학교와 비교하여 청소년의 인권 보장이 그렇게 만족스러운 상태는 아니다. 오랜 기간 동안 우리 사회에 잔존하고 있는 유교사상과 이에 기초한 가부장적 권위주의가 가정 내에서 자녀의 위치를 부모의 부속물로 전락시키는 경향이 있다. 더욱이 성차별, 학력 비교, 언어폭력, 체벌 등의 다각적 인권 침해가 수시로 발생하는 공간이 가정이기도 하다. 오히려 학교나 지역사회보다 더 심각한 인권 침해가 빈발하고 있으나 그것을 경험하는 자녀의 인권의식이 이러한 문제를 지각해 내지 못하거나 온정적 가족주의에 희석되어 겉으로 표출되지 못할 수도 있다. 또한 이혼, 질병, 사망 등의 이유로 가족 해체를 맞이한 청소년의 인권 문제 역시 매우 심각하다. 그들에 대한 국가 차원의 공적 서비스망이 미흡하여 더욱 그렇다. 가정생활에서 청소년 인권 문제는 단순히 그들이 가정 내의 주요 의사결정 과정에서 발언권을 확보하고 욕설과 체벌로부터 안전한가 등의 현시적 문제만으로 평가할 수는 없다. 가정 내에서 자녀의 인권이 보장될 때, 청소년의 비행 예방 및 범죄 감소, 풍부한 인성 함양과 긍정적 사회 활동 전개, 학업성취 등의 긍정적 파급 효과를 거둘 수 있을 것으로 기대되기에 더욱 중요하다.

생각해 봅시다

1. 인권과 권리의 차이점, 그리고 자연법 사상에 기초한 인권의 속성에 대하여 생각해 봅시다.
2. 인권의 유형은 역사적 발달단계에 따라 어떻게 변화하고 그 내용이 달라졌는가를 생각해 봅시다.
3. 가정, 학교, 사회에서의 청소년 인권 실태가 어떠하며 그 제한 논리는 무엇인가에 대하여 생각해 봅시다.

✱ 참고문헌

고용노동부(2013). 근로기준법. 서울: 고용노동부.

교육과학기술부 학생지원국(2012). 2012년 탈북학생 통계. 서울: 교육과학기술부.

교육부(1994). 특수교육진흥법. 서울: 교육부.

길은배, 김영지, 이용교(2001). 청소년인권지표 개발 연구: 청소년인권지표 개발을 위한 기초연구. 서울: 문화관광부, 한국청소년개발원.

길은배, 문성호(2003). 북한이탈 청소년의 남한사회 적응 실태 및 지원 방안 연구. 서울: 한국청소년개발원.

길은배, 이미리, 임영식, 이용교(2005). 청소년인권 실태 조사 연구. 서울: 청소년위원회, 한국청소년개발원.

김정래(1998). 권리이론과 교육권. 서울: 교육과학사.

김혜숙, 김정래, 고전(1999). 학생의 인권에 관한 연구. 서울: 한국교육개발원.

백혜정, 최우영, 길은배, 윤인진, 이영란(2007). 제3국 체류 북한이탈 청소년의 실태와 정책과제. 서울: 한국청소년정책연구원.

법제처(2013). 민법. 서울: 법제처.

보건복지부(2013a). 장애인 · 노인 · 임산부 등의 편의증진 보장에 관한 법률. 서울: 보건복지부.

보건복지부(2013b). 장애인복지법. 서울: 보건복지부.

이종원, 장근영, 김형주(2007). 청소년인권의 개념과 국제기준. 서울: 한국청소년정책연구원.

이희승(1998). 국어대사전. 서울: 민중서림.

정회욱, 길은배, 김정래(2000). 권리에 대한 청소년의식 조사 연구. 서울: 한국청소년개발원.

중앙선거관리위원회(2013). 공직선거법. 서울: 중앙선거관리위원회.

천정웅, 김영지, 김경호(2000). 청소년이 알아야 할 인권이야기. 서울: 문화관광부, 한국청소년개발원.

통일부(2012). 2012 통일백서. 서울: 통일부.

통일부(2013a). 2013 통일백서. 서울: 통일부.

통일부(2013b). 북한이탈주민의 보호 및 정착지원에 관한 법률. 서울: 통일부.

한국청소년개발원 편(2004). 청소년인권론. 서울: 교육과학사.

황유진(2013. 2. 26). 인권위, 선거권 연령 낮춰야…. 헤럴드경제. http://news.heraldcorp. com/view.php?ud=20130226000681&md=20130301005617_AS

White, J. (1973). *Towards a compulsory curriculum*. London: Routledge and Kegan Paul.

법제처 http://www.moleg.go.kr

찾아보기

[인명]

[내용]

저자 소개

이미리(Lee, Meery)

미국 University of Illinois at Urbana-Champaign, Dept. of Human Development & Family Studies, Ph. D. (청소년발달 전공)

현 한국체육대학교 스포츠청소년지도학과 교수

조성연(Cho, Songyon)

연세대학교 대학원 아동학과, Ph. D. (아동발달 전공)

현 호서대학교 유아교육과 교수

길은배(Khil, Eunbae)

경희대학교 대학원 정치학과, Ph. D. (비교정치 전공)

현 한국체육대학교 스포츠청소년지도학과 교수

김민(Kim, Min)

연세대학교 대학원 교육학과, Ph. D. (교육학 전공)

현 순천향대학교 청소년교육상담학과 교수

청소년학개론(2판)

Youthology (2nd ed.)

2014년 3월 10일 1판 1쇄 발행
2017년 9월 25일 1판 3쇄 발행
2019년 8월 5일 2판 1쇄 발행

지은이 • 이미리 · 조성연 · 길은배 · 김민
펴낸이 • 김진환
펴낸곳 • (주) 학지사
04031 서울특별시 마포구 양화로 15길 20 마인드월드빌딩
대표전화 • 02)330-5114 팩스 • 02)324-2345
등록번호 • 제313-2006-000265호

홈페이지 • http://www.hakjisa.co.kr
페이스북 • https://www.facebook.com/hakjisa

ISBN 978-89-997-1874-8 93370

정가 18,000원

이 도서의 국립중앙도서관 출판시도서목록(CIP)은 서지정보유통지원시스템 홈페이지(http://seoji.nl.go.kr)와 국가자료공동목록시스템(http://www.nl.go.kr/kolisnet)에서 이용하실 수 있습니다.
(CIP 제어번호: CIP2019029197)